Learn To Speak Like The French

By

Arnold Borton and Henri Mauffrais

French Idiomatic Expressions

To make you able to understand what you are told and give an appropriate answer in the most frequent situations of daily life.

Eloquent Books

Eloquent Books

An imprint of Strategic Book Group

P.O. Box 333

Durham CT 06422

www.StrategicBookGroup.com

ISBN 978-1-60860-332-9

Printed in the United States of America

PREFACE

When it comes to speaking a foreign language there is often a conflict between *what one wants to say* and *what one is able to say,* while constantly searching at the same time *how to say it.*

The main difficulty lies in the fact that thought embodies structures of which forms are often very different from one language to another so that any word for word translation risks leading to awkward turns of phrase, mistranslation and even absurdity.

The aim of this book is to help the reader improve his spoken French by teaching him to communicate easily with people around him in the most common situations of daily life. A detailed typology of these listed, classified situations can be found in the table of contents.

He will discover the idiomatic expressions and turns of phrase which are necessary for him to express himself correctly in the circumstances in which he may find himself.

An appropriate typography has been used to give prominence to such grammatical structures and idiomatic expressions. There have been many opportunities to make use of a simple but current, correct language. Asterisks have been used to indicate the different registers of language.

This book is aimed at fluency in French. It is preferable, even necessary, that the reader should already possess an elementary basic knowledge of French grammar, especially of conjugation of verbs. The numerous examples as used in real-life situations will be a great help towards attaining that fluency.

*   familiar
**   common / slang
***   vulgar / coarse

SPELLING

The spelling used in this dictionary is based on British English but there are differences in spelling between British English and American English. The main differences are the following:

Words ending in '…our'(GB), '…or'(US), e.g. 'colour'(GB), 'color'(US); 'favour'(GB), 'favor'(US).
Words ending in '…re'(GB), '…er'(US), e.g. 'centre'(GB), 'center'(US).
Words that double or not the letter 'l', e.g. 'traveller(GB), 'traveler'(US); 'travelling'(GB), 'traveling'(US).

Table of Contents

Event

Weather

Space

Quantity

Identification

Aspects of perception

Personality

Everyday general behaviour

Behaviour towards others

Performance assets

Behaviour in action

Logical relationships

Appreciation and judgment

Sentimental life

Emotional life

Affectivity

Free time

■
1 QUESTIONING

to question somebody about something
interroger / poser une question à quelqu'un au sujet de quelque chose

tell me what you think of the government?
quelle est votre opinion en ce qui concerne le gouvernement?

it's an awkward question; I think the question is badly put
c'est une question embarrassante; je pense que la question est mal posée

to tackle somebody about something
entreprendre quelqu'un pour lui poser des questions

to plague / harass somebody with questions
presser / tourmenter quelqu'un de questions

to bombard somebody with questions / shoot questions at somebody
bombarder / cribler / mitrailler quelqu'un de questions

to overwhelm somebody with questions
accabler quelqu'un de questions

to plague / assail somebody with questions
harceler / assaillir quelqu'un de questions

children are always questioning the whys and wherefores of everything
les enfants sont toujours à demander le pourquoi et le comment des choses

stop questioning me all the time!
arrête de me questionner toujours comme ça!

to ask somebody a question (to obtain information)
interroger quelqu'un (pour obtenir un renseignement)

to pick somebody's brains (to find out what he knows or thinks)
interroger quelqu'un (pour savoir ce qu'il sait ou ce qu'il pense)

ask any questions you may have; go ahead, ask away
posez toutes les questions que vous voulez; allez-y, posez vos questions

no sooner had the lecturer finished than a person in the audience fired off a dozen questions at him
le conférencier n'eut pas plus tôt terminé qu'une personne dans la salle lui balança une douzaine de questions

beware of tricky questions (which often have a double meaning)
méfiez-vous des questions trop faciles (qui sont souvent à double sens)

beware of loaded questions (which could cause embarrassment)
méfiez-vous des questions pièges (qui risquent de vous mettre dans l'embarras)

positive and negative questions

la conjugaison interrogative et interro-négative

am I right? are you ready?
ai-je raison? **êtes-vous** prêt?

will you go to London?
irez-vous à Londres?

has he already left for the States?
est-il déjà parti aux Etas-Unis?

can you help me?
pouvez-vous m'aider?

do you speak English?
parlez-vous anglais?

did you have a good trip?
avez-vous fait un bon voyage?

aren't you pleased?
n'êtes-vous pas content?

didn't they buy a car?
n'ont-ils pas acheté une voiture?

questions concerning identification

questions concernant l'identification

a) people

who is this pretty girl?
qui est cette jolie fille?

who is that?
qui est-ce?

who is speaking?
qui est à l'appareil?

who were you writing to?
à qui écriviez-vous?

who are you referring to?
de qui parlez-vous?

who are you going to go out with?
avec qui allez-vous sortir?

b) things

what is this?
qu'est-ce que c'est?

what do you call that?
comment appelez-vous cela?

what is your name?
quel est votre nom?

what are you looking at?
que regardez-vous?

what does it say in this note?
qu'y a-t-il dans ce billet?

questions concerning action

what is to be done?
what am I to do?
what would you have him do?
what do you want him to do?
what have you done with your bag?
what on earth are you doing?

questions concerning designation / preference

which gate do I board at? which door do I go through?

which platform does the train to Paris leave from?

which dress do you prefer, this one or that one?

which of you left the door open?

questions concerning place

where are you going?
where do you come from?
where did she stay?
where did I put my glasses?
where the devil* has he got to?

questions concerning possession

have you got a car?
whose car is this?
is this car yours?
does this car belong to you ?

questions concerning quantity

how much did it cost?

---

questions concernant l'action

que faut-il faire?
que dois-je faire?
que voudriez-vous qu'il fasse?
que voulez-vous qu'il fasse?
qu'avez-vous fait de votre sac?
mais que faites-vous donc?

questions concernant la désignation / la préférence

quelle est la porte d'embarquement pour mon avion? **par quelle** porte dois-je passer?

quel est le quai de départ du train pour Paris?

quelle robe préférez-vous, **celle-ci ou celle-là?**

lequel d'entre vous a laissé la porte ouverte?

questions concernant le lieu

où allez-vous?
d'où venez-vous?
où était-elle descendue?
où ai-je mis mes lunettes?
où diable* est-il passé?

questions concernant la possession

avez-vous une voiture?
à qui est cette voiture?
cette voiture **est-elle à vous?**
cette voiture **vous appartient-elle?**

questions concernant la quantité

combien cela vous a-t-il coûté?

how many people attended your party?
combien de personnes y avait-il à votre réception?

how old are you? how old is your sister?
quel âge avez-vous? quel âge a votre sœur?

how far is the station?
à quelle distance se trouve la gare?

what's the distance from Paris to London?
quelle est la distance de Paris à Londres?

**questions concerning
dates / time / frequency**

**questions concernant
la date / le temps / la fréquence**

when did you get married?
quand vous êtes-vous mariés?

how long do you intend to stay?
combien de temps avez-vous l'intention de rester?

what do you think of my new hair-do?
que pensez-vous de ma nouvelle coiffure?

what do you think (of it)? how does it appear to you?
qu'en pensez-vous? que vous en semble-t-il?

how long have you been waiting?
depuis combien de temps attendez-vous?

when did you last see him? how long ago did you last see him?
**quand l'avez-vous vu pour la dernière fois? depuis combien de
temps** ne l'avez-vous vu?

how soon are we leaving?
dans combien de temps partons-nous?

how often do you go to the pictures(GB), movies(US)?
tous les combien allez-vous au cinéma?

questions concerning
cause / reason

questions concernant
la cause

how come you're so late?
comment se fait-il que vous soyez si en retard?

why didn't you tell the truth?
pourquoi n'avez-vous pas dit la vérité?

why on earth / why in the world did you do that? what the hell* did you do that for?
pourquoi diable* avez-vous fait cela?

questions concerning
appreciation / opinion

questions concernant
appréciation

how are you making out? how are things?
comment vous débrouillez-vous? **comment ça va?**

how did you find the book?
comment avez-vous trouvé le livre?

questions concerning
manner / means

questions concernant
la manière / le moyen

how did you get here?
how is she going to do it?
how did you find the right answer?

comment êtes-vous venu ici?
comment va-t-elle le faire?
comment avez-vous trouvé la
bonne réponse?

do you know how to bake this kind of cake?
savez-vous comment faire cuire ce genre de gâteau?

See also the following chapters: SUGGESTION, OFFER,
REQUEST, DESIGNATION, CHOICE, POSSESSION, PREFERENCE

to answer

répondre

to have an answer for everything
avoir réponse à tout

to get (all) mixed up in one's answers / tie oneself in knots* with one's answers
s'embrouiller / s'entortiller dans ses réponses

to answer with gusto
répondre avec entrain

to answer reluctantly
répondre avec réticence

I put the question to him but he evaded it / he gave me an evasive answer
je lui ai posé la question, mais il s'est dérobé / il m'a fait une réponse de Normand

proverb   **proverbe**

ask a silly question and you get a silly answer
à question idiote, réponse idiote

■

2 NEGATION

to answer no / answer in the negative to all the questions
répondre non / répondre par la négative à toutes les questions

to reply with a categorical no
répondre par un non catégorique

to deny   **nier**

the accused denies being the murderer; he denies the obvious
l'accusé **nie** être l'auteur du crime; **il nie l'évidence**

the government categorically denied intending to devalue; it issued a denial
le gouvernement **a démenti** avoir l'intention de dévaluer; **il a publié un démenti**

you can't get over the fact that he was caught red-handed
vous ne pouvez pas **nier qu**'il a été pris la main dans le sac

negative form   **ne.........pas**

I'm not running for President
je **ne** suis **pas** candidat à la Présidence

he's not happy; he doesn't want to leave
il **n**'est **pas** heureux; il **ne** veut **pas** partir

I haven't got time to play tennis today
je **n'ai pas** le temps de jouer au tennis aujourd'hui

I don't have cereals for breakfast
je **ne** prends **pas** de céréales au petit déjeuner

you don't have to leave so early
tu **n'es pas** obligé de partir si tôt

he doesn't like snails; neither do I
il **n'**aime **pas** les escargots; **moi non plus**

I don't have any money with me
je **n'**ai **pas** du tout d'argent sur moi

particular cases

I think / hope / fear / believe / fancy / suppose not
je pense / j'espère / je crains / je crois / j'imagine / je suppose **que non**

it seems not
il semble **que non**

no more / no longer / not...anymore   **ne……plus**

he doesn't want to travel anymore
il **ne** veut **plus** voyager

there aren't any (more) biscuits left
il **ne** reste **plus** de petits gâteaux

never   **ne……jamais**

she never arrives on time
elle **n'**arrive **jamais** à l'heure

I have never known anyone to be so optimistic
je **n'**ai **jamais** connu quelqu'un d'aussi optimiste

nothing / not anything / not a thing   **ne……rien**

he didn't say anything
il **n'**a **rien** dit

there isn't anything to eat; there isn't anything left in the fridge
il **n'**y a **rien** à manger; il **n'**y a plus **rien** dans le frigo

I can't see a thing / nothing can be seen
je **n'**y vois **rien** / on **n'**y voit **rien**

I hope that this is not the case
j'espère qu'il **n'**en est **rien**

only / but   **ne......que**

there are only two pieces of cake left
il **ne** reste **que** deux morceaux de gâteau

I've only one daughter
je **n'**ai **qu'**une fille

no one / nobody / not anyone   **personne......ne**

no one will volunteer for this job
personne ne voudra de ce travail

nowhere / not anywhere   **ne......nulle part**

in this little village there's nowhere for young people to have fun
dans ce petit village, les jeunes **ne** peuvent aller **nulle part** pour s'amuser

no / not any   **aucun / rien, nul**

there aren't any smiling faces here / there are no smiling faces here
ici, (**aucune**) personne ne sourit / **nul ne** sourit

she didn't suspect that her husband was dishonest, nor did she suspect that he was unfaithful to her
elle **ne** se doutait **pas** que son mari était malhonnête, **ni** qu'il la trompait

not....either / none   **ne....aucun, aucune /**
aucun....ne, aucune....ne

I won't accept either of these solutions
je **n'**accepterai **aucune** de ces (deux) solutions

I'll accept none of these solutions
je **n'**accepterai **aucune** de ces (diverses) solutions

none of them wants to join us
aucun d'entre eux **ne** veut se joindre à nous

neither of the (two) sisters was invited / neither of them was invited
aucune des deux sœurs / **aucune** des deux **n**'était invitée

none of the Dionne quintuplets was invited
aucune des (cinq) sœurs Dionne **n**'était invitée

either....or / neither....nor   ne....ni....ni

I like neither tea nor coffee
je **n**'aime **ni** le thé **ni** le café

neither Emily nor her sister was invited to this party
ni Emilie, **ni** sa sœur **n**'étaient invitées à cette réception

she can't read, neither can her sister
ni elle **ni** sa sœur **ne** savent lire

neither of them is telling the truth; so, I believe neither one nor the other
ni l'un, **ni** l'autre ne disent la vérité; aussi, je **ne** crois **ni** l'un, **ni** l'autre

emphatic negations   négations emphatiques

he's got nothing of a diplomat about him
il **n**'a **rien** d'un diplomate

that dress doesn't suit her at all; it's none of her choosing
celle robe **ne** lui va **pas du tout; ce n'est pas elle** qui l'a choisie

there are people who have no aesthetic feelings at all
il y a des gens qui **n**'ont **vraiment aucun** sens esthétique

none of this is of any concern to me
tout cela ne me concerne **pas**

it makes no odds to me; there's no sense in it
cela ne me fait ni chaud ni froid; cela n'a pas de sens

we weren't in the least bit pleased that he had forgotten to call us
nous n'étions **pas du tout contents** qu'il ait oublié de nous appeler

I haven't got the slightest idea where she could be
je n'ai **pas la moindre idée** de l'endroit où elle se trouve

he's by no means stupid
il n'est nullement idiot

I shan't go any further; I shan't wait any longer
je n'irai pas plus loin; je n'attendrai pas plus longtemps

I don't like snails; I don't like them either; that makes two of us!
je n'aime pas les escargots; moi non plus; alors nous sommes deux!

■

3 EXCLAMATION

to exclaim in surprise / admiration / anger
s'exclamer de surprise / d'admiration / de colère

she exclaimed in surprise when she met one of her old boyfriends again
elle s'exclama de surprise en retrouvant un de ses anciens flirts

what a surprise! she exclaimed
quelle surprise! s'exclama-t-elle

what + adjective   **qu'est-ce que.....!**

what beautiful / lovely legs she has! but doesn't she hate her rival!
qu'est-ce qu'elle a de belles jambes! **mais ce qu'**elle peut détester sa rivale!

how + adjective

how pretty you are today!; how young he is!
comme tu es belle aujourd'hui!; **qu'**il est jeune!

how fast he runs!; how sweet these roses smell!
comme il court vite! **comme** ces roses sentent bon!

verbs

how we laughed! / didn't we laugh!
comme nous avons ri! / qu'est-ce qu'on a pu rire!

don't I know those trains!
ah! si je connais ces trains!

what: countable and uncountable nouns

quel(s, le, les): noms dénombrables et indénombrables

what a beautiful girl!
quelle belle fille!

what beautiful girls!
quelles belles filles!

what a pity!
quel dommage!

what a shame!
quelle honte!

what a mess!
quelle pagaille!

what fine weather!
what fun! what a lark we had!
what good beer!

quel beau temps!
quelle rigolade!
quelle bonne bière!

so

ainsi, donc…!

so you have done it again!
ainsi vous avez recommencé!

so there you are!
vous voilà donc!

here

look here, I didn't say that at all!
dites donc, je n'ai jamais dit cela!

here she comes!
tiens, la voici!

such

un tel…!

it's such a pleasure!
c'est un tel plaisir!

why

mais…!

why, it's quite easy!
mais c'est facile!

personal pronoun object

le pronom personnel complément

what, me hit a woman!
quoi, moi frapper une femme!

fancy him thinking me the culprit!
incroyable qu'il ait pensé **que j'étais** le coupable!

it isn't me! it's them!
ce n'est pas moi, ce sont eux!

■

4 INSISTENCE

you simply must come
il faut absolument que vous veniez

to do + infinitive without to

to insist   insister

a man insists on seeing you
un homme **insiste pour** vous voir

he insisted upon the importance of the problem; he strenuously insisted on that point
il a insisté sur l'importance du problème; **il a lourdement insisté**

the doctor stressed the importance of rest for his recovery
le médecin **insista sur** l'importance du repos pour sa guérison

he was most insistent about that point
il a beaucoup insisté sur ce point

the boss insisted that his employees be on time
le patron **insista pour** que ses employés **arrivent** à l'heure

common expressions   **expressions courantes**

to hammer it in; hammer a point home
enfoncer le clou; bien insister sur un point pour le faire comprendre

to dot one's i's and cross one's t's; I've told you till I'm blue in the face
mettre les points sur les i; je me tue à te le dire

that shows you how rich he is! - don't press the point
c'est vous dire s'il est riche! - n'insistez pas trop / n'appuyez pas trop

necessity   **falloir**

you had better not go there!
il ne faudrait pas que vous y ailliez!

whatever you do, don't go there!
**il ne faudrait surtout pas
que vous y alliez!**

I still come back to this, we must go there, this show is a must
j'en reviens toujours là, **il faut que nous y allions, il faut voir ce spectacle!**

I do trust you
je vous fais **vraiment** confiance

I do hope you'll come
j'espère **bien** que vous viendrez!

do try to be on time!
essayez **donc** d'être à l'heure!

do leave me alone!
je vous en prie, laissez-moi seul!

I should hope so!
j'espère bien!

I should hope not!
j'espère bien que non!

reflexive personal pronouns

les pronoms personnels réfléchis

I painted the kitchen myself; j'ai repeint la cuisine **moi-même**

she made this cake herself; elle a fait ce gâteau **elle-même**

emphatic form (with pronoun)

c'est moi / c'est lui / c'est nous qui

I'm the one who commands the ship
c'est moi qui commande le bateau

he's the one who called the police
c'est lui qui a appelé la police

we are the ones who have done the work
c'est nous qui avons fait le travail

inverted form

avoir beau

struggle as I would, I couldn't break free
j'avais beau faire, je ne pouvais me libérer

rich though they are they aren't happy
ils ont beau être riches, ils ne sont pas heureux

être loin de

little did he suspect that this strange visitor was actually his brother
il était bien loin de se douter que cet étrange visiteur était son frère

all the more / less / the better since

d'autant plus / d'autant moins / d'autant mieux que

they ought to have tried to help him all the more since he's their son
ils auraient dû s'efforcer de l'aider, **d'autant plus qu**'il est leur fils

I believe him all the less since he's already deceived me
je le crois **d'autant moins qu**'il m'a déjà trompé

I slept all the better since I was dead-beat
j'ai **d'autant mieux** dormi **que** j'étais exténué

5 OFFER

to make an offer   **faire une offre**

make me an offer; I'm open to any reasonable offer
faites-moi une offre; je suis ouvert à toute proposition raisonnable

I'm planning to make them an important offer for their house
je me propose de faire une offre importante pour leur maison

to offer somebody something   **offrir quelque chose à quelqu'un**

to give somebody something as a present
offrir quelque chose en cadeau à quelqu'un

what would you like as a treat for your birthday?
qu'est-ce qui te ferait plaisir pour ton anniversaire?

I offered him an interesting job but he turned it down
je lui ai offert un emploi intéressant mais il l'a dédaigné

you're welcome to anything you need from here; you're welcome to use my car
tout ce qui est ici est à votre disposition; n'hésitez pas à prendre ma voiture

offering somebody one's services   **offrir ses services à quelqu'un**

she offered to look after the children
elle s'est offerte pour garder les enfants

can I help you? can I do anything for you?
puis-je vous aider? puis-je faire quelque chose pour vous?

can I be of any help to you? is there any way I can help you at all?
puis-je vous aider d'une façon ou d'une autre? puis-je vous
aider en quoi que ce soit?

you're welcome to any help I can give you; I'd be pleased to help you
si je peux vous être utile, ce sera avec plaisir; je serais heureux de vous aider

can I help you (to) carry your luggage?
puis-je vous aider à porter vos bagages**?**

let me help you with your luggage
permettez-moi de vous aider à porter vos bagages

can I give you a hand with your luggage?
voulez-vous un coup de main pour vos bagages**?**

if you need anything, you only have to ask / just ask
si vous avez besoin de quoi que ce soit, il vous suffit de le demander

don't hesitate to ask for anything you need
n'hésitez pas à demander ce dont vous avez besoin

you can count on me if need be
vous pouvez toujours compter sur moi en cas de besoin

offering a drink   **offrir à boire**

do you feel like a drink?
vous n'avez pas envie de prendre quelque chose / de boire un verre?

would you like something to drink? what would you like to drink?
voulez-vous boire quelque chose? qu'est-ce que je peux vous offrir à boire?

can I offer you something to drink?
puis-je vous offrir quelque chose à boire / un verre?

won't you have a drink? you'll have a drink, won't you?
vous prendrez bien quelque chose? vous prendrez bien un verre?

may I tempt you to some wine? how about a glass of wine?
puis-je vous offrir un peu de vin? que diriez-vous d'un verre de vin?

would you like some tea?
prendrez-vous un peu de thé?

what would you say to a nice cup of tea?
que diriez-vous d'une bonne tasse de thé?

to buy somebody a drink   **payer à boire à quelqu'un**

I'll stand you a drink; I'll treat you to a drink; I'm paying
je t'offre un pot; je t'offre à boire; c'est moi qui paie

this is my round; what'll you have? what's yours?
c'est ma tournée; qu'est-ce que tu prends? et pour toi, qu'est-ce que ça sera?

I want you to split a bottle with me
je veux que tu prennes une bouteille avec moi / qu'on se paie une bouteille

to offer to do something   **offrir de faire quelque chose /**
s'offrir à faire quelque chose

he has offered to pick me up at the airport
il m'a offert de venir me chercher à l'aéroport

all the inhabitants have volunteered to try to find the missing child
toute la population s'est offerte pour essayer de retrouver l'enfant disparu

if you feel like it, I could accompany you
si le cœur vous en dit, je pourrais vous accompagner

it would be a pleasure to take you to dinner
ça me ferait plaisir de vous emmener dîner

do you want me to do the washing up?   *would you like me to drive?*
veux-tu que je fasse la vaisselle?   **aimeriez-vous que je conduise?**

to offer somebody to do something   **offrir à quelqu'un de faire quelque**
chose

what do you fancy doing? what would you care to do?
qu'est-ce qu'il vous ferait plaisir de faire?

what would you say to a walk? would you care for a walk?
voulez-vous faire une promenade? que diriez-vous d'une promenade?

what about going to the swimming-pool?
et si nous allions à la piscine?

see also chapter **6 Suggestion**

■
6 SUGGESTION

what are we going to do tomorrow?   qu'allons-nous faire demain?

we can suggest several answers
nous pouvons suggérer plusieurs réponses

may I make a suggestion? if I may make a suggestion
puis-je faire une suggestion? si je peux faire une suggestion

may I suggest we go to the seaside; we might go to the seaside
je me permets de suggérer que nous allions au bord de la mer;
nous pourrions aller au bord de la mer

what I propose is that we go to the seaside
ce que je propose, c'est d'aller au bord de la mer

if you agree, we'll go to La Baule
si vous êtes d'accord, nous irons à La Baule

we could stay at home and watch TV instead
nous pourrions aussi rester à la maison et regarder la télévision

how about going to the swimming-pool?
et si nous allions à la piscine?

I'll tell you what, let's go to the swimming-pool!
tiens, si nous allions à la piscine?

I was just thinking we could go to the swimming-pool
je pensais justement que nous pourrions aller à la piscine

why don't we go to the pictures(GB), movies(US)?
I suggest we go to the pictures(GB), movies(US)
pourquoi n'irions-nous pas au cinéma? je propose que nous allions au cinéma

what do you think about going to Paris?
que pensez-vous / que diriez-vous d'aller à Paris?

still, wouldn't it be a good idea to go to Paris?
ne serait-ce pas cependant une bonne idée que d'aller à Paris?

we should go to Paris, shouldn't we?
nous devrions aller à Paris, **n'est-ce pas?**

■

7 REQUEST

she asked me for permission to go out tonight
elle m'a demandé la permission de sortir ce soir

to ask / ask for   **demander (solliciter)**

he asked for asylum; I asked him his name; he asked for mercy
il a demandé asile; je lui ai demandé son nom; il a demandé grâce

he asked me to do him a favour
il m'a demandé de lui rendre un service

I asked him for advice about the best opportunities of investment at the moment
je lui ai demandé conseil sur les meilleures opportunités d'investissement du moment

to apply

to apply for a job / divorce
faire une demande d'emploi; formuler une demande en divorce

to beg

I beg to differ
permettez-moi d'être d'un avis différent / de penser différemment

to beg for money / food
demander la charité

oh! I beg of you!
oh! je vous en supplie!

the children are begging to come with us
les enfants **supplient** qu'on les emmène

other constructions

leave it to me to tell him a few home truths
laissez-moi / comptez sur moi pour lui dire ses quatre vérités

whatever you do, don't forget to phone me every day
surtout / sous aucun prétexte, ne manquez pas de me téléphoner tous les jours

we would like to know what's going on
nous voudrions savoir ce qui se passe

to ask for the moon; to pick somebody's brains
demander la lune; solliciter les lumières de quelqu'un

to beseech   **demander instamment / solliciter / supplier**

I beseech you to intercede in his favour
je vous demande instamment d'intervenir en sa faveur

I beseech you to forgive him
je vous supplie de lui pardonner

to implore   **implorer**

the mother implored the kidnappers to save her child
la mère implora les ravisseurs d'épargner son enfant

to request   **inviter à / prier de**

passengers are requested not to leave their seats until the plane stops
les passagers **sont priés de** / **invités à** ne pas quitter leurs sièges avant l'arrêt de l'appareil

you are requested not to smoke
vous êtes priés de ne pas fumer

to inquire   **demander**

to inquire after somebody
demander des nouvelles de quelqu'un

I had to inquire from a passer-by how to get to the station
j'ai dû demander mon chemin à un passant pour aller à la gare

I'll go and inquire at the information desk
je vais demander au bureau des renseignements

to demand / insist on   **demander / exiger que**

I demand an apology
j'exige des excuses

he insists on seeing the General Manager
il exige d'être reçu par le Directeur Général

the boss demands that the employees arrive on time
le patron **demande / exige que** les employés arrivent à l'heure

you mustn't demand too much from him
il ne faut pas trop lui demander / il ne faut pas trop exiger de lui

polite requests   **demandes polies et courtoises**

may I open the window?
puis-je ouvrir la fenêtre?

would it be not too much trouble if I open the window?
cela ne vous dérangerait pas trop si j'ouvrais la fenêtre?

would you mind opening the window?
voulez-vous, s'il vous plaît, ouvrir la fenêtre?

would you have the kindness to open the window?
auriez-vous la bonté d'ouvrir la fenêtre?

be a dear / an angel and go and get me a beer
sois gentil / sois un ange, va me chercher une bière

I've a request to make to you: could you...?
j'ai une requête / une prière à vous adresser: pourriez-vous...?

I don't want to impose upon you but could you please type this letter?
**je ne voudrais pas abuser de votre gentillesse, mais pourriez-vous
me taper cette lettre?**

if it's no trouble could you please type this letter for me?
sans vous commander, pourriez-vous me taper cette lettre?

can I borrow your biro / can you lend me a biro?
puis-je emprunter votre stylo à bille? / pouvez-vous me prêter un stylo à bille ?

will you pass the salt, please?
voulez-vous me passer le sel, s'il vous plaît?

may I trouble you for the salt, please? (formal)
puis-je / pourrais-je vous demander de me passer le sel, s'il vous plaît? (formel)

do you have an objection to my coming tomorrow?
y a-t-il un inconvénient à ce que je vienne demain?

if you have no objection I'll come tomorrow
si vous n'y voyez pas d'inconvénient, je viendrai demain

I would appreciate your keeping it that way
ayez l'obligeance de ne rien déranger

do me the favour of phoning me every day; do that for my sake
fais-moi la grâce de me téléphoner tous les jours;
fais ça pour moi / fais ça pour me faire plaisir

please forgive me for asking this question but how old are you?
veuillez excuser ma question / pardonnez-moi pour cette question,
mais quel âge avez-vous?

I would take it kindly if you would do so
j'apprécierais que vous agissiez ainsi / vous m'obligeriez en agissant ainsi

it would be a good thing to let him know
il serait bon que vous le préveniez

"humorous" request   **demande humoristique**

I wouldn't mind being left alone
je ne serais pas fâché que vous me laissiez seul

positive answers   **réponses positives**

yes, of course / certainly; you're welcome
oui, bien sûr / pas de problème; je vous en prie

as you like / as you wish / suit yourself
faites comme vous voulez

that's all right / I think that would be all right
oui, c'est d'accord / je pense que ce serait très bien ainsi

reserved answers   **réponses réservées**

I don't quite know yet, I can't tell you just now
je ne sais pas encore, je ne peux vous le dire / je ne peux répondre pour le moment

let me think it over and I'll tell you later
laissez-moi réfléchir et je vous le dirai un peu plus tard

negative answers   **réponses négatives**

I'd like to say yes, but it's impossible / I don't think it's possible
j'aimerais vous dire oui, mais c'est impossible / je ne pense pas que ce soit possible

I'm not sure I can
je crains de ne pas pouvoir

I'm sorry you can't
je suis désolé, mais vous ne pouvez pas

8 ORDER

to give an order   **donner un ordre**

to order somebody to do something
donner l'ordre / intimer à quelqu'un de faire quelque chose

the teacher ordered the pupils to be quiet
le professeur ordonna aux élèves de se taire

to give somebody strict injunctions to do something
enjoindre strictement à quelqu'un de faire quelque chose

common expressions   **expressions courantes**

have the goodness to keep quiet while I'm speaking
ayez l'obligeance de vous taire pendant que je parle

will you please be quiet!; will you please leave the room!
taisez-vous, je vous prie!; je vous prie de sortir

imperative mood   **l'impératif**

get on with your work!
continuez votre travail!

mind your own business!
occupez-vous de vos affaires! occupez-vous de vos oignons*!

if you choose to go, let me know in good time
si vous décidez de partir, **dites-le-moi en temps utile**

go away!
va-t-en! allez-vous-en!

*bugger off***!*
fous-moi le camp*!

must (duty)   **devoir**

you are to obey the rules; my letter is to be mailed today
vous devez obéir aux règles; **ma lettre doit** être postée aujourd'hui

children are on no account to be left unattended
les enfants ne doivent sous aucun prétexte rester sans surveillance

you must arrive on time
vous devez arriver à l'heure

you've got to do exactly as I tell you
vous devez faire exactement comme je vous dis

verb of order + infinitive   **verbe de volonté + infinitif**

I forbid you to smoke; I order you to stop
je vous interdis de fumer; je vous ordonne d'arrêter

he bade him come
il lui a ordonné de venir

verb of order and will + subjunctive in French   **verbe de volonté + subjonctif**

I demand that he come
j'exige qu'il vienne

I want you to wear clean clothes
je veux que vous portiez des vêtements propres

shall expressing order   **le futur de volonté**

you shall do as I told you
vous ferez comme je vous l'ai dit

you shall apologize, whether you want to or not
vous vous excuserez, que vous le vouliez ou non

emphatic forms   **formes emphatiques**

you stay where you are! you follow me!
VOUS, restez où vous êtes! VOUS, suivez-moi!

everyone: command expressed   **chacun, personne + subjonctif**
by subjunctive in French

everyone keep calm! no one move! freeze!
que chacun reste calme!   que personne ne bouge!

insistence forms   **formes d'insistance**

do try to be on time!; do leave me alone!
essayez donc d'être à l'heure!; je vous en prie, laissez-moi seul!

do be kind and tell me the truth
voyons, soyez gentil et dites-moi la vérité

polite requests   **demandes polies**

leave me alone, will you?
laissez-moi seul, voulez-vous?

stop complaining, will you?
arrêtez de vous plaindre, voulez-vous?

should   **devoir au conditionnel + infinitif**

you should try to get tickets for the concert
tu devrais essayer d'obtenir des billets pour le concert

I'd rather + preterite modal   préférer au conditionnel + subjonctif

I'd rather you went off right now
je préférerais que vous partiez tout de suite

■
9 ACCEPTANCE

acceptance   l'acceptation

there's no doubt about his acceptance
son acceptation ne fait aucun doute

the idea met with general acceptance
l'idée a été bien accueillie par tous

to accept / agree   accepter

to accept without fuss
accepter sans façons

it's with great pleasure that I accept your invitation
c'est avec grand plaisir que j'accepte votre invitation

I'm inclined to accept your offer; I was weak enough to accept
j'incline à accepter votre offre; j'ai eu la faiblesse d'accepter

if you want to know whether I accept or not, the answer is yes
si vous voulez savoir si j'accepte ou non, la réponse est oui

I won't accept your lying to me
je n'accepte pas que vous me mentiez

my parents agreed to meet my boyfriend but they agreed reluctantly
**mes parents ont accepté de rencontrer mon petit ami,
mais ils n'ont accepté que du bout des dents***

they didn't accept light-heartedly
ce n'est pas de gaîté de cœur qu'ils ont accepté

they grew tired of resisting and finally accepted
de guerre lasse, ils ont fini par accepter

I agree to be your child's godfather
j'accepte d'être le parrain de votre enfant

I agree that my daughter should go on holiday alone
j'accepte que ma fille parte seule en vacances

do you accept cheques(GB), checks(US)?
acceptez-vous les chèques?

do you take Mr X to be your husband?
acceptez-vous de prendre pour époux Mr X ici présent?

will you accept the challenge?
acceptez-vous le pari?

common expressions   **expressions courantes**

to take the bad along with the good
accepter les bons et les mauvais côtés de la vie

to comply with a request; acquiesce in / assent to a request
faire droit à une demande; accepter une requête / accéder à une demande

to give in to somebody's requests; be won over by somebody's prayers
céder / se rendre aux prières de quelqu'un; se laisser gagner par les prières de quelqu'un

to accept somebody's reasons
se rendre aux raisons de quelqu'un

to fall in with somebody's ideas
accepter les idées de quelqu'un

my parents gave their assent to my marriage
mes parents ont donné leur assentiment à mon mariage

they allowed themselves to be won round / persuaded
ils se sont laissés fléchir / ils ont fini par accepter

your idea of inviting them is a very good one; I've no objection to their coming
votre idée de les inviter est excellente; je n'ai pas d'objection à ce qu'ils viennent

I've nothing against it, that's fine be; I buy it*
je n'ai rien contre, ça me va; j'accepte

I haven't the slightest intention of refusing; it would be bad form to refuse
je n'ai pas du tout l'intention de refuser; il y aurait mauvaise grâce à refuser

I'm favourable to your project; I see nothing wrong with it
je suis favorable à votre projet; je n'y trouve rien à redire

I'll let my son drive my car; I let myself be persuaded
j'accepte que mon fils conduise ma voiture; je me suis laissé faire

I wouldn't mind a cup of tea; I won't say no
une tasse de thé ne me ferait pas de mal; je ne dis pas non, ce n'est pas de refus*

I'd love to / that would be great / please yourself / suit yourself
ce sera avec plaisir / comme vous voudrez / comme vous voulez / à votre guise

I wouldn't mind doing it
ça ne me déplairait pas de le faire

I'm quite happy to do it
je le ferai sans déplaisir

he doesn't consider it beneath him to lend a hand occasionally
il ne dédaigne pas de mettre occasionnellement la main à la pâte

he didn't need persuading; he didn't wait to be asked twice
il ne s'est pas fait prier; il ne se l'est pas fait dire deux fois

proverb   proverbe

silence gives consent
qui ne dit rien consent

10 REFUSAL

to refuse / reject something   refuser quelque chose

to refuse a gift; to refuse one's consent with good reason
refuser un cadeau; refuser son consentement à juste raison

the company eventually rejected all the offers
la société a finalement refusé toutes les offres

they rejected the proposals lock, stock and barrel
ils ont rejeté toutes les propositions en bloc, toutes sans exception

to decline   **décliner**

he offered to take me to the restaurant, but I declined his invitation
il a offert de m'emmener au restaurant, mais j'ai décliné son invitation

to refuse to do something   **refuser de / se refuser à faire quelque chose**

I refuse to accept such a dishonest compromise; I don't want to be involved in the affair
je me refuse à accepter une telle compromission; je refuse d'entrer dans cette combine

I will have you know that I shall never leave the premises
sachez bien / soyez assuré que je n'accepterai jamais de quitter les lieux

he refuses to leave, whatever we say
il refuse de partir / il se refuse à partir quoi que nous disions

he refuses to go to the doctor
il refuse d'aller chez le médecin / il se refuse à aller chez le médecin

I won't hear of your going there; I won't hear of it
je ne veux absolument pas que tu y ailles; je ne veux pas en entendre parler

I won't have it said that I treated him unfairly; I won't wear that
je ne tolérerai pas qu'on dise que je l'ai traité de façon déloyale; je n'accepterai jamais

common expressions   **expressions courantes**

to turn a deaf ear to a request
refuser d'entendre / faire la sourde oreille à une proposition

to turn a blind eye to something
refuser de voir quelque chose / fermer les yeux sur quelque chose

it's none of my business   **cela ne me regarde pas**
you just can't say no to her   **on ne peut rien lui refuser**

to flout every convention   refuser de se plier à tous les usages
to bar one's door to somebody   refuser sa porte à quelqu'un

to refuse somebody something   **refuser quelque chose à quelqu'un**

not likely / you haven't a hope in hell**
n'y compte pas / tu peux toujours te fouiller**

you can whistle for it* / you'll be lucky! you've got a fat chance*!
compte là-dessus et bois de l'eau*!

you can (go and) take a running jump**/ you can forget it**
tu peux toujours courir* / tu peux aller te rhabiller**/ tu peux te brosser**

it would make me sick!
ça me ferait mal (au bout du sein*)

go fly a kite**!   **va te faire cuire un œuf**!**
he knows what he can do**!   **il peut toujours se taper**!**

to refuse permission   **refuser une permission**

it's altogether out of the question that you should go out with such a hooligan
il est hors de question que tu sortes avec un tel voyou

there's no question of it
il n'en est pas question

I hope you don't mind if I smoke?
j'espère que je ne vous dérange pas si je fume?

I'd rather you didn't / I'd still prefer you not to smoke
je préférerais que vous vous absteniez /
je préférerais quand même que vous ne fumiez pas

to give a flat refusal   **refuser net**

to reply with a categorical no; to give a blunt refusal
répondre par un non catégorique; opposer une fin de non-recevoir

he refused point-blank to come
il a refusé catégoriquement de venir

will you accept? - not on your life!
acceptez-vous? - jamais de la vie!

I shall not agree on any account
je n'accepterai en aucune manière / façon

you're not going, that's the way it is; you're not going, period
tu n'iras pas, c'est comme ça; tu n'iras pas, un point, c'est tout!

the answer is no, period! / full stop!
c'est non, un point, c'est tout!

he doesn't want to hear about it
il ne veut pas en entendre parler

he simply wouldn't foot the bill; he turned it down flat
il a refusé net de payer la note; il l'a carrément refusée

will you do it?; none of that! / not at any price
vous allez le faire?; pas question! / pour rien au monde

I shall do nothing of the sort; I'm having nothing to do with that
je n'en ferai rien; je ne mange pas de ce pain-là

I won't do it for love or money
je ne le ferais pour rien au monde

if he wants to do that, he'll have to do it over my dead body
s'il veut faire cela, il faudra qu'il me passe sur le corps

I'd go through fire rather than reveal my secret
je me ferais tailler en pièces plutôt que de livrer mon secret

not on any account would he have travelled by plane
pour rien au monde il n'aurait accepté de prendre l'avion

to refuse politely   **refuser poliment**

I'm afraid I'm unable to help you
je suis désolé, mais je ne peux pas vous aider

I would love to be of some help, but unfortunately I can't do anything for you
j'aimerais vraiment vous aider, mais malheureusement je ne peux rien pour vous

I'm sorry I can't join you for dinner tonight
je regrette, mais je ne peux pas dîner avec vous ce soir

no, thanks; I don't feel like going out tonight
non merci; je n'ai pas envie de sortir ce soir

I wish I could but I can't go out tonight
j'aurais aimé, mais je ne peux pas sortir ce soir

I wouldn't say no; it's not that I refuse, but let me think it over
je ne dis pas non; ce n'est pas que je refuse, mais je demande encore à réfléchir

to come up / meet with   **essuyer un refus / se heurter**
a refusal   **à un refus**

he was refused a glass of water
on lui a refusé un verre d'eau

persons under 18 are not admitted in this night-club
dans ce night-club, on refuse l'entrée aux moins de 18 ans

I was refused admittance
on m'a refusé l'entrée

when she asked for permission to leave earlier she met with a refusal
lorsqu'elle a demandé la permission de partir plus tôt elle s'est heurtée à un refus

she was given a flat refusal
elle a essuyé un refus total

this refusal was a kick in the teeth for her
elle a ressenti ce refus comme une gifle en pleine figure

■

11 DISCUSSION

discussion   **la discussion**

truth is reached through discussion
de la discussion jaillit la lumière

to launch (forth) into a discussion
se lancer dans une discussion

to have a full-dress discussion
se livrer à un débat de fond / avoir un débat de fond

to discuss / debate / dispute   **discuter**

we have to debate about the agenda before the meeting of the Board of Directors
nous devons discuter de l'ordre du jour avant la réunion de Conseil d'Administration

that's debatable
ça se discute

to talk

you mustn't talk politics with your friends
il ne faut pas discuter politique avec ses amis

to talk the matter over

I talked the matter over with my parents, but they don't agree
j'en ai discuté avec mes parents, mais ils ne sont pas d'accord

to straighten things out

I wanted to straighten things out with them
je voulais mettre les choses au point avec eux

to argue

they're arguing about the company I keep
ils ne sont pas d'accord sur mes fréquentations

it's no use arguing with them
il n'y a pas moyen de discuter avec eux

to argue the toss*
discuter le coup*

the subject at issue   **l'objet du débat**

what is it all about?   **de quoi s'agit-il?**
it is like this / this is what it is about   **voici de quoi il s'agit**

the crux / the heart of the matter — le fond / le cœur du débat
the kernel / the core / — le point fondamental de la
the nitty gritty of the question — question
that's the main issue — voilà le problème principal
the problem lies in the fact that... — le problème réside en ce que…
that's the question — là est la question
that's not the point / the problem — ce n'est pas là le problème
it's not a matter / a question of money — il ne s'agit pas d'argent
it's a very difficult issue /
the matter at hand is delicate — c'est un sujet délicat
to make an issue of something — faire de quelque chose
— un sujet de discussion

to discuss futilities — discuter de futilités / du sexe des anges

to take up the subject   aborder le sujet

to set a problem — poser / exposer un problème
to come straight to the point — entrer de plain-pied dans le sujet
to see the point — voir ce dont il s'agit
to come to the point — en venir au fait
to face the issue — regarder le problème en face
to get to the heart of the matter — entrer dans le vif du sujet
to go to the heart of the problem — aller au cœur du sujet
to be very much to the point — serrer le sujet
to miss the point — ne pas voir le problème
to evade the point — ne pas vouloir voir le problème
to beat around the bush — tourner autour du pot
to wander away from the subject — s'éloigner du sujet
to get off the subject — s'écarter du sujet
to be way off the subject — être très loin du sujet
this is irrelevant to the subject — ceci est étranger au sujet
to be off the point — être à côté de la question
that's another question altogether — ça, c'est une toute autre affaire
to move on to the second point — aborder le second point

starting up a discussion   engager une discussion

to bring a problem up for discussion — mettre un problème en discussion
to take a problem up with somebody — aborder un problème avec quelqu'un
to discuss a problem with somebody — discuter d'un problème avec
— quelqu'un
to talk something over — débattre en détail de quelque chose

to talk things out with somebody	discuter la chose à fond avec quelqu'un
to take issue with somebody	engager une controverse avec quelqu'un
to enter into an argument with somebody	engager une polémique avec quelqu'un

to present one's point of view   **présenter son point de vue**

to have a say in the matter	avoir voix au chapitre
to make a case for something	apporter des arguments pour quelque chose
to have a good, strong case	avoir de bons, solides arguments
to make out one's case	développer son argumentation
to ram home an argument	corroborer un argument
to make a point	présenter / développer un argument
to have a strong point	avoir un argument solide
to bring up one's big guns	sortir un argument massue
to develop an argument in great detail	développer un argument en détail
to put forward an idea	présenter / avancer une idée
to uphold an idea / principle	défendre une idée / un principe
supposing that...	admettons que...
here's a case in point	voici un bon exemple
to contend that	soutenir que
to prove that	prouver que
to consider the pros and cons of something	peser le pour et le contre
to get to the bottom of something	aller au fond des choses
to consider the problem from all angles	considérer le problème sous tous les angles
to justify an argument	justifier un raisonnement
to specify something	préciser quelque chose
to bring something home to somebody	faire comprendre quelque chose à quelqu'un
to bring somebody round to one's opinion	amener quelqu'un à son point de vue
to make somebody see reason	faire entendre raison à quelqu'un

answering an interlocutor   **répondre à l'interlocuteur**

to remonstrate	rétorquer

to rejoin	répliquer
to hedge a question	répondre à côté
to contradict somebody	contredire quelqu'un
to raise an objection	soulever une objection
to contest a point	contester un argument
to knock the bottom out of an argument	démolir un argument
to give the lie to somebody	dénoncer la fausseté d'un raisonnement
to pick holes in an argument	relever les failles d'une argumentation
your argument doesn't hold water	votre argument ne tient pas la route
I take your point	je comprends votre point de vue
I am afraid I missed the point	je crains de ne pas avoir compris
it doesn't look as if...	il ne me semble pas que...
I don't quite follow	je ne vous suis pas
I don't see your point	je ne vois pas ce que vous voulez dire
I've only a dim view of...	je n'ai qu'une vague idée de…
I'm still in the dark	je ne comprends toujours pas
can you be more specific?	pouvez-vous être plus précis?
put me in the picture	expliquez-moi de quoi il retourne
I think the problem is badly put	le problème me semble mal posé
that's beside the point	cela n'a rien à voir
that's nothing to do with the question	cela n'a rien à voir avec la question
let's go over the facts again	reprenons les faits
let's go over what happened again	récapitulons les faits
there is no denying the facts	les faits sont là / on ne peut les nier
the facts speak for themselves	les faits parlent d'eux-mêmes
I can't say to the contrary	je ne peux pas dire le contraire
can we take it that...?	pouvons-nous considérer que...?
that's one point settled	voilà un point d'acquis
to counter an opinion	contrer une opinion
to turn an argument back on somebody	retourner un argument contre quelqu'un
that argument cuts both ways	cet argument est à double tranchant
that alters the whole case	cela change tout
all that is grist to my mill	ceci apporte de l'eau à mon moulin
let's suppose that / let's assume that	admettons que / supposons que

what do you mean?	que voulez-vous dire?
what are you getting at?	où voulez-vous en venir?
what do you say to that?	qu'est-ce que vous en dites?
this all sounds very well but...	tout cela est bien joli mais…
that's an understatement	c'est peu dire
let's scrap the idea	abandonnons cette idée

other turns used in discussion

to stick to the facts	s'en tenir aux faits
to keep to one's point of view	maintenir son point de vue
to stand one's ground	maintenir ses positions
to dig in one's heels	s'accrocher à sa position
to stick to one's guns	camper sur ses positions
to go off at a tangent	prendre la tangente
to leave a question in the dark	laisser une question dans l'ombre
to introduce a red herring into the discussion	noyer le poisson
to split hairs	couper les cheveux en quatre
to dot one's i's and cross one's t's	mettre les points sur les i
to lose the thread of the argument	perdre le fil de la discussion
to become bogged down in an argument	se noyer dans un raisonnement
to take somebody up short	couper la parole à
to interrupt somebody	interrompre quelqu'un
to shut somebody up	couper la chique*
to take the wind out of sb's sails	clouer le bec* à quelqu'un
to floor somebody	en boucher un coin à quelqu'un
to have the last word	avoir le dernier mot
to take somebody at his word	prendre quelqu'un au mot
to get somebody up against the wall	mettre quelqu'un au pied du mur
to give somebody tit for tat	répondre du tac au tac
to throw back a quick retort	renvoyer la balle
to be biased against somebody	être partial envers quelqu'un
to take sides with somebody	prendre parti pour quelqu'un
to play the devil's advocate	se faire l'avocat du diable
to change sides	changer de camp
to come to a deadlock	aboutir à une impasse
to labour an obvious point	enfoncer une porte ouverte
to argue the toss	continuer à discuter pour rien
to go over the question	reprendre la discussion point

point by point	par point
to get caught up in an argy-bargy*	se laisser entraîner
	dans une discussion sans fin
to go round in circles	tourner en rond

(so) we're back to where we started
nous voici revenus à notre point de départ

■

12 ARGUMENTATION

linking phrases ("padding" expressions used in speech)

to begin with	pour commencer
first and foremost	d'abord et c'est le plus important
in the first place	en premier lieu
in the second place	en second lieu
lastly	en dernier lieu
last but not least	enfin, et ce n'est pas le moindre
taken together / altogether	à tout prendre / l'un dans l'autre
on balance	tout compte fait
all things considered	tout bien considéré
after all	après tout
in the end	en fin de compte
all told	quand tout est dit
on the one hand, on the other hand	d'une part, d'autre part
for one thing I can't go there	d'abord, je ne peux pas y aller
for another I don't want to	ensuite, je ne le veux pas
first, then, finally	d'abord, ensuite, enfin
and so forth / and so on	et ainsi de suite / etc.
according as	selon que
according to	selon / suivant
it's just the other way round	c'est tout le contraire
it's just the opposite	c'est tout le contraire
on the contrary	au contraire
in the opposite case	dans le cas contraire
on the other hand	par contre
in that respect	de ce point de vue là / à cet égard
on every account	de tout point de vue
on account of	en raison de
on the grounds that	en raison du fait que

to stick to the facts	pour s'en tenir aux faits
on no account	sous aucun prétexte
in short	en bref
in a nutshell	en deux mots
in other words	en d'autres mots
in the words of...	pour reprendre les mots de...
as well you know	comme vous le savez
as a matter of principle	en principe
in general	en général
as a general rule	en règle générale
on the whole / broadly speaking	dans l'ensemble / généralement parlant
globally	globalement
particularly	en particulier
on average	en moyenne
especially	surtout
considering	compte-tenu de
in the matter of	en matière de
as a matter of fact	en fait
as a matter of course	tout naturellement
regarding	concernant
in the case in point	en l'occurrence
as to	pour ce qui est de
with regards to	en ce qui concerne
I for one / as for me	en ce qui me concerne / quant à moi
to my mind	à mon avis
in my eyes	à mes yeux
from my point of view	de mon point de vue
with the benefit / wisdom of hindsight	avec le recul / à la lumière des faits
in all respects	à tous égards
in many respects	à maints égards
as it were / so to speak	pour ainsi dire
that is to say	c'est-à-dire
I'd go as far as to say that	j'irais jusqu'à dire que
by the way	à propos / au fait
come to that	à ce propos
hence / therefore	pour cette raison
this is all the more reason	raison de plus
with greater reason	à plus forte raison
for personal reasons	pour des raisons personnelles

as far as that goes	**pour autant**
as far as I am concerned	**pour autant que je suis concerné**
as far as I know	**pour autant que je sache**
be that as it may	**quoi qu'il en soit**
anyway	**de toutes façons**
in a way	**d'une certaine façon**
in no way	**en aucune façon**
besides / moreover	**de plus / en outre**
furthermore	**qui plus est**
in addition to	**en plus de**
to revert to the question	**pour en revenir à la question**
as a conclusion	**pour résumer**
by way of conclusion	**en conclusion**

■

13 PERSUASION, DISSUASION

to convince / persuade somebody   convaincre / persuader quelqu'un

she persuaded me to lend her my car
elle m'a persuadé de lui prêter ma voiture

she had a struggle to persuade me
elle ne m'a persuadé qu'au prix de grands efforts

she needed all the eloquence she could summon up to convince me
elle a dû déployer toute son éloquence pour me convaincre

she succeeded in convincing me; she twisted my arm
elle a réussi à me convaincre; elle m'a eu au sentiment

*the police officer talked the man who had taken the cashier hostage
into turning himself in*
le policier **persuada** l'homme qui avait pris le caissier en otage de se livrer aux autorités

my sister prevailed upon me to watch the children while she was out
ma sœur **a obtenu que** je surveille les enfants pendant son absence

Dad has roped me in* to help him wash the car
papa **m'a embringué** pour l'aider à laver la voiture

to prove   **démontrer**

I proved to him according to the rule book that he still had plenty of time
je lui ai démontré en règle qu'il avait encore beaucoup de temps

to get something into / put something across to somebody's head

she's trying to get it into her mother's head
that at the age of 18 she must be allowed to go out alone at night
elle s'efforce de persuader sa mère, qu'à l'âge de 18 ans,
elle doit avoir le droit de sortir seule le soir

she's trying to bring her to understand that at the age of 18...
elle s'efforce de l'amener à comprendre qu'à l'âge de 18 ans…

to urge / encourage   **pousser / encourager**

my parents are urging / encouraging me to study medicine
mes parents **me poussent** / **m'encouragent à** faire mes études de médecine

to win agreement for one's opinion   **faire prévaloir son point de vue**

to bring somebody round to one's ideas or opinions
amener quelqu'un à partager ses propres idées ou opinions

at first he said he was opposed to my suggestion but I managed to bring him round
il était tout d'abord opposé à ma suggestion, **mais j'ai réussi à le persuader**

to talk somebody around
persuader quelqu'un de changer d'avis

to instil an idea in somebody
faire pénétrer une idée dans l'esprit de quelqu'un

to persuade by pressure or by   **persuader en faisant pression ou en**
insisting   **insistant**

she argued her husband into doing what she wanted
elle a fini par obtenir de son mari qu'il fasse ce qu'elle voulait

she won him over to her point of view
elle a fini par le convaincre / elle l'a gagné à sa façon de voir

the children kept badgering me to get a computer
les enfants n'ont cessé de me harceler pour que j'achète un ordinateur

the mother dinned* into the child that he must behave well in any circumstance
la mère ne cessait de répéter à l'enfant qu'il devait bien se
conduire en toute circonstance

his schoolmates teased the young child into shoplifting a pack of sweets
ses camarades **poussèrent le jeune enfant à dérober** un paquet de bonbons

her father wants her to stop smoking; she says he's continually at her
son père veut qu'elle cesse de fumer; elle dit qu'**il est toujours après elle**

to ram an idea into somebody
enfoncer une idée dans la tête de quelqu'un

to hammer an idea into somebody's head
faire entrer de force une idée dans la tête de quelqu'un

to hammer it in
enfoncer le clou

to trick somebody into doing something   persuader par la ruse

the con man tricked his victims into giving him their savings
l'escroc persuada ses victimes de lui confier leurs économies

this con-artist* is a smooth operator
cet arnaqueur* est quelqu'un qui sait y faire

to get round somebody   entortiller / embobiner quelqu'un

she got round him in the end; she soon changed his mind for him
elle a réussi à l'embobiner / à l'entortiller; elle l'a retourné comme une crêpe

to wheedle somebody into doing something
persuader quelqu'un en le cajolant

to flatter somebody into doing something
persuader quelqu'un en le flattant

to entice / coax   persuader quelqu'un en l'exposant à la tentation

he tried to entice me but I finally refrained
il m'a fait miroiter les avantages, mais finalement je me suis abstenu

I coaxed the cat into leaving his hiding place with some milk
je fis sortir le chat de sa cachette en lui présentant un peu de lait

he needed coaxing
il s'est fait prier

to let oneself be persuaded   **se laisser persuader**

he finally came round to my point of view
il a fini par partager mon point de vue

he accepts the idea of selling the house
il est acquis à l'idée de vendre la maison

he didn't need persuading; he didn't wait to be asked twice
il ne s'est pas fait prier; il ne se l'est pas fait dire deux fois

to dissuade somebody from doing   **dissuader quelqu'un de faire quelque**
something   **chose**

the rescuers dissuaded the suicidal man from jumping off the bridge
les sauveteurs **dissuadèrent** l'homme de se jeter du haut du pont

the psychologist discouraged the parents from forcing their child to go swimming
le psychologue **dissuada** les parents d'obliger leur enfant à aller se baigner

to dissuade by fear   **dissuader par la peur**

atomic weapons are meant as a deterrent upon possible belligerents
l'arme atomique **est conçue pour dissuader** les belligérants éventuels de faire la guerre

seeing the police officer was enough to frighten the child out of shoplifting
la vue du policier **suffit à dissuader** l'enfant de voler à l'étalage

the murderer bullied the witness out of testifying
le meurtrier, en le menaçant, **dissuada** le témoin de témoigner

does the fear of cancer deter people from smoking?
la crainte du cancer dissuade-t-elle de fumer?

to dissuade by advising   **dissuader en conseillant**

to caution / warn somebody against something
prévenir quelqu'un / mettre quelqu'un en garde contre quelque chose

to advise somebody against something; discourage somebody from doing something
**déconseiller quelque chose à quelqu'un; décourager quelqu'un
de faire quelque chose**

this will lead you nowhere; this will serve no purpose
cela ne vous mènera à rien; cela ne servira à rien

think twice before you go; there's no point in going there
réfléchissez deux fois avant d'y aller; ça ne sert à rien d'y aller

it's not worth it; the game is not worth the candle
ça n'en vaut pas la peine; le jeu n'en vaut pas la chandelle

I wouldn't advise you to go there; you'd better not go there
je ne vous conseille pas d'y aller; vous feriez mieux de ne pas y aller

I had rather you didn't
je préférerais que vous n'y alliez pas

that won't do
ça n'ira pas

what's the good? it will never work
à quoi bon? ça ne marchera jamais

it's no use running, you won't catch the bus
ce n'est pas la peine de courir, vous n'attraperez pas l'autobus

proverb   **proverbe**

he spoils his case who wants to prove too much
qui veut trop prouver ne prouve rien

14 AGREEMENT

short affirmative replies   **brèves réponses positives**

yes / yes, I don't mind   oui / oui je veux bien
me too / so am I / so do I   moi aussi

so is he / so was he / so did he	lui aussi
I think so	oui, je crois bien
willingly	bien volontiers
that's right	c'est exact
OK / all right	c'est d'accord
right you are	c'est d'accord / entendu
it's fine by me	c'est d'accord / ça me convient
yes of course	oui bien sûr
oh, absolutely / exactly	bien sûr / tout à fait
undoubtedly	sans aucun doute
of course	cela va de soi
needless to say	cela va sans dire
that's true	cela est vrai
true enough	c'est bien vrai
too true!	ce n'est que trop vrai
I quite agree	c'est bien mon avis
I grant you that	je vous l'accorde
definitely	assurément / bien entendu
fine! agreed!	entendu!
I'm all for it*	je suis tout à fait pour
that's it	c'est ça
you said it!	tu l'as dit!
you can say THAT again!	c'est le cas de le dire

not to be in disagreement   **ne pas être opposé**

I'm not averse to your proposal; I've nothing against it; I won't say no
je ne suis pas opposé à votre proposition; je n'ai rien contre; je ne dis pas non

I'm agreeable to your proposal
je ne verrais pas votre proposition d'un mauvais œil

we've no objection to your proposal
nous n'avons rien à objecter à votre proposition

I can't see anything wrong with that
je n'ai rien à dire à cela / je ne vois rien à dire à cela

to agree   **être d'accord**

to be in agreement with somebody on something
être d'accord avec quelqu'un sur quelque chose

to agree to do something; agree to everything / on all points
être d'accord pour faire quelque chose; être d'accord sur tout / sur tous les points

I don't always agree with you when it comes to politics
je ne suis pas toujours d'accord avec vous lorsqu'il s'agit de politique

but we're always of the same mind when it comes to women
mais nous sommes toujours d'accord lorsqu'il s'agit de femmes

my wife and I are always like-minded when it comes to going to the restaurant
ma femme est toujours d'accord avec moi lorsqu'il s'agit d'aller au restaurant

I'm always at one with my twin to everything
mon frère jumeau et moi sommes toujours d'accord sur tout

I agree with you on that point
je vous rejoins sur ce point

I entirely agree with your suggestion; I couldn't agree more
je suis tout à fait d'accord avec votre suggestion; je ne saurais être plus d'accord

I don't know if you're not altogether right!
je ne sais / je ne saurais vous dire jusqu'à quel point vous avez raison

we see eye to eye on the question
nous sommes tout à fait d'accord sur la question

I'm in full agreement / I'm with you all the way
je suis pleinement d'accord / je suis d'accord à 100%

you have my wholehearted consent
vous avez mon accord plein et entier

common expressions   expressions courantes

I'm with you in what you say; I'm on your side
je suis d'accord avec ce que vous dites / je suis avec vous / je suis de votre côté

I think you're right and so say all of us
je pense que vous avez raison et nous sommes tous d'accord sur ce point

we're all thinking along the same lines
nous sommes tous d'accord / nous pensons tous la même chose

that's just what I feel / think
c'est exactement mon sentiment / ce que je pense

I'm in complete agreement with you
j'abonde dans votre sens

to give one's assent / approval / sanction to a project

to nod one's agreement; nod assent
signifier son accord par un hochement de tête; opiner de la tête

the headmaster gave his approval to the new timetable
le proviseur a approuvé le nouvel emploi du temps

he gave it his sanction
il a donné son approbation

I entirely approve of your way of looking at things
j'approuve totalement votre façon de voir les choses

I'm all for your project; that's quite all right by me
je suis tout à fait d'accord avec votre projet; pour moi, c'est d'accord

to come to an agreement

to get somebody to come to terms; come to terms with somebody
amener quelqu'un à un accord; parvenir à un accord avec quelqu'un

to agree on a line to take
accorder ses violons

to come to a definite understanding; to conclude by mutual consent
parvenir à un accord précis; conclure un accord de gré à gré

to leave open the possibility of a compromise
laisser la porte ouverte à une solution de compromis

to reach a compromise with somebody
parvenir à un accord de compromis

each of them must be ready to go halfway, this is the only way to reach a compromise
**chacun doit faire la moitié du chemin,
c'est la seule façon de parvenir à un compromis**

to accept an agreement   **accepter un accord**

to side with somebody; fall in with somebody's views
**se ranger à la décision de quelqu'un; accepter d'entrer dans les vues de
quelqu'un**

to give somebody the green light
donner le feu vert à quelqu'un

we accept your offer
nous acceptons votre offre

your suggestion meets our approval
votre suggestion rencontre notre agrément

what a good idea yours was! I can't but give my sanction to such an idea
quelle bonne idée vous avez eu là! je ne peux qu'approuver une telle idée

reluctant agreement   **l'accord contraint ou réticent**

to give a half-hearted consent
accepter à contrecœur / à regret

I must admit that you're right
je dois admettre / je reconnais que vous avez raison

I suppose you're right
je suppose que vous avez raison

it was touch and go whether he would agree
son accord n'a tenu qu'à un fil

agreement with reservation   **l'accord avec réserve**

you may be right but the facts don't support your argument
il se peut que vous ayez raison, mais les faits ne corroborent pas votre argument

we're willing to accept your proposal if we can agree on credit terms
**nous accepterons votre proposition
si nous nous mettons d'accord sur les conditions de paiement**

we had an informal agreement not to mention the problem
nous nous étions mis officieusement d'accord pour ne pas évoquer ce problème

fair enough*, but...
moi, je veux bien, mais...

■

15 DISAGREEMENT

short negative replies	**brèves réponses négatives**
no	non
neither am I	moi non plus
neither is he	lui non plus
I don't think so	je ne le pense pas
I think not	je pense que non
I shouldn't think so	ça m'étonnerait
certainly not	certainement pas
pull the other one!*	mon œil*, oui
in no way	en aucune façon
never in my life	jamais de la vie
not in the least	pas le moins du monde
it's nothing of the sort	il n'en est rien
anything but!	pas du tout!
absolutely not!	absolument pas!

to disagree   **être en désaccord**

I don't agree with you about the measures to be taken
je ne suis pas d'accord avec vous sur les mesures à prendre

that's where I disagree with you
c'est là que nous ne sommes plus d'accord

I feel I must take issue with you on this
je me permets de ne pas partager votre avis là-dessus

I disagree with your opinion about the government's policy
je ne partage pas votre opinion concernant la politique du gouvernement

to contradict   **contredire**

my father is always contradicting what I say
mon père **contredit toujours** ce que je dis

his behaviour contradicts what he claims to be
son comportement **est en contradiction** / **ne s'accorde pas** avec ce qu'il prétend être

to diverge   **diverger**

my political opinions diverge from yours
mes opinions politiques **ne sont pas les vôtres** / nos opinions politiques **divergent**

common expressions   **expressions courantes**

I'm at odds with my son over the company he keeps
je suis en désaccord avec mon fils au sujet de ses fréquentations

your testimony conflicts with the facts
votre témoignage est en désaccord avec les faits

your proposals are out of line with your previous commitments
vos propositions ne cadrent pas avec vos précédents engagements

our opinions clash on that point
sur ce point, nous nous heurtons totalement

I don't hold with giving children a lot of pocket money
je ne suis pas d'accord pour donner beaucoup d'argent de poche aux enfants

I don't share your view; I see things quite differently
je ne partage pas votre façon de voir; je vois les choses d'une façon tout à fait différente

the experts are divided on the question
les experts sont partagés sur la question

it's altogether out of the question for you to go out with such a hooligan
il est absolument hors de question que vous sortiez avec un tel voyou

I'm totally opposed to your proposal
je suis tout à fait opposé à votre proposition

I will not sanction such a proposal; I will not entertain your proposal
je ne peux pas approuver une telle proposition; je repousse votre proposition

I can't go along with that at all
je ne suis pas du tout d'accord / je suis tout à fait contre

I'm resolutely against capital punishment
je suis tout à fait / farouchement opposé à la peine de mort

I object to people resorting to such dishonest behaviour
je m'insurge contre ceux qui usent de tels procédés

the project was called into question yet again
le projet a été remis en question une fois de plus

you don't mean that! don't talk nonsense!
vous ne pouvez prétendre cela! ne dites pas de bêtises!

this argument of yours doesn't hold water
votre argument ne tient pas debout

they're at daggers drawn in this business
ils sont à couteaux tirés dans cette affaire

partial disagreement   **désaccord partiel ou nuancé**

do you really think so?
le pensez-vous vraiment?

with due respect, I think you're wrong; I'm afraid you're wrong
**avec tout le respect que je vous dois, je pense que vous vous trompez;
je crains que vous vous trompiez**

I'm afraid I can't agree with you; I'm not sure if I agree
je crains de ne pas être d'accord avec vous; je ne suis pas sûr d'être d'accord

I'm afraid I have to disagree with you on that
j'ai bien peur de ne pas être d'accord avec vous sur ce point

I don't totally share your point of view; I beg to differ
**je ne partage pas totalement votre point de vue; permettez-moi d'être d'un
autre avis**

I don't see things in that light
je ne vois pas les choses de cette façon / sous cet angle-là / sous ce jour-là

◼ 16 TALKING AND EXPRESSING

the voice   la voix

to talk in a low / loud voice
parler à voix basse / haute

to speak loud and clear; to speak distinctly
parler à haute et intelligible voix; parler distinctement

to speak in a broken voice
parler d'une voix entrecoupée

to speak in a nasal voice
nasiller / parler du nez

to have a lisp
avoir un cheveu sur la langue

to be hoarse; have a frog in one's throat; clear one's throat
être enroué; avoir un chat dans la gorge; s'éclaircir la voix

my voice is hoarse
je suis enroué / j'ai la voix enrouée

I'm hoarse from so much shouting
je me suis enroué à force de crier

I've nearly lost my voice from so much shouting; my voice has gone
je suis presque aphone d'avoir trop crié; j'ai une extinction de voix

to speak with ease   parler avec aisance

to be a gifted speaker; have great ease of expression
avoir la parole facile; s'exprimer avec aisance

to be good at repartee
avoir la réplique facile

to make a speech; to speak off the cuff
prendre la parole; improviser

to take the floor at a public meeting
prendre la parole dans une réunion publique

to have difficulty in speaking   **parler avec difficulté**

to stammer; slur one's words
bégayer; mal articuler

his speech was slurred
il n'arrivait pas à articuler

he doesn't articulate his words
il articule mal

he has a clipped way of speaking; he runs his words together
il avale ses mots en parlant; il mange ses mots

what's he jabbering on about?
qu'est-ce qu'il baragouine?

he can't get his words out fast enough
ça se bouscule au portillon

common expressions   **expressions courantes**

to splutter out excuses
bredouiller des excuses

to mumble some grievances; mutter something between one's teeth
marmonner des griefs; grommeler / marmotter quelque chose entre ses dents

to jabber (out) one's prayers; to mutter sweet words
marmonner ses prières; murmurer des mots doux

to express what one has to say   **exprimer ce que l'on a à dire**

to express one's opinion; to say something in person
exprimer son opinion; dire quelque chose de vive voix

no one ventured to voice their thoughts
personne ne se hasarda à dire ce qu'il pensait

I don't like airing my own opinions too much
je n'aime pas exposer publiquement mes propres opinions

to get something off one's breath
dire ce qu'on a sur le cœur

to speak one's mind; to speak out
dire ce que l'on pense; dire le fond de sa pensée

I'm going to give him a piece of my mind / tell him a few home truths
je vais lui dire ma façon de penser / je vais lui dire ses quatre vérités

I don't know how to put it
je ne sais pas comment le dire

I can't put my thoughts into words
je ne trouve pas les mots pour exprimer ce que je pense

how would you like me to phrase it? tell me in your own words
comment voulez-vous que je le dise? dites-le-moi à votre façon

that's exactly the phrase I was looking for
voilà exactement l'expression que je cherchais

(just) between the two of us he's a bit of a half-wit
entre nous soit dit, il est un peu demeuré

he's a bit of a half-wit, to put it mildy
pour dire les choses gentiment (et c'est un euphémisme), il est un peu demeuré

I'm only saying aloud what everyone is thinking
je ne fais que dire tout haut ce que tout le monde pense tout bas

if I may so express myself
si je peux ainsi m'exprimer

you could think of no better way in which to express what's in your mind
vous ne sauriez mieux dire

I'm not putting words into your mouth
je ne vous le fais pas dire

you took the word right out of my mouth
vous m'avez ôté le mot de la bouche / c'est exactement ce que j'allais dire

fine language   **le beau langage**

to talk a flowery language; to use long-tailed words
faire des phrases fleuries; pour employer les grands mots

I don't say that only as a mere compliment; I mean what I say
je ne dis pas cela seulement comme un compliment; je parle sérieusement

the wording is exceedingly important; he's a skilled wordsmith
le choix des mots est extrêmement important; il sait tourner ses phrases

to mince one's words
hésiter à dire quelque chose; parler à mots couverts

to beat around the bush
tourner autour du pot / ne pas s'exprimer franchement

to ask for something in a very roundabout way; to speak in riddles
prendre de longs détours pour demander quelque chose; parler par énigmes

he asked you to accompany him? - not in so many words
il vous a demandé de l'accompagner? - pas exactement

to speak frankly; not to mince matters / one's words
parler franchement / parler crûment; ne pas mâcher ses mots

to call a spade a spade
appeler un chat un chat

I told him in so many words that I didn't love him
je lui ai dit carrément / sans y aller par quatre chemins que je ne l'aimais pas

he made no bones about saying what he thought
il n'a pas hésité à dire ce qu'il pensait

to hammer out one's words
marteler ses mots

to express oneself   **s'exprimer**

to express oneself clearly about a difficult subject
s'exprimer clairement sur un sujet difficile

to express oneself very freely / clumsily
s'exprimer avec une grande liberté / avec lourdeur

to wax lyrical about one's hobby
s'exprimer avec lyrisme sur son hobby

problems of expression   **les problèmes de l'expression**

words can't express how I feel
les mots sont impuissants à le dire / à dire ce que je ressens

maybe I've expressed myself badly?
peut-être me suis-je mal exprimé?

the words misrepresented what I had in mind; I must have been carried away
les mots ont trahi ma pensée; les mots ont dû dépasser ma pensée

a misunderstanding; I think we've got our lines crossed somewhere
un malentendu; je pense qu'il y a malentendu entre nous

I didn't say that in so many words
ce n'est pas exactement ce que j'ai dit / je n'ai pas dit cela explicitement

you're putting words into my mouth
vous me faites dire ce que je n'ai pas dit

it was a slip of the tongue; that Freudian slip of mine was a source of embarrassment
c'était un lapsus / la langue m'a fourché; ce lapsus m'a mis dans l'embarras

to have difficulties speaking   **avoir des difficultés à s'exprimer**

to fumble for words
chercher ses mots

I can't think of the right word
je ne trouve pas le mot juste

I have the word on the tip of my tongue
j'ai le mot sur le bout de la langue

he's a very inarticulate person; he can't string three words together
il a du mal à s'exprimer; il est incapable d'aligner trois mots de suite

to lose / recover one's speech   **perdre / retrouver la parole**

to be tongue-tied with surprise
être muet d'étonnement

has the cat got your tongue?
as-tu perdu ta langue?

words failed him
il en a perdu la parole / il ne sut que dire

he didn't say a single word
il ne souffla mot / il n'a pas dit un traître mot / il n'a pas desserré les dents

he could think of nothing to say
il ne trouva rien à dire

he remained dumbfounded; the words got stuck in his throat
il resta bouche bée; les mots lui sont restés dans la gorge

common expressions   **expressions courantes**

it was, as one might say, a bad dream
c'était comme qui dirait un mauvais rêve

he was, as they say, a swell guy
c'était, comme on dit, un brave type

that's an exaggeration
c'est beaucoup dire

that's an understatement; that's saying a good deal
c'est peu dire; ce n'est pas peu dire

that's saying too much
c'est trop dire

it's the least you can say; the least said the better
c'est le moins qu'on puisse dire; moins on en dit, mieux ça vaut

that just shows you; that shows you how rich he is
c'est tout dire; c'est vous dire s'il est riche

it's as good as saying that I'm a liar
autant dire que je suis un menteur

don't get me wrong, it's just a way of speaking
comprenez-moi bien, c'est juste une façon de parler

see what I mean? - I see what you mean
vous voyez ce que je veux dire? - je vois ce que vous voulez dire

what do you say to that? - sorry, I didn't catch that
qu'est-ce que vous en dites? - excusez-moi, je n'ai pas bien compris

that goes without saying; it's even better to say it
cela va sans dire; cela va encore mieux en le disant

there's more to it than just talking about it,
it has to be done and it's easier said than done
ce n'est pas tout que d'en parler, il faut le faire et c'est plus
facile à dire qu'à faire

17 CONVERSATION

to have a conversation / talk with somebody
converser avec quelqu'un / entretenir quelqu'un / faire
la conversation à quelqu'un

to fall into conversation with somebody

entrer en conversation avec quelqu'un

to strike up a conversation with somebody

nouer une conversation avec quelqu'un

to engage in conversation
engager la conversation

to butt into a conversation / intrude on somebody's conversation
intervenir / s'immiscer dans une conversation

to burst in on a conversation
interrompre brutalement une conversation

to have conversation   **avoir de la conversation**

he's a good conversationalist
il a de la conversation

he has a ready flow of conversation / he's got plenty of small talk
il a la conversation facile / il trouve toujours quelque chose à dire

he has the gift of the gab / he's a smooth talker*
il a du bagout* / du baratin*

he doesn't let anyone get a word in edgeways
avec lui il n'y a pas moyen d'en placer une*, il fait les demandes et les réponses

the unrepentant bore   **le raseur impénitent**

don't let him get launched on his pet subject
ne le lancez pas sur son sujet favori

when he launches himself on his pet-subject he goes on and on about it
quand il enfourche son dada, il est intarissable

once he gets launched, there's no stopping him; he goes on and on
une fois lancé, on ne peut plus l'arrêter; il n'en finit pas

once he's off he'll be at it for hours
quand il est parti, il en a pour des heures

the way he's going he'll be talking for three hours
tel qu'il est parti, il en a bien pour trois heures

he went on and on as if he was never going to stop
il m'a tenu un discours à n'en plus finir

he kept talking to me for more than an hour
il m'a tenu la jambe pendant plus d'une heure

I had to (sit and) listen to him spouting off for more than an hour
j'ai dû lui tenir le crachoir pendant plus d'une heure

to have no conversation   **manquer de conversation**

he lacks conversation skills
il manque de conversation

the conversation is flagging / dragging; I have to do all the talking
la conversation se traîne / languit; je dois faire tous les frais de la conversation

*to keep the conversation going; to give new impetus to the
conversation; to break the ice*
meubler la conversation; faire rebondir la conversation; briser la glace

conversation subjects   **les sujets de conversation**

to broach a subject; bring the conversation round to a subject
aborder un sujet; amener la conversation sur un sujet

to start the conversation off on a subject; turn the conversation onto a subject
brancher la conversation sur un sujet; orienter la conversation sur un sujet

to elaborate / enlarge on a subject
s'étendre / s'attarder sur un sujet

the conversation turned on the economic crisis
la conversation en est venue à la crise économique

the conversation ran on that very subject
la conversation a précisément roulé sur ce sujet

he tackled me on the question of the price of crude (oil)
il m'a entrepris sur la question du prix du brut

it's an out-of-the-way subject; it gave us something to talk about
**c'est un sujet qui sort des sentiers battus; cela a fourni un aliment à la
conversation**

it's the only topic of conversation / it's the talk of the town
on ne parle que de ça / tout le monde en parle

to switch the conversation to another subject
détourner la conversation sur un autre sujet

to steer the conversation onto another subject
aiguiller la conversation sur un autre sujet

to talk business / shop / clothes / about somebody
parler affaires / boutique / chiffons / de quelqu'un

to talk of one thing and another; skip from one subject to another
parler de choses et d'autres; sauter d'un sujet à l'autre

to talk about this and that / jump from one subject to another
parler à bâtons rompus / sauter du coq à l'âne

common expressions	expressions courantes
you may (just) as well say that	**autant dire que**
in other words	**autrement dit**
that's to say	**c'est-à-dire**
incidentally	**soit dit en passant**
say what you like	**on a beau dire**
and to tell the truth	**et puis, à vrai dire**
let me tell you	**que je vous dise**
I don't need telling!	**ne m'en parlez pas!**
don't I know it*	**à qui le dites-vous**
to cut a long story short	**pour vous en finir**
if I may say so	**si j'ose dire**
just the same	**ce n'est pas pour dire, mais**
that's all I can say!	**je ne vous dis que cela!**
I'd even venture to go as far as to say that	**j'irais même jusqu'à dire que**
need say no more	**inutile d'en dire plus**
suffice it to say	**qu'il me suffise de dire**
as they say	**comme dit l'autre**
I need hardly mention that	**il va sans dire que**
not to mention	**sans compter**
there's a saying which goes	**il y a un dicton qui dit**
as the saying goes	**comme on dit / comme dit le proverbe**
in short	**enfin / bref / pour résumer**
so to speak	**pour ainsi dire**
making all allowances	**toutes proportions gardées**
relatively speaking	**relativement parlant**

■
18 CHATTING

chatting   le bavardage

to chat; to talk over a cup of tea; to chew the fat**
bavarder; bavarder en prenant le thé; tailler une bavette*

we had a good natter / rap*; that'll get tongues wagging*
nous avons bien bavardé / taillé une bonne bavette*; cela va faire jaser**

to waffle / prattle on about something
parler interminablement / parler à n'en plus finir de quelque chose

when he launches himself on his pet-subject, he goes on and on about it
quand il enfourche son dada, il est intarissable / il n'en finit pas

and you can't get a word in edgeways
et vous ne pouvez pas placer un mot / vous ne pouvez pas en placer une

he likes to hear himself talk
il aime s'écouter parler

he gets drunk on words
il s'étourdit de paroles

to talk for the sake of talking   parler pour parler

to say nothing at great length
parler pour ne rien dire

to be untutored in the art of polite conversation
ne savoir parler que de la pluie et du beau temps

to talk through one's hat / the back of one's head*
parler à tort et à travers / débiter des sottises

to mouth insipid / empty phrases; utter platitudes
dire des fadaises; dire des platitudes

to talk nonsense / twaddle / rubbish
dire des sottises / balivernes / niaiseries

to drivel
radoter

what's he drivelling about?
qu'est-ce qu'il radote?

he's talking through a hole in his head* / rot
il raconte des idioties / il débloque*

he's talking off the top of his head*
il dit ça comme ça / il parle sans savoir ce qu'il dit

he doesn't know what he's talking about
il ne sait pas ce qu'il dit

he simply strings together meaningless sentences
il ne fait qu'aligner des phrases creuses

it's just idle talk
ce sont des paroles en l'air

chatterbox   **la bavarde**

to jabber / chatter like a magpie
jacasser / jacasser comme une pie

she's very talkative / a real chatterbox
c'est une personne très bavarde / c'est un véritable moulin à paroles

she just goes on and on / she could talk the hind leg(s) off a donkey*
elle ne s'arrête pas de parler / c'est un moulin à paroles

she makes my head spin; her endless talking makes my head spin
elle me donne le tournis; elle me soûle de paroles

what a talker she is! she never lets up!
quelle bavarde! elle ne s'arrête jamais!

she's talking her head off; she's a compulsive / great talker
elle n'arrête pas de parler; elle ne peut s'empêcher de parler; elle a un sacré débit*

she can't hold her tongue
elle ne sait pas tenir sa langue

she's never at a loss for words; she always has a lot to say for herself
elle n'a pas la langue dans sa poche; elle a toujours son mot à dire

she has a ready tongue;
she doesn't know how to keep her mouth shut
elle a la langue bien déliée; elle a la langue trop longue

her tongue is always wagging
elle a la langue bien pendue

spiteful language   une mauvaise langue

she's catty* about people
elle est mauvaise langue / elle dit des rosseries* sur les gens

she doesn't miss making cutting remarks to people
when the opportunity occurs
elle ne manque pas de lancer des piques quand l'occasion se présente

she gossips; she talks about them behind their backs
elle cancane; elle leur casse du sucre sur le dos

she tattles; she whispers pieces of gossip
elle cancane; elle chuchote des ragots*

she spreads gossips / tittle-tattles about people
elle répand des ragots* / elle fait courir des ragots* sur les gens

she pours out gossips; spreads the dirt about people*
elle répand des potins*; elle répand des calomnies sur les gens

she's always running people down; she has a vicious tongue
elle est toujours en train de médire; c'est une langue de vipère

19 MAIL

postage   l'affranchissement

to put a stamp on a letter
affranchir une lettre

this letter is not sufficiently stamped
cette lettre n'est pas suffisamment affranchie

what is the postage for the States? – first or second-class post?
quel est le tarif d'affranchissement pour les États-Unis?
- tarif normal ou tarif réduit?

it's about the 2-tier postal service
il s'agit du courrier à deux vitesses

to send something second-class
envoyer quelque chose en courrier ordinaire

to post a letter   **poster une lettre**

I must get this letter away as early as possible
il faut que je fasse partir cette lettre le plus tôt possible

I'm going to the post-office; have you got any letters to post?
je vais à la poste; avez-vous des lettres à poster?

I'll drop the letters in a pillar-box(GB), mail-box(US) on my way
je mettrai les lettres à la boîte en chemin

I'm going to take my letter to the letter-box(GB), mail-box(US);
I'll put it in the post today
je vais porter ma lettre à la boîte; je la posterai aujourd'hui

could you slip to the post-box with this letter, please?
pouvez-vous mettre cette lettre à la boîte, s'il vous plaît?

there are two collections a day
la levée a lieu deux fois par jour

the morning collection has already been made;
the post was lifted at 11 o'clock
la levée du matin est déjà faite; elle a eu lieu à 11 heures

I missed the second post; my letter won't go today
j'ai manqué la deuxième levée; ma lettre ne partira pas aujourd'hui

the mail leaves at 4 p.m.
le départ du courrier a lieu à 16 heures

to send something by parcel post; to send something by recorded delivery
envoyer quelque chose par colis postal; envoyer quelque chose en recommandé

did you send the parcel by post? - it went first post this morning
avez-vous envoyé le colis par la poste? - il est parti ce matin par le premier courrier

to receive mail   **recevoir du courrier**

I'm expecting some letters
j'attends du courrier

I expect my correspondent to have answered by return of post
j'espère que mon correspondant m'aura répondu par retour (du courrier)

I'm used to receiving a heavy post
je reçois habituellement une volumineuse correspondance

I'm inundated with mail
je reçois un courrier de ministre

has the postman already been round?
est-ce que le facteur est déjà passé?

were there any letters for me today?
est-ce qu'il y a du courrier pour moi aujourd'hui?

I received a letter with a London post-mark
j'ai reçu une lettre timbrée de Londres

this letter was postmarked London
cette lettre portait le cachet de Londres

this letter reached me yesterday; it was addressed to me personally
cette lettre m'est parvenue hier; elle m'était personnellement adressée

I received a letter with insufficient postage and I had to pay a surcharge
j'ai reçu une lettre insuffisamment affranchie et j'ai dû payer une surtaxe

I also have some mail addressed c/o poste restante
je me fais aussi adresser du courrier à la poste restante

■

20 TELEPHONE

almost everybody has a phone nowadays
de nos jours, presque tout le monde a le téléphone

to telephone somebody   **téléphoner à quelqu'un**

to give somebody a ring; to ring somebody back
donner un coup de fil à quelqu'un; rappeler quelqu'un

I've some phone calls to make
j'ai quelques coups de fil à donner

you have to go through the switchboard to make a call
pour téléphoner, il vous faut passer par le standard

you'd be quite wrong not to cash in* on low-cost communications
vous auriez tort de ne pas profiter des communications à tarif réduit

to be on the phone   **être au téléphone**

I was on the phone to Helen
j'étais en train de téléphoner à Hélène

I'm calling from a telephone box(GB), telephone booth(US)
j'appelle d'une cabine téléphonique

I don't want to say it over the phone
je ne veux pas en parler au téléphone

the phone number   **le numéro d'appel**

to look up the number in the directory; to dial a wrong number
chercher le numéro dans l'annuaire; se tromper de numéro

I couldn't find you in the (telephone) directory;
maybe you are ex-directory(GB), unlisted(US)?

je n'ai pas pu trouver votre nom dans l'annuaire; peut-être
êtes-vous sur la liste rouge?

freefone®(GB), toll free(US) numbers are free of charge
les appels sur un numéro vert sont gratuits

I want to make a reverse charge call to Japan
je voudrais téléphoner au Japon en PCV

a phone call   une communication téléphonique

I heard the telephone ringing; pick up the phone! who was that?
j'ai entendu la sonnerie du téléphone; décroche le téléphone! qui était-ce?

hello, is that Mr Brown?
allô, je suis bien chez Mr. Brown?

may I ask who's calling, please? who's that? you're very indistinct
s'il vous plaît, qui est à l'appareil? qui est-ce? je ne vous entends pas très bien

this is Henry, I would like to speak to Mr Brown
je suis Henry, je voudrais parler à M. Brown

this is Mr Brown's secretary, hold the line, please
je suis la secrétaire de M. Brown, patientez un instant, s'il vous plaît

I'll fetch him / let me call him to the phone / hold the line, please
je vais le chercher / je vais l'appeler / ne raccrochez pas, s'il vous plaît

I'm sorry, Mr Brown isn't here right now, can I take a message?
je suis désolée, M. Brown n'est pas là pour l'instant, puis-je prendre un message?

shall I tell him you called?
dois-je lui dire que vous avez appelé?

can you give me extension 341, please?
pouvez-vous me passer le poste 341, s'il vous plaît?

can you put me through to ..? can you connect me to Mr Jones?
pouvez-vous me mettre en communication avec..? pouvez-vous me
passer Mr Jones?

Mr Jones is on the phone now
Mr Jones est en ligne maintenant

I couldn't get through
je n'ai (pas) pu avoir la communication

to hang up; to bang down the receiver; to hang up on somebody
raccrocher le téléphone; raccrocher brutalement; raccrocher au nez de quelqu'un

telephone problems   **les problèmes du téléphone**

the line is out of order; I'm not getting the dialling tone
la ligne est en dérangement; je n'ai pas de tonalité

I was put on hold and then we were cut off
j'ai été mis en attente, puis nous avons été coupés

the line is busy; I'm getting the engaged tone
la ligne est occupée; ça ne sonne pas libre

my daughter is never off the phone / she spends all her time on the phone
ma fille est toujours pendue / elle passe sa vie au téléphone

I hate it when it's an answering machine that replies
je déteste tomber sur un répondeur

■
21 PAST

A) the action is completed and the date is specified
l'action est révolue et la date est déterminée

1) the date or a phrase indicating the time in the past is mentioned

present perfect   **passé composé**

I visited Cairo in 1988 / not all that long ago
j'ai visité Le Caire en 1988 / il n'y a pas si longtemps

I arrived two hours ago / it's two hours since I arrived
je suis arrivé il y a deux heures / il y a deux heures que **je suis arrivé**

my company sent me to Brazil (for) two months last year
l'an dernier, **ma société m'a envoyé pour** deux mois au Brésil

preterite / simple past   **passé simple**

he came and visited us during the war
il vint nous rendre visite durant la guerre

way back at the beginning of the 20th century the first cars appeared on the roads
il y a longtemps déjà, au début du 20ème siècle,
que **les premières automobiles apparurent** sur les routes

imperfect / past continuous   **imparfait**

as recently as 1998, for example, not everyone had a computer
récemment encore, en 1998 par exemple, **tout le monde n'avait pas** d'ordinateur

at that time we lived / we were living / we used to live in London
à cette date, **nous vivions** à Londres

in the days of my childhood it was not possible to go on holiday every year
au temps de ma jeunesse, **il n'était pas** possible de partir en vacances tous les ans

I was still only a child at that time
à cette époque-là, **je n'étais encore** qu'un enfant

I used to go and spend every summer holiday there when I was a boy
chaque année **j'y passais** les vacances d'été lorsque **j'étais** garçon

pluperfect / past perfect   **plus-que-parfait**

I had met him the morning after / the evening before
je l'avais rencontré le lendemain matin / la veille au soir

as long ago as 1790 Lavoisier already understood the principles of modern chemistry
déjà en 1790, **Lavoisier avait compris** les principes de la chimie moderne

**2) the date is defined by a subordinate clause in the pluperfect;
the event evoked in the subordinate clause is prior to that mentioned in the
main clause**

present perfect   **passé composé**

I saw him after he had finished his work
je l'ai vu après qu'il eut terminé son travail

no sooner had he arrived than he began to complain about everything
il n'était pas sitôt arrivé, **qu'il a commencé** à se plaindre de tout

preterite / simple past   **passé simple**

a few weeks after she had left, I received her letter
je reçus sa lettre quelques semaines après qu'elle m'eut quitté

**3) the date is defined by a subordinate clause in the preterite;
the event evoked in the subordinate clause is subsequent to that mentioned in
the main clause**

preterite / simple past   **passé simple**

they arrived at the theatre before the play started
ils arrivèrent au théâtre avant que la pièce ne commença

pluperfect / past perfect   **plus-que-parfait**

he was gone by the time they got back
il était parti quand ils sont revenus

**B) the action is completed but the date is not specified
l'action est révolue mais la date est indéterminée**

present perfect   **passé composé**

I have visited Cairo too
moi aussi **j'ai visité** Le Caire

he has already left for England
il est déjà **parti** en Angleterre

**C) the action is specified but not completed
l'action est précisée mais non révolue**

present   **présent**

I have lived / been living here (for) 20 years
j'habite ici depuis 20 ans

I have lived / been living here since I returned from Africa
j'habite ici depuis mon retour d'Afrique

I have been waiting for you (for) three hours
cela fait trois heures / il y a trois heures que **je t'attends**

D) the immediate past expressed in French by venir + infinitive

*I have **just** remembered that I have an appointment to keep at three*
je viens juste de me rappeler que j'ai un rendez-vous à trois heures

I had just finished my meal
je venais juste de terminer mon repas

I have just this moment heard of it
je viens tout juste de l'apprendre

■
22 PRESENT

present   **présent**

in this day and age / nowadays you must be prudent
par les temps qui courent / au jour d'aujourd'hui, **il faut** être prudent

he doesn't care about the future / he lives from day to day; he lives in the present
il ne se soucie pas du lendemain / **il vit** au jour le jour; **il vit** dans le présent

at this point of time he's already far away
à l'heure qu'il est, **il est** déjà loin

in this day and age / now / nowadays everyone has got (a) television (set)
à l'heure actuelle / maintenant / de nos jours **tout le monde a** la télévision

progressive form   **être en train de + verbe**

what are you doing now? - at the moment I'm doing my homework
qu'est-ce que tu fais en ce moment? - en ce moment **je fais** mes devoirs

he's doing his homework
il fait / **il est en train de** faire ses devoirs

at the moment / at present / just now it's raining
en ce moment / à présent / actuellement, **il pleut**

for the moment / for the time being he's losing his time over trifles
pour le moment / pour l'heure, **il perd** / **il est en train de perdre son temps** à des bagatelles

present perfect continuous   **présent**

I've been learning French for three years
j'apprends le français depuis trois ans

how long have you been here? – I've been here for two days
depuis quand **êtes-vous** ici? - **je suis** ici depuis deux jours

proverb   **proverbe**

there's no time like the present
il ne faut jamais remettre au lendemain ce qu'on peut faire le jour même

■

23 HOW TO EXPRESS THE FUTURE

normal, oral, written and academic use of the future tense

I'll ring you on Thursday
je vous appellerai jeudi

I shall never forget how kind you were to me
je n'oublierai jamais votre générosité envers moi

she will never forgive his infidelities
elle ne lui pardonnera jamais ses infidélités

future expressing a special notion (order, determination…)

we shall see about it! he shall come with us, whether he likes it or not
c'est ce **qu'on verra**! **il viendra** avec nous, que cela lui plaise ou non

I will have my way, do you hear?
je ferai ce que je veux, tu m'entends?

immediate future   expressions + infinitif

to be about to do something
être **sur le point de** faire quelque chose

to be near to doing something
être à **deux doigts de** faire quelque chose

near future / intention   aller + infinitif

I'm going to move soon
je vais déménager prochainement

future expressing arrangement   le temps futur

the play is going to be produced on three successive evenings
la pièce **sera** jouée trois soirs de suite

the President is to speak to the nation tonight
le Président **s'adressera** ce soir à la nation

there's to be an election in two weeks
il y aura une élection dans deux semaines

continuous present expressing future   le présent

we're leaving for Rome on Monday
nous partons pour Rome lundi

present expressing future   devoir + infinitif

I'm to go to London soon
je dois prochainement **aller** à Londres

cancelled future   imparfait de devoir + infinitif

we were to go on holiday the next day
nous devions partir en vacances le lendemain

I was not to see him again
je ne devais plus jamais **le revoir**

future perfect   **antériorité dans le futur**

I will have left when you come back
je serai parti quand vous reviendrez

I will have completed my book by Christmas
j'aurai terminé mon livre avant Noël

conjunctions of time:
in French the verb is in the future and not in the present as in English

when he calls, please say hello to him
quand il appellera, souhaitez-lui le bonjour de ma part

I'll come as soon as I can
je viendrai **dès que je pourrai**

posterity in the future:
in French the verb is in the future perfect and not in the present perfect

I'll come once they have gone / once I have finished
je viendrai **lorsqu'ils seront partis / lorsque j'aurai fini**

answers to the question WHEN?

when will you come and visit us?   **quand viendrez-vous nous faire une visite?**

tomorrow / the day after tomorrow	**demain / après-demain**
a week from today / today week	**aujourd'hui en huit**
a fortnight tomorrow	**demain en quinze**
on Sunday	**dimanche prochain**
on the 12th of July / on July 12th	**le 12 juillet**
soon / later	**bientôt / plus tard**
at an early date	**bientôt / prochainement**
as early as possible	**dès que possible**
at the earliest possible moment	**le plus tôt possible**
not until tomorrow	**pas avant demain**
not for another two weeks	**pas avant deux semaines**
in the course of the next few months	**au cours des prochains mois**
in a week (or so)	**dans une semaine (environ)**
around the end of the week	**vers la fin de la semaine**
one of these days	**un de ces jours**

one day next week	un jour de la semaine prochaine
by the 15th of the next month	avant le 15 du mois prochain
in the coming days	dans les jours à venir
the day which suits you best	le jour qui vous conviendra le mieux
at Christmas time	à Noël
at the beginning of spring / in March	au début du printemps / en mars
one day when the weather is fine	un jour qu'il fera beau
one day when I am free	un jour où je serai libre
it's not around the corner	ce n'est pas pour demain

when will you be back?   **quand serez-vous de retour?**

I'll be back on Saturday at the soonest
je serai de retour samedi au plus tôt

I'll be back within the week / within two years from now
je serai de retour avant la fin de la semaine / d'ici deux ans

I won't be here for another half-hour (yet)
je ne serai pas là avant une demi-heure

within the next days	dans les jours qui viennent
within a week	d'ici une semaine
in the middle of the week	vers le milieu de la semaine
soon / sometime soon	bientôt / d'ici peu
sometime next year	dans le courant de l'année prochaine

how long will it be before you are ready?   **dans combien de temps serez-vous prêt?**

in a moment	dans un instant
right away	tout de suite
in a moment	dans un instant
in a little while	dans un moment
shortly	d'ici peu
in an hour	dans une heure

when do you expect him to come back?   **quand vous attendez-vous à ce qu'il revienne?**

at any time / at any moment	à tout moment / d'un moment à l'autre
any day (now)	n'importe quand
by early December	vers le début de décembre
in a distant future	dans un avenir lointain

when will you do it?   **quand le ferez-vous?**

in due time	**quand le moment sera venu**
in good time	**au moment opportun**
when the time comes	**quand le moment viendra**
when the time is right	**quand ce sera le bon moment**
some other time	**une autre fois**
another day	**un autre jour**
at the last moment	**au dernier moment**

I'll do it as soon as I can / as soon as possible
je le ferai dès que je pourrai / dès que possible

I'll do it first thing in the morning / first thing tomorrow
je le ferai demain à la première heure / dès demain matin

when will he give me back the   **quand me rendra-t-il l'argent**
money I lent him?   **que je lui ai prêté?**

in the near / distant future
dans un avenir proche / lointain

when pigs (might) fly* / when the cows come home* / when hell freezes over*
**ce n'est pas demain la veille / quand les poules auront des dents* / à la Saint
Glinglin* / à Pâques ou à la Trinité***

proverb   **proverbe**

better late than never
mieux vaut tard que jamais

■

24 DURATION

**action began in the past and continues into the present;
present perfect continuous tense used in English;
present tense used in French**

since when?   **depuis quand?**

since when have you been waiting? - I've been waiting since ten this morning
depuis quand attendez-vous? - j'attends depuis dix heures ce matin

since when have you been studying French? - I've been studying French since 1998
depuis quand étudiez-vous le français? - j'étudie le français depuis 1998

how long?   **depuis combien de temps?**

present   présent

how long have you been waiting? - I've been waiting for two hours
depuis combien de temps attendez-vous? - j'attends depuis deux heures

how long have you known him (for)? - I've known him for ten years
depuis combien de temps le connaissez-vous? - je le connais depuis dix ans

simple past / preterite tense used in English; perfect tense used in French

present perfect   passé composé

how long has it been since you last saw him?
depuis quand / depuis combien de temps ne l'avez-vous pas vu?

it's ages since I last saw him
cela fait une éternité / un bail* / il y a belle lurette* que je ne l'ai pas vu

it's a heck of a long time / donkey's years* since I last saw him*
il y a diablement longtemps / cela fait un sacré bout de temps que je ne l'ai pas
vu

in this example the present perfect tense is used in both languages

it's two days since I saw him / I haven't seen him for two days
je ne l'ai pas vu depuis deux jours / cela fait deux jours que je ne
l'ai pas vu

to express completed action

how long?   **pendant combien de temps?**

pluperfect continuous tense used in   pluperfect tense used in French
English;
pluperfect / past perfect   plus-que-parfait

how long had you been working before you resigned?
pendant combien de temps aviez-vous travaillé avant de démissionner?

I had been working for ten years   j'avais déjà travaillé dix ans
when I resigned   avant de démissionner

simple past / preterite tense used in English; perfect tense used in French

present perfect   passé composé

I spent all my holiday / vacation sailing
j'ai passé toutes mes vacances à faire de la voile

it was all over in a moment
tout s'est passé en un instant / en un tournemain / en un clin d'œil

*it lasted for ages; we had to wait forever**
cela a duré une éternité; nous avons dû attendre une éternité

simple past tense used in both languages

preterite / simple past   passé simple

it was as long as a wet weekend
ce fut long comme un jour sans pain

length of time expressed   l'expression de la durée

for a short span of time	pendant un bref moment
for a short spell	pendant un petit moment
for a short space of time	pendant un court laps de temps
for a fleeting moment	pendant un bref instant
for some length of time	pendant un certain temps
for quite a while	pendant un bon bout de temps
for the best part of an hour	pendant près d'une heure
for hours at a stretch	pendant des heures durant
for a long time	pendant longtemps
all day long	pendant toute la journée
for days at a time	pendant des jours entiers
for days on end	pendant des jours et des jours
all week long	d'un bout de la semaine à l'autre
for weeks at a time	pendant des semaines entières
all through the winter	pendant tout l'hiver
all year long	pendant toute l'année

for the whole length of one's life	**pendant toute la vie**
from one year's end to the next	**d'un bout de l'année à l'autre**

how long?   **combien de temps?**

how long does it take to go to Paris by train?
combien de temps faut-il pour aller à Paris par le train?

it takes one hour to go to Paris by train
il faut une heure pour aller d'ici à Paris par le train

will you be long? - I shan't be long
tu en as pour longtemps? - je n'en ai pas pour longtemps

how long will it take you?
tu en as pour combien de temps?

I'll be only a moment
j'en ai pour un instant / je n'en ai que pour un instant

it's going to take half an hour; it'll take forever
cela va prendre une demi-heure; ça va prendre des heures

what a long time you've been! you've taken ages
il t'en a fallu du temps! tu as mis un temps fou

it took him a long time
il y a mis du temps / ça lui a pris du temps / il y a mis longtemps

how long will he be staying with us?
combien de temps restera-t-il avec nous?

he'll stay with us a month; he won't stay beyond a month
il restera avec nous pendant un mois; il ne restera pas plus d'un mois avec nous

is there long to wait? will it be long?
y a-t-il longtemps à attendre? est-ce que ce sera long?

it won't be long; it won't be all that long; it won't be long now
ce ne sera pas long; ce ne sera pas si long que ça; ce ne sera pas long maintenant

it'll only take a minute; I shan't be a tick
c'est l'affaire d'un moment; ça ne prendra pas une minute; j'en
ai pour une seconde

it'll take for ever
ça va prendre des heures

to express how long to do something   en combien de temps?

I did it in an instant / in nothing flat*; in a matter of ten minutes
je l'ai fait en un instant / en un rien de temps / en cinq sec*; en l'espace
de dix mimutes

I fell asleep in less than no time
je me suis endormi en un rien de temps

he understands everything in a twinkling of an eye
il comprend tout en un clin d'œil

it was done in a jiffy*
ce fut fait en moins de deux / en moins de temps qu'il ne faut pour le dire

he came back in five minutes
il est revenu en moins de cinq minutes

until when?   jusqu'à quand?

until when do you intend to keep working?
jusqu'à quand avez-vous l'intention de travailler?

I intend to keep working until I've finished writing this chapter
j'ai l'intention de travailler jusqu'à ce que j'aie fini ce chapitre

until the day I die
jusqu'à mon dernier soupir / jour

till Kingdom come
jusqu'à la Saint Glin-Glin* / la fin des temps

how long?   dans combien de temps?

how long is it going to be before you're on holiday / vacation?
dans combien de temps serez-vous en vacances?

there are still a few weeks to go before I'm on holiday / vacation
il y a encore quelques semaines à courir avant que je sois en vacances

how long is it until dinner? - in an hour
dans combien de temps le dîner? - dans une heure

how many weeks away is your next trip? - in five weeks
dans combien de temps votre prochain voyage? - dans cinq semaines

how long will it take you to finish?
dans combien de temps aurez-vous terminé?

it's only a question of a few minutes until I finish
c'est seulement / ce n'est qu'une question de minutes pour que je finisse

I'll soon finish that; it'll be done within the time limit
j'aurai bientôt terminé; ce sera fait dans les délais

between now and next Saturday; within 8 days; before the deadline
d'ici samedi prochain; dans les 8 jours; avant l'expiration du délai

by the time I finish you've time to go for a walk
d'ici à ce que je finisse / le temps que je finisse, tu as le temps de faire un tour

how long will it be until you get back?
dans combien de temps serez-vous de retour?

it won't be long until I come back;
I'll be back in time for dinner / by midnight
je reviendrai d'ici peu; je serai de retour pour le dîner / avant minuit

how long will it be until we meet again?
dans combien de temps nous reverrons-nous?

we'll meet again in three weeks
nous nous reverrons dans trois semaines

we won't meet again for a long time
nous ne nous reverrons pas de sitôt

■

25 FREQUENCY AND PERIODICITY

frequence   **fréquence**

never / never ever	jamais / au grand jamais
never again / not...ever	jamais plus
hardly ever	presque jamais
practically never	pratiquement jamais
seldom	rarement

it's rare for her to come; her visits are few and far between
il est rare qu'elle vienne; ses visites sont rares

we seldom if ever go
nous y allons pour ainsi dire jamais

I see him once in a blue moon
je ne le vois pour ainsi dire jamais; je le vois tous les 36 du mois

sometimes	parfois / quelquefois
from time to time	de temps en temps
every now and then	de temps en temps
once in a while	une fois en passant
occasionally	de temps à autre
only very occasionally	très peu souvent / presque jamais
now......now	tantôt......tantôt
often / quite often	souvent / assez souvent
frequently	fréquemment

it's not uncommon for this to happen; this kind of incident is a common occurrence
cela arrive assez souvent; ce genre d'incident est très fréquent

once in a lifetime	une fois dans la vie
half the time	une fois sur deux
nine times out of ten	neuf fois sur dix
once more	encore une fois
once too often	une fois de trop
once and for all	une fois pour toutes
most of the time	la plupart du temps
most times	la plupart des fois

whenever	à chaque fois
many times	maintes fois / bien des fois
time and time again	maintes et maintes fois
again and again	à plusieurs reprises

regular occurrence — périodicité régulière

by the minute	de minute en minute
once a day	une fois par jour
once every two months	une fois tous les 2 mois
twice a day	deux fois par jour
three times a day	trois fois par jour
day after day	jour après jour
every day	tous les jours
every other day	tous les deux jours
every few hours	toutes les deux ou trois heures
every third day	tous les trois jours
every other Monday	un lundi sur deux
on Mondays	tous les lundis
at weekly intervals	une fois par semaine
week in week out	chaque semaine

the buses run once an hour
les autobus passent toutes les heures

intermittently — périodicité irrégulière / l'intermittence

at times	par moments
(at) any time	n'importe quand
at any moment	à tout instant / à tout moment
at all hours of the day	à toute heure du jour
at the drop of a hat*	à tout bout de champ

he works only sporadically
il ne travaille que d'une façon épisodique

he only shows up at the office from time to time
il ne vient au bureau que de temps en temps;
il n'y fait que des apparitions épisodiques

he comes to the office as the fancy takes him
il vient au bureau comme ça lui chante

he works in fits and starts / on and off
il travaille par crises / par à-coups

just the once will not hurt / once in a while does no harm /
Christmas comes but once a year
une fois n'est pas coutume

■
26 DATE

dates to be kept **les dates à respecter**

the best-before date	la date de fraîcheur
the use-by date	la date limite de consommation
the sell-by date	la date limite de vente
the closing date	la date de péremption
the deadline	la date limite
birthday	l'anniversaire de naissance
wedding anniversary	l'anniversaire de mariage

date **la date**

my watch tells the date and the time
ma montre indique la date et l'heure

what's the day today? what day is it today?
quel jour sommes-nous?

what day of the week is it? - it's Sunday today, a holiday
**quel jour de la semaine sommes-nous? - aujourd'hui c'est
dimanche, jour de congé**

what's the date today? - it's Tuesday 15th April
quelle est la date d'aujourd'hui? - nous sommes le mardi 15 avril

I went to Japan in 1978; at that date I wasn't divorced yet
je suis allé au Japon en 1978; **à cette date**, je n'étais pas encore divorcé

I don't know the dates for my holidays / vacation yet
je ne connais pas encore **la date de mes vacances**

I'd like to have the possibility of taking my holidays on a fixed date
j'aimerais pouvoir prendre mes vacances **à date fixe**

I have finally set the date for my departure for the 31st March
j'ai finalement fixé la date de mon départ au 31 mars

up to now we haven't heard from him
à la date d'aujourd'hui, nous n'avons pas encore reçu de ses nouvelles

he sometimes visits me on Saturdays; he always comes back to see us on the same date
il me rend parfois visite **le samedi**; il revient toujours nous voir **à la même date**

you must bring it back to me on April 5th at the latest
vous devez me le rendre **le 5 avril au plus tard**

when? / on what date?   quand? / à quelle date?

when is your birthday?
quel est le jour de votre anniversaire?

when were you born? what's your date of birth? - I was born on 15th April 1945
quand êtes-vous né? quelle est la date de votre naissance? - je suis né le 15 avril 1945

what date did the battle of Bosworth take place?
quelle est la date de la bataille de Bosworth?

on what date did that accident   à quelle date cet accident s'est-il
occur?   produit?

it happened in the middle of summer
c'est arrivé en plein été / au beau milieu / au cœur / au gros de l'été

at the height of the tourist season
au plus fort de la saison touristique

it was well on into July; it was the height of harvesting time
le mois de juillet était déjà très avancé; c'était la pleine saison des moissons

on what date did you meet your   à quelle date avez-vous rencontré votre
friend?   ami?

it was in November; at the end of November
c'était en novembre; vers la fin novembre

that was the date when I had an important meeting in Paris
c'était le jour où j'avais une importante réunion à Paris

at that time he was passing through Paris
à cette date, il était de passage à Paris

when did you last see him?   **quand l'avez-vous vu pour la dernière fois?**

no longer ago than yesterday	**pas plus tard qu'hier**
the week before	**la semaine précédente**
a week back	**il y a une semaine**
two days before	**l'avant-veille / deux jours auparavant**
long ago	**il y a longtemps**
the year before last	**il y a deux ans**
a week come Sunday	**il y aura huit jours dimanche**
at the end / beginning of December	**à la fin / au début de décembre**
in the course of last summer	**au cours de l'été dernier**
over the past few years	**au cours des quelques dernières années**
sometime last month / last summer	**au cours du mois dernier / de l'été dernier**

to what date does this case go back?   **à quand remonte cette affaire?**

I can't pin down when it happened
je n'arrive pas à déterminer / me rappeler quand ça s'est passé

this case goes back several years / far back in the past
cette affaire remonte à plusieurs années / à une époque reculée

that was ages ago / donkey's years* ago / (a)eons ago
il y a belle lurette de cela / ça fait un sacré* bout de temps / cela fait des lustres

that goes back to the dawn of time; it's lost in the mists of time
cela remonte à la nuit des temps; ça se perd dans la nuit des temps

all that was ages ago / all that's as old as the hills
tout cela remonte au déluge / tout cela est vieux comme le monde

27 TIME

what time is it? what's the time?   **quelle heure est-il?**

have you got the time?   **avez-vous l'heure?**
what time do you make it?   **quelle heure avez-vous?**
could you tell me the time ?   **pouvez-vous me dire l'heure?**

whatever time is it? have you got any idea of the time?
quelle heure peut-il bien être? avez-vous la moindre idée de l'heure?

it's 4 by my watch; according to my watch it's 4 o'clock
il est 4 heures à ma montre; ma montre dit / indique 4 heures

it's ten past nine / ten to six by my watch
il est neuf heures dix / six heures moins dix à ma montre

it's 7 o'clock in the morning / at night
il est 7 heures du matin / du soir

it's a quarter to 7; it's a quarter past 7
il est 7 heures moins le quart; il est 7 heures et quart

it's close to nine; not far off 9 o'clock; getting on for 9 o'clock
il est près de 9 heures; il n'est pas loin de 9 heures; il va être 9 heures

it's about 9; somewhere about 9
il est environ 9 heures; quelque chose comme 9 heures

the clock strikes 9; it's just struck 9
la pendule sonne 9 heures; 9 heures viennent de sonner

it's just after nine; past 9; well past 9
il est un peu plus de 9 heures; 9 heures passées; largement 9 heures

my watch keeps good time; my watch is wrong
ma montre donne l'heure exacte; ma montre n'est pas à l'heure

my watch is fast / slow
ma montre avance / retarde

it loses 5 minutes a day; it gains 3 minutes a day
elle prend 5 minutes de retard par jour; elle prend 3 minutes d'avance par jour

to put one's watch right
mettre sa montre à l'heure

to wind up the clock and adjust its working
remonter l'horloge et régler sa marche

to set the alarm for 6 o'clock
régler la sonnerie du réveil sur 6 heures

on time / it's time   **c'est l'heure**

on time is on time; a minute late is a minute too late
l'heure, c'est l'heure; après l'heure, ce n'est plus l'heure

it's time for tea; it's bedtime
c'est l'heure du thé; c'est l'heure d'aller se coucher

it's getting towards dinner-time
ça va être l'heure du dîner

at this time of the day children should be sleeping
à cette heure / à l'heure qu'il est, les enfants devraient dormir

at 6 it was time for her to leave
6 heures, pour elle, c'était l'heure de partir

the time has come for us to part; it's (high) time we went
l'heure est venue de se séparer; il est (grand) temps que nous partions

at this point of time he should have arrived
à l'heure qu'il est, il devrait être arrivé

time is up!
c'est terminé! c'est l'heure!

what time?   **à quelle heure?**

what time do I have to be back?
à quelle heure dois-je être de retour?

what time is the train?
à quelle heure est le train?

the train is due to leave in 10 minutes / shortly after 9 o'clock
le train va partir dans 10 minutes / peu après 9 heures

the bus comes by on the half-hour; the bus runs once an hour
l'autobus passe à la demie; l'autobus passe toutes les heures

what time shall we meet again?	**à quelle heure nous reverrons-nous?**
at the crack of dawn	dès potron-minet*
at day break	au point du jour
at dawn	à l'aube
at sunrise / sunset	au lever / au coucher du soleil
at an early hour	de bonne heure / très tôt
at an early hour in the morning	à une heure matinale
this morning / in the morning	ce matin / dans la matinée
towards 11 o'clock / let's make it 11.30	vers 11 heures / si on disait 11 heures 30
by 12 o'clock at the latest	à 12 heures au plus tard
in the early afternoon	en début d'après-midi
this time tomorrow	demain à la même heure
at dusk	au crépuscule
on the stroke of 12 midnight	sur le coup de minuit

he came in late in the night; at an uncivilized hour
il est arrivé tard dans la nuit; à une heure indue

you may call at any hour of the day and night
vous pouvez appeler à toute heure du jour et de la nuit

it happened in broad daylight / at the height of noon
c'est arrivé en plein jour / en plein midi

it happened in the middle of the night
c'est arrivé en pleine nuit

to be on time	être à l'heure
to be right on time	arriver à l'heure exacte
to be dead on time	être juste à l'heure
to arrive at exactly 5	arriver à 5 heures pile

to come in the nick of time   **arriver à pic**
to come just in time   **arriver à temps**

we were none too soon
il était temps que nous arrivions / nous sommes arrivés juste à temps

we arrived in the stroke of time; on the stroke of 10
nous sommes arrivés à l'heure exacte / juste à temps; sur le coup de 10 heures

we arrived promply at 10 / at 10 on the dot
nous sommes arrivés ponctuellement à 10 heures / à 10 heures pile / sonnantes

that's what's called being on time
voilà ce qui s'appelle être à l'heure

I was afraid I'd never make my train; I sometimes lose all sense of time
je craignais de ne pas arriver à temps pour mon train;
je perds parfois la notion de l'heure

flight 341 is on schedule
le vol 341 est à l'heure

I have an appointment to keep at 4
je dois être exact à mon rendez-vous de 4 heures

to arrive at the time   arriver au bon moment / au moment opportun

he arrived right on cue / just at the right time
il est arrivé au bon moment / il est tombé à merveille

you have come just when needed
vous arrivez à point nommé / juste au moment où on a besoin de vous

you couldn't have come at a better time
vous ne pouviez pas mieux tomber

that's fortunate! that's perfect timing / that comes at the right moment
ça tombe bien! ça tombe à point / ça tombe à point nommé

to be late   **être en retard**

I'm running late; two hours late; I'm late for work
**je suis en retard; j'ai deux heures de retard;
je suis en retard pour me rendre à mon travail**

I was delayed by traffic, so I arrived late; I missed my friend by 5 minutes
**j'ai été retardé par la circulation, aussi suis-je arrivé en retard;
j'ai manqué mon ami de 5 minutes**

the train is behind schedule; it's 2 hours overdue
le train a du retard; il a deux heures de retard

to be ahead of time   **être en avance**

I'm ahead in my work /of schedule
je suis en avance dans mon travail / sur mon programme

I was 10 minutes ahead of time; I'm always early
j'étais 10 minutes en avance; je suis toujours en avance

we still have plenty of time / we've got plenty of time yet
nous sommes en avance / nous avons du temps devant nous

proverbs   **proverbes**

there's no rest for the wicked
il n'y a pas d'heure pour les braves

punctuality is the politeness of kings
l'exactitude est la politesse des rois

■

28 PASSING OF TIME

to pass the time   **passer le temps**

to do something just to pass the / kill time
faire quelque chose pour passer / tuer le temps

you've got to pass the time somehow
il faut bien passer le temps (d'une façon ou d'une autre)

they spent the time playing cards; it helps pass the time
ils ont passé le temps à jouer aux cartes; ça aide à passer le temps

to lose one's time   perdre son temps

to lose one's time over trifles
perdre son temps à des bagatelles / broutilles

to waste one's time
gaspiller son temps

to let the grass grow under one's feet
perdre son temps / laisser traîner les choses

he spends his time doing nothing
il passe son temps à ne rien faire

to muck about* / mess around
patauger / perdre son temps

it was a wild-goose chase!
j'y suis allé pour rien / pour des clous*/ j'ai perdu mon temps!

to take one's time   prendre son temps

to take time to enjoy oneself; have a cushy time*
prendre le temps de vivre; se la couler douce*

to drag things out; give oneself time for reflection
faire traîner les choses en longueur; s'accorder le temps de la réflexion

it takes me some time to get ready
j'ai besoin de temps / il me faut du temps pour me préparer

do take your time; take your time over it
prenez votre temps; mettez-y le temps qu'il faut

to give / spare some time   donner / accorder du temps

can you spare me a moment?
pouvez-vous m'accorder quelques instants?

I don't want to encroach on your time
je ne voudrais pas / je ne veux pas abuser de votre temps

to arrange one's time   **gérer son temps**

to put one's time to good use
**bien employer son temps / mettre son temps à profit /
faire bon usage de son temps**

to gain / save time; to play for time
gagner / économiser du temps; essayer de gagner du temps

to bide for time; to bide one's time
gagner du temps / jouer la montre; attendre son heure / attendre le bon moment

to take time out to do something
trouver le temps de faire quelque chose

to give all one's time to doing something
consacrer tout son temps à faire quelque chose

to make up for lost time; time lost is never made up
rattraper le temps perdu; le temps perdu ne se rattrape jamais

to be quick off the mark in doing something; this is as good a time as any to do it
ne pas perdre de temps pour faire quelque chose; autant le faire maintenant

better late than never; it's never too late to do something
mieux vaut tard que jamais; il n'est jamais trop tard pour bien faire

everything has its day; there's a time and a place for everything
**chaque chose en son temps et un temps pour chaque chose;
il y a un temps pour tout**

not to have time   **ne pas avoir le temps**

to be short of time; not to have time to do something
manquer de temps; ne pas avoir le temps de faire quelque chose

I've no time to spare; I can't spare the time; I've no time whatever
**je n'ai plus de temps; je n'arrive pas à trouver le temps;
je n'ai pas du tout le temps**

there's no time left to do anything
on n'a plus le temps de faire quoi que ce soit

I haven't got time; I simply haven't got the time to do it
je n'ai pas le temps; je n'ai pas le temps matériel de le faire

I shan't get round to that before tomorrow
je n'aurai pas le temps de m'en occuper avant demain

our time is limited; we can't wait any longer
le temps nous est mesuré; nous n'avons plus le temps d'attendre

there's no time to lose; time is against us
il n'y a pas de temps à perdre; le temps travaille / joue contre nous

to have time   **avoir le temps**

to have time in hand
avoir du temps devant soi

to have plenty of time / all the time in the world / heaps of time*
avoir beaucoup de temps / tout son temps / largement le temps

we've an hour to put in before the train leaves
nous avons une heure à perdre avant le départ du train

there is time; there's no great need to hurry
on a le temps; il n'y a pas péril en la demeure

I have time to go there; I've ample time to go there
j'ai le temps d'y aller; j'ai amplement / largement le temps d'y aller

we have time on our side
**nous avons le temps pour nous / le temps joue en notre faveur /
travaille pour nous**

the passing of time   **la fuite du temps**

time passes; things take their course
le temps passe / s'écoule; les choses suivent leur cours

the months are slipping by; how time flies! how time passes! nothing lasts for ever
**les mois passent; comme le temps passe! tout passe /
tout lasse / rien n'est éternel**

the fairest rose at last is withered
il n'est de si belle rose qui ne se flétrisse

youth will not endure / youth is slipping away
la jeunesse n'a qu'un temps / la jeunesse s'éloigne à tout jamais

you can't put the clock back
on ne peut pas revenir en arrière

the day seemed to pass quickly; it's been a short day
la journée m'a paru courte; je n'ai pas vu le temps passer

time flies when you're having fun; as for me time hangs heavy on me
le temps passe vite quand on s'amuse; quant à moi, le temps me pèse

the days go by and each is different from the last
les jours se suivent et ne se ressemblent pas

in my time it was different; times have changed; those were the days!
de mon temps, c'était différent; les temps ont bien changé; c'était le bon temps!

there comes a time when one has to renounce one's dreams
il vient un temps où il faut renoncer à ses rêves

we must wait for better times; meanwhile we must keep up with the times
**nous devons attendre des jours meilleurs; en attendant,
il faut vivre avec son temps**

everything fades with time; time heals all wounds
le temps efface tout; le temps guérit tout

one forgets everything in time
on oublie tout avec le temps

everything works out all right with time
avec le temps tout s'arrange

we must let things take their course; tomorrow is another day
il faut laisser faire le temps; demain, il fera jour

proverbs   **proverbes**

Rome wasn't built in a day
il faut laisser du temps au temps; Paris n'a pas été construit en un jour

never put off till tomorrow what you can do today; tomorrow never comes
**ne remets pas au lendemain ce que tu peux faire le jour même;
demain veut dire jamais**

don't cross your bridges before you come to them
chaque chose en son temps

■

29 EVENT

the week was crowded with events
la semaine a été chargée en événements

events didn't turn out as he'd hoped
les événements n'ont pas tourné comme il l'avait espéré

do let events run their course; it's difficult to shape the course of events
**laissons les événements suivre leur cours;
il est difficile d'influencer la marche des événements**

it's snowing in Corsica and that's a very rare occurrence
il neige en Corse, ce qui arrive rarement

what's happening?   **qu'est-ce qui arrive?**

what's going on?
qu'est-ce qui se passe?

what's the matter? what on earth is the matter with you? what's happened to you?
qu'y a-t-il? mais qu'est-ce qui vous arrive? que vous est-il arrivé?

what's the matter? what's wrong with you?
qu'est-ce qui te prend? qu'est-ce qui t'arrive?

I don't know what came over me
je ne sais pas ce qui m'est arrivé

how did that happen? when did it happen?
comment cela est-il arrivé? quand est-ce arrivé?

it just happened that way
c'est arrivé comme ça

it was inevitable; it was bound to happen
c'était fatal; cela devait arriver / c'était immanquable / à prévoir

it's never happened before; but that's not what was meant to happen
c'est la première fois que cela arrive; mais ce n'est pas ce qui était prévu

to happen (in some particular way)   **se passer**

there's something fishy* / some funny business going on
il se passe quelque chose de louche

you can't know how it went on
vous ne pouvez pas savoir comment cela se passait

it was all rather hit-or-miss
tout se passait plutôt au petit bonheur la chance / à la va comme-je-te-pousse

everything is proceeding well / it's all going off* according to plan
tout se passe bien / tout se passe comme prévu

everything went quite straightforwardly; finally it turned out well
tout s'est passé sans anicroche; finalement tout s'est bien passé

common expressions   **expressions courantes**

there's plenty of hanky-panky* going on around here
il y a là quelque chose de pas très catholique

there's something in the wind
il y a quelque chose qui couve

there's something brewing; I smell a rat
il se mijote quelque chose; il y a anguille sous roche

to befall   se produire / arriver / survenir

whatever happens keep cool
quoiqu'il arrive, restez calme

if a misfortune befell me you'd have enough to live on
s'il m'arrivait malheur, vous auriez toujours suffisamment pour vivre

to come (about) / happen / occur

how did things come to this?
comment les choses en sont-elles arrivées là?

how come you're late?
comment se fait-il que vous soyez en retard ?

how come you were there when the accident occurred?
comment se fait-il que vous ayez été là quand l'accident est arrivé?

no one knows how the accident happened
personne ne sait comment l'accident s'est produit

these things happen; it's a common occurrence
ce sont des choses qui arrivent; ce sont des choses qui arrivent tous les jours

one always thinks that it happens only to other people but it can happen to anyone
on croit toujours que ça n'arrive qu'aux autres,
mais cela peut arriver à n'importe qui

to take place   se tenir

the meeting of the Ministers of Finance will take place in Paris
la réunion des ministres des Finances se tiendra à Paris

to be held / go off   se dérouler

the written tests will be held on 18th June
les épreuves écrites se dérouleront le 18 juin

the demonstration went off without incident
la manifestation s'est déroulée sans incident

to give rise   **donner lieu**

the vote on the budget in Parliament gave rise to much debate
le vote du budget a donné lieu à un débat animé au Parlement

30 POSSIBILITY

I put some money aside to allow for all possibilities
j'ai mis de l'argent de côté pour parer à toute éventualité

I'm ready for anything that might crop up
je suis prêt à faire face à toute éventualité

in case / should   **au cas où**

should my husband call me tell him I've gone out
au cas où mon mari appellerait, dites-lui que je suis sortie

don't lock the door in case I come home late
ne ferme pas la porte à clef au cas où je rentrerais tard

should there be an emergency follow official instructions
en cas d'urgence suivez les instructions officielles

should a contingency arise don't hesitate to call me
en cas d'imprévu, n'hésitez pas à m'appeler

I'm taking an umbrella in case it rains; just in case
je prends un parapluie au cas où il pleuvrait / en cas qu'il pleuve; au cas où

to happen   **arriver**

if I happen to be late don't worry
s'il arrive que je suis en retard, ne t'en fais pas pour moi

if you happen to meet someone who's interested in buying my car please let me know
au cas où vous rencontreriez quelqu'un intéressé par l'achat de ma voiture,
s'il vous plaît, dites-le-moi

if she happens to show up please give her this message
si vous la voyez, s'il vous plaît, donnez-lui ce message

it occasionally happens that she makes a mistake
il peut lui arriver de se tromper / il peut arriver qu'elle se trompe

possible / may   **il est possible que**

it may rain today; she may have lied to me
il est possible qu'il pleuve aujourd'hui; elle peut m'avoir menti

it's possible / it's not impossible that he'll be on time
il est possible / il n'est pas exclu / il n'est pas impossible qu'il arrive à l'heure

can he have got lost?
est-il possible qu'il se soit perdu?

might / could   **il pourrait / il se pourrait que**

they might have gone out
il pourrait arriver qu'ils soient sortis

they might have met heavy traffic on their way
il se pourrait qu'ils aient trouvé de la circulation en route

to be liable to   **être susceptible**

everyone is liable to make mistakes
tout le monde est à la merci d'une erreur

every time you go on the road you run the risk of an accident
chaque fois que vous prenez la route, vous êtes à la merci d'un accident

to be apt to   **être sujet à**

he's apt to be absented-mind; fail to keep his promises
il est sujet à l'étourderie; il lui arrive de ne pas tenir ses promesses

he's apt to wake you up at 3 a.m. just to have a chat on the phone
il est capable de vous réveiller à 3 heures du matin juste
pour bavarder au téléphone

common expressions   **expressions courantes**

if necessary you can call me at home
éventuellement / le cas échéant, vous pouvez m'appeler à la maison

whatever happens you can rely on me
quoiqu'il arrive vous pouvez compter sur moi

should the opportunity arise drop in on me
à l'occasion, passez me voir à la maison

be that as it may; for whatever purpose it may serve
quoiqu'il en soit; à toutes fins utiles

■

31 OPPORTUNITY

opportunity   l'occasion

if the opportunity arises drop in on me
à l'occasion, passez me voir à la maison

this job offers a great many opportunities for travelling
cette profession offre de **nombreuses occasions** de voyager

it's a unique / golden opportunity
l'occasion est unique / magnifique; c'est l'occasion rêvée

such an opportunity occurs only once in a lifetime
une telle occasion n'arrive / ne se présente qu'une fois dans la vie

the opportunity won't occur again
l'occasion ne se représentera pas

I go to France at every available opportunity
je me rends en France **chaque fois que l'occasion se présente**

I had the opportunity of meeting your father last week
j'ai eu l'occasion de rencontrer votre père la semaine dernière

chance   l'occasion / la chance

it's at dances where young people have the chance to meet
les bals populaires **donnent** aux jeunes **l'occasion** de se rencontrer

I was given the chance to play the leading role in the play
j'ai eu l'occasion de jouer le premier rôle dans la pièce

it was the chance of a lifetime for me / a once-in-a-lifetime chance
ce fut la chance de ma vie / une chance unique

*so I got a fair crack of the whip**
j'ai eu ainsi la chance / l'occasion de montrer ce dont j'étais capable

if the chance comes your way don't hesitate
si jamais vous en avez l'occasion, n'hésitez pas

occasion   **l'occasion**

young people's engagement affords an occasion to celebrate
les fiançailles des jeunes gens **sont une occasion** pour faire la fête

she'll give a party for her birthday
elle organise une petite fête **à l'occasion de son anniversaire**

to take advantage of the opportunity   **profiter de l'occasion**

to have an eye to the main chance
avoir le sens de l'opportunité / savoir profiter des occasions

when opportunity knocks you must seize it
quand l'occasion se présente, il faut la saisir

if there was a case for complaint this is it; it's now or never
c'est le cas ou jamais de réclamer; c'est le cas ou jamais

make it a practice of listening to the French radio whenever you get the chance
faites-vous une règle d'écouter la radio française, **chaque fois**
que l'occasion se présente

every time I leave my bedroom door open
my cat takes advantage of the opportunity to go and sleep on the bed
chaque fois que je laisse la porte de ma chambre ouverte,
mon chat en profite pour aller dormir sur le lit

while you are at it, check the oil level and the tyre pressure
tant que vous y êtes, vérifiez le niveau d'huile et la pression des pneus

I'll go to Paris and while I'm there I'll go and visit them
je vais aller à Paris, et, **par la même occasion,** je leur rendrai visite

as she finally had a day off
my sister availed herself of the opportunity to visit her boyfriend
comme elle se trouvait finalement avoir un jour de congé,
ma sœur en a profité pour rendre visite à son petit ami

my wife makes the most of the sales to replenish her wardrobe
ma femme **profite des soldes** pour refaire sa garde-robe

to jump at an opportunity / a chance   sauter sur l'occasion

to snap up a bargain
se jeter sur une occasion / faire une bonne affaire

you mustn't hesitate to jump at an opportunity if it's really worthwhile
il ne faut pas hésiter à **sauter sur l'occasion** si elle est vraiment intéressante

now's your chance / time
vas-y, saute sur l'occasion / c'est le moment

to seize the opportunity   saisir l'occasion

to leap at the chance / jump at the opportunity
**saisir l'occasion / saisir sa chance / saisir une occasion au vol /
saisir la balle au bond**

you must seize the opportunity when it occurs
il faut savoir saisir l'occasion quand elle se présente

*take time by the forelock**
il faut saisir l'occasion aux cheveux*

the wise collector grabs the chance when it occurs
le collectionneur avisé sait **saisir l'occasion** quand elle se présente

to miss a chance   manquer l'occasion

because I was ill I missed the chance to go on a nice journey
à cause de ma maladie, **j'ai manqué l'occasion de faire un beau voyage**

I missed out on the chance to get a good job
j'ai laissé passer l'occasion d'obtenir une bonne place

I missed my cue / let the opportunity go by
j'ai laissé passer l'occasion / j'ai manqué l'occasion

to fail to seize the opportunity   négliger l'occasion

you've been given a fair chance but you failed to grab it
on vous a donné votre chance, mais vous n'avez pas su la saisir

timeliness   l'opportunité

that's perfect timing!
ça tombe bien!

that couldn't have come at a better time!
ça ne pouvait pas mieux tomber!

you're heaven-sent!
c'est le ciel qui vous envoie!

his arrival was timely
il est arrivé **au bon moment**

he arrived just at the right time
il est arrivé **opportunément**

importunity   l'importunité / l'inopportunité

it's not the right moment to pay him a visit
ce n'est pas **le bon moment** / **le moment est inopportun** pour lui rendre visite

he arrived at the most awkward moment
il est arrivé **comme un cheveu sur la soupe***

he picked an awkward time; the wrong time
il a choisi **un mauvais moment**; il a choisi **le mauvais moment**

proverbs   proverbes

strike while the iron is hot / make hay while the sun shines
il faut battre le fer quand il est chaud

opportunity makes the thief
l'occasion fait le larron

32 CHANCE

the fortunes of life /
the whims of fate

les hasards de la vie /
les caprices du hasard

to leave things to chance; to draw lots; to toss up a coin
laisser faire le hasard; tirer la courte paille; tirer à pile ou face

the winner was to be chosen by drawing lots
le gagnant devait être désigné par un tirage au sort

there was a draw and I was the lucky winner
il y a eu un tirage au sort et c'est tombé sur moi

a chance encounter changed my life
le hasard d'une rencontre a changé ma vie

it's a hit-or-miss affair; a matter of chance
c'est le hasard / le fait du hasard; une question de chance

it's all the luck of the draw; life is a lottery
c'est ça le hasard / c'est une vraie loterie; la vie est une vraie loterie

to do something on the off chance

faire quelque chose à tout hasard

I did it on the off chance / I asked the question just on the off chance
je l'ai fait à tout hasard / j'ai posé la question à tout hasard

I went along on spec; I answered off the top of my head**
j'y suis allé à tout hasard; j'ai répondu au petit bonheur la chance

by chance / as it happens

par hasard / c'est par hasard /
le hasard fait que

I happen to know him; as it happens I'm to see him tomorrow
il se trouve que je le connais; il se trouve que je dois le voir demain

I happened to be there / I just happened to be there
je me trouvais être là / c'est tout à fait par hasard que j'étais là

it's pure coincidence that I'm free tomorrow
c'est vraiment une coïncidence / un pur hasard que je sois libre demain

it's quite by chance that I heard this piece of news
c'est tout à fait par hasard que j'ai appris cette nouvelle

I met her by chance
je l'ai rencontrée par hasard

I met him by sheer accident
je l'ai rencontré par le plus grand des hasards

I met him by a (sheer) fluke
je l'ai rencontré par un hasard extraordinaire

as fate would have it he didn't get my letter
la fatalité a voulu qu'il ne reçoive pas ma lettre

I wanted to visit him and almost as if on purpose he wasn't there
j'ai voulu lui rendre visite, et **comme par un fait exprès**, il n'était pas là

to chance upon something; come across something / somebody by chance
trouver quelque chose par hasard;
tomber par hasard sur quelque chose / quelqu'un

to choose at random   **choisir au hasard**

the teacher decided to choose pupils at random to answer questions
le professeur décida d'interroger des élèves au hasard

not to leave anything to chance   **ne rien laisser au hasard**

I never leave anything to chance
je ne laisse jamais rien au hasard

nothing had been left to chance
rien n'avait été laissé au hasard

to try one's luck   **courir sa chance**

I had decided to try my luck by buying a lottery ticket
j'avais décidé de courir ma chance en achetant un billet de loterie

I don't like gambling
je n'aime pas les jeux de hasard

but I have occasionally played for small stakes just out of curiosity
mais il m'est arrivé de jouer de petites sommes, pour voir

some people resort to odds-making to draw up a winning formula
certains ont recours à la théorie des probabilités pour établir une martingale

◼

33 FATE

the inexorability of the natural law   l'inexorabilité de la loi naturelle

the inevitability of death; everything that lives must die
la fatalité de la mort; tout ce qui vit doit mourir

we're all doomed to die
nous sommes tous condamnés à mourir

inevitability   l'inévitabilité

it was bound to happen; it was inevitable
cela devait fatalement arriver; c'était écrit / obligé

*whatever will be will be; he had it coming to him**
ce qui doit arriver arrivera; cela devait lui arriver

she was fated to do it
il était fatal qu'elle le fasse

he's bound to make trouble for himself if he carries on like that
il aura certainement des ennuis s'il continue comme ça

it was inevitable that he would fail in the exam
il était inévitable qu'il échoue à l'examen

fate   le destin

to be overwhelmed / stricken by fate
être accablé / frappé par le destin

no one escapes one's fate; there's no striving against fate
nul n'échappe à son destin; on ne lutte pas contre le destin

fate has never smiled on me; there must be a jinx on me
le sort ne m'a jamais souri; la fatalité s'acharne sur moi

his talents destined him to rise but he met with a tragic end; it was meant to be!
ses talents le destinaient à la célébrité, mais il a connu un destin tragique; c'est le destin!

not knowing what fate she was destined for / what was in store for her
sans deviner le sort qui lui était réservé / ce que lui réservait le sort

she always knew that her happiness was fated not to last
elle avait toujours su que son bonheur ne durerait pas

■

34 LUCK

(good) luck   **la chance**

*to trust in luck; count on one's luck; to try one's luck; have a go**
se fier à sa chance; compter sur sa chance; tenter sa chance; tenter le coup*

chance is said to favour those who dare
on dit que la chance sourit aux audacieux

I've had a good day; it was my lucky day
la chance était avec moi aujourd'hui; c'était mon jour de chance

luck favours me for the moment
en ce moment la chance me sourit

today is a red-letter day
aujourd'hui est un jour à marquer d'une pierre blanche

luck smiles on him; he's a lucky beggar; it's just beginner's luck!
la chance lui sourit; c'est un veinard; aux innocents les mains pleines!

to be in luck   **avoir de la chance**

to be born under a lucky star / be born lucky / be lucky
être né sous une bonne étoile / être né coiffé* / avoir la baraka*

to have a run of luck; hit the jackpot; make a killing
**être en période de chance; décrocher le gros lot / la timbale;
réussir un beau coup**

to be on a winning streak; have all the breaks*
avoir une période de veine; avoir toutes les chances

to draw the lucky number; *it's the luck of the draw*
tirer le bon numéro; c'est au petit bonheur la chance

what a stroke / piece of luck!; that fellow's a lucky dog
quel coup de chance / veine* / pot!; ce type a de la veine**

I had the luck to meet her at some friends'
j'ai eu la chance de la rencontrer chez des amis

it's lucky that I was there!
encore heureux / heureusement que j'étais là!

you can think yourself lucky that I was there
tu peux t'estimer heureux que j'étais là

*he had the good fortune to escape an accident;
what a blessing that he's safe and sound!*
**il a eu la bonne fortune d'échapper à un accident;
quelle chance qu'il soit sain et sauf!**

*it was one hell** of a luck; he was jolly lucky*
il a eu une sacrée* chance / une drôle de veine

he can count his lucky stars; the gods were with him
on peut dire qu'il revient de loin; les dieux étaient avec lui

he had the luck of the devil / he was damn(ed) lucky***
il a eu une veine insolente / de pendu* / de cocu**

it was a near miss
il s'en est fallu de peu

he escaped by the skin of his teeth
il l'a échappé belle

by a piece of luck the police officer happened to be there when we needed him
par chance, le policier se trouva être là au moment où nous avons eu besoin de lui

it's lucky he got there in time! what a bit of luck!
heureusement qu'il est arrivé à temps! ça, c'est une veine! quelle veine!

bad luck / misfortune   **la malchance**

to be out of luck; be born under an unlucky star; draw the short straw
ne pas avoir de chance; être né sous une mauvaise étoile; tirer le mauvais numéro

to be dogged by ill luck; down on one's luck
jouer de malchance / malheur; être dans la déveine

to strike a bad patch; have a run of bad luck
traverser une mauvaise passe; avoir une période de malchance / une série noire

to be jinxed / have rotten* luck
avoir la poisse* / guigne*/ cerise**

don't do that! it's bad luck!
ne fais pas cela! ça porte la poisse*!

hard luck*! what rotten luck*!
pas de veine! quelle déveine*!

it's one disaster after another
c'est la série noire

that's tough luck on me; misfortune dogs my footsteps
je n'ai pas de veine / pot*; je joue de malchance

I'm dogged by ill-luck; my footsteps have been dogged by ill-luck for three years
ma mauvaise chance me poursuit; depuis trois ans, je suis poursuivi par la malchance

as ill-luck would have it I lost my credit card; what a blow*! it's a dreadful blow!*
par malheur j'ai perdu ma carte de crédit;
quelle malchance! / quelle tuile*! c'est un sale coup!

it's not my day; it's a black day
ce n'est pas mon jour (de chance); c'est un jour à marquer d'une pierre noire

really it's not my day today!; *a curse hangs on me; my luck has turned*
décidément, c'est mon jour!;
la malédiction pèse sur moi; pour moi la chance a tourné

proverbs   **proverbes**

lucky at cards, unlucky in love
malheureux au jeu, heureux en amour

it's better to be born lucky than rich
mieux vaut être né chanceux que riche

every dog has his / its day
il ne faut pas désespérer, la chance tourne

the pitcher goes to the well once too often
tant va la cruche à l'eau qu'à la fin elle se casse

■
35 PROBABILITY

no chance   **probabilité nulle**

the fugitives don't stand a chance of evading detection
les fugitifs n'ont aucune chance d'échapper aux recherches

there's not the ghost of a chance of their escaping detection
il ne leur reste pas l'ombre d'une chance d'échapper aux recherches

all the odds are against this horse winning; logically it hasn't a hope
ce cheval n'a aucune chance de gagner; mathématiquement, il n'a aucune chance

there isn't the slightest chance of its winning
il n'a pas la moindre chance de gagner

that boy has just as much chance to pass his exam as I have to fly to the moon
ce garçon a autant de chances de réussir cet examen
que moi d'aller sur la lune

just some chance   **probabilité non nulle**

it's remotely possible that he'll come
il y a une petite chance qu'il vienne

very little chance   **très faible probabilité**

it's not impossible for an outsider to win the race but that's not very probable
il n'est pas impossible qu'un outsider gagne la course,
mais c'est très peu probable

it hasn't much chance of winning
il n'a pas beaucoup / il a peu de chances de gagner

he's unlikely to come; it's most unlikely
il y a peu de chances qu'il vienne; c'est fort improbable

slight chance   **faible probabilité**

it's possible for an outsider to win the race
il est possible qu'un outsider gagne la course

but it's not very likely
mais ce n'est là qu'une faible probabilité

reasonable chance   **probabilité raisonnable**

it's probable that an outsider will win the race
un outsider pourrait bien gagner la course /
il est probable qu'un outsider gagnera la course

it stands some chance of winning the race
il pourrait gagner; il a des chances de gagner

it's within the bounds of possibility / probability
c'est dans les limites du possible / probable

it has a fair chance of winning / it stands a chance of winning
il a une bonne chance de gagner / il a des chances de gagner

strong chance   **forte probabilité**

the favourite must / should win the race
le favori doit / devrait gagner la course

it's highly probable that it'll win the race
il est hautement probable qu'il gagne la course

the chances are that an outsider will win the race
il est très probable qu'un outsider gagnera la course

it's a good bet that it'll win the race
il a une bonne chance de gagner; il y a gros à parier qu'il gagnera la course

in all likelihood / probability he must have lost his way
selon toute vraisemblance / probabilité, il a dû se perdre en chemin

we're more likely to meet on the narrow lane of truth
than on the numerous paths of error (Plato)
on a plus de chances de se rencontrer sur l'étroit chemin de la vérité
que sur l'un des multiples sentiers de l'erreur (Platon)

he's very likely to come / the chances are that he'll come
il viendra très probablement / il y a de fortes chances qu'il vienne

there's every chance he'll come; there's no chance of his refusing
il y a toutes les chances pour qu'il vienne; il y a peu de chances qu'il refuse

almost a certainty   **quasi certitude**

the odds are that it'll win
il a toutes les chances de gagner / il y a gros à parier qu'il gagnera

it's a good bet that it'll win
il est à peu près certain qu'il gagnera

he's more than likely to regret his decision
il est plus que probable qu'il regrettera sa décision

the odds against another fall in the bank rate are very high
une nouvelle baisse du taux officiel d'escompte est hautement improbable

■

36 WHAT'S THE WEATHER LIKE?

what's the weather like?   quel temps fait-il?

the weather is fine / bad / so-so*
il fait beau / mauvais / un temps moyen

the weather is not up to much; is variable / changing
il ne fait pas très beau; le temps est incertain / changeant

the weather is clearing
le temps se lève

the weather's got milder; the thermometer says 16°/ it's 16°
le temps s'est radouci; le thermomètre marque 16°/ il fait 16°

the temperature has risen (by) 3 degrees
le thermomètre a monté de 3 degrés

the temperature has gone down 3 degrees
le thermomètre a baissé de 3 degrés

it's lovely and cool / warm
il fait délicieusement frais / chaud

it's on the hot / chilly side
il fait plutôt chaud / froid

the weather's turned fine again
le temps s'est remis au beau

it's relatively warm for the season
il fait relativement chaud pour la saison

temperatures are way above average for the time of the year
la température est bien au-dessus des moyennes saisonnières

after the early morning fog has lifted the weather will be fine
après la dissipation des brouillards matinaux, la journée sera belle

it's going to be a lovely day
il va faire beau

the sky's becoming overcast / it's getting cloudy
le temps se couvre / se brouille

the weather looks threatening
le temps menace

the barometer is falling; the weather's going to change for the worse
le baromètre baisse; le temps va se gâter

there's a change for the worse in the weather
le temps se dégrade

the weather's breaking; the weather tends to deteriorate
le temps se gâte; le temps a tendance à se gâter

the weather turned nasty
le temps s'est gâté

there's thunder in the air
il y a de l'orage dans l'air

there was a lot of lightning
il y avait beaucoup d'éclairs

these storms have unsettled the weather
ces orages ont détraqué le temps

the weather has turned rainy / cold / fine
le temps a tourné à la pluie / au froid / au beau

it doesn't look as though the weather is improving
le temps n'a pas l'air de s'arranger

it's dull today
le temps est maussade aujourd'hui / il fait gris

what miserable weather! the weather is terribly disappointing
quel temps maussade! le temps est vraiment désolant

the weather lets us down
le beau temps n'est pas avec nous / n'est pas de la partie

we can't go out in this wretched weather
avec ce diable de temps* / ce fichu temps*, on ne peut pas sortir

what nasty weather!
quel sale temps!

what ghastly / horrible weather!
quel temps affreux / épouvantable!

what foul weather!
quel temps de chien!

it's foul / rotten weather!
il fait un temps de chien / le temps est pourri

it's weather you wouldn't put a dog out in
il fait un temps à ne pas mettre le nez / un chien dehors

it was foggy yesterday
hier il a fait du brouillard

I wonder what the weather will be like today
je me demande quel temps il fera aujourd'hui

the weather is what one would expect for the time of the year
c'est le temps auquel on peut s'attendre à cette époque de l'année

■

37 FINE WEATHER

fine weather   le beau temps

the weather is clearing
le temps se lève / s'éclaircit

the barometer is rising; is set on fair; it's going to be a lovely day
le baromètre remonte; le baromètre est au beau fixe; il va faire beau

according to the weather forecast, it's likely to be fine today
d'après le bulletin météorologique, il devrait faire beau aujourd'hui

the weather is settled
le temps est au beau fixe / le beau temps est bien établi

it's sunny; it's a sunny day; the sun is shining in a cloudless sky
il fait soleil; c'est une journée ensoleillée; le soleil brille dans un ciel sans nuage

at the height of noon the sun is beating straight down; what a glorious day!
en plein midi, le soleil frappe / tombe d'aplomb; quelle merveilleuse journée!

if the weather keeps fine / weather permitting we'll go on a picnic
si le temps reste au beau / si le temps le permet, nous ferons un pique-nique

heat   **la chaleur**

it's unusually hot today; the temperature is in the upper thirties
aujourd'hui, il fait anormalement chaud; la température dépasse les 30°

the weather is warm; it's hot; it's a blazing hot day
il fait chaud; il fait très chaud; c'est un jour de canicule

it's oppressively / infernally hot; we're stifling with the heat
il fait une chaleur accablante / infernale; on étouffe de chaleur

this heatwave has been going on for a week
cette vague de chaleur dure depuis une semaine

it's been boiling hot these last few days
il a fait une chaleur torride ces derniers jours

we're overcome / overwhelmed by the heat; this heat makes you feel limp
on est écrasé / assommé par la chaleur; cette chaleur vous amollit

this heatwave made me uncomfortable
cette vague de chaleur m'a incommodé

I feel languid with the heat; this heat is killing me
je suis tout alangui par la chaleur; cette chaleur me tue

heat disagrees with me; I have to get out of the heat
la chaleur ne me convient pas; je dois me protéger de la chaleur

proverb   proverbe

never cast a clout till May is out
en avril ne te découvre pas d'un fil

■
38 RAIN

lowering sky   le ciel menaçant

it's fine at the moment; but it looks as though it may turn to rain before long
pour le moment, il fait beau;
mais **il semble que le temps pourrait d'ici peu tourner à la pluie**

the sky is clouding over; clouds darken the sky
le temps / le ciel se couvre; des nuages obscurcissent le ciel

the sky is dull and overcast; it's sure to rain
le ciel est triste et couvert; il va certainement pleuvoir

it's rainy / wet; it's drizzling
le temps est humide / pluvieux; il bruine

rain is threatening / it looks like rain; it's going to rain soon
la pluie menace / le temps est à la pluie; il ne va pas tarder à pleuvoir

it looks like rain; it's showing signs of rain
on dirait qu'il va pleuvoir; il a l'air de vouloir pleuvoir

do you think it'll rain?
est-ce que tu crois qu'il va pleuvoir? / crois-tu qu'il pleuve?

after such a drought what's needed is a good downpour
après une telle sécheresse, **il faudrait qu'il pleuve une bonne fois**

rain   la pluie

and now it's starting to rain / here comes the rain now
et maintenant il commence à pleuvoir / voilà qu'il se met à pleuvoir

it's spitting with rain
il tombe quelques gouttes (de pluie)

it came on to rain; it started raining at 3 pm
il s'est mis à pleuvoir; il a commencé à pleuvoir à 3 heures de l'après-midi

there was a steady downpour for five hours
il n'a pas cessé de pleuvoir pendant cinq heures

the rain doesn't look like stopping
la pluie n'a pas l'air de vouloir s'arrêter

the rain has set in for the day; yesterday was already very wet
la pluie est partie pour durer toute la journée; **il a déjà beaucoup plu hier**

it's been raining continuously since yesterday
la pluie tombe / il pleut sans cesse depuis hier

once it starts raining it goes on for two days
quand il se met à pleuvoir, on en a pour deux jours

the rain lasted for three days
la pluie a persisté pendant trois jours

it rains intermittently; scattered showers in Britain
il pleut par intermittence; pluies intermittentes en Grande-Bretagne

heavy rain   **la grosse pluie**

it's raining heavily
il pleut **à grosses gouttes**

it's pouring down with rain
il pleut à torrents

it's teeming with rain
il pleut à verse

*it's pouring buckets**
il pleut à seaux

it's raining cats and dogs / it's raining like anything
il tombe des cordes / il tombe des hallebardes

*it's pissing down****
il pleut comme vache qui pisse**

it isn't half coming down! I've never known it to rain like this
qu'est-ce qu'il pleut! je n'ai jamais vu pleuvoir comme ça

to be caught in a shower   **être pris par une averse**

to be soaking wet; drenched to the skin
être trempé; trempé jusqu'aux os

to look like a drowned rat
être trempé comme une soupe

■

39 THUNDERSTORM

the sky is darkening; it's hot; the heat is oppressive
le ciel s'assombrit; il fait très chaud; la chaleur est accablante

it feels close and sultry; it's close today; there's not a breath of air
l'air est lourd et étouffant; il fait lourd aujourd'hui; il n'y a pas un souffle d'air

it's a stifling / sticky day
on étouffe aujourd'hui; il fait une chaleur moite

the weather is thundery; there's thunder in the air; it feels like thunder
le temps est à l'orage; il y a de l'orage dans l'air; le temps est orageux

a thunderstorm is brewing; there's going to be a storm
un orage se prépare; il va y avoir de l'orage

the storm is about to break / is threatening to break
l'orage menace (d'éclater) / l'orage est sur le point d'éclater

we can hear the rumbling / claps of thunder
nous entendons le grondement / les coups de tonnerre

there was a peal of thunder then the rain started falling in buckets*
il y a eu un roulement de tonnerre, puis la pluie est tombée à seaux

it went on thundering for the whole night; there was a lot of lightning
il a tonné toute la nuit; il y a eu beaucoup d'éclairs

a tree was struck by lightning; lightning never strikes twice in the same place
**la foudre a frappé un arbre; la foudre ne frappe jamais
deux fois à la même place**

there's a break in the clouds; the worst of the storm is past
une éclaircie apparaît entre les nuages; le gros de l'orage est passé

it's clearing up; the storm has blown; the storm has cleared the clouds away
le temps s'éclaircit; l'orage s'est dissipé; l'orage a nettoyé le ciel

■
40 COLD

it's a bit chilly this morning; there's a nip in the air
il fait un peu frais ce matin; le fond de l'air est frais

it's getting fresh; the weather has turned cold; it's turned cold again since yesterday
il commence à faire frais; le temps s'est rafraîchi; le froid a repris depuis hier

the weather appears to be getting colder; it's turned cold again since yesterday
**on observe un rafraîchissement du temps;
depuis hier, on assiste à une nouvelle offensive du froid**

it's getting cold; it's even colder than yesterday; it's becoming noticeably colder
il fait froid; il fait encore plus froid qu'hier; le froid s'accentue

it's as cold as (in) winter; there's a touch of frost in the air
il fait une température hivernale; il pourrait bien geler

it's going to be frosty tonight; it's hailing; it's freezing; what nasty weather!
il va geler cette nuit; il grêle; il gèle; quel sale temps!

it's terribly cold; it's so cold!
il fait drôlement froid; il fait un de ces froids!

it's abominably cold; it's freezing hard; it's biting cold!
il fait un froid abominable; il gèle à pierre fendre; ça pince dur*!

it's freezing cold / as cold as charity*
il fait un froid de canard* / loup*

it's fiendishly / fucking*** cold
il fait un froid de tous les diables*; il fait vachement* froid

to be cold   **avoir froid**

it's draughty in here; I'm susceptible to cold / I feel chilly
il y a des courants d'air ici; je suis frileux / j'ai froid

it's cold in here; freezing (in) here; brass monkey weather**
il fait froid ici; on se gèle ici; on se les gèle**

I'm cold / chilled to the bone / frozen to the marrow
j'ai froid / je suis glacé jusqu'aux os / jusqu'à la moelle

I'm frozen stiff / freezing / perishing (cold)
je suis frigorifié / gelé / je me gèle / je crève de froid*

the cold makes my teeth chatter;
it's enough to make you catch your death of cold
je claque des dents de froid; il y a de quoi attraper la mort

■

41 HAIL, FOG AND SNOW

hail   **la grêle**

it's hailing; the hailstones that have fallen were as big as pigeons' eggs
il grêle; il est tombé des grêlons gros comme des œufs de pigeons

the vineyards have been damaged by hail
les vignobles ont souffert de la grêle

snow   **la neige**

it looks like it's going to snow
le temps est à la neige

the snowflakes are whirling; the snow is falling in big flakes; it's snowing hard
les flocons de neige tourbillonnent; la neige tombe à gros flocons; il neige dru

there's been a heavy fall of snow; the snow lies thick on the ground
il est tombé beaucoup de neige; il y a une épaisse couche de neige sur le sol

the motorists are snowbound
les automobilistes sont bloqués dans la neige

it's thawing; the frost is giving; the snow is thawing
ça dégèle; il commence à dégeler; la neige fond

when the thaw sets in ice melts
quand le dégel s'installe, la glace fond

the fog   **le brouillard**

it's foggy; a blanket of fog is spreading in the valley
il y a du brouillard; une nappe de brouillard s'étend dans la vallée

when driving mind the fog patches
sur la route, méfiez-vous des nappes de brouillard

you could cut the fog with a knife; it's thicker than pea soup
le brouillard est à couper au couteau; il est plus épais qu'une purée de pois

the fog is lifting; the wind blew the fog away
le brouillard se lève; le vent a chassé le brouillard

42 WIND

there was not a breath of air, not even a gentle breeze yesterday
hier, il n'y avait pas un souffle / brin de vent, pas même une légère brise

it's windy today; the wind makes the dust swirl up
aujourd'hui il y a du vent; le vent soulève des tourbillons de poussière

according to the weather forecast a force 7 gale will be blowing in the North Sea
la météo marine annonce un coup de vent de force 7 en Mer du Nord

the wind has changed / veered round
le vent a changé / tourné

the wind is in the east / is blowing from the east
le vent est à l'est / souffle de l'est

the wind settled in the east
le vent s'est définitivement établi à l'est / a définitivement tourné à l'est

the wind has worked round to the south
le vent a peu à peu tourné au sud

a high wind is blowing; the wind is blowing even more strongly
le vent souffle fort; le vent redouble de violence

there's a devil of a wind; it's blowing great guns**
il fait un vent de tous les diables*; il fait un vent à décorner les bœufs*

the wind blew the umbrella inside out
le vent a retourné le parapluie

the mistral is blowing in gusts / blasts
le mistral souffle en rafales / bourrasques

once the mistral starts blowing they say it will go on for three days
quand le mistral se lève, on dit qu'il y en a pour trois jours

the wind is blowing a gale; the storm is raging furiously
le vent souffle en tempête; la tempête se déchaîne

the wind is making the waves swell; the wind lashed the sea into a fury
le vent soulève les vagues; le vent a démonté / a déchaîné la mer

many trees were blown down by gusts of wind
de nombreux arbres ont été abattus par les rafales de vent

the wind is dying away; there's a lull; the storm has blown itself out
le vent tombe; c'est une accalmie; la tempête a fini par s'apaiser

■
43 SITUATION

the village I'm talking about is situated in Devonshire
le village dont je parle **est situé** dans le Devonshire

the new supermarket is to be sited in the very centre of the town
ils veulent construire le nouveau supermarché **au beau milieu de la ville**

the location of it has given rise to many objections
le choix de son emplacement a soulevé bien des critiques

the house stands out in the sticks / in the middle of nowhere / at the back of beyond
la maison est située en pleine cambrousse* / en plein bled* / au diable vauvert*

on the borders of Brittany and Normandy
à la limite / aux confins de la Bretagne et de la Normandie

at the outermost / furthermost bounds of Brittany
aux fins fonds / aux confins de la Bretagne

the castle is to be found plumb in the middle of the town
le château **se trouve au beau milieu / en plein milieu de la ville**

the location of the apartment is excellent; it looks onto the sea
la situation de l'appartement est excellente; il donne sur la mer

which way does it face? it faces South
comment est-il exposé? il est exposé au sud

the house overlooks the sea
la maison domine la mer

the house is well placed; all the windows look onto the sea front
la maison est bien située; toutes les fenêtres font face à la mer

it's on the outskirts of the village
elle est située à la sortie du village

place / spot   **le lieu / l'endroit / l'emplacement**

I'll meet you tomorrow at the same place / time
je vous retrouverai **ici même**, demain à la même heure

it's here that the accident happened
c'est ici que l'accident s'est produit

whereabouts do you live?
dans quel coin / de quel côté habitez-vous?

the escaped convict's whereabouts are unknown; he's hiding in the locality
on ne connaît pas **l'endroit** où se cache le prisonnier évadé;
il se cache **dans les environs**

the detective went to the scene of the crime there and then
le détective se rendit immédiatement **sur les lieux du crime**

this is an ideal place for a picnic
c'est **un endroit idéal** pour un pique-nique

I don't know the locality of the market; turn right at the point where the road forks
je ne sais pas où se trouve le marché; prenez à droite, là où la route bifurque

from up there you overlook the whole valley
de là, on domine toute la vallée

from that point onwards you can see the whole valley
à partir de là on découvre toute la vallée

the cathedral was built on the site of an ancient Roman temple
la cathédrale a été construite **sur l'emplacement** d'un ancien temple romain

from this point of view you can see the whole valley
ce site permet de découvrir toute la vallée

to indicate a place more precisely   **préciser un lieu**

on the spot	**sur place**
right here	**ici même**
here and there	**ici et là**
locally	**localement**
somewhere	**quelque part**
anywhere	**n'importe où**
elsewhere	**ailleurs**
nowhere	**nulle part / en aucun lieu**
everywhere / all over the place	**partout / en tous lieux**
here, there and everywhere	**ici, là et n'importe où**
on all sides	**de tous côtés**
on both sides	**des deux côtés**
on the other side	**de l'autre côté**

it can be found over the length and breadth of France
on en trouve partout en France

they came from all the points of the horizon / from all the corners of the earth
ils sont venus de **tous les points de l'horizon / de tous les coins de la terre**

he lives (somewhere) round there; right in the town centre
il habite **par-là**; **en plein centre de la ville** / **en plein centre ville**

■
44 NEARNESS

I'm looking for a house within easy reach of the sea; handy for the shops
je cherche une maison **située à proximité de** la mer; **non loin des** magasins

the shops are nearby; I buy meat at the butcher's round the corner
les magasins sont **à deux pas**; j'achète la viande chez **le boucher du coin**

I get vegetables at the local grocer's
je prends mes légumes **chez l'épicier du quartier**

my house is nearby a short walk away; it's within earshot
ma maison **est à quelques pas d'ici**; c'est **à portée de voix**

it's only a short distance
c'est à deux pas d'ici

it's within walking distance of here; it's two minutes' walk
on peut y aller à pied; c'est **à deux minutes d'ici**

I live at a stone's throw from the bakery
j'habite **près de** / **à un jet de pierre de** la boulangerie

in the neighbourhood of the town / city hall
à proximité / **aux alentours** de la mairie

my house isn't far at all; it stands just past the church
ma maison **n'est pas loin du tout**; elle est située **un peu plus loin** / **juste après**
l'église

it stands back from the road
elle est située **en retrait** de la route

the baker's is not this shop but the other; the hardware shop is the next but one
la boulangerie se trouve **une boutique plus loin**;
la quincaillerie **deux boutiques plus loin**

the escaped convict must be around here somewhere
le prisonnier évadé doit être **quelque part près d'ici**

my friends live in London or thereabouts; they live next door to each other
mes amis vivent à Londres ou **dans les environs;** ils vivent **porte à porte**

there's a petrol station in the vicinity / hereabout(s); in the immediate neighbourhood
il y a une station-service **dans les environs / dans les parages;**
dans les environs immédiats

in our neck of the woods; it's just after the crossroads
dans nos parages / dans notre coin / de part chez nous; juste après le carrefour

■

45 FARNESS

distance makes objects look smaller
l'éloignement fait paraître les objets plus petits

my being so far from the town complicates my job
mon éloignement de la ville complique mon travail

over there / way over there   **là-bas / très loin là-bas**

what can you see over there? right over there?
qu'est-ce que vous apercevez **là-bas? tout là-bas?**

the cathedral can be seen from afar
on peut apercevoir la cathédrale **de loin**

the plain stretches as far as the eye can see / away endlessly into the distance
la plaine s'étend **à perte de vue / à l'infini**

my parents live way over there in the mountains; they live the devil* of a long way away
mes parents habitent **très loin, là-bas** dans la montagne; ils habitent **au diable***

their house stands way out / in the middle of nowhere
leur maison est située **au bout du monde / au diable vauvert**

they live in the backwoods / out in the sticks
ils habitent **dans un trou perdu / au fin fond de la campagne /**
en pleine cambrousse*

they live in a godforsaken place / hole**
ils habitent **dans un bled*/ trou* paumé***

they live miles away; miles from anywhere; in remote country districts
ils habitent **à cent lieues d'ici; loin de tout; au fin fond de la campagne**

far from   **loin de**

I live far from my parents
je vis **loin de** mes parents

the one I love lives far away
celui que j'aime est **loin d'ici**

we're still far from home
nous sommes **encore loin** de la maison

the house is nowhere near the church; it's not exactly on our doorstep
la maison **n'est pas du tout prés de** l'église; ce n'est pas la porte à côté

the houses are a long way apart
les maisons sont **fort éloignées les unes des autres**

far off / in the distance   **au loin / dans le lointain**

you can see the tops of the mountains in the distance from here / away over there
d'ici vous pouvez apercevoir le sommet des montagnes, **là-bas dans le lointain**

I've left my car far off in the country
j'ai abandonné ma voiture **au loin** dans la campagne

as far as this / that far   **jusqu'ici / jusque-là**

the bus comes as far as this; it goes that far
l'autobus vient **jusqu'ici mais ne va pas plus loin; il va jusque-là**

46 DISTANCE

how far is it to the station?
à quelle distance se trouve la gare?

the station isn't far at all; it's within walking distance from here
la gare **n'est pas loin du tout; on peut y aller à pied**

it's still quite a (good) step to the station*
**il y a encore un bon bout de chemin à faire jusqu'à la gare;
ça fait une trotte d'ici à la gare**

the station is five minutes away from here
la gare **se trouve à cinq minutes d'ici**

the station is only half a mile from here
la gare **est seulement à un demi-mile d'ici**

the station is two kilometres away
la gare **est à deux kilomètres**

the station is within a kilometre of the town / city hall
la gare **est à moins d'un kilomètre de** la mairie

it can't be far short of two kilometres from here to the station
il ne doit pas y avoir plus de deux kilomètres **d'ici à la gare**

there can't be much less than two kilometres from here to the station
il ne doit pas y avoir beaucoup moins de deux kilomètres **d'ici** à la gare

it's fully three kilometres from here to the station
il y a bien / au moins / largement trois kilomètres **d'ici** à la gare

it must be well over three kilometres from here to the station
il doit y avoir plus de trois kilomètres **d'ici à la gare**

it's a good four and a half kilometres from here to the station
il y a quatre bons kilomètres et demi d'ici à la gare

**what's the distance
from Paris to London?**

**quelle est la distance
de Paris à Londres?**

in a beeline / as the crow flies Paris is about 300km from London
en ligne droite / à vol d'oiseau, il y a environ 300km de Paris à Londres

it must be all of 300km from Paris to London
il doit y avoir au moins 300km **de** Paris à Londres

it's 300km from here to London; it's five hours away by road
il y a 300km d'ici à Londres; c'est à cinq heures de route

to be a long way off / away   **être loin**

have you come from far? how far are you going?
vous venez de loin? jusqu'où allez-vous?

how much farther is it?
c'est encore loin? c'est encore à combien?

it's (quite) a long way from here
c'est (assez) loin d'ici

there's still a long way to go; we're not there yet
il y a encore du chemin à faire; nous n'y sommes pas encore

it takes a good hour to get there
il y a bien une heure de chemin / il y a une bonne heure de chemin

"it's a long way to Tipperary, it's a long way to go" /
it's some distance to Tipperary / it's quite a long way to Tipperary
Tipperary, c'est loin / jusqu'à Tipperary, cela fait un bout

it's ten kilometres at the most
il y a dix kilomètres au plus / il y a dix kilomètres au maximum

common expressions   **expressions courantes**

to keep somebody at a distance
tenir quelqu'un à distance

he's far ahead
il est loin devant

he's far behind
il est loin derrière

he was two yards away from me
il était à deux mètres de moi

we're going to push a bit farther
nous allons pousser un peu plus loin

you can't meet a living soul within a five kilometre radius / for five kilometres around
vous ne rencontrerez pas âme qui vive **dans un rayon de cinq kilomètres /
à cinq kilomètres à la ronde**

you came the long way round!
vous avez pris le chemin des écoliers!

■
47 VARIATIONS ON THE THEME OF QUANTITY

none / nothing   **rien / aucun(e)**

I'm expecting several letters, but I've got none of them yet
j'attends plusieurs lettres, mais **je n'en ai encore reçu aucune**

I haven't any money left; I haven't so much as a penny(GB) on me
il ne me reste plus d'argent; je n'ai pas un sou sur moi

there's not a mite / whit of truth in what you said
il n'y a pas un grain de vérité dans ce que vous dites / **pas un brin / iota!**

there's not a bite to eat; there's nothing left / nothing at all
il n'y a rien à manger; **il ne reste rien / rien du tout**

next to nothing   **presque rien**

these clothes cost me next to nothing
ces vêtements **ne m'ont presque rien coûté**

she eats very little
elle mange **très peu**

there's very little else left to eat but some stale bread
il ne reste presque rien à manger, **si ce n'est un peu de** pain rassis

it's a drop in the ocean
c'est une goutte d'eau dans la mer

a tiny little bit of something   **un tout petit peu de quelque chose**

add a touch / tiny pinch of cinnamon to the stewed apples
ajoutez un rien / un soupçon de cannelle dans la compote de pommes

just a drop / tot
juste une goutte / une toute petite goutte / une larme

the colour is a shade too dark
la couleur est **un rien** trop sombre

one / only one   **un / un seul**

you're my only friend
vous êtes **mon seul** ami

I've only one daughter; she's an only child
je **n'**ai **qu'une** fille; c'est **une enfant unique**

scarcely / hardly   **presque pas**

there's scarcely any sunlight in Alaska during winter
il **n'**y a **presque pas** de soleil en hiver en Alaska

there was hardly anyone at the exhibition
il **n'y** avait **presque personne** / il **n'y** avait **pas foule** à l'exposition

little / few   **peu / très peu**

she doesn't eat much; she's satisfied with little
elle mange **peu**; elle se contente **de peu**

there's very little hope that he'll recover
il y a très peu d'espoir qu'il se rétablisse

sailors who have sailed around the Horn are few in number
très peu de marins ont franchi le Cap Horn à la voile

add a small quantity of flour in dribs and drabs
ajoutez une petite quantité de farine, **par petites quantités**

there were only a handful of people at the concert
il n'y avait qu'une poignée de gens au concert

there were as few as six customers in the restaurant
il n'y avait en tout et pour tout que six clients dans le restaurant

scarcity   **la rareté**

at this time of day customers are scarce
à cette heure **les clients sont rares**

people like you are one in a thousand
des gens comme vous on en trouve un sur mille

people like him are not thick on the ground*
des gens comme lui ne courent pas les rues

enough   **assez / suffisamment**

I've got enough income to live in comfort
j'ai suffisamment de revenus pour vivre confortablement

I've got more than enough money to live on
j'ai largement assez d'argent pour vivre

some   **quelque / quelques**

we'll have some food before we leave
nous prendrons **quelque** nourriture avant de partir

we'll take some biscuits in case we're hungry
nous prendrons **quelques** gâteaux secs au cas où nous aurions faim

several   **plusieurs**

several people in the audience walked out of the theatre before the show was over
plusieurs spectateurs ont quitté le théâtre avant la fin du spectacle

several of us had to get together to bring him under control
nous avons dû nous mettre **à plusieurs** pour le maîtriser

quite a few   **bon nombre de / un assez grand nombre**

quite a few people indulge in wishful thinking
bon nombre de gens prennent leurs désirs pour des réalités

no fewer than 15 pupils were absent today
il n'y avait pas moins de 15 élèves absents aujourd'hui

I've read a fair number of books about psychoanalysis
j'ai lu **un assez grand nombre de livres** sur la psychanalyse

a lot of   **beaucoup / beaucoup de**

this dress must cost a lot of money
cette robe doit coûter **beaucoup d'argent**

we still have a lot of time before the train leaves; we've got heaps of time
il nous reste **beaucoup de temps** avant le départ du train;
nous avons largement le temps

I've an enormous amount of work
j'ai énormément de travail

this work will take me much time and energy
ce travail me prendra **beaucoup de temps et d'énergie**

I lost quite a bit of money in that deal; I paid a good bit for it
j'ai perdu **pas mal d'argent** dans cette affaire; **cela m'a coûté assez cher**

he's earned loads* of money on the Stock Exchange
il a gagné des tas d'argent à la Bourse

many people live above their means
beaucoup de gens vivent au-dessus de leurs moyens

a good many   **un grand nombre**

a good many tourists cross the Channel every year
un grand nombre de / quantité de touristes traversent la Manche chaque année

tourists who cross the channel every year are many in number
les touristes qui traversent la Manche chaque année **sont très nombreux**

they come in their numbers to visit Europe
ils viennent **en grand nombre** pour visiter l'Europe

I've told you umpteen* times / I don't know how many times
je te l'ai dit cent fois / je ne sais combien de fois

I've read a great number of books about psychoanalysis
j'ai lu **un grand nombre de / une grande quantité de** livres sur la psychanalyse

a large number of high-class products are found in the supermarkets
on trouve **un grand nombre de produits de marque** dans les supermarchés

lots and lots   **vraiment beaucoup / un très grand nombre**

there are dozens of people like you
des gens comme vous, on en trouve à la pelle

there are dozens like that; they're ten a penny
des choses comme ça, on en trouve **à la douzaine;**
il y en a **tant qu'on en veut** / il y en a a **à la pelle**

as many as you want! / there are plenty more fish in the sea
en veux-tu, en voilà! une de perdue, dix de retrouvées!

plenty of people have lost their jobs due to the current economic crisis
vraiment beaucoup de gens ont perdu leur emploi en raison de la crise économique

there was a great jam*/ hell** of a lot of people lining up
il y avait **une foule de gens / des masses* de gens** qui faisaient la queue

there were crowds of people; they came in shoals
il y avait **une foule de gens;** ils étaient venus **en foule**

they went in a mob to the town / city hall
ils se rendirent **en masse** à la mairie

they came by the hundred / thousands
ils vinrent **par centaines / par milliers**

we received shoals of answers
nous avons reçu **une masse / une avalanche** de réponses

people who are wandering along the Champs-Elysées at night are without number
les gens qui déambulent le soir sur les Champs-Elysées **sont innombrables**

most   **la plupart**

most people have got a television set nowadays
de nos jours, **la plupart des gens** ont la télévision

in France the great majority of teachers are women
en France, les enseignants sont **en majorité** des femmes

they manage well in most cases
dans la majorité des cas / dans la plupart des cas elles s'en tirent bien

a part of   **une partie de**

he only gave me back a small amount of the money I lent him
il ne m'a rendu qu'une partie de l'argent que je lui avais prêté

he only owns part of the cattle of the farm
il ne possède qu'une partie du bétail de la ferme

all / the whole lot of   **la totalité**

I wrote to all the people we know; they all answered
j'ai écrit à tous les gens que nous connaissons; tous ont répondu

all of them accepted the invitation
tous, autant qu'ils sont, ont accepté l'invitation

virtually all of them will come I'm sure
la quasi-totalité d'entre eux viendront sûrement

everyone is invited to the ball; the whole lot of us are invited
tous, autant que nous sommes, nous sommes invités au bal; nous sommes tous
invités

the whole family had got together
la famille était rassemblée au grand complet

48 ASSESS A QUANTITY

to count; work something out / calculate something in one's head
compter; compter de tête / calculer mentalement

to count sheep (as a way of getting to sleep); to count on one's fingers
compter les moutons (pour s'endormir); compter sur ses doigts

how many did you count? how many did you make it?
combien en avez-vous compté?

there were 500 of them; they were fully 500 / they were at least 500
ils étaient au nombre de cinq cents; ils étaient bien 500 / ils étaient 500 au moins

they came by the hundred / thousands
ils vinrent **par centaines / milliers**

they were as thick as peas in a pod in there
ils étaient **si nombreux qu'on ne pouvait les compter**

there were 50 people in the coach not counting the children
il y avait cinquante personnes dans l'autocar, **sans compter** les enfants

there were no fewer than 300 people; there must have been more than 300 people
il n'y avait pas moins de 300 personnes; **il devait y avoir plus de** 300 personnes

they counted more than 20 casualties in the rubble of the building
on a déjà dénombré plus de 20 victimes dans les décombres de l'immeuble

there were three of them / five of us; you're one of the number
ils étaient trois / nous étions cinq; vous en êtes / vous êtes du nombre

they counted as many as 4,000 cars per hour
on the motorway(GB), freeway(US)
on a compté jusqu'à 4 000 voitures à l'heure sur l'autoroute

we get to the grand total of 80,000 in a day
dans une journée **on arrive au nombre impressionnant de** 80 000

his fortune amounts to billions of dollars
sa fortune **s'élève à des milliards et des milliards de dollars**

the bottle was half empty / three quarters full / full
la bouteille était **à moitié vide / aux trois quarts pleine / pleine**

■
49 COMPARE QUANTITIES

equality   **l'égalité**

the two teams are equal in number
les deux équipes **sont en nombre égal**

the two teams have an equal chance
les chances des deux équipes sont à peu près égales

everyone has the same number of cards at their disposal
chacun dispose d'un nombre égal de cartes

there's as much room here as elsewhere; there are as many people today as yesterday
il y a autant de place ici qu'ailleurs; il y a autant de monde aujourd'hui qu'hier

we're as many as they are
nous sommes autant qu'eux

inferiority   l'infériorité

there's not as much snow as last year
il n'y a pas autant / il y a moins de neige **que** l'an dernier

he had less trouble than we had in finding a seat
il a eu moins de mal que nous à trouver une place

this contractor employs half as many workers as his competitor
cet entrepreneur emploie **deux fois moins d'ouvriers que** son concurrent

I earn a little less than him
je gagne **un peu moins que lui**

it was so much cheaper; it was one-third as expensive
c'était tellement moins cher; cela coûtait trois fois moins

there were fewer people than expected
il y a eu moins de monde que prévu

there must have been under 200 people
il devait y avoir moins de 200 personnes

superiority   la supériorité

he earns twice as much money as I do
il gagne **deux fois plus que moi**

this farmer has got twice as many cows as his neighbour
ce fermier a **deux fois plus de** vaches **que** son voisin

he's also double the amount of work
il a aussi **deux fois plus de** travail

there were 100 more people than yesterday
il y avait 100 personnes de plus qu'hier

this car costs three times as much as that one
cette voiture coûte **trois fois plus cher que** celle-là

■

50 DESIGNATION

this / that   ceci / cela

this book / **this** letter; **these** books / **these** letters
ce livre / **ce** livre-**ci** / **cette** lettre / **cette** lettre-**ci; ces** livres / **ces** livres-ci / **ces** lettres-**ci**

that book / **that** letter; **those** books / **those** letters
ce livre-**là** / **cette** lettre-**là; ces** livres-**là** / **ces** lettres-**là**

designation / presentation

this is / here is   voici

this is / here is my book; **these are / here are** my books
voici mon livre; **voici** mes livres

this is / here is my daughter; **this is** the boy I told you about
voici ma fille; **c'**est le garçon dont je vous ai parlé

that is / there is   voilà

that is your book	**voilà** vos livres
voilà votre livre	**those are** your books
there is my brother	**there are** my parents
voilà mon frère	**voilà** mes parents
this one	these
celui-ci / celle-ci	**ceux-ci / celles-ci**
that one	those
celui-là / celle-là	**ceux-là / celles-là**

it's difficult to choose between these two skirts,
this one is too long, that one is too short
il est difficile de choisir entre ces deux jupes, **celle-ci** est trop longue,
celle-là est trop courte

the former; the latter
le premier / la première; le dernier / la dernière

the relative pronoun subject is **qui** referring to a person, an animal or a thing

the man who / that was leaving as you came is my brother
le monsieur **qui** sortait quand vous êtes arrivé est mon frère

which / that   qui

the book which / that is on the table is mine
le livre **qui** se trouve sur la table est à moi

the relative pronoun subject is **qui** giving some information
about a person, an animal or a thing

who   qui

the man who had threatened passers-by with a revolver was arrested
l'individu, **qui** avait menacé des passants avec un revolver, a été arrêté

which   qui

I forgot to return the books which were due at the library on the 18th
j'ai oublié de rendre les livres **qui** devaient être retournés à la bibliothèque pour le 18

the relative pronoun object is **que** referring to a person, an animal or a thing

who(m) / that   que

the man who(m) / that you crossed on the staircase is my brother
le monsieur **que** vous avez croisé dans l'escalier est mon frère

which / that   que

the book which / that you found is mine
le livre **que** vous avez trouvé est à moi

the relative pronoun object is **que** giving further more precise information

who(m)   que

the man who(m) the police had been tracking for three days was arrested last night
l'individu, **que** la police pistait depuis trois jours, a été arrêté hier soir

which   que

the manuscript which experts thought to be lost was found in a second-hand bookshop
le manuscrit, **que** les experts croyaient perdu, a été retrouvé chez un antiquaire

what as subject clause giving information   ce qui / ce que

what irritates me is the airs she's putting on
ce qui m'agace, c'est cet air de supériorité qu'elle se donne

what you are telling me is simply awful
ce que vous me racontez là est épouvantable

what as object clause giving information

I'll tell him what I think of you
je vais lui dire **ce que** je pense de vous

such as

I'll give you such as I have
je vous donnerai **ce que** j'ai

which subject or object clause referring to an antecedent main clause

she's always putting on airs, which I find irritating
elle se donne des airs de supériorité, **ce qui** m'agace / **ce que** je trouve horripilant

he told us all about his car crash, which in retrospect frightened us
il nous a raconté son accident de voiture, **ce qui** nous a rétrospectivement effrayés

all that   tout ce qui / tout ce que

all that glitters is not gold
tout ce qui brille n'est pas or

all that you're telling me is simply horrible
tout ce que vous me dites là est effroyable

the one who / (who)ever   celui qui / celle qui

he who / whoever sows the wind shall reap the whirlwind
celui qui sème le vent récolte la tempête

the one who told you such a thing is a moron
celle qui t'a dit cela est stupide

the ones who / those who   ceux qui / celles qui

>*those / **the ones who** love each other are happy*
>**ceux qui** s'aiment sont heureux

>*(all) those who wish to go are allowed to*
>(tous) **ceux qui** veulent partir peuvent partir

he is / she is / they are   c'est / ce sont

>*he is a friend of mine; she is one of my parents' neighbours*
>**c'est** un de mes amis; **c'est** une voisine de mes parents

>*Tom and Debbie? they are old friends of ours; there's a ring at the door; it's them!*
>Tom et Debbie? mais **ce sont** des amis à nous; on sonne à la porte; **ce sont eux**!

the one who(m) / that   celui que / celle que

>*the one who(m) / that I love is far away*
>**celui que** j'aime est loin d'ici

those who(m) / people who(m)   ceux que / celles que

>*we tend to emulate **those who(m)** / **the people who(m)** we admire*
>nous imitons **ceux que** nous admirons

who......to   à qui

>*this is / he is the man who I spoke to yesterday*
>c'est l'homme **à qui** j'ai parlé hier

>*who did you speak to about the problem?*
>**à qui** avez-vous parlé du problème?

each / every one of   chacun / chaque (ensemble défini) / tous

>*each / every one of you will have to do as I say*
>**chacun** / **chacun de vous** devra faire ce que je dis

>*each / every one of them had to do as they were told*
>**chacun** a dû faire ce qu'on lui demandait; **tous** ont dû faire ce qu'on leur demandait

>*every single one of them had to do as he was told*
>**chacun d'entre eux** a dû faire ce qu'on lui demandait

the father gave each of his children the same amount of money
le père donna la même somme **à chacun de ses enfants**

each one received their / his share; every one of them received their share
chacun reçut sa part / **chacun d'eux** reçut sa part

everyone / everything / every +   chacun / chaque / tout / tous
singular noun

every child would like to have such a toy
tout enfant / il n'y a pas d'enfant qui ne souhaiterait avoir un tel jouet

not every child is as fortunate as you are
tous les enfants n'ont pas la chance que tu as

I have every reason to think that you're not telling the whole truth
j'ai **toutes les raisons** de penser que vous ne dites pas toute la vérité

everyone has a right to their opinion in a democracy
dans une démocratie **chacun** a le droit de penser ce qu'il veut

he told his life to everybody / to all and sundry
il racontait sa vie **à n'importe qui / à tout un chacun / à tout venant**

everyone of / all   tous

everyone of us / every mother's son / every man jack of them
tous, autant que nous sommes / tous, autant qu'ils sont

everyone of the boys; one and all, they were all there
tous les garçons; **tous tant qu'ils étaient / tous sans exception,** ils étaient **tous** là

they're **all** anarchists
ils sont **tous** anarchistes

both   l'un et l'autre

they're both in good health
l'un et l'autre / tous les deux sont en bonne santé

neither of them has been injured
ni l'un ni l'autre n'a été sérieusement blessé

I haven't seen either of them; I've only seen one of them
je n'ai vu ni l'un ni l'autre; je n'ai vu que l'un d'eux

some...or other / a certain   **une personne quelconque / un certain**

some writer or other / a certain Mr Brown said...
je ne sais plus quel écrivain / un certain Mr Brown a dit…

who / what it is referred to   **ce dont on parle**

what's it about? - that's what it's all about
de quoi est-il question? / de quoi s'agit-il? - voici ce dont il s'agit

those people who(m) I told you about live communally
ces gens, **dont je vous ai parlé**, vivent en communauté

the tools which aren't used much have been put away at the bottom of the garden
les outils **dont on se sert peu**, sont rangés au fond du jardin

that's what you must make sure of
voici **ce dont** il faut vous assurer

the painting he's so proud of is only a reproduction
le tableau **dont il est si fier** n'est qu'une reproduction

the case which people talk so much about is only a storm in a teacup
cette affaire **dont on parle tant**, n'est qu'une tempête dans un verre d'eau

that's the boy I told you about
c'est le garçon **dont je vous ai parlé**

the house in question is no longer for sale
la maison **dont il s'agit** n'est plus à vendre

as to / regarding / with reference to / concerning
à propos de / pour ce qui est de / par référence à / en ce qui concerne

as to / concerning the money you owe me
I'd like you to pay me back before the end of the month
à propos de / en ce qui concerne l'argent que vous me devez
j'aimerais que vous me le rendiez avant la fin du mois

as for   **quant à**

as for him, he can stay; as for me, I'm off
quant à lui, il peut rester; **quant à moi**, je m'en vais

that / when   **où**

it was the evening (that) we had dinner at the restaurant
c'était le soir **où** nous avons dîné au restaurant

it happened in the winter when it was so cold
c'est arrivé l'hiver **où** il faisait si froid

he grew rich during the years he was abroad
il s'est enrichi pendant les années **où** il était à l'étranger

■
51 POSSESSION

to be in possession of something   **être en possession de quelque chose**

to have something in one's possession; possession amounts to title
avoir la possession de quelque chose; possession vaut titre

to take possession of an inheritance
entrer en possession d'un héritage

holding diplomas is not an inconsiderable asset when it comes to finding a job
la possession de diplômes est un atout non négligeable
quand il s'agit de trouver un emploi

he's in possession of a great fortune and all his faculties
il est en possession d'une grande fortune et de toutes ses facultés

to possess something   **posséder quelque chose**

I own a house in the country
je possède une maison à la campagne

I've got my own house
je suis propriétaire de ma maison

this house belongs to me
cette maison **m'appartient**

this man has got nothing to call his own
cet homme **ne possède rien** / **il n'a rien qui lui appartienne en propre**

to indicate possession in French 's is not used;
express by the thing or person possessed
followed by *de* and the possessor, preceded where appropriate
by the possessive adjective or *du, de la* or *des*

this is my father's car	**c'est la voiture de mon père**
these are my brothers' motorbikes	**ce sont les motos de mes frères**
I'm going to my father's	**je vais chez mon père**
the President's wife	**la femme du Président**
Barack Obama's wife	**la femme de Barack Obama**
I'm your cousin's nephew's son	**je suis le fils du neveu de votre cousin**

whose   **emploi des pronoms relatifs**

whose is this hat?
à qui appartient ce chapeau?

here's the man whose sister I was talking to
voici l'homme à la sœur **de qui** je parlais

whose / of which

the house whose roof can be seen is mine
la maison **dont** on aperçoit le toit est la mienne

possessive adjectives   **les adjectifs possessifs**

like all adjectives in French, the possessive adjectives
agree with the thing or person possessed and not with the possessor

here are my wife / my children / my brother
voici **ma** femme / **mes** enfants / **mon** frère

everyone will have to cope with their own luggage
chacun devra s'occuper de **son** propre bagage

he's just 18 and he's already got his own car
il a tout juste 18 ans et **il a déjà sa propre** voiture

it's my very own book
c'est **mon** livre à moi

for reasons of his own he didn't agree to become involved in the business
pour des raisons qui lui sont propres, il n'a pas accepté de s'engager dans l'affaire

possessive pronouns   **les pronoms possessifs**

in French the possessive pronouns agree in gender and number with the thing(s) possessed

mine	**le mien / la mienne / les miens / les miennes**
yours	**le tien / la tienne / les tiens / les tiennes**
his / hers / its	**le sien / la sienne / les siens / les siennes**
ours	**le nôtre / la nôtre / les nôtres**
yours	**le vôtre / la vôtre / les vôtres**
theirs	**le leur / la leur / les leurs**

this book is mine / that one is yours
ce livre est **le mien** / celui-là est **le vôtre**

this house is theirs / that one is ours
cette maison est **la leur** / celle-là est **la nôtre**

yours is the best drawing of all
le vôtre est le meilleur de tous les dessins

he's a friend of mine / he's a relative of ours
c'est un de mes amis / c'est un de nos parents

this is no business of yours
ce n'est pas votre affaire

■
52 SEE AND LOOK

to see / notice   **apercevoir**

the tops of the mountains can be seen in the distance
on aperçoit le sommet des montagnes dans le lointain

I noticed a shadowy figure in the darkness
j'aperçus une ombre dans la nuit

you can hardly see the difference in their age(s)
on s'aperçoit à peine de leur différence d'âge

to take a look at something
jeter un coup d'œil à quelque chose

let me have a look at your work
laisse-moi jeter un coup d'œil à ton travail

take a look at / come and see my new car
jette un coup d'œil à / viens voir ma nouvelle voiture

*take a look at that bird**
gaffe un peu la fille!**

to cock one's eye at something / have a snoop around
glisser un coup d'œil à quelque chose / **jeter un coup d'œil discret**

to glance down / round / up; cast one's eyes round a room
jeter un coup d'œil en bas / autour de soi / en l'air; balayer une pièce du regard

to run one's eye over the paper; glance through an article
jeter un coup d'œil sur le journal; **jeter un coup d'œil à** un article

to give a cursory glance at an article
lire un article **en diagonale**

to take a peep at something
jeter un coup d'œil furtif à quelque chose

as the meeting dragged on I occasionally stole a look at my watch
comme la réunion traînait en longueur,
je jetais de temps en temps **un coup d'œil furtif** à ma montre

to wink   **faire un clin d'œil**

to wink at somebody
faire un clin d'œil à quelqu'un

she gave me a wink of agreement
elle me fit un clin d'œil en guise d'aquiescement

to peep / peek at   **regarder à la dérobée**

the little boy peeped at his parents through the bedroom keyhole
le petit garçon **risqua un œil** par le trou de serrure de la chambre de ses parents

the man peeked at the young lady's cleavage
l'homme **hasarda un œil** dans le décolleté de la jeune femme

to peer at something / somebody out of the corner of one's eye
lorgner quelque chose / quelqu'un du coin de l'œil / de biais / en coulisse

I don't appreciate my husband leering at all the women passing by
je n'aime pas que mon mari **lorgne sur** toutes les femmes qui passent

he's always eyeing (up) the girls
il est toujours à reluquer les filles

to look at / view / watch   **regarder**

we normally watch TV every night
nous avons l'habitude de **regarder** la télévision tous les soirs

the mother wished to view the film before letting her children see it
la mère voulut **regarder** le film avant d'autoriser ses enfants à le voir

the woman was looking at the demonstrators from her window
la femme **regardait** les manifestants de sa fenêtre

to fix one's eyes on something; look hard at somebody
fixer son regard sur quelque chose; regarder fixement quelqu'un

to stare with eyes like saucers; stand and stare at somebody
ouvrir des yeux comme des soucoupes; regarder quelqu'un
comme une bête curieuse

the child stared at the clown for a second or two and then burst out laughing
l'enfant **regarda fixement** le clown pendant une seconde ou deux puis éclata de rire

to glare at   **regarder avec fureur**

to give somebody a black look
regarder quelqu'un **d'un œil noir / jeter un œil noir** à quelqu'un

to glare angrily at somebody
lancer un regard de colère à quelqu'un

to give somebody a scathing look
foudroyer quelqu'un **du regard / jeter un regard noir** à quelqu'un

he glared at the driver who wouldn't give way; he looked daggers at him
il jeta un coup d'œil furieux au conducteur qui lui refusait la priorité;
il le foudroya / fusilla du regard

to look at somebody with dumb admiration
regarder quelqu'un d'un air béat

to look at somebody like a lovesick puppy
regarder quelqu'un **avec des yeux de merlan frit**

to watch something with beady eyes / goggle at something
regarder quelque chose **avec des yeux ronds / avec des yeux en boutons de bottines**

other ways of looking   **autres façons de regarder**

to look somebody straight in the eye / eyeball to eyeball
regarder quelqu'un **droit dans les yeux / dans le blanc des yeux**

he daredn't meet my eyes
il n'osait pas **me regarder en face**

to take a long look at somebody; examine somebody from every angle
regarder longuement quelqu'un; **examiner quelqu'un sous toutes les coutures**

to have a squint at something
regarder quelque chose **du coin de l'œil**

to scowl at somebody
regarder quelqu'un **de travers / jeter un regard mauvais** à quelqu'un

to give somebody / something a baleful / jaundiced look
regarder quelqu'un / quelque chose **d'un œil torve / d'un œil mauvais**

to give somebody a caressing look
caresser quelqu'un **du regard**

to cast lustful looks on somebody
regarder quelqu'un **avec convoitise / d'un œil lubrique**

to devour somebody with one's eyes
dévorer quelqu'un **des yeux**

to look with eyes like gimlets
regarder **avec des yeux perçants**

to peer at something / screw one's eyes
regarder attentivement (en faisant effort pour bien voir) / **plisser les yeux**

to watch closely / look at something close up
regarder **de près** / regarder **attentivement**

to let one's eyes rest on something / somebody
poser son regard sur quelque chose / quelqu'un

to look in different ways   **l'expression du regard**

to look blankly / with unseeing eyes at something / somebody
regarder **d'un air absent / jeter un regard vide sur** quelque chose / quelqu'un

to have a glazed look
avoir **un regard sans expression / un regard vitreux**

to look inquiringly at somebody
regarder quelqu'un **d'un air interrogateur / dubitatif / inquiet**

to fling somebody a look of contempt
lancer un regard de mépris à quelqu'un

to have a nasty look in one's eye
avoir le regard mauvais / menaçant

she had a hard / tender look in her eye
son regard était dur / tendre

this woman had come-to-bed eyes*; her eyes gleamed with mischief / glittered with lust
cette femme avait **un regard provoquant;**
ses yeux **luisaient de malice / brillaient de convoitise**

to be on the watch   surveiller quelque chose / tenir quelqu'un à l'œil /
                                                                   être aux aguets

to keep one's ears and eyes peeled
se tenir aux aguets

a good guard must always be alert
un bon garde doit toujours **être aux aguets**

she always keeps a close eye on him
elle le surveille toujours **de très près**

keep an eye on the luggage while I'm getting a magazine
surveille les bagages pendant que je vais acheter un magazine

keep your eye open for a baker's shop
tachez de repérer une boulangerie

to see   voir

to keep in view; see as far as the eye can reach
garder en vue / ne pas perdre de vue; voir **à perte de vue**

to be within / out of view
être **en vue / hors de vue**

I can see them; I can't see anything; there's nothing to be seen
je les vois; je ne vois rien; on n'y voit rien

common expressions   expressions courantes

I have eyes in the back of my head
j'ai un œil qui voit tout / j'ai des yeux derrière la tête

I wish I were a fly on the wall
je voudrais être une petite souris

to refuse to see / turn a blind eye
fermer les yeux (sur quelque chose) / refuser de voir

he'll look at nothing
il ne veut rien voir

it sticks out like a sore thumb
cela se voit comme le nez au milieu de la figure

that stares you in the face; it's visible to the naked eye; it doesn't show
cela crève les yeux; c'est visible à l'œil nu; cela ne se voit pas

problems with eyesight   **les problèmes de la vue**

to have good / bad sight; have weak eyes
avoir une bonne / mauvaise vue; avoir la vue faible

his vision is very bad; he can't see an inch in front of him;
he's a visually-impaired person
sa vue est très mauvaise; il n'y voit pas à deux pas; c'est un malvoyant

to be long-sighted / far-sighted
être presbyte

to be short-sighted / near-sighted
être myope

he's as blind as a bat*
il est myope comme une taupe*

to go blind; be blind; be blind from birth
devenir aveugle; être aveugle; être aveugle de naissance

he was struck blind at the age of 7
il a été frappé de cécité à l'âge de 7 ans

to strain one's eyes; wear one's eyes out;
s'abîmer la vue / se fatiguer les yeux; s'user la vue

he's liable to read himself blind
il est capable de lire à en perdre la vue

I can't focus properly; I can't see a ruddy** thing
j'ai du mal à distinguer / je vois trouble; je n'y vois que dalle**

I can't make out what's written on the label; I need a magnifying glass
je n'arrive pas à lire ce qui est écrit sur l'étiquette; j'ai besoin d'une loupe

I've got a speck of dust in my eye
j'ai une poussière dans l'œil

to be cross-eyed; have a cast in one's eye
loucher / être atteint de strabisme; avoir une coquetterie dans l'œil*

proverb   proverbe

in the land of the blind, the one-eyed man is king
au pays des aveugles, les borgnes sont rois

53 HEAR AND LISTEN

to hear   entendre

it seemed to me I'd heard something; I thought I heard the doorbell
il m'a semblé entendre quelque chose; j'ai cru entendre la sonnette de l'entrée

can you make out a kind of noise in the distance?
entends-tu comme un bruit dans le lointain?

there was nothing to be heard
on n'entendait rien

his voice could no longer be heard; he was almost inaudible
on n'entendait plus sa voix; on l'entendait à peine

to be / not to be able to hear well   bien / mal entendre

to have keen hearing
avoir l'oreille fine

to have a good / no ear for music; to have absolute pitch
avoir / ne pas avoir d'oreille pour la musique; avoir l'oreille absolue

to be hard of hearing
être dur d'oreille / avoir l'oreille dure / être dur de la feuille*

to strain one's ears to hear something
tendre l'oreille pour entendre quelque chose

to be as deaf as a post
être sourd comme un pot*

to be deaf / have cloth ears(GB)
avoir du coton dans les oreilles*

I can't hear very well with my left ear
j'entends mal de l'oreille gauche

to listen to   **écouter**

I don't listen to the radio much but I do listen to the news in the morning
le matin, j'écoute les nouvelles, mais je n'écoute pas beaucoup la radio

to eavesdrop; eavesdrop on a conversation
écouter aux portes; écouter (de façon indiscrète) une conversation privée

to listen in on something
écouter secrètement quelque chose

beware, someone's listening in on an extension
attention, quelqu'un écoute sur un autre poste

to be all ears
écouter de toutes ses oreilles

the children were taking it all in
les enfants étaient tout oreilles

to prick up one's ears
dresser l'oreille (prêter attention)

to perk one's ears up
dresser l'oreille (pour mieux entendre)

pin back your ears!
ouvre grand tes oreilles!

I wish I were a fly on the wall (to be able to eavesdrop)
j'aimerais être une petite souris (pour écouter)

listen out* for the baby in case he wakes up
tends / prête bien l'oreille au cas où le bébé se réveillerait

to listen with only half an ear / abstractedly
n'écouter que d'une oreille / écouter d'une oreille distraite

to be a good listener   **être à l'écoute de quelqu'un**

to lend a willing ear to somebody
prêter une oreille complaisante à quelqu'un

to lend a sympathetic ear to a request
prêter une oreille favorable à une demande

to hear somebody speak   **écouter quelqu'un parler**

to be hanging upon somebody's every word
être suspendu aux lèvres de quelqu'un

to drink in somebody's words
boire les paroles de quelqu'un

I listened to his speech right to the end / I heard him out
j'ai écouté son discours jusqu'au bout / je l'ai écouté jusqu'au bout

I went to hear the candidate's speech; he savours his words
je suis allé écouter le discours du candidat; il s'écoute parler

common expressions   **expressions courantes**

to be within earshot; to be out of earshot
être à portée de voix; être hors de portée de voix

to drop a word in somebody's ear
glisser un mot à l'oreille de quelqu'un

to turn a deaf ear to somebody / close one's ears to something
faire la sourde oreille / refuser d'entendre / écouter

the silence was dreadful; you could have heard a pin drop
il régnait un silence de mort; on aurait entendu voler une mouche

what deafening noise! you can't hear yourself think in here!
quel bruit assourdissant! on ne s'entend plus penser!

really, the things you hear!
il vaut mieux entendre cela que d'être sourd

proverbs   **proverbes**

words are wasted on a starving man
ventre affamé n'a pas d'oreilles

there are none so deaf as those who will not hear
il n'y a pire sourd que celui qui ne veut rien entendre

■

54 ODOURS AND SENSE OF SMELL

to have a keen sense of smell; to have a good nose; to have an acute sense of smell
avoir de l'odorat; avoir l'odorat fin; avoir l'odorat très développé

smell   **l'odeur**

I caught a whiff of gas on entering the kitchen
j'ai senti une odeur de gaz en entrant dans la cuisine

the liquid gave off a strong smell; it has a nice smell
ce liquide dégage une forte odeur; cela sent bon

to smell nice / good   **sentir bon**

there's a sweet smell in this house; there's a lovely smell of toast
ça sent bon dans cette maison; ça fleure le bon pain grillé

this good smell makes my mouth water
cette bonne odeur me fait saliver / me fait venir l'eau à la bouche

this woman uses scent; she leaves a violet-scented trail behind her
cette femme se parfume; elle laisse dans son sillage un parfum de violette

to smell nasty / bad   **sentir mauvais**

he has bad breath
il a mauvaise haleine

it smells fusty in here
ça sent le renfermé

there's a smell of damp in here; there's a terrible smell of plonk*
ça sent le moisi ici; ça sent la vinasse à plein nez

to stink / reek   **puer / empester**

it reeks of plonk*! it doesn't smell like rose! it doesn't smell too sweet!
ça pue la vinasse! ça ne sent pas la rose! ça n'embaume pas*!

his breath stinks; he has stinking feet
il a l'haleine qui pue; il pue des pieds

what a smell in here! it's an offensive smell
que ça sent mauvais ici! ce que ça sent mauvais! l'odeur est repoussante

it stinks in here! it stinks to high heaven! what a pong in here!
there's one hell of a stench in here**
ça pue ici! ça pue énormément! ça fouette** ici! quelle puanteur!

there's a vile / loathsome smell in the whole house
une odeur infecte / infeste toute la maison

the reek of rotten fish is pervading the district
des relents de poisson pourri envahissent le quartier

55 FLAVOUR AND TASTE

to have a discerning palate; be an epicure / a gourmet
avoir le palais délicat; être une fine bouche / fine gueule / un gourmet

this is very much to my taste
ceci est tout à fait à mon goût

taste / savour   **le goût**

this dish has no taste
ce plat n'a aucun goût

this meat is tasty; that one tastes bad
cette viande a bon goût; celle-là a mauvais goût

the soup tastes funny; it tastes nasty
la soupe a un drôle de goût; elle a un goût infect

that meat tastes like nothing on earth
cette viande a vraiment un goût abominable

this coffee has an unpleasant taste
ce café n'a pas bon goût

this coffee is a foul brew; it's dishwater
ce café est un jus infâme; c'est du jus de chaussette

the cider tastes flat; it leaves a bad taste in the mouth
le cidre a un goût d'éventé; il laisse un mauvais goût dans la bouche

this cake tastes like almond; it tastes delicious
ce gâteau a un goût d'amande; il a un goût délicieux

salt adds savour to anything; salt to your taste
le sel donne du goût à tout; salez à votre goût

it's always possible to flavour a sauce by adding a flavour enhancer
il est toujours possible de relever une sauce en ajoutant un agent de sapidité

to flavour a sauce with a flavour enhancer
relever une sauce avec un agent de sapidité

*that sauce takes the roof off your mouth**
cette sauce vous emporte la bouche

to taste   **goûter**

this dish is delicious; would you like a taste of it?
ce plat est délicieux; voulez-vous y goûter?

taste it and see if there's enough salt; taste it before adding salt
goûte pour savoir si c'est assez salé; goûte avant d'ajouter du sel

would you like to try my pancakes? would you like a taste?
voulez-vous goûter à mes crêpes? voulez-vous y goûter?

taste this wine; I'm sure you'll like it; have a sip
goûtez ce vin; vous m'en direz des nouvelles; goûtez-y

you're right, it's a wine with a long finish; this wine tastes great
c'est vrai, ce vin est long en bouche; c'est vraiment un grand vin

56 APPEARANCE

to be taken in by appearances   se laisser prendre aux apparences

one mustn't trust appearances
il ne faut pas se fier aux apparences

appearances are sometimes deceptive
les apparences sont parfois trompeuses

you can't go by looks; it's not the clothes that makes the man
on ne peut pas se fier aux apparences; l'habit ne fait pas le moine

one mustn't mistake appearances for reality
il ne faut pas prendre les apparences pour la réalité

is it always necessary to keep up appearances?
est-il toujours nécessaire de sauver les apparences?

the look   l'air

she had the look of a real tomboy
elle avait l'air d'un garçon manqué

I don't like the look of him
je n'aime pas son air / sa tête ne me revient pas

to appear / look   paraître / apparaître / se présenter

things appear in quite a new light
l'affaire se présente sous un jour tout à fait différent

she likes to appear the innocent little thing
elle se donne des airs de jeune fille naïve

to look the part
avoir le physique de l'emploi

he looks cold but it's only on the surface; in fact he's shy
il paraît froid, mais ce n'est qu'une apparence; en fait il est seulement timide

things are looking black
les choses se présentent mal

that dress makes her look old / older than she is
cette robe la vieillit / la fait paraître plus âgée qu'elle ne l'est

he made me look a fool
il m'a rendu ridicule / il m'a fait paraître ridicule

to look / sound / seem + adjective	**sembler / paraître / avoir l'air**
he looks sad	**il paraît triste**
it seems difficult	**cela semble difficile**
it sounds terrible	**c'est affreux à entendre**
he looks as black as thunder	**il a l'air furibond**
he looks as sober as a judge	**il a l'air sérieux comme un pape**

to look / sound / seem + noun	**sembler / paraître / avoir l'air**
he looks rather a nice sort	**il a plutôt bon genre**
she looks her age	**elle paraît son âge**
that sounds like a good idea	**cela semble une bonne idée**
he looks like a fool	**il a l'air d'un imbécile**
that sounds like an excuse	**cela ressemble à une excuse**
it looks like rain	**on dirait qu'il va pleuvoir**
it sounds like Mozart	**on dirait du Mozart**
it feels like silk	**on dirait de la soie**

common expressions	**expressions courantes**

to have egg on one's face; that rings true
avoir l'air plutôt ridicule; ça a l'air vrai

you wouldn't think so but there's more to this than meets the eye
ça n'a l'air de rien, mais ce n'est pas aussi simple que ça en a l'air

to seem / appear + infinitive   **sembler / paraître / avoir l'air**

this man seems to be a very nice man
cet homme a l'air d'un chic type

these people seem to come from outer space
ces gens semblent venir d'un autre monde

these people appear to be in good health
ces gens paraissent en bonne santé

this child appears to be trying to hide something
cet enfant paraît / semble vouloir cacher quelque chose

to look / sound as if   **il semble / on dirait que**

it looks as if it might rain tomorrow
il semble qu'il va pleuvoir demain

he looks as if he didn't want to understand
il semble ne pas vouloir comprendre

by all appearances it sounds as if the audience enjoyed the performance
selon toute apparence, le public a paru apprécier la représentation

it sounded as if someone was coming in
on aurait dit que quelqu'un entrait dans la maison

he looks as though he was just out of prison
il a la touche de quelqu'un qui sort de prison

as soon as we met it seemed as if we'd known each other for ages
dès que nous nous sommes rencontrés, **on aurait dit que nous nous connaissions** /
il nous a semblé nous connaître depuis une éternité

common expressions   **expressions courantes**

he doesn't give the impression of being an honest man
il ne donne pas l'impression d'être un homme honnête

you'd think he does it on purpose
on dirait qu'il le fait exprès

one gets the impression he doesn't like the house
on dirait qu'il n'aime pas la maison

it was something like a nightmare
on aurait dit un cauchemar

it would seem   **il semblerait**

it would seem to be a novel idea
il semblerait que cette idée soit vraiment nouvelle

it would seem that you were right
il semblerait que vous ayez raison

to think   **se dire / se croire**

you'd think you were in the middle of summer
on se dirait / on se croirait en plein été

it seems to me (that)   **il me semble que**

it seems to me that I'm wrong
il me semble que je me trompe

it seems to me that they're mistaken
il me semble qu'ils se trompent / qu'ils sont dans l'erreur

proverbs   **proverbes**

still waters run deep
il ne faut pas se fier à l'eau qui dort

all that glitters is not gold
tout ce qui brille n'est pas or

don't chase shadows
il ne faut pas lâcher la proie pour l'ombre

don't judge a book by its cover
il ne faut pas juger l'arbre sur l'écorce

when candles are out, the cats are grey
la nuit tous les chats sont gris

57 RESEMBLANCE

resemblance / likeness   la ressemblance

he's painted a very good likeness of her
il a peint un portrait qui lui ressemble beaucoup

a portrait strikingly true to life, showing a wonderful likeness
un portrait criant de vérité, admirable de vérité

that man bears a close resemblance to my cousin
la ressemblance de cet homme avec mon cousin est frappante

there's a family likeness between all these people
tous ces gens ont un air de famille

similarity   la similitude

there are similarities between all these hold-ups
tous ces hold-ups présentent bien des similitudes

similar triangles have equal angles
des triangles semblables ont des angles égaux

twins often behave similarly
les jumeaux ont souvent des comportements similaires

to be / look like   ressembler

my daughter looks very much like her mother
ma fille ressemble beaucoup à sa mère

what does he look like? – he's nice to look at
à quoi ressemble-t-il? - (physiquement), il est bien

what's he like? - he's a decent sort / nice guy
quel genre de type est-ce? - c'est un chic type

the inside of his house looks like a secondhand goods dealer's shop
l'intérieur de sa maison ressemble / fait penser à la boutique d'un brocanteur

can you imagine what it would be like if you were made redundant?
pouvez-vous imaginer à quoi ressemblerait votre vie si vous étiez mis au chômage?

no town is like another
aucune ville ne ressemble à une autre

common expressions   **expressions courantes**

she's the image / very picture of her mother
c'est l'image / le vrai portrait de sa mère

she's the carbon copy of her sister
c'est la copie conforme de sa sœur

he takes after his father
il tient / a quelque chose de son père

he's very much his father's son
c'est bien le fils de son père

he's the spitting* image of his father
c'est le portrait tout craché* de son père

the accused answers the description the witness gave
l'accusé répond à la description donnée par le témoin

this man is a dead ringer* for the President
cet homme est le sosie du Président

to look alike / resemble each other   **se ressembler**

the two brothers look very much alike
les deux frères se ressemblent beaucoup

these twins are as like as two peas in a pod; they resemble each other in every respect
ces jumeaux se ressemblent comme deux gouttes d'eau;
ils se ressemblent en tout point

there's not the slightest difference between them
il n'y a pas la moindre différence entre eux

they're so alike that you would take one for the other
ils se ressemblent au point qu'on les prendrait l'un pour l'autre

the twins are impossible to tell apart
il est impossible de distinguer les jumeaux l'un de l'autre

it's difficult to tell which is which
c'est difficile de dire lequel est lequel

some counterfeits are so perfect that nobody can be the wiser
certaines contrefaçons sont si parfaites que personne ne peut faire la différence

to be the same   **être le même**

they're the same size / age
ils sont de la même taille; ils ont le même âge

it basically amounts to the same thing
c'est pratiquement / quasiment la même chose; cela revient au même

it's six of one and half a dozen of the other / it's much of a muchness
c'est exactement la même chose / c'est du pareil au même /
c'est blanc bonnet et bonnet blanc

it makes no difference
cela ne fait aucune différence

it doesn't make the slightest difference
cela ne fait pas la moindre différence

these politicians are all of the same ilk
tous ces politiciens sont à mettre dans le même panier

they're all much of a muchness
ils sont tous du même acabit / du même tonneau

it's tantamount to   **autant dire que**

it's tantamount to saying (that) I've been taken in
autant dire que je me suis fait avoir

what he's done is tantamount to nothing
autant dire qu'il n'a rien fait; ce qu'il a fait ou rien, c'est la même chose

to be something like out of something   **on aurait dit**

it was something like out of a nightmare
on aurait dit un cauchemar

to be such as / that   **être tel que**

the weather was not such as to encourage one's going out
le temps n'était pas tel qu'il encourageait à sortir

her letter was such that he couldn't but understand her distress
sa lettre était telle qu'il ne pouvait pas ne pas comprendre sa détresse

common expressions   **expressions courantes**

that's just him / exactly like him
c'est bien de lui / ça lui ressemble

it's just typical of him to say a thing like that
dire cela / parler comme cela, cela lui ressemble / c'est bien de lui

he's the sort of man who could do that
c'est le type d'homme à faire cela

he's a perfect example of the intellectual
c'est le type parfait de l'intellectuel

proverbs   **proverbes**

like father, like son
tel père, tel fils

birds of a feather flock together
qui se ressemble, s'assemble

■

58 DIFFERENCE

unlike vipers grass snakes aren't dangerous
à la différence des vipères, les couleuvres ne sont pas dangereuses

she has a certain something that makes all the difference;
that's where the difference lies

elle a un petit quelque chose qui fait toute la différence;
c'est là que réside la différence

there's a heck* of a difference
il y a une fichue* / sacrée* différence

it doesn't make the slightest difference; alter things a bit
cela fait aucune différence; cela ne change rien à l'affaire

to be different   **être différent**

to differentiate oneself from somebody
se différencier de quelqu'un

she wants to be different
elle veut se singulariser

she's quite different from what you think
elle est bien différente de ce que vous pensez

customs and traditions differ from one country to the other
les coutumes et traditions diffèrent d'un pays à l'autre

to be very different from   **être très différent de**

the descriptions of film stars in the popular press are often a far cry from reality
les portraits de vedettes diffusés dans une certaine presse
sont souvent fort éloignés de la réalité

these two sisters are not at all alike
ces deux sœurs n'ont pas la moindre ressemblance

they're so unlike one another
elles sont si différentes / elles se ressemblent si peu

there's no possible comparison between them
il n'y a pas de commune mesure entre elles

I've very little in common with my brother; there's a gulf between us
j'ai peu de choses en commun avec mon frère; un gouffre nous sépare

we're as different as night is from day
nous sommes comme le jour et la nuit

we can never see eye to eye on anything; when I say white he says black
nous ne sommes jamais du même avis; quand je dis blanc il dit noir

there's a world of difference between him and me / we're poles apart
nous sommes à des années-lumière l'un de l'autre /
un monde nous sépare / nous sommes aux antipodes l'un de l'autre

to differentiate   **faire la différence / distinguer**

to make a distinction between truth and falsehood
faire la distinction / le départ entre le vrai et le faux

to know the difference between good and evil
faire la différence entre le bien et le mal

to be able to tell good from evil
savoir discerner le bien du mal

colour-blind people can't differentiate between green and red
les daltoniens ne font pas la différence entre le vert et le rouge

you're rich and I'm poor, that's the difference between us
vous êtes riche et je suis pauvre, voilà ce qui nous différencie

common expressions   **expressions courantes**

that's not like him to say so; it's not like him
parler comme cela ne lui ressemble pas; ce n'est pas son style

that's another cup of tea
ça, c'est tout autre chose / c'est tout à fait autre chose

you must separate the sheep from the goats
il ne faut pas mélanger les torchons et les serviettes

■

59 COMPARISON

the formation of the comparative form of adjectives and adverbs is always the
same no matter how many syllables they have

Comparative form to indicate superiority

my sister is taller than I am and prettier than her mother (is)
ma sœur est plus grande **que** moi et **plus** jolie **que** sa mère

he was at least this much taller than me
il était au moins **plus** grand **que** moi de ça / **plus** grand **que** moi d'au moins ça

this car is more comfortable than that one
cette voiture-ci est plus confortable **que** celle-là

he's more stupid than wicked
il est **plus** bête **que** méchant

irregular comparatives   **comparatifs irréguliers**

this brand is better than that one
cette marque est **meilleure que** celle-là

of two evils choose the lesser
de deux maux, il faut choisir **le moindre**

to indicate inferiority

he was less generous in his will than I expected
il a été moins généreux dans son testament **que** je l'espérais

Jane is less beautiful than her sister; Peter is less tall than his brother
Jeanne est moins belle **que** sa sœur; **Pierre est moins** grand **que** son frère

to indicate equality or inequality

our house is as large as yours; I can run as fast as you
notre maison est aussi grande **que** la vôtre; je cours **aussi** vite **que** vous

our house isn't as large as yours
notre maison n'est pas aussi grande **que** la vôtre

she's just as intelligent as she's beautiful
elle est aussi intelligente **que** belle

I haven't had such a good meal for years
cela fait des années **que** je n'ai pas pris **un aussi** bon repas

we don't have such a good wine every day
un aussi bon vin, on n'en boit pas tous les jours

he's nowhere near as clever as his sister
il s'en faut qu'il soit **aussi** intelligent **que** sa sœur

it's not that cold; our house isn't all that big
il ne fait pas si froid **que** ça; notre maison **n'est pas si** grande **que** ça

it's that high; it's this long
c'est haut **comme** ça; c'est long **comme** ceci

multipliers (see also chapter 49 Compare quantities)

it'll cost twice as much as expected
cela va coûter **deux fois plus** cher **que** prévu

he's a thousand times as intelligent as they are
il est **mille fois plus** intelligent **qu'**eux

there are half as many people as expected
il y **a deux fois moins** de monde **que** prévu

to compare more than two elements: superlative form

to indicate superiority

he's the tallest in the family
c'est **le plus grand de** la famille

the Sears Tower in Chicago used to be the highest building in the world
la tour Sears à Chicago fut / a été longtemps **le plus haut bâtiment du** monde

it's the most comfortable bed I've ever slept in
c'est le lit **le plus confortable où** j'ai jamais couché

it's the most delicious meal I've ever eaten
c'est le repas **le plus délicieux que** j'ai jamais pris

to indicate inferiority

I find it the least successful of his novels
je trouve que c'est **le moins bon de** ses romans

he's the least intelligent in the family
c'est **le moins intelligent de** la famille

irregular superlative   **superlatif irrégulier**

it's the least of my worries
c'est **le moindre de** mes soucis / c'est **le cadet de** mes soucis

common expressions   **expressions courantes**

to be as pretty as a picture / an angel	**être beau comme un ange**
to be as sober as a judge	**être sérieux comme un pape**
to be as clean as a new pin	**être propre comme un sou neuf**
to be as good as gold	**être sage comme une image**
to be as nimble as a goat	**être agile comme un singe**
to be as drunk as a Lord	**être saoul comme un cochon**
to be as brave as a lion	**être courageux comme un lion**
to be as gentle as a lamb	**être doux comme un agneau**
to be as thievish as a magpie	**être voleur comme une pie**
to be as fit as a fiddle	**se porter comme un charme**
to remain as cool as a cucumber	**rester de marbre**
to turn as white as a sheet	**devenir blanc comme un linge**
to turn as red as a beetroot	**rougir comme une pivoine**
it's as plain as daylight	**c'est clair comme le jour**

he behaves like a bull in a china shop
il se conduit **comme un éléphant dans un magasin de porcelaine**

to compare   **comparer**

how do the prices compare? - you only need to compare them
est-ce que les prix sont comparables? - vous n'avez qu'à les comparer

if you compare our prices with our competitors' you'll find ours are lower
si vous comparez nos prix avec ceux de la concurrence,
vous constaterez que les nôtres sont plus bas

if I set your invoice against your estimate I can see a great difference
si je compare votre facture et votre devis, je constate une grande différence

comparatively   **comparativement**

frozen vegetables are comparatively cheaper than fresh ones
les légumes surgelés sont **comparativement moins** chers **que** les frais

in comparison with   **par rapport à**

in comparison with last year prices have risen
en comparaison de / par rapport à l'an dernier, les prix ont augmenté

to be incomparable   **ne pas être comparable**

these two paintings have nothing in common;
this one is figurative, that one is abstract
ces deux tableaux n'ont rien de comparable; celui-ci est figuratif, celui-là est
abstrait

they're not comparable; they're in no way comparable
ils ne sont pas comparables; ils ne sont en rien comparables

there's (just) no comparison
il n'y a pas de comparaison possible / on ne peut les comparer

there's nothing to compare with a child's joy
rien n'est comparable à la joie d'un enfant

he can't compare with his brother
il n'y a pas de comparaison possible entre lui et son frère

the one and only Shakespeare; he's in a class of his own
l'incomparable Shakespeare; il est unique en son genre

he can't compare with anyone
il est sans pareil / incomparable / sans comparaison

he isn't a patch on his brother; his brother is head and shoulders above him
il n'arrive pas à la cheville de son frère / il n'est rien à côté de son frère

he's no match for him; he's not in the same class as him*
il ne peut rivaliser avec lui; il n'est pas de classe à se mesurer avec lui

his brother is far and away the best
son frère est de loin / sans comparaison le meilleur

*it's the real cheese**
c'est ce qu'il y a de mieux

to bear comparison with   soutenir la comparaison

this science-fiction novel cannot bear comparison with Wells's masterpieces
ce roman de science-fiction **ne supporte pas la comparaison
avec** les chef-d'œuvres de Wells

Wells's masterpieces compare very favourably with this science-fiction novel
les chef-d'œuvres de Wells **soutiennent la comparaison avec**
ce roman de science-fiction

as: conjunction + subordinate clause   comme

she nursed her cat as she would have done a child
elle a soigné son chat **comme elle aurait soigné** un enfant

he swims as I do, very badly
il nage **comme moi**, très mal

like + simile   comme

he swims like a fish
il nage **comme un poisson**

we need a man like him
nous avons besoin d'un homme **comme lui**

as good as / just as   comme

it was just as if we'd been on holiday
c'était **comme si** nous avions été en vacances

it's as good an excuse as any
c'est une excuse **comme une autre**

as much as   comme

she looked at him as much as to tell him she knew he'll abandon her one day
elle le regarda **comme pour lui dire** qu'elle savait qu'il la quitterait un jour

as well as   comme

this car is practical for work as well as leisure
cette voiture est pratique **pour** le travail **comme pour** les loisirs

■

60 TO HAVE PERSONALITY

what kind of man is he?
quel genre d'homme est-ce?

he's (got) character
c'est un homme de caractère / c'est un caractère / il a du caractère

he has a strong personality
il a une forte / beaucoup de personnalité; il a de l'étoffe

he doesn't let himself be persuaded
il ne se laisse pas faire

he's not the kind of man to let himself be fooled
il n'est pas du genre à se laisser faire

he doesn't let anyone tread on his toes
il ne se laisse pas marcher sur les pieds

he's not the one to take things lying down*
il n'est pas du genre à encaisser sans broncher / sans rien dire

he doesn't like to be taken for a fool
il n'aime pas qu'on le prenne pour un imbécile

you'll never put anything across on him*
on ne le la lui fait pas* / on ne peut le faire marcher*; il ne s'en laisse pas conter

he's no respecter of persons; he doesn't care what people say
il ne s'en laisse imposer par personne; il se moque du qu'en dira-t-on

he has his feet firmly on the ground
il a les pieds sur terre

he's got his head screwed on all right*
il a la tête sur les épaules

he's self-confident; he's a good head on his shoulders
il a confiance en lui; il a la tête solide / il a de la tête

he has nerves of steel; he's as solid as a rock
il a des nerfs d'acier / des nerfs à toute épreuve; il est solide comme un roc

he's still his old self in any circumstance
en toute circonstance, il demeure égal à lui-même

he's well-adjusted; he feels at home anywhere
il est bien dans sa peau; il est bien partout

he has (a) great presence; he's a key figure / an able man
il a de la présence; c'est une personnalité de premier plan / un homme de talent

he has real quality; he looks very impressive
il a de la classe; il a grande allure / grand air

there's no one to match him / he has no equal
il est sans pareil / il est sans égal

he puts all the others in the shade; he's first among equals
il fait de l'ombre à tous les autres / il laisse les autres dans l'ombre;
il est vraiment hors pair

he's a hearty fellow
c'est un rude / sacré gaillard*

he's a great guy; everyone looks up to him
c'est un type énorme*; tout le monde l'admire

he's the sort of man that women like
c'est le genre d'homme qui plaît aux femmes

he takes women by storm; he's always surrounded by pretty women
il impressionne beaucoup les femmes; il est toujours entouré de jolies femmes

he's a leading figure of our time; the man of the moment
c'est une figure marquante de notre temps; c'est l'homme du jour

he goes down really well in the media
c'est une personnalité médiatique; il passe bien à la radio et à la télévision

all the doors are open to him in polite society
il est reçu partout / toutes les portes lui sont ouvertes dans la bonne société

he's a success in society; the world lies at his feet
il brille en société; il a le monde à ses pieds

there's general agreement about him
il fait l'unanimité autour de lui

he knows how to lead men / he's a born leader
il sait mener les hommes / c'est un meneur d'hommes

he has leadership potential / the qualities of leadership
il a l'étoffe d'un chef / toutes les qualités qui font un chef

he was born to command; he commands strict obedience
il est né pour commander; on lui obéit au doigt et à l'œil

he has the makings of a company manager
il a l'étoffe d'un chef d'entreprise

he combines intelligence with courage; men of his mould are rare
il unit l'intelligence au courage; les hommes de sa trempe sont rares

he's a fighter; he's got a lot of fighting spirit
c'est un battant; il a du nerf / il est dynamique

he's got the killer instinct; he's not the man to fail
il en veut, c'est un gagneur; ce n'est pas l'homme à échouer

he's more than one ace up his sleeve; he holds all the trumps
il a plus d'un atout dans sa manche; il a tous les atouts dans son jeu

everything goes right for him
tout lui réussit

he's a man with a future
il a de l'avenir

he's not satisfied with just near enough; his standards are high*
il ne se contente pas de l'à-peu-près; il recherche l'excellence

he goes the whole hog*
il ne fait pas les choses à moitié / il va jusqu'au bout

he follows his ideas through to their logical conclusion
il va jusqu'au bout de ses idées

he doesn't hesitate to set his hand to the plough
il n'hésite pas à mettre la main à la pâte

he's an ambitious man / he has his sights fixed high and he wants it all
c'est un ambitieux et il a les dents longues*

he's flying high; one day he'll amount to something
il voit grand / vise haut; un jour il sera quelqu'un

he's already one of the big names / a leading light in politics
c'est déjà un des grands noms du monde de la politique;
c'est une vedette du monde politique

he rose from nothing; he's risen in the world since
il est parti de rien; depuis, il a fait son chemin dans le monde

*he pulled himself up by his own bootstraps***
il s'est fait tout seul / il s'est élevé à la force des poignets

■

61 TO LACK PERSONALITY

to lack personality / have no backbone
manquer de personnalité / de caractère / d'étoffe

he's a weakling; he has a weak character; he's a pale reflection of his father
c'est un faible; il manque de caractère; c'est le pâle reflet de son père

he's a minor figure; he always plays second fiddle
c'est une personnalité de second plan; il joue toujours les seconds rôles

he's of low calibre; he holds some second-rate position
il manque d'envergure; il occupe une situation de second plan

he likes bossing people around
il aime jouer au petit chef

he doesn't manage to run his life properly; he doesn't know his own mind
il ne sait pas diriger sa vie; il ne sait pas ce qu'il veut

he changes his mind from one day to the next
il change d'avis d'un jour à l'autre

he changes his mind with the weather / depending on which way the wind is blowing
c'est une vraie girouette; il change d'avis comme de chemise

he's indecisive / wavering
c'est un irrésolu / velléitaire

you never know where you are with him* / whether or not he's serious
**avec lui, on ne sait jamais à quoi s'en tenir /
on ne sait jamais si c'est du lard ou du cochon***

he's lacking in self-confidence; he's not very sure of himself
il n'est pas sûr de lui; il manque d'assurance

he's always tagging behind somebody
il est toujours à la remorque de quelqu'un

he lets himself be led by the others; he allows himself to be manipulated by anyone
il se laisse mener par les autres; il se laisse manœuvrer par n'importe qui

he lets himself be walked all over
il se laisse marcher sur les pieds / il se laisse manger la laine sur le dos

he lives in the shadow of his wife
il vit dans l'ombre de sa femme

he's dominated by his wife; he's under petticoat government
il se laisse dominer par sa femme; c'est elle qui porte la culotte

she can twist him round her little finger
elle le fait marcher au doigt et à l'œil

he lets himself be led by the nose
il se laisse mener par le bout du nez

his wife has got him on a string
sa femme le mène par le bout du nez

he's a weakling; she does what she wants with him
c'est un faible; elle en fait ce qu'elle veut

he's a spineless character; drip*
c'est un mou / une chiffe molle; une lavette*

he's not worth his salt
il ne vaut pas grand-chose / il ne vaut pas le pain qu'il mange

he spreads himself too thin; nothing goes right with him
il s'éparpille; rien ne lui réussit

he's a mere nobody; he's just nothing
c'est un moins que rien; c'est un zéro / une nullité

he's pathetic
c'est un minable

he's a crumb*; seedy-looking character
c'est un pauvre type; miteux*

he's a born loser; he's no prospects
il part toujours battu / il est né perdant; il n'a aucun avenir

he'll never amount to much; get anywhere in life
il ne fera jamais grand chose; il n'aboutira jamais à rien dans la vie

■

62 CHARACTER, TEMPER

to be good-natured / good-tempered   avoir bon caractère

he's very good-natured; he has a delightful nature
il a vraiment bon caractère; il a un caractère en or

he has a happy character; a nice / sunny nature
il a un caractère heureux; c'est une bonne nature; il est d'un caractère facile

he's very even-tempered
il a un caractère égal / il n'a jamais un mot plus haut que l'autre

he has an outgoing nature
il a un caractère / tempérament ouvert

he's very willing to adapt; it's not in his nature to be resentful
il est très accommodant / conciliant; il n'est pas de caractère à se formaliser

to be ill-natured / bad-tempered   **avoir mauvais caractère**

he's got a rotten / foul temper
il a un fichu* / sale caractère

he's an awkward / nasty so-and-so
il a un caractère de chien / cochon*

he can't stand having his leg pulled; you'd better not rub him up the wrong way
il ne supporte pas la taquinerie; il vaut mieux le caresser dans le sens du poil

he can't stand being made a joke of; he often takes things the wrong way
il ne supporte pas la plaisanterie; il prend souvent les choses en mauvaise part

he's a difficult / pig-headed customer; he's not very easy to deal with*
c'est un client difficile / une tête de cochon*; il n'est pas commode

he's headstrong; he's as stubborn as a mule
c'est une forte tête; il est têtu comme une mule

he tends to be authoritarian
il a tendance à être autoritaire

he can't tolerate criticism; it's not advisable to contradict him;
moreover he's temperamental
il ne souffre pas la critique; il ne fait pas bon le contredire; de plus, il est lunatique

you never know how to handle him
on ne sait jamais par quel bout le prendre

you never know how he's going to react
on ne sait jamais comment il va réagir

*he's quick to go off in the sulks**
il prend facilement la mouche

he's short-tempered; prone to sudden changes of mood
il est d'humeur vive; il est sujet à des sautes d'humeur

he has a quick temper
il est soupe au lait

he's hot-headed
il a le sang chaud / la tête près du bonnet

he has a savage temper; he's always quick to flare up
il est colérique; il est toujours prêt à s'emporter

he gets on his high horse at the slightest little thing
pour un rien, il monte sur ses grands chevaux

he's hard to please; live with
il est difficile à satisfaire; à vivre

a few traits of character   **quelques traits de caractère**

to have a very youthful behaviour
être très jeune de caractère

to have a sunny nature
être gai de caractère / être d'un naturel enjoué

to be a cold (-natured) / passionate person
avoir un caractère froid / passionné

to be something of an introvert / particularly reserved
avoir un caractère plutôt renfermé / particulièrement réservé

he's very austere but he's touchy too
il est très austère mais aussi susceptible

he's rather whimsical
c'est un caractère plutôt fantasque

stiffness   **la raideur**

he's very cut and dry about things; he has a very abrupt manner
il est sec et tranchant; il est pète-sec*

he tends to go to extremes
il a un caractère extrême

he's as straight as a die; with him it's either all black or all white
il est tout d'une pièce; avec lui, c'est tout l'un ou tout l'autre

there's no happy medium for him; he always goes from one extreme to the other
il ne connaît pas le milieu; il passe toujours d'une extrême à l'autre

he doesn't know to keep within bounds; he knows no measure
il ne sait pas rester dans la juste mesure; il n'a pas le sens de la mesure

proverb   **proverbe**

what's bred in the bone comes out in the flesh
chassez le naturel, il revient au galop

■

63 ECCENTRICITY

he's an unusual character; in a class of his own
c'est un personnage peu ordinaire; un homme à part

there are no two like him; he's unique
il n'y en a pas deux comme lui; il est seul de son espèce

he's a strange fellow / an odd bird*
c'est un curieux personnage / un drôle d'oiseau

he's a strange fellow / a weird type
c'est un drôle de type / il a un drôle de genre

he's a bit of a character / peculiar person
c'est un drôle de numéro* / zèbre*

he's a (real) character; a bit of an eccentric / a bit dotty*
c'est un original; il est quelque peu excentrique / un peu fou

there's a streak of eccentricity in his character / a touch of madness in him
il y a chez lui comme un petit grain de folie

he's a real oddity; he's rather peculiar
il a vraiment un genre spécial; il est un peu bizarre

he's a weird-looking man / he's got an odd look about him
il a une drôle d'allure / une drôle de dégaine

he has a strange turn of mind; he's not easy to read
il a une mentalité bizarre;
il est difficile de savoir ce qu'il pense / il est un peu énigmatique

he likes singling himself out; his clothes say a lot about him
il aime se singulariser; ses vêtements en disent long sur sa personnalité

he's something of an oddity with his gaudy suits
il se fait remarquer par ses costumes plutôt voyants

he always has to be the focus of attention
il faut toujours qu'il fasse l'intéressant

he was already the odd one out in his class at school
l'école déjà, dans sa classe, il faisait exception

otherwise the finest man alive
au demeurant, le meilleur homme du monde

■

64 QUEERNESS, PECULIAR WAYS

this guy got rather odd lately; he's slightly strange
ce type est bizarre depuis quelque temps; il n'est pas très net*

he's not very natural
il manque de naturel

he's ill-at-ease with himself these days; things aren't right with him
il est mal dans sa peau en ce moment; il est mal dans ses pompes*

*he's quite a character but he laughs like a maniac; he's a crank**
il est impayable / drôle mais il a un rire de fou; c'est un loufoque*

he's a bit touched / not quite all there**
il a un petit grain*/ il perd les pédales*

he sometimes looks as if he were out of his (right) mind
il ne semble pas avoir toute sa tête / sa raison / tout son bon sens

he behaves as if he had taken leave of his senses
il agit / se comporte comme s'il avait perdu le sens des réalités

he's as mad as a hatter / slightly dotty / a bit cracked* / nuts* / bananas* *
**il travaille du chapeau / il a un grain / il est un peu fêlé / timbré* / dingue* **

he has bats in the belfry *
**il a une araignée au plafond* **

he's got a screw loose / one oar out of the water* *
**il a une case de vide* / il lui manque une case* **

he's soft in the head / barmy* / off his rocker** / nuts** *
**il est cinglé* / piqué* / toqué* / il a le cerveau détraqué* **

he's off his head / round the bend* *
il est complètement tordu / il est timbré* **

he went round the bend / off his rocker** / he lost his marbles* / the place* *
**il est tombé sur la tête / il a perdu la boule* / ses billes* / le nord* **

■

65 ANTISOCIALITY

he's closed in upon himself / uncommunicative
c'est une nature renfermée / peu communicative

he doesn't mix well / want to mix in
il est peu sociable / il préfère rester à l'écart

he stays shut up indoors all the day; he shuts himself away
il s'enferme toute la journée; il vit en reclus

he lives a cloistered life and never sees anyone
il vit cloîtré chez lui sans jamais voir personne

he's become introverted; he withdrew into his shell
il s'est replié sur lui-même; il s'est retiré dans sa coquille

he holds (himself) aloof from others
il se tient à l'écart des autres

he took refuge in his ivory tower
il s'est retiré dans sa tour d'ivoire

he's a lone wolf / bird
c'est un solitaire; il vit comme un ours

he put himself on the fringe; has opted out (of society)
il s'est marginalisé; il a choisi de vivre en marge de la société

*he withdrew from society / isolated himself from the world;
lives on the fringe of society*
il s'est retiré / exilé du monde; il vit en marge du monde

he's at odds with society
il est en rupture de ban avec la société

he's a bit of a bear; not easy to approach
il est un peu ours; il est d'un abord difficile

he's not very talkative
il n'est pas très causant

it's difficult to fathom him; I don't understand how his mind works
**il est difficile à pénétrer / à comprendre;
je ne comprends pas ce qui se passe dans sa tête**

■

66 LACK OF CONCERN, HEEDLESS

to be carefree / live a carefree life
être insouciant / vivre dans l'insouciance

he doesn't care about the future; he lives from day to day
il ne se soucie pas du lendemain; il vit au jour le jour

he only works when the fancy takes him
il ne travaille que quand ça lui chante / plaît

he lives on air; by his wits
il vit de l'air du temps; il vit d'expédients

he lives as the fancy takes him
il vit selon sa fantaisie / il n'en fait qu'à sa fantaisie

he lives for the day / takes life each day as it comes
il se laisse vivre / il prend la vie comme elle vient

he lives a life of ease; he lives like a fighting cock
il mène une vie facile / une vie de rentier; il vit comme un coq en pâte

*he takes things easy**
il ne s'en fait pas / il se la coule douce*

he has a happy life
il mène joyeuse vie

he likes to live it up; he fritters away his life in idle pleasures*
il est assez noceur*; il consume sa vie en plaisirs frivoles

he lives well / in grand style (although he's got only a small income)
il vit sur un grand pied / il mène grand train (sans en avoir les moyens)

*he lives a life of luxury / the life of Riley**
il mène la grande vie / la vie de château

he lives in luxury / an opulent life / a life of luxury
il vit dans le luxe / l'opulence / il mène une vie fastueuse

he lives beyond his means which doesn't prevent him from sleeping
il vit au-dessus de ses moyens, ce qui ne l'empêche pas de dormir

he takes it nice and easy; he's something of a philosopher
il ne se bile pas* / il ne se fait pas de bile*; il est du genre philosophe

■

67 DREAM AND REALITY

he's inclined to be a dreamer; always with the fairies
il est enclin à la rêverie / c'est un (esprit) rêveur; il est toujours à rêver

*half the time he goes around in a dream**
la moitié du temps, il est dans les nuages

he often acts without thinking / carelessly
il agit souvent sans réfléchir / par étourderie / en étourdi

he's very well-known for his absent-mindedness
son étourderie est légendaire

he's very fanciful; he lives in a fool's paradise
c'est un esprit chimérique; il se repaît de chimères

he fabricates impossible dreams; he builds castles in the air
il se forge des chimères; il bâtit des châteaux en Espagne

he pursues his pipe dream; chases after rainbows
il poursuit sa chimère; il court après des chimères

he confuses reality and dream; tilts at windmills
il confond le rêve et la réalité; il se bat contre des moulins à vent

he's completely out of touch with reality
il est complètement décalé par rapport à la réalité / il vit à côté de ses pompes*

he refuses to look at things realistically
il se refuse à voir les choses telles qu'elles sont

he's divorced from the realities of the world; he buries his head in the sand
il est détaché des misères de ce monde; il pratique la politique de l'autruche

he deludes himself / harbours illusions
il se berce d'illusions / il se fait des illusions

he indulges in wishful thinking / lives in a make-believe world
il prend ses désirs pour des réalités

he's living in a fool's paradise
c'est un imbécile heureux

68 DEPRAVITY

he leads a rollicking / dissipated life
il mène une vie de patachon* / dissipation

he leads a loose life / disorderly life
il mène une vie dissolue / une vie de désordre / de bâtons de chaise*

he plunged headlong into a life of vice
il s'est plongé dans le vice

he leads a scandalous / debauched life
il mène une vie scandaleuse / de débauche

he's a womanizer
c'est un coureur de femmes / filles / jupons

he burns the candle at both ends; has sown his wild oats
il brûle la chandelle par les deux bouts; il a jeté sa gourme

*he spends his life propping up the bar / he's a barfly***
c'est un pilier de bar

in the past he painted the town red; he has neither lord nor master
il a jadis fait les quatre cents coups; il n'a ni dieu ni maître

his behaviour gives rise to criticism but he's set in his ways
son comportement prête à la critique, mais il ne veut pas changer ses habitudes

he's going to the dogs; his life is in a mess*
il gâche sa vie / il est en train de mal tourner; sa vie est un beau / vrai gâchis

he finally drags out a wretched existence
finalement, il mène une existence misérable

■

69 FIGHTING SPIRIT AND ARDOUR

to do something eagerly; be very active
mettre de l'ardeur à faire quelque chose; déployer beaucoup d'activité

this man is very energetic; he's plenty of drive and energy
cet homme est plein d'énergie; il est plein d'allant et d'énergie

he's plenty of snap / go* / pep*; he has spirit*
il a du nerf / il est dynamique / il a de l'abattage; il a du ressort

he's bright-eyed and bushy-tailed; he's full of fire
il est plein d'allant et d'entrain; il est plein de flamme

he must have lots of energy! he's energy to spare; he's a mighty figure
quelle énergie! il a de l'énergie à revendre; c'est une force de la nature

he's such a strong constitution / great stamina
quel tempérament! quelle santé! il est infatigable

he's a fighter; he's got the killer instinct
c'est un battant; il en veut, c'est un gagneur

he's still beavering away
il est toujours sur la brèche

he never stands aside if there's work to be done
il est toujours prêt à travailler quand l'ouvrage commande / quand il le faut

he's always the one who gives the lead
il est toujours le premier à donner le ton / l'exemple

he never stops to get his breath back; he leads a very hectic life
il ne prend jamais le temps de souffler; il vit à 100 à l'heure

he never gives himself a rest
il ne s'accorde jamais un instant de répit

he's quite uncrushable; he's a sticker*; a tireless worker
il ne se laisse jamais abattre; c'est un accrocheur; il est dur à l'ouvrage

he manages things efficiently / briskly
il mène les choses rondement / tambour battant

he lays it on the line; he's not particular about details
il n'y va pas par quatre chemins; il ne fait pas dans la dentelle

he doesn't do things by halves
il n'y va pas avec le dos de la cuiller / il ne fait pas les choses à moitié

■

70 NONCHALANCE, LAZINESS AND IDLENESS

to live a soft life / let oneself go   vivre dans la mollesse / se laisser aller

*he's got no backbone / spineless / really wet**
c'est un mou / une vraie lavette* / une chiffe molle*

he's soppy; he's got no stuffing*
c'est une mauviette / un mou / un mollasson; il manque de nerf

he's a believer in taking the line of least resistance
il est partisan du moindre effort

*he's indolent; he's like a wet rag**
il est indolent / nonchalant; il est mou comme une chiffe*

he's not very energetic in what he does
il n'est pas nerveux dans ce qu'il fait

he's no kick in him; he lacks spirit
il n'a aucun allant; il manque de ressort

he's a lethargic individual
il manque d'énergie / il n'a pas de sang dans les veines / il a du sang de poulet

*he doesn't have an ounce of character; he goes to pot**
il n'a pas une goutte de sang dans les veines; il se laisse complètement aller

he's having a cushy / an easy time (of it); he takes things easy*
il se la coule douce*; il prend ses aises

he lacks the killer instinct; he's a lymphatic constitution
il manque de combativité; c'est un tempérament lymphatique

laziness   la paresse

this man is inclined to be lazy / has a tendency to laziness
cet homme a tendance à être paresseux / il a une certaine tendance à la paresse

he's naturally lazy; he tires easily
il est paresseux de nature / il est d'une nature paresseuse; il se fatigue vite

he's bone-lazy / bone-idle / a lazy-bones
il est né fatigué / il est paresseux / fainéant comme une couleuvre

he beats everybody for laziness; he's of unparalleled laziness
**pour ce qui est de la paresse, il bat tout le monde;
il est d'une paresse sans exemple**

he certainly isn't killing himself*
le moins qu'on puisse dire est qu'il ne se tue pas au travail

he's very little urge to work
il n'est pas très attiré par le travail / il n'a qu'une faible attirance pour le travail

when he happens to work he only does lackadaisical work
quand par hasard il travaille, c'est du travail fait à la va-comme-je-te-pousse

he can't be fagged**; he's an idler
il a la flemme*; c'est un flemmard*

he likes loafing about; he's suffering from acute inertia
il aime flemmarder*; il souffre d'une flemmingite aiguë

he's a shirker
c'est un tire-au-flanc*

he's always skiving*
il est toujours à tirer au flanc* / cul***

he's bone-idle
il a un poil dans la main

he's as lazy as they come
ce n'est pas un poil qu'il a dans la main, mais un poteau télégraphique

he prefers twiddling his thumbs rather than working
il préfère se tourner les pouces plutôt que de travailler

he keeps living on the back of his parents; he lives off his mother
il vit sur le dos de ses parents; il vit aux crochets de sa mère

he's always sponging / scrounging
c'est un parasite / un pique-assiette

idleness   **l'oisiveté**

to live in idleness; fiddle around
vivre dans l'oisiveté; traînasser / ne rien faire de spécial

he hangs around all day on street corners
il traîne / traînasse dans les rues toute la journée

*he whiles his time away; he spends his time daydreaming
for whole days on end*
il passe son temps à ne rien faire; il passe ses journées à rêver

he doesn't know what to do with himself all day; he's lying at a loose end
**il ne sait que faire de lui-même à longueur de journée;
il ne sait que faire de sa peau**

he's wandering like a lost soul all day long
il erre toute la journée comme une âme en peine

he waits for things to fall into his lap
il attend que les alouettes lui tombent toutes rôties dans le bec

he expects everything to be handed to him on a plate
il attend qu'on lui serve tout sur un plat d'argent

he can be sitting idle for hours on end
il peut rester assis des heures à ne rien faire

he does nothing and I mean nothing
il ne fait rien, mais rien de rien

he's a lazy good-for-nothing; he's never done a hand's turn of work yet
il ne sait rien faire de ses dix doigts; il n'a jamais rien fait de ses dix doigts

proverb   **proverbe**

the devil finds work for idle hands
l'oisiveté est la mère de tous les vices

■

71 SIMPLICITY AND KINDNESS

rustic simplicity   la rusticité

he's a rough diamond
sous des dehors frustes, c'est un brave garçon

like everybody he has weak spots / shortcomings
comme tout le monde il a des points faibles / des défauts

his faults are on the surface
il a des défauts, mais le fond est bon

he's somewhat rough but he's open-handed / his heart is in the right place
il est un peu rude, mais il a le cœur sur la main

his bark is worse than his bite
c'est un dur au cœur tendre

he's loud-mouthed but he's not a bad chap*
il est fort en gueule*, mais ce n'est pas le mauvais bougre*

he's not a bad sort / soul / guy*
ce n'est pas le mauvais diable* / cheval* / bougre*

he's not as black as he's painted; he's a worthwhile person to know
**il n'est pas aussi mauvais qu'on le dit; c'est une personne
qu'on gagne à connaître**

he's a stout fellow* / one you can count on
c'est un chic type / quelqu'un sur qui on peut compter

he's a decent chap at heart; open-handed; a good soul
c'est un brave type; il a le cœur sur la main; c'est une bonne âme / pâte

I've come to know him better; he improves upon acquaintance
j'ai appris à le connaître; il gagne à être connu

he's basically a good person at heart
il a bon fond / il n'a pas mauvais fond

he's not such a bad fellow; he wouldn't hurt a fly
ce n'est pas le méchant homme; il ne ferait pas de mal à une mouche

he's more stupid than wicked
il est plus bête que méchant

he's as gentle as a lamb
il est doux comme un agneau

naïvety / gullibility   **la naïveté / la crédulité**

he's a simple soul; a soft touch
c'est une âme simple / un naïf; c'est une bonne poire / il se fait facilement avoir*

you can tell him anything and he'll swallow it hook, line and sinker
on lui raconte n'importe quoi, et il gobe tout

he's taken in everytime*
il marche à tous les coups

simplicity   **la simplicité**

he's a plain / unaffected person
il est simple et sans façons

he's awfully simple / easily pleased / hurt
il est simple comme tout / content de peu / blessé de peu

he's not much to look at; however he's plain-spoken
il ne paie pas de mine; cependant, il a son franc-parler

he's a happy nature; easy to live with
c'est un heureux caractère; il est facile à vivre

he takes life as it comes / things as they come
il prend la vie comme elle est / les choses comme elles sont

kindness   **la gentillesse**

he's very kind to everybody
il est d'une grande gentillesse avec tout le monde / avec tout un chacun

*he's a decent sort**
c'est un chic type

he's kindness itself / the embodiment of kindness
il est la gentillesse même / c'est la gentillesse en personne

he's one in a million
c'est la perle des hommes

■

72 MODESTY

to be modest; make a show of modesty
être modeste; faire le modeste / faire preuve de modestie

he does the thinking and I do the work, he says
c'est lui la tête, je ne suis que le bras, dit-il

he's a modest person who keeps tootling* along
c'est une personne modeste qui poursuit son petit bonhomme de chemin

he doesn't pretend to know everything
il n'a pas la prétention de tout savoir

he's got no side about him*
ce n'est pas un crâneur*

he always keeps a low profile
**il essaie de ne pas se faire remarquer / il adopte toujours une attitude discrète /
il garde un profil bas**

he tries to keep out of the limelight
il fuit les feux de la rampe

he keeps himself in the background as much as possible
il s'efface / il se fait très discret / il s'efforce de se faire oublier

he never does himself justice; he always sells himself short
il ne se montre jamais à sa juste valeur; il minimise toujours ses capacités

he doesn't sell himself very well
il ne sait pas se vendre / se mettre en valeur / se faire valoir

he has a tendency for pocketing his pride
il a plutôt tendance à mettre son amour-propre dans sa poche

but he's quite an interesting person when you get to know him
mais il gagne à être connu / c'est une personne intéressante quand on le connaît

he made only a discreet allusion to his recent promotion
il n'a fait qu'une discrète allusion à sa récente promotion

he's always a modest winner but he doesn't like false modesty
il a le triomphe modeste, mais il n'apprécie pas la fausse modestie

■

73 HYPOCRISY AND CUNNING

this man is credited with qualities which he hasn't got
on donne à cet homme des qualités qu'il n'a pas

he looks as if butter wouldn't melt in his mouth
il n'a pas l'air d'y toucher; on lui donnerait le bon Dieu sans confession

he shows himself in a favourable light
il sait se montrer sous un jour favorable

but he shows his true colours when you have to deal with him
mais il se montre / se révèle tel qu'il est quand on a affaire à lui

you mustn't think he's a gullible fool
il ne faut pas le prendre pour un naïf / ne le prenez pas pour un naïf

he wasn't born yesterday; he's not as green as he looks
il n'est pas né de la dernière pluie; il n'est pas aussi naïf qu'il en a l'air

he's not as stupid as he makes (himself) out
il n'est pas aussi stupide qu'il le prétend

I know exactly who I'm dealing with
avec lui, je sais à quoi m'en tenir / je sais à qui j'ai affaire

he's as sly as a fox
il est rusé comme un singe / renard

he's a fox, that one, an old grey-whiskered fox
c'est un vieux renard, celui-là

he's a smart cookie*; as clever as they make them*
c'est un petit malin; il est malin comme pas un

he's clever as they come; there are no flies on him
il n'y a pas plus malin que lui; c'est un malin, on ne le lui fait pas

he's a crafty one; a two-faced bastard** / double-dealer
c'est un rusé; un faux-cul** / faux-jeton

he's a real rogue; a thorough rascal; the devil incarnate
c'est un véritable coquin; un fieffé coquin; le diable en personne

as for her, she gives herself the appearance of an innocent thing but she's a real hag*
quant à elle, elle se donne l'apparence d'une fille naïve
mais c'est un vrai chameau*

■
74 SELF-IMPORTANCE AND PRIDE

self-importance   la suffisance

to be full of one's importance
être pénétré de son importance

to put on airs / look high and mighty
faire preuve de suffisance / se donner des airs de suffisance / faire des façons

to put on side / show off**; like to stand out
prendre des airs supérieurs / crâner*; aimer se donner du genre

he likes running the show / bossing people around / throwing his weight around
il aime faire le matamore / faire la loi / jouer au petit chef

his wife is very la-di-da*; she behaves in a hoity-toity way
sa femme fait la prétentieuse; elle se conduit de façon maniérée

she's horribly stuck-up*
c'est une horrible pimbêche

self-conceit   la fatuité

to be full of self-conceit / very self-satisfied
être infatué de soi-même / avoir les chevilles qui enflent*

to be full of oneself for having done something
se rengorger d'avoir fait quelque chose

vanity   **la vanité**

to boast about / pride oneself on something / on having done something
se vanter / se targuer de quelque chose / d'avoir fait quelque chose

he boasts he can do anything
il se vante de pouvoir tout faire

he's as proud as a peacock; bloated with vanity
il est vaniteux comme un paon; il pue la vanité

he professes to understand everything
il se flatte de tout comprendre

he keeps singing his own praises / blowing his own trumpet
il ne cesse de chanter ses propres louanges / de se faire mousser*

he'll talk big in order to impress people; all his geese are swans*
il exagère tout de façon à impressionner les gens;
d'après lui, tout ce qu'il fait est extraordinaire

he thinks he's smarter than everybody else
il se croit plus fin que les autres

he sees the mote in his neighbour's eye but not the beam in his own
il voit la paille dans l'œil de son voisin, mais pas la poutre dans le sien

he looks down on people; he's cool towards them
il regarde les gens de haut; il les traite avec froideur

he lords it over people
il traite les gens de haut et avec arrogance

pride   **l'orgueil**

to be too big for one's boots; bite more than one can chew
être trop ambitieux / se surestimer; avoir les yeux plus grands que le ventre

to have delusions of grandeur
avoir des idées de grandeur

modesty is not his strong point; he's a bit of a show-off*
il ne brille pas par la modestie; il est un peu crâneur*

he's somewhat pretentious
il est quelque peu prétentieux

he thinks he's it* / the cat's whiskers*
il est prétentieux / il ne se mouche pas du coude* / pied*

he likes being in the limelight and holding the stage
il aime être en vedette et tenir le devant de la scène

he likes to push himself foreward; he often pushes too much
il aime se mettre en avant; il se met souvent trop en avant

he's bursting / bloated with pride
il est gonflé / bouffi d'orgueil

he's an inflated sense of his own importance
il se croit beaucoup plus que ce qu'il est

he's a high opinion of himself
il ne se croit pas rien; il a une haute opinion de lui-même

he's bigheaded*; who does he think he is?
il a la grosse tête; pour qui se prend-il?

he thinks he's arrived; he thinks himself something
il se croit arrivé; il se croit quelque chose

he thinks himself somebody / really thinks he's someone important
il se prend pour quelqu'un / pour un grand personnage

he's a fairly flattering idea of himself; he thinks himself no small beer*
**il a une idée plutôt flatteuse de lui-même; il ne se prend pas
pour une petite bière***

he thinks he's a big shot*
il ne se prend pas pour une crotte* / petite merde**

he thinks he's one hell of a big nob**; he thinks the universe revolves around him
il se prend pour le nombril du monde; il se croit le centre du monde

he thinks he's God's gift to mankind
il se croit sorti de la cuisse de Jupiter

he thinks he's it* / too big for his boots
il veut poéter* plus haut que son luth* / péter** plus haut que son cul***

he needs cutting down to size
il a besoin qu'on le remette à sa place / qu'on lui rabatte le caquet

to show off   **en mettre plein la vue / chercher à épater /**
poser pour la galerie

he knows how to show himself off to advantage
il sait se mettre en valeur / se montrer sous son meilleur jour

he makes the most of himself; he's a real show-off
il sait se faire valoir; il est du genre m'as-tu vu

he tries to dazzle people
il cherche à épater / éblouir les gens / en mettre plein la vue

he's always showing off how much he knows
il faut toujours qu'il étale sa science

■

75 SELFISHNESS

he's selfish / egoistic
il est égoïste; c'est un égoïste

the chief tendency of his character is selfishness
l'égoïsme est la principale tendance de son caractère

I've never seen such a selfish man before
je n'ai jamais vu quelqu'un d'aussi égoïste / un homme si égoïste

as far as selfishness is concerned he's second-to-none
pour ce qui est de l'égoïsme, il ne le cède à personne

you don't often see selfishness on such a scale; what monstrous egoism!
un tel égoïsme, c'est rare; quel monstre d'égoïsme!

it's difficult to penetrate the armour of his egoism
il est difficile de percer sa carapace d'égoïsme

he always behaves like a spoilt child; he's impossibly demanding
**il se conduit toujours comme un enfant gâté; il est d'une exigence
insupportable**

he doesn't deny himself anything; he thinks of nobody but himself
il ne se refuse rien; il ne pense qu'à lui

with him it's look after number one and let the rest of the world go to hell*!
avec lui, c'est moi d'abord et je me fiche* du reste

every man for himself (and the devil take the hindmost) is his motto
chacun pour soi (et Dieu pour tous), c'est sa devise

he doesn't like sharing; he's a real dog in the manger
il n'aime / veut pas partager ce qu'il a même quand il n'en a pas besoin

he always relates everything to himself; he only thinks about his own interests
il ramène tout à lui; il ne regarde que son propre intérêt

he would only do a good turn out of self-interest
quand il rend un service, c'est toujours un service intéressé

he only looks to his self-interest; knows which side his bread is buttered
il ne consulte que son intérêt; il sait où se trouve son intérêt

it would never occur to him to help you
l'idée ne lui viendrait pas de vous aider

he wouldn't lift a finger to help you; give a damn what happened to you**
**il ne lèverait pas le petit doigt pour vous aider;
il vous laisserait crever la bouche ouverte**

he shows no consideration for others
il n'a aucune considération pour les autres

he wants everything handed to him on a plate
il voudrait qu'on lui apporte tout sur un plat d'argent

he forgets he's not the only pebble on the beach
il oublie qu'il n'y a pas que lui / qu'il n'est pas le seul qui compte

■

76 UNPRINCIPLED PERSON

a dishonest person   une personne malhonnête

he's no angel, that's the least one can say
le moins qu'on puisse dire, c'est que ce n'est pas un enfant de chœur

his behaviour lays him open to censure
sa conduite est loin d'être irréprochable

he's not exactly renowned for his honesty
il n'est pas réputé pour son honnêteté

I wouldn't touch him with a barge pole
il n'est pas à prendre avec des pincettes

he's already fallen foul of /had a brush with the law
il a déjà eu affaire / des démêlés avec la justice

he's a crook, and that's putting it mildly
c'est un escroc, et le terme est faible

he's a deceitful rogue; a rip-off artist**
c'est un fourbe; c'est le roi de l'arnaque

he's an out-and-out scoundrel / the lowest of the low
c'est le dernier des filous / le dernier des derniers

a good-for-nothing   un incapable / un bon à rien

he's a worthless individual / an individual of little consequence
c'est un personnage peu intéressant / ce n'est pas un personnage intéressant

he's a bit of a joker / waster*
il n'est pas sérieux / c'est un mariole*

he just doesn't give a damn* about anything / a couldn't-give-a-damn type*
il se fout** de tout / c'est un je-m'en-foutiste*

he's a queer bird* / fish* / customer* / oddball*
c'est un drôle d'oiseau / pistolet* / ouistiti* / loustic*

he's a loud-mouth*
c'est un fort en gueule*; il est connu pour ses coups de gueule*

he's always labouring the obvious
c'est un enfonceur de portes ouvertes

he's never done a decent thing in his life; will never come to much
il n'a jamais rien fait de propre; il ne fera jamais grand-chose

as a matter of fact he's a good-for-nothing / mere nobody / no-hoper
en fait, c'est un pas grand-chose / bon à rien / moins que rien / propre à rien

he makes a mountain out of a molehill / heavy weather of the simplest thing
il se fait une montagne de tout et de rien / il se noie dans un verre d'eau

he's not much good / a bit of a waster*/ bad egg*
il ne vaut pas grand-chose / cher

he's not worth his keep; let's not waste a second on him
il ne vaut pas le pain qu'il mange; il ne vaut pas la corde pour le pendre

a nasty character   **une vraie canaille**

he's a foul character / nasty piece of work
c'est un sale type / un mauvais sujet

he's a really nasty piece of work*
il est mauvais comme la gale*

he's a crafty one / two-faced bastard**; an absolute rogue
c'est un rusé / faux-cul***; c'est un véritable coquin

he's an out-and-out / downright scoundrel / real bastard**
c'est une fière canaille / un beau / fameux salaud**

he's an ugly customer / dirty rat* / filthy dog**
c'est un sale type / rat visqueux* / chien galeux*

this guy is a real bastard**; rotten to the core
ce type est une belle ordure; il est pourri jusqu'à l'os

everyone thinks he's nasty and he doesn't lose any sleep over it
il fait l'unanimité contre lui et cela ne l'empêche pas de dormir

that young man hasn't got much to recommend him
ce gars-là n'a pas grand-chose de propre

an unscrupulous person   **un homme sans scrupules / un voyou**

he's unprincipled; knocks* everything
il n'a aucun principe; il désacralise tout

he's not overburdened / hampered with scruples
il ne s'embarrasse pas / il ne s'encombre pas de scrupules

he kowtows to his superiors / he's a bit of a doormat
il a l'échine souple / c'est un paillasson

he moves in shady circles; he's evil-minded
il nage en eau trouble; il a une sale mentalité

he'll stick at nothing
il n'a aucun scrupule / rien ne l'arrête

he's the kind of person who wouldn't stick at murder if it would serve his purpose
c'est le genre de personne qui irait jusqu'au meurtre
si cela lui permettait d'atteindre son but

he'd trample you under foot / sell his own mother to get his own way
il vous passerait sur le corps / il vendrait père et mère pour obtenir ce qu'il veut

he's a hoodlum of the worst kind
c'est un voyou de la pire espèce

an evildoer   **un être malfaisant**

he's always looking for trouble
il ne pense qu'à mal faire

he has an evil bent
il a un penchant pour le mal / il a le génie du mal

he's always cooking up* some mischief
il est toujours à mijoter* quelque mauvais coup

he takes a malicious pleasure in pestering everyone
il prend un malin plaisir à faire enrager tout le monde

he commits evil for its own sake
il fait le mal pour le mal

he's a bad lot; he has the makings of a thief; a gallows bird*
c'est de la mauvaise graine / de la graine de voleur / un gibier de potence

he's irredeemable; he'll end up in prison
il est irrécupérable; il finira mal / en prison

■

77 PERSONAL MORAL STANDARDS

to have high moral standards; have no morals
avoir le sens moral très développé; ne pas avoir de sens moral

moral standards are falling
le sens moral se perd / la moralité décline

principles   les principes

to have got principles; do something on principle
avoir des principes; faire quelque chose par principe

to make it a matter of principle
faire de quelque chose une question de principe

to act in accordance with one's principles
accorder ses actions à ses principes

our actions must be in keeping with our principles
il faut agir selon ses principes

he's a man of principles; he sticks to his principles
c'est un homme de principes; il reste fidèle à ses principes

he acts up to his principles; he rarely fails to stick to his principles
il agit selon ses principes; il manque rarement à ses principes

he brings his behaviour into line with his principles
il agit conformément à ses principes

ethical behaviour   **la conduite morale**

to behave oneself	**se bien conduire**
to misbehave	**se mal conduire**
to do good / evil	**faire le bien / le mal**
to return good for evil	**rendre le bien pour le mal**
to heap coals of fire (on somebody)	**rendre le bien pour le mal**
to have an evil bent	**avoir un penchant pour le mal**
to do somebody harm	**faire du mal à quelqu'un**
to wish somebody harm	**souhaiter du mal à quelqu'un**
to mean mischief	**avoir de mauvaises intentions**
to wander from the straight and narrow	**s'écarter du droit chemin**
to do something wrong	**commettre une mauvaise action**
to do a good deed	**faire une bonne action**
to do one's good deed for the day	**faire sa B.A. (bonne action)**

to have scruples   **avoir des scrupules**

to have scruples about something
avoir des scrupules au sujet de quelque chose

your scruples are a credit to you
vos scrupules vous honorent

to have no scruples   **être dénué de scrupules**

to act without scruple / without the slightest scruple
agir sans scrupules / sans le moindre scrupule

to stick at nothing; have no scruples about doing something
n'avoir aucun scrupule; n'avoir aucun scrupule à faire quelque chose

I wouldn't have any qualms about refusing to help him
je n'aurais aucun scrupule à refuser de l'aider

not to scruple to do something
ne pas se faire scrupule de faire quelque chose

he didn't scruple to accept; he's a bit of a cynic
il ne s'est pas fait scrupule d'accepter; il est un peu cynique (sur les bords)

to kowtow to somebody in order to get something
faire des bassesses à quelqu'un pour obtenir quelque chose

conscience   **la conscience morale**

to have a clear conscience; be at peace with one's conscience
avoir bonne conscience; être en paix avec sa conscience

to have something on one's conscience; have a heavy conscience
avoir quelque chose sur la conscience; en avoir lourd sur la conscience

to have a guilty conscience; feel at fault
avoir mauvaise conscience; se sentir en faute

I've got a queasy conscience; my guilt weighs upon my conscience
je n'ai pas la conscience tranquille; la conscience de ma culpabilité me pèse

to ease one's conscience
se donner bonne conscience

to come to an arrangement with one's conscience
trouver des accommodements avec sa conscience

there's no escaping one's conscience
on n'échappe pas à sa conscience

remorse   **le remords**

to repent / feel remorse; be racked with remorse
se repentir / avoir des remords; être bourré de remords

to be a prey to remorse; be devoured by remorse
être en proie au remords; être dévoré de remords

to redeem one's fault to salve one's conscience
racheter sa faute pour être en règle avec sa conscience

disgrace / shame   **la honte**

to make somebody feel ashamed of their selfishness
faire honte à quelqu'un de son égoïsme

he's quite shameless about what he did; he has no sense of shame
il n'a pas honte de ce qu'il a fait; il ne sait pas ce que c'est que d'avoir honte

he's a disgrace to his family
il est la honte de la famille

there's no disgrace in being afraid of AIDS
il n'y a pas de honte à avoir peur du SIDA

to be / feel ashamed at   **avoir honte**

I felt mean about my clumsiness
j'avais un peu honte de ma maladresse

I was ashamed at having been the cause of so much damage
j'avais honte d'avoir été la cause de tant de dommages

I'm ashamed neither of who I am nor of what I've done
je n'ai honte ni de ce que je suis ni de ce que j'ai fait

to my great shame I had to admit that I had lied
à ma grande honte, j'ai dû reconnaître que j'avais menti

I blushed with shame; I wished the ground could have opened and swallowed me up
je rougis de honte; j'aurais voulu rentrer sous terre

to be shamefaced: **être penaud**; to be shameful: **être honteux**

duty   **le devoir**

to have a high sense of duty; to act from a sense of duty
avoir un sens élevé du devoir; agir par devoir

to fulfil one's task; do one's duty
accomplir / remplir son devoir

to do one's duty towards somebody; do one's duty without flinching
faire son devoir envers quelqu'un; faire son devoir sans défaillir

to make it a point to pay a visit to a friend
se faire un devoir de rendre visite à un ami

to be negligent of / shirk one's duty
être oublieux de ses devoirs / se dérober à son devoir

example   **l'exemple**

to set a good example; set somebody an example
montrer le bon exemple; donner l'exemple à quelqu'un

to give an example of what to do
donner l'exemple de ce qu'il faut faire

to take somebody as an example; take a leaf out of somebody's book
prendre quelqu'un pour exemple; prendre exemple sur quelqu'un

to follow somebody's example
suivre l'exemple de quelqu'un

to quote somebody as an example
citer quelqu'un en exemple

personal moral standards   **la morale personnelle**

to be strict with oneself
être sévère avec soi-même

to resist temptation
résister à la tentation

I can resist anything but temptation!
je résiste à tout sauf à la tentation!

however you've got to indulge yourself in a few extravagances from time to time
cependant, il faut bien se passer quelques fantaisies de temps en temps

tolerance and indulgence   **la tolérance et l'indulgence**

to be indulgent with somebody
être indulgent envers quelqu'un

to be indulgent with somebody's shortcomings
être indulgent envers les défauts de quelqu'un

to be tolerant of somebody
être tolérant à l'égard de quelqu'un

to humour somebody's whim
passer un caprice à quelqu'un

to forgive somebody something; overlook somebody's mistake
pardonner quelque chose à quelqu'un; passer une faute à quelqu'un

proverbs   **proverbes**

poverty is no disgrace
pauvreté n'est pas vice

actions speak louder than words
bien faire et laisser dire

do your duty / do what you ought to do, come what may
fais ce que tu dois, advienne que pourra

the spirit is willing but the flesh is weak
l'esprit est prompt mais la chair est faible

do unto others as you would have them do unto you
ne fais pas à autrui ce que tu ne voudrais pas qu'on te fasse

■
78 BEHAVIOUR IN SOCIETY

to know how to behave in society; behave gallantly / in a gentlemanly way
savoir se conduire en société; se conduire galamment / en gentleman

to be on one's best behaviour
se conduire aussi bien que possible en société

to behave like a well / bad-mannered person
se conduire en personne bien / mal élevée

to respect the proprieties
respecter les règles de la bienséance

to be affected / simper
faire des manières / minauder

to make a fuss
faire des chichis

she fusses too much
elle est très chochotte

she always has to be the centre of attraction
il faut toujours qu'elle fasse l'intéressante

boorishness / clumsiness   la goujaterie / la balourdise

to flout the proprieties; have no idea how to behave in society
faire fi des convenances; ne pas avoir de savoir-vivre

his behaviour is very bad; he's no savoir-vivre
il se conduit très mal; il n'a aucun savoir-vivre

he's tactless
il manque de tact

politeness is not his strong point
la politesse n'est pas son fort / ce n'est pas la politesse qui l'étouffe

he's impolite; he answers impolitely
il est malpoli; il répond avec impolitesse

it would kill him to say thank you; it's quite an event when he says thank you
ça l'étoufferait de dire merci; c'est tout un événement quand il dit merci

coarseness / uncouthness   la vulgarité / la grossièreté

to treat somebody offhandedly
traiter quelqu'un par-dessous la jambe

to be rude to somebody; use coarse language
se montrer grossier envers quelqu'un; dire des grossièretés

to make a pass at* / proposition a woman
faire des avances / propositions malhonnêtes à une femme

he's coarse with women
il est grossier avec les femmes

he makes free with women; he's wandering hands
il se permet des familiarités avec les femmes; il a la main baladeuse*

he enjoys fooling around with the serving girls
il aime lutiner les servantes

he takes liberties with people
il se permet des libertés / privautés avec les gens

he shocks people with his free unconventional behaviour
il choque par sa liberté d'allure

his vulgar manners are out of place in that milieu
ses manières vulgaires détonnent dans ce milieu

he's a boor / churl / lout
c'est un goujat / malotru / mufle*

you can't take him anywhere
il est insortable

nerve / cheek   **le toupet* / le culot***

that was rather a liberty on his part; he's got quite a nerve
il ne s'est pas gêné; il ne manque pas d'un certain toupet*

he had the nerve to say that my cooking wasn't good
il a eu le culot* de dire que ma cuisine ne valait rien

it's downright cheek on his part; he's got fantastic cheek
il a un sacré culot*; il a un culot* monstre

what a nerve / liberty*! he's sassy*(US); he's got a brass neck**
quel toupet*! / il a du culot* / il est culotté*

he's got a hell** of a cheek
il a un sacré toupet* / culot*

insolence   **l'insolence**

he's an insolent fellow; kindness isn't his strong point
c'est un insolent; l'amabilité n'est pas son fort

he's like a bear with a sore head
il est aimable comme une porte de prison

he behaves in an arrogant manner
il se montre arrogant

blunder   **la gaffe**

to make a silly mistake / blunder / bloomer*
faire une bévue / boulette / gaffe / bourde*

to drop a brick* / clanger*
gaffer lourdement / lâcher une balourdise

he blunders every time
il ne fait que gaffer / il n'en manque jamais une

he's got a great knack* for making blunders
pour les gaffes, il est de première (force) / on peut compter sur lui

he's an uncouth sort of fellow; makes one blunder after another
c'est un ours mal léché; il fait gaffe sur gaffe

he behaves like a bull in a china shop
il se conduit comme un éléphant dans un magasin de porcelaine

he has a genius for saying the wrong thing / putting his foot in it*
il a le chic pour dire ce qu'il ne faut pas dire / pour mettre les pieds dans le plat*

he never misses the chance to talk nonsense
il ne manque jamais l'occasion de dire une bêtise

he's not the kind of person one can introduce into company
ce n'est pas le genre de personne que l'on peut sortir

he's too fond of airing his opinions
il aime trop donner libre cours à ses opinions (sans se soucier des autres)

he'd have done better to have kept quiet
il a perdu une bonne occasion de se taire

he made an unfortunate remark; the word came out before he could stop it
il a fait une remarque malheureuse; le mot partit malgré lui

he's always coming out with that kind of outburst
il est sujet à ce genre de sortie

it was no small blunder! he puts his foot in it* every time
la gaffe était de taille! il se prend chaque fois les pieds dans le tapis*

■

79 DISCRETION

my new secretary is a model of discretion; she's the soul of discretion
ma nouvelle secrétaire est un modèle de discrétion; elle est la discrétion même

she's not the kind of woman who goes about eavesdropping on private conversation
elle n'est pas du genre à écouter aux portes

she's very reserved
elle est très réservée / d'une grande réserve

she only made a discreet allusion to my recent failure;
she has shown absolute discretion
elle n'a fait qu'une discrète allusion à mon récent échec; elle a été parfaite

to remain unnoticed   **être / rester discret**

to keep one's head down; stay in the background
ne pas se faire remarquer; rester à l'écart / en retrait

he keeps in the background as much as possible;
he tries to make himself inconspicuous
il s'efface / se fait très discret; il s'efforce de passer inaperçu

he tries to keep out of the limelight
il fuit les feux de la rampe

he came in without being noticed
il entra sans se faire remarquer

to do something discreetly   **faire quelque chose discrètement**

the arrest of the drug traffickers was a low-key operation
l'arrestation des trafiquants de drogue a été faite de façon discrète

to have a discreet word in somebody's ear
parler discrètement à l'oreille de quelqu'un

he tipped me off about it
il me l'a dit dans le tuyau de l'oreille

he sneaked away before the meeting ended
il s'est éclipsé subrepticement avant la fin de la réunion

he slipped away unobtrusively
il est parti sans tambour ni trompette

he took French leave
il a filé à l'anglaise

to be discreet about something   être discret au sujet de quelque chose

we must be very discreet about all that
nous devons parler de tout cela avec discrétion

it's not the sort of thing one says; keep it to yourself
ce n'est pas une chose à dire; garde-le pour toi

keep it under your hat; mum's the word*!*
mets ça dans ta poche (et ton mouchoir par-dessus); motus et bouche cousue*!

don't tell anyone
ne le dis à personne

of course you'll keep it to yourself; this is strictly between ourselves
naturellement, vous le gardez pour vous; cela reste entre nous

don't trumpet it about
ce n'est pas la peine de le crier sur les toits

simple discretion demands that you don't breathe a word about all that
la plus élémentaire discrétion veut que vous ne souffliez mot de tout cela

the main thing is to keep quiet
l'essentiel est de se taire

I rely on your secrecy; I trust you won't say a word about it
je compte sur votre discrétion; je sais que vous saurez tenir votre langue

you can rely on me not to say anything about it;
I'll remain as silent as the grave
vous pouvez compter sur ma discrétion; je resterai muet comme une tombe

I promise I won't say a thing about the case
je promets de garder le silence sur cette affaire

I won't let on; wild horses wouldn't make me tell you
je ne dirai rien; je ne vous le dirai pour rien au monde

I didn't say a word to anyone about it
je n'en ai absolument pas parlé à quiconque

I never opened my mouth; I've held my tongue
je suis resté muet comme une carpe; j'ai tenu ma langue

I had to bite my tongue several times so as not to fail to keep my word
j'ai dû me mordre plusieurs fois la langue pour ne pas manquer à ma promesse

I didn't answer but thought the more
je ne répondis rien mais n'en pensais pas moins

he didn't say a word but his silence speaks volumes
il n'a pas dit un seul mot, mais son silence en dit long

proverbs   **proverbes**

speech is silver, silence is golden
la parole est d'argent, mais le silence est d'or

think twice before you speak
remue sept fois ta langue dans ta bouche avant de parler

least said soonest mended
moins on en dit mieux ça vaut

80 SINCERITY AND FRANKNESS

sincerity / honesty   la sincérité

to be sincere; frank with oneself; show one's true colours
être sincère; être sincère vis-à-vis de soi-même; montrer son vrai visage

he's sincere in his friendship; a genuine friend of our family
il est sincère dans son amitié; c'est un ami sincère de la famille

tell me your honest opinion of it
dites-moi sincèrement ce que vous en pensez

I can honestly say that this business doesn't appeal to me in the least
en toute sincérité, je peux dire que cette affaire ne me dit rien qui vaille

I'm truly sorry to learn that you're about to leave us
je suis sincèrement désolé d'apprendre que vous allez nous quitter

to speak frankly   parler franchement

to be a plain speaker; have a heart-to-heart; speak to somebody as man to man
avoir son franc-parler; parler à cœur ouvert; parler d'homme à homme

to tell it as it is*; speak unambiguously
dire les choses carrément; dire les choses comme elles sont;
parler sans ambiguïté

to tell somebody something straight from the shoulder; use plain language
dire quelque chose à quelqu'un sans rien lui cacher; parler sans ambages

tell me straight out / don't try to wrap it up*
dis-le moi carrément / n'essaie pas de me dorer la pilule*

let me be quite plain with you
permettez-moi d'être franc (fem: franche) avec vous

I'll be level with you; I'll tell you on the level*
je vais être franc(he) avec vous; je vais vous le dire franchement

quite frankly I don't like you and don't want to go out with you
franchement, je ne vous aime pas et je ne veux pas sortir avec vous

that's what I call talking; at least, you were frank with him
voilà ce qui s'appelle parler; au moins, tu as été franche avec lui

you didn't beat about the bush / made no bones about it
tu n'y es pas allée par quatre chemins / tu n'as pas tourné autour du pot

that's true, I spoke frankly; I didn't mince my words
c'est vrai, j'ai parlé crûment; je n'ai pas mâché mes mots

to put it blankly I don't want to see him anymore
mais pour parler franchement, je ne veux plus le voir

it's not in my nature to lie
il n'est pas dans ma nature de mentir

I wanted to behave straightforwardly towards him / be plain about my intentions
j'ai voulu être franche avec lui / être claire quant à mes intentions

I wanted to tell him what was on my mind; I got something off my heart
j'ai voulu lui dire ce que j'avais sur le cœur; j'ai dit ce que j'avais sur le cœur

I told him the truth to his face / bluntly
je lui ai dit la vérité en pleine face / sans ambages

I told him straight out what I thought
je lui ai dit carrément ce que je pensais

I told him a few home truths
je lui ai dit ses quatre vérités

I told him plainly what I thought
je lui ai dit tout bonnement ce que je pensais

this woman is perfectly frank
cette femme est franche comme l'or / très directe

she calls it as she sees it; calls a spade a spade
elle dit ce qu'elle pense; elle appelle un chat un chat

she told him straight to his face
elle ne le lui a pas envoyé dire

she told him what she thought about it and no mistake
elle lui a dit sa façon de penser sans y aller par quatre chemins

she's not afraid to speak up
elle n'a pas peur de dire ce qu'elle pense

I appreciate straight talking; I hate set language
j'aime le parler vrai; je déteste la langue de bois

proverbs   **proverbes**

out of the mouths of babes and sucklings comes forth truth
la vérité sort de la bouche des enfants

nothing hurts like the truth
il n'y a que la vérité qui blesse

the truth is sometimes best left unsaid / some truths are better left unsaid
la vérité n'est pas toujours bonne à dire / toute vérité n'est pas bonne à dire

■
81 LIES AND DECEPTION

to deceive / mislead somebody   **tromper / abuser quelqu'un**

the salesman deceived the customers about the quality of the goods
le vendeur a trompé les clients sur la qualité de la marchandise

misleading advertising outrages consumer protection groups
la publicité mensongère scandalise les associations de consommateurs

the police were put off the scent by false information
les enquêteurs ont été induits en erreur par de fausses indications

to give something a false colour; to gild the pill for somebody
présenter quelque chose sous un faux jour; dorer la pilule à quelqu'un*

to trick somebody; cook the books
user de supercherie pour tromper quelqu'un; truquer les comptes

the report presented things in a false light
le rapport a falsifié la réalité

to dupe / trick / con*   **duper / mystifier / berner**

to deceive somebody into doing something
amener quelqu'un à faire quelque chose en le trompant

to dupe somebody into doing something
amener quelqu'un à faire quelque chose en le dupant

the swindler conned all of them into giving him their savings; he took them in*
l'escroc dupa tout le monde
en amenant chacun à lui remettre ses économies; il les a eus

the fox and the cat cheated Pinocchio out of his money by telling him stories
le renard et le chat escroquèrent Pinocchio en lui racontant des histoires

their prospective buyer is leading them up the garden path/ is taking them for a ride**
leur acheteur potentiel les mène en bateau*/ les fait marcher*

to beguile somebody with promises
endormir quelqu'un avec des promesses

to beguile somebody into doing something
amener quelqu'un à faire quelque chose en lui promettant la lune

to try to wheedle something out of somebody
cajoler quelqu'un pour pour obtenir quelque chose

to be taken in / be had   **être dupé / mystifié / berné**

to fall for it*
tomber dans le panneau

to be done* / taken for a ride*
se faire pigeonner* / gruger / être refait

he was bamboozled into giving over his savings to a swindler
il s'est fait embobiner par un escroc qui lui a pris ses économies

he's been taken in / tricked
il a été refait / il s'est fait avoir

he was conned* out of 1,000 dollars; he's been had*
il s'est fait avoir de 1 000 dollars; on l'a eu; il s'est laissé avoir

I was had by a wolf in sheep's clothing*
je me suis laissé avoir par une sainte nitouche

she knew how to get round me
elle a su m'embobiner

I fell for her sweet talk
je me suis laissé prendre à ses beaux discours

I let myself be misled by soft talk
je me suis laissé prendre à de bonnes paroles

I took what she said at (its) face value; I was wrong
j'ai pris ce qu'elle m'a dit pour argent comptant; j'ai eu tort

common expressions   **expressions courantes**

he fell for it
il est monté à l'échelle

he would swallow anything; you can tell him anything and he'll swallow it*
on lui ferait avaler n'importe quoi; on lui raconte n'importe quoi et il marche*

he's taken in everytime; he swallowed it hook, line and sinker
il marche à tous les coups; il a tout gobé!

he sold his soul for a mess of potage
il a vendu son âme pour un plat de lentilles

he was well and truly had*
il s'est fait avoir jusqu'au trognon*; il a été le dindon de la farce

he found himself back to square one
il s'est retrouvé Gros Jean comme devant

to fool   **tromper / duper / faire illusion**

to make a fool of somebody
duper quelqu'un

don't fool yourself
ne vous trompez pas sur vous-même / ne vous faites pas d'illusions

don't try and fool me; you won't fool me so easily
n'essayez pas de m'en faire accroire; vous ne m'aurez pas comme ça

not to be taken in   **ne pas être dupe**

I'm not taken in by it
je n'en suis pas dupe

you can't kid me; don't try to make a fool of me
on ne me le fait pas; n'essayez pas de me berner

it won't wash / doesn't work with me
on ne me le fait pas / avec moi ça ne prend / marche pas

you must think I'm a complete innocent but I'm not just anyone's fool
vous me prenez pour un naïf, mais je ne suis pas du bois dont on fait les flûtes

I'm not as green as I look
je ne suis pas aussi naïf que j'en ai l'air

I wasn't born yesterday; I'm nobody's fool
je ne suis pas né d'hier; je ne suis pas tombé de la dernière pluie

what you're saying now sounds like a cock and bull story
ce que vous racontez là est une histoire à dormir debout

you're trying to pull the wool over my eyes
vous voudriez me faire prendre des vessies pour des lanternes

your story is only a pack of lies; it fooled nobody
votre histoire n'est qu'un paquet de mensonges; personne n'a été dupe

there isn't a single word of truth in it
il n'y a rien de vrai / il n'y a pas un seul mot de vrai dans tout cela

what he says jars a little; it's all made up
ce qu'il dit sonne faux; ce ne sont que des affabulations

I must be careful, there must be a catch in it somewhere
**je me méfie, il doit y avoir une entourloupette /
quelque chose de louche là-dessous**

they tried to throw dust into our eyes
ils ont voulu nous jeter de la poudre aux yeux

to put somebody off the track   **donner le change**

to act the innocent
faire l'innocent; faire l'âne pour avoir du son

to tell a lie (in order) to get the truth
plaider le faux pour savoir le vrai

to lie   **mentir**

to lie to somebody about something
mentir à quelqu'un au sujet de quelque chose

not telling the truth is as good as lying
ne pas dire la vérité, c'est déjà mentir

however there's a slight difference between lying and keeping quiet
cependant il y a une nuance entre mentir et se taire

to stoop to telling lies; to tell a falsehood
se laisser aller à mentir; dire un mensonge

to tangle oneself in one's lies / ensnare oneself in the mesh of one's lies
s'empêtrer / s'enferrer dans ses mensonges

he's getting himself into deeper and deeper water
il s'enferre de plus en plus

he lied to me; he's a shameless liar
il m'a menti; il m'a menti sans vergogne / c'est un menteur éhonté

he's an absolute liar
comme menteur il se pose un peu là

he's a compulsive liar / he's a pathological need to lie; his whole life is a lie
il ne peut s'empêcher de mentir / il faut qu'il mente / c'est maladif chez lui;
il vit dans le mensonge

he lies through his teeth
il ment comme un arracheur de dents / comme il respire

he's a hell** of a liar
c'est un sacré / fieffé menteur

he's a past master in the art of lying
il est passé maître dans l'art de mentir

you can't believe everything he says
il faut faire la part du vrai et du faux dans ce qu'il dit

to pretend / feign / sham   **feindre / faire semblant de**

she feigned illness to avoid going to school
elle fit semblant d'être malade pour ne pas aller à l'école

I acted as if I believed it
j'ai fait mine de croire ce qu'il me disait

the child pretends to be asleep; he's not sleeping / only shamming
l'enfant fait mine de dormir; il ne dort pas / il fait seulement semblant

he was making out as if he didn't have any money on him
il faisait semblant de ne pas avoir d'argent sur lui

he made out to be looking for a book; his attitude was only a façade
il fit semblant de chercher un livre; son attitude n'était qu'une feinte / façade

he puts on a semblance of sorrow
il fait semblant d'avoir de la peine

■

82 PROMISES

promise / word / commitment   **une promesse**

to make somebody a promise; give somebody one's word
faire une promesse à quelqu'un; engager sa parole vis-à-vis de quelqu'un

a promise is binding; we're bound to honour our promises
**une promesse est une promesse / on est lié par sa promesse;
nos promesses nous engagent**

it's pie in the sky* / an empty promise; so much for his promises!
**c'est une promesse de Gascon / une promesse en l'air;
voilà ce que valent ses promesses!**

the client signed a commitment to buy the house
le client a signé une promesse d'achat de la maison

to release somebody from his promise
dégager quelqu'un de sa promesse

to promise something   **promettre quelque chose**

I promised her a new dress; she has my word for it
je lui ai promis une nouvelle robe; elle a ma promesse

you shall have a new dress, cross my heart and hope to die
tu auras une nouvelle robe et cochon qui s'en dédit

to promise the moon
promettre la lune

to promise to do something   **promettre de faire quelque chose**

to promise to keep a secret; mouth promises
promettre de garder un secret; promettre du bout des lèvres

I promise I'll come; I promised to come
je promets de venir; j'ai promis de venir

he promised me that he'd come
il m'a promis de venir / il m'a assuré qu'il viendrait

common expressions   **expressions courantes**

I'll do all in my power to satisfy you
je ferai tout ce qui est en mon pouvoir pour vous satisfaire

I won't forget, you can take my word for it
je n'y manquerai pas, vous avez ma parole

I won't fail to wake you up in time
je ne manquerai pas de vous réveiller à temps

to pledge oneself to doing sth   **s'engager à faire quelque chose**

to pledge one's word (of honour); take the pledge
engager sa parole; s'engager à ne plus boire

I give you my word of honour that I'll give him his share
je vous donne ma parole d'honneur que je lui donnerai sa part

the candidate committed himself to work for a safer city
le candidat s'engagea à œuvrer pour une plus grande sécurité dans la ville

he didn't want to commit himself too far
il n'a pas voulu s'engager trop loin

the wholesaler bound himself to take back the unsold articles
le grossiste s'engagea à reprendre les invendus

to make a solemn pledge of secrecy
s'engager solennellement à garder un secret

to vow to do something; take a vow of poverty
faire le vœu de faire quelque chose; faire vœu de pauvreté

to swear loyalty to somebody
jurer fidélité à quelqu'un

to swear somebody to secrecy
faire jurer à quelqu'un de garder le secret

swear to me you'll keep our plan secret
jure-moi de garder notre plan secret

to keep one's promises   **tenir ses promesses**

to carry out a promise; keep faith with somebody
respecter une promesse; tenir ses promesses envers quelqu'un

you should always stand by your promises
il faut toujours tenir ses promesses

I always keep my promises
je tiens toujours mes promesses

I always fulfil my commitments, cost what it may
je tiens toujours mes promesses, quoi qu'il en coûte

I'm a man of his word
je suis un homme de parole

he's made me a promise and I shall hold him to it
il m'a fait une promesse, et je veillerai à ce qu'il la tienne

proverbs   proverbes

promises are made to be kept
chose promise, chose due

it's one thing to promise and another to perform
promettre est une chose, tenir en est une autre

■

83 FAILURE

to fail   faillir

to fail to keep one's promises; to fail to honour one's agreements
faillir à ses promesses; manquer à ses engagements

he eventually failed to keep his promise to give me back the money I lent him
il a finalement manqué à sa promesse de me rendre l'argent que je lui avais prêté

we were waiting for him to set up the team but he failed to appear
on l'attendait pour former l'équipe, mais il ne s'est pas présenté

common expressions   expressions courantes

to go back / reneg(u)e on a promise; break faith with somebody
revenir sur une promesse / se dédire; manquer à sa parole envers quelqu'un

he promised me a gift but I've yet to see it; his promises were a sham
il m'avait promis un cadeau, mais je n'en ai pas encore vu la couleur;
ses promesses n'étaient que du vent

to stand somebody up / leave somebody in the lurch*
faire faux-bond à quelqu'un / le laisser le bec dans l'eau

to neglect   négliger

to neglect to do something
manquer de faire quelque chose

the instructor neglected to inform me of the risks I was running
le moniteur a négligé de m'informer des dangers que je courais

he neglects his wife; dropped his friends
il néglige sa femme; il a laissé tomber ses amis

he fails to grasp any opportunity that occurs
il néglige toutes les occasions qui se présentent

he's casual about anything; he's casual about writing letters
il est négligent pour tout / il manque de sérieux; il est négligent pour écrire

to shy away   **se dérober**

to shy away from one's duty / taking action
se dérober à son devoir; renoncer à agir

to flinch from a task
reculer devant une tâche

he flinched from telling her the truth
il n'a pas osé lui dire la vérité

to fight shy of something / somebody
fuir devant quelque chose / quelqu'un;
tout faire pour éviter quelque chose / quelqu'un

to evade an awkward question
se dérober à une question embarrassante

to shirk one's responsibilities
fuir ses responsabilités

■
84 CONFIDENCE

confidence / trust / faith   **la confiance**

to enjoy somebody's confidence; to place one's trust in somebody
avoir la confiance de quelqu'un; investir quelqu'un de sa confiance

to be of good cheer; speak freely
être en confiance; parler en toute confiance / avec abandon

to earn somebody's confidence; to withdraw one's confidence in somebody
gagner la confiance de quelqu'un; retirer sa confiance à quelqu'un

lost confidence cannot be restored overnight
la confiance perdue ne se retrouve pas du jour au lendemain

to have confidence in somebody; trust somebody
avoir confiance en quelqu'un; se fier à quelqu'un

he's a person you can rely on / you can rely on him
c'est quelqu'un en qui on peut avoir confiance / vous pouvez lui faire confiance

he's a person you can rely on in trouble
c'est quelqu'un sur qui on peut compter dans un moment critique

I trust my daughter blindly; she's my complete confidence
j'ai une confiance aveugle dans ma fille; elle a toute ma confiance

I've faith in her word; I wouldn't question her honesty
j'ai foi en sa parole; elle est parfaitement loyale / je ne doute pas de sa loyauté

she's as true as steel; I believe her to be above all suspicion
elle est franche comme l'or; je la crois au-dessus de tout soupçon

I've got limited confidence in that man
je n'ai qu'une confiance limitée dans cet homme

*I took his word for it when he promised to give me back
the amount of money I had lent him*
**j'avais confiance en sa parole quand il promettait de me rendre
l'argent que je lui avais prêté**

my trust was misplaced
ma confiance était mal placée

I don't trust him anymore
je n'ai plus confiance en lui

to rely on somebody   **faire confiance à quelqu'un /
placer sa confiance en quelqu'un**

you can rely on him; depend upon him
vous pouvez lui faire confiance; vous pouvez compter sur lui

he's a dependable person
on peut lui faire confiance / compter sur lui

he can be relied on to do his best
on peut être sûr qu'il fera de son mieux

he's a man of his word
c'est un homme de parole

he's worthy of confidence / deserves your confidence
il est digne de confiance / mérite votre confiance

he'll meet your expectations; you can take it from me
il répondra à vos attentes; vous pouvez me croire

he's above all suspicion
il est au-dessus de tout soupçon

I gave him a free rein to settle this matter
je lui ai donné carte blanche / un blanc-seing pour régler cette affaire

I put my confidence in him; I placed reliance on him
je lui ai fait confiance; j'ai placé toute ma confiance en lui

to entrust something to somebody's care
confier quelque chose à quelqu'un

I entrust the children to you for the day
je vous confie les enfants pour la journée

I entrust my luggage to your safekeeping while I buy my ticket
je vous confie mes bagages le temps que je prenne mon billet

to leave something to somebody / entrust   **s'en remettre à quelqu'un**

I'll leave it to you / I'm relying on you to sort this business out
je vous fais confiance / je m'en remets à vous pour régler cette affaire

I entrust you with the task of making lunch
je vous confie / laisse le soin de préparer le déjeuner

I leave you to take care of this; I'll leave the matter in your hands
je vous laisse ce soin; je m'en remets à vous

I placed myself in his hands
je lui ai fait confiance / je m'en suis remis à lui

to confide in somebody   **se confier à quelqu'un**

to tell somebody something in confidence
dire quelque chose en secret à quelqu'un

to entrust somebody with a secret; confide something to somebody
confier un secret à quelqu'un; faire une confidence à quelqu'un

to share a secret with somebody
faire des confidences à quelqu'un

proverb   **proverbe**

believe nothing of what you hear, and only half of what you see
**ne croyez rien de ce que vous entendez et seulement la moitié
de ce qu'on vous dit**

85 MISTRUST

not to trust somebody   **ne pas avoir confiance en quelqu'un**

I've no confidence whatsoever in that man
je n'ai aucune confiance dans cet homme

he doesn't inspire me with confidence
il ne m'inspire pas confiance

*I advise you not to trust that fellow;
he would even deceive his best friend if he got the chance*
**n'ayez aucune confiance dans ce type;
il bernerait / duperait son meilleur ami si l'occasion se présentait**

don't have anything to do with him; he's not to be trusted
n'ayez jamais affaire avec lui; il n'est pas fiable

you couldn't believe everything he says
il ne faut pas croire tout ce qu'il dit;
il faut faire la part du vrai et du faux dans ce qu'il dit

you can only believe half of what he says
de ses propos il faut en prendre et en laisser

you never know where you stand with him; he's not dependable
on ne sait jamais sur quel pied danser avec lui; on ne peut lui faire confiance

he's very unreliable; he's a broken reed
on ne peut jamais compter sur lui; c'est une planche pourrie*

he changes his mind as he changes his shirt
il change d'avis comme de chemise; c'est une vraie girouette

you never can trust a word he says / you can never go by what he says
il n'a aucune parole / vous ne pouvez jamais vous fier à ce qu'il dit

butter wouldn't melt in his mouth
on lui donnerait le Bon Dieu sans confession

he's a real hypocrite; he's betrayed my trust; I've lost faith in him
c'est un hypocrite; il a trahi ma confiance; je ne lui fais plus confiance

he does everything under the counter; give him an inch and he'll take a mile
il fait ses coups en douce; donnez-lui un doigt, il vous prendra le bras

to mistrust somebody   **se méfier de quelqu'un**

to mistrust / be on one's guard against / wary of somebody
se méfier de / être sur ses gardes avec / avoir de la méfiance envers quelqu'un

watch it with that man, he's liable to fall short of your expectations
méfiez-vous de cet homme, il risque de vous décevoir

do not trust him
méfiez-vous de lui

I mistrust him
je me méfie de lui

I'm leery of his reactions
je me méfie de ses réactions

suspicion   la suspicion

to arouse somebody's suspicion(s)
éveiller la méfiance de quelqu'un

he regarded me with suspicion
il s'est montré soupçonneux / il a fait preuve de suspicion à mon égard

he looked at me suspiciously
il m'a regardé d'un air soupçonneux

he was suspicious of all that I was saying to him
il se méfiait de tout ce que je lui disais

however he had no reason whatever to suspect me
il n'avait cependant aucune raison de me soupçonner en quoi que ce soit

not to have confidence in something   ne pas avoir confiance
                                                   dans quelque chose / se méfier

there's some dirty work here*
il y a quelque chose de pas très catholique là-dedans

there's something funny at the bottom of this
il y a de l'embrouille là-dedans

that looks suspicious to me
cela ne me dit rien qui vaille

I don't like the look of it; there's something not right about this
cela ne m'inspire rien de bon; il y a quelque chose qui cloche dans tout cela

there's something odd about it; there's more to it than meets the eye
il y a quelque chose là-dessous;
tout cela n'est pas clair / me paraît cacher quelque chose

I smell a rat; all this looks a bit fishy to me
je flaire quelque chose / quelque chose de louche; tout cela sent l'arnaque

proverbs   **proverbes**

too good to be true
trop poli pour être honnête

still waters run deep
il faut se méfier de l'eau qui dort

once bitten twice shy
chat échaudé craint l'eau froide

■

86 TALENTS AND GIFTS

to have varied talents
avoir des aptitudes variées

to be endowed with a sharp mind
être doué d'une vive intelligence

to have great powers of concentration; have a great facility for learning
avoir une grande faculté de concentration; avoir de grandes facilités pour apprendre

to have a bent for mathematics; *he's a mathematical genius*
avoir des dispositions pour les mathématiques; c'est un mathématicien de génie

she's a woman of great abilities / a very able person
c'est une femme très douée / une personne très capable

a woman of many parts
une femme qui a des talents très divers

she has the necessary skills for this job
elle a tout ce qu'il faut / toutes les qualités requises pour ce genre de travail

she's cut out for this kind of job;
she's the most suitable woman for the position
elle a le profil de l'emploi; elle est la plus apte à occuper le poste

her aptitude for management is not questionable
son aptitude à diriger une affaire ne fait aucun doute

she's got what it takes to be successful in business
and it's not everybody who can
elle a ce qu'il faut pour réussir en affaires et ce n'est pas donné à tout le monde

not everyone is gifted with intelligence
il n'est pas donné à tout le monde d'être intelligent

gift / talent   **le don / le talent**

to have a gift for music
être doué pour la musique

he's a born musician; he's a special aptitude for music
c'est un musicien né; il a un don spécial pour la musique

he has a soul / ear for music
il a la fibre / l'oreille musicale

nature has endowed him with great talent
la nature l'a doté d'un grand talent

he's a great deal of talent / talents in all fields
il a beaucoup de talent; il a du talent dans tous les domaines

he's a natural talent for poetry
il a un talent naturel pour la poésie

this man has the makings of a good painter; he's an eye for volume and colour
cet homme a l'étoffe d'un bon peintre; il a le sens des volumes et de la couleur

this actor still lacks professional expertise but he's highly talented
ce comédien manque encore de métier, mais il a beaucoup de talent

to have the knack of / be a past master at doing something
avoir le chic pour / l'art de faire quelque chose

he's a past master at making money from thin air
il a l'art de / le chic pour faire de l'argent à partir de rien

she has a way with children; she's good that way
elle sait s'y prendre avec les enfants; elle est douée pour ce genre de choses

he's good at getting things done his own way
il sait y faire pour que tout soit fait à sa façon

he's good at making people laugh; he's the knack of putting the laughs on his side
il sait faire rire les gens; il a l'art de mettre les rieurs de son côté

he's got the know-how and he does it in style
il sait y faire et le fait bien

to lack aptitude   **manquer d'aptitude**

to be poor at (doing) something
ne pas être doué pour faire quelque chose

he's not suited to teaching
il n'est pas fait pour l'enseignement

he's not got enough status for the job
il ne fait pas le poids pour le poste

■

87 ABILITY

to be capable of doing something   **être capable de faire quelque chose**

this employee is capable of working better than he does; he's a great capacity for work
cet employé est capable de mieux faire; il a une grande capacité de travail

he's capable of generosity at times
il est capable de générosité parfois

she'll make you believe everything and anything
elle est capable de vous faire croire tout et n'importe quoi

she's got it in her; she's capable of anything
elle en est capable; elle est capable de tout

to be in a position to do something   **être en mesure de faire quelque chose**

when I'm there I'll be in a position to help you
quand je serai sur place, je serai en mesure de vous aider

at present I'm not in any condition to do it
pour le moment, je ne suis pas en mesure de le faire

can: physical / intellectual / economic ability   **pouvoir**

I wonder if I can do it
je me demande si je suis capable de le faire / si j'en ai la capacité

he can stand on his own (two) feet / swim across the river
il est capable de voler de ses propres ailes / traverser la rivière à la nage

I can solve my problem; I can afford a new car
je peux résoudre mon problème; je peux m'acheter une voiture neuve

in the hands of such a coach, the champion can deliver the goods
avec un tel entraîneur, le champion peut montrer toutes ses capacités

to be able to: particular / occasional situations   **pouvoir**

if you made less noise I'd be able to work
si vous faisiez moins de bruit, je pourrais travailler

as I'm free this afternoon I'll be able to play tennis
comme je suis libre cet après-midi, je pourrai jouer au tennis

she's able to manage alone
elle est capable de s'en sortir toute seule

to be up to doing something   **être capable**

you're not up to (doing) it
tu n'es pas capable de le faire

of course I am
si, j'en suis capable

I'm afraid I don't feel up to it
je regrette, mais je ne m'en sens pas capable

to be equal to something   **être à la hauteur**

he was equal to the situation / occasion
il a su se montrer à la hauteur de la situation / des circonstances

he's up to the mark for this job; he's equal to doing it
il est à la hauteur de cette tâche / il a tout ce qu'il faut pour ce travail;
il est de force à le faire

I don't feel equal to doing this work again
je ne me sens pas le courage / capable de recommencer

common expressions   **expressions courantes**

I feel adequate to my task / I've got what it takes
je me sens à la hauteur de ma tâche / j'en ai les moyens

I'm an expert in the subject
je suis expert en la matière

to show one's mettle / what one is made of
montrer ce dont on est capable; donner toute sa mesure

to have more than one ace up one's sleeve; more than one string to one's bow
avoir plus d'un atout dans son jeu / plus d'un tour dans son sac;
avoir plus d'une corde à son arc

inability   **l'incapacité**

because of my broken leg I'm unable to move
à cause de ma jambe cassée, je suis incapable de bouger

he's incapable of repairing the washing-machine
il est incapable de réparer la machine à laver

he can't manage to repair it
il est incapable de la réparer

he can't even mend the damned* thing; it's too difficult for him to repair it
il n'est pas foutu** de la réparer; c'est trop difficile pour lui de la réparer

he's not got it in him to do this job properly; he can't do it for toffee*
il est incapable de faire ce travail convenablement;
il n'est pas fichu* de le faire

he can't do a decent piece of work
il n'est pas capable de faire un travail acceptable

I don't mean to be mean but he's not up to it
soit dit sans méchanceté, il n'est pas à la hauteur

he was helpless about it; he was incompetent
il n'a rien pu faire / il n'a pu faire quoi que ce soit; il était incompétent

as far as plumbing goes he's not competent
pour ce qui est de la plomberie, ce n'est pas de sa compétence

it's beyond him
ça le dépasse

this problem is way beyond his capabilities
ce problème dépasse largement ses compétences

he's quite helpless in the matter
il n'y peut rien en la matière

he's reached his level of incompetence
il a atteint son seuil d'incompétence

I'd be hard pressed to tell you more
je serais bien incapable / bien en peine de vous en dire plus

I'd be at a loss to know what to tell you
je serais bien empêché / incapable de vous le dire

powerlessness / helplessness   **l'impuissance**

I can't cope anymore; how can I help it?
je ne m'en tire plus; que voulez-vous que j'y fasse ?

it can't be helped
on n'y peut rien

there's nothing I can do about it; I feel helpless
je n'y peux rien; je me sens impuissant

I can't see how I could do it; I can't do anything else but pray and wait
je ne vois pas comment je pourrais le faire;
je ne peux rien faire d'autre que prier et attendre

it doesn't lie within my power to decide
il n'est pas en mon pouvoir de décider

proverb   **proverbe**

he who can do more can do less
qui peut le plus peut le moins

■

88 SKILFULNESS(GB), SKILLFULNESS(US)

my husband is clever with his hands
mon mari est adroit de ses mains

when it comes to doing something he knows how to set about it
quand il s'agit de faire quelque chose, il sait comment s'y prendre

for example, he's handy in the kitchen
par exemple, il se débrouille très bien dans la cuisine

he sets about doing it the right way; he's doing a first-class job
il s'y prend bien; il se débrouille comme un chef

he took to it like a duck to water; he's hardly bogged down
c'est comme s'il avait fait cela toute sa vie;
il ne met pas les deux pieds dans le même sabot*

he's practical-minded; he can turn anything to his advantage
il a du sens pratique; il sait tirer parti de tout

he'll use any means available to him
il fait feu / flèche de tout bois

when it's a matter of mechanics he knows what he's talking about
lorsqu'il est question de mécanique, il est de la partie / il sait de quoi il parle

he's familiar with mechanics; he's a genius for mechanics
il connaît bien la mécanique; il a le génie de la mécanique

he's a dab hand at mechanics; a great hand at doing that
il est doué pour la mécanique; il a le coup de main pour cela

he's no fool with his hands; he's in his element; he's an old hand at it
il n'est pas manchot; il est dans son élément; il a l'expérience de la chose

he lacks professional expertise but has a fine amateur talent
il n'a pas le métier d'un professionnel, mais il possède un beau talent d'amateur

he knows his business; he can hold his own with anybody
il connaît son affaire; il ne s'en laisse pas remontrer

he could teach many people a thing or two in his field
dans son domaine, il pourrait donner des leçons / en remonter à beaucoup

no one can hold a candle to him; he knows masses about it
personne ne lui arrive à la cheville; il en connaît un rayon

he's acquired a lot of know-how; he does everything skilfully(GB),
skillfully(US) / with consummate skill
il a acquis beaucoup de savoir-faire; il fait tout avec maîtrise /
avec une science consommée

he's very methodical
il est très méthodique

he's a real all-rounder; can set his hands to most things
il sait tout faire; il y a peu de choses qu'il ne sache pas faire

he repaired the dishwasher in two ticks*
en deux temps trois mouvements, il a réparé le lave-vaisselle

he's found the way of doing it; he knows the ropes*
il a trouvé le truc pour le faire;
il connaît / il est au courant de toutes les ficelles / il est à la coule*

he's familiar with all the tricks of the trade / he's up to all the dodges
il est rompu à toutes les ficelles / à tous les trucs du métier

he's got more than one ace up his sleeve
il a plus d'un tour dans son sac; il a de la ressource

he's got more than one string to his bow
il a plus d'une corde à son arc

he's a good manner with people / knows how to handle people
il a de l'entregent / il sait s'y prendre avec les gens

he's a flair for sucking up to people
il a l'art de manier la brosse à reluire

resourcefulness   **la débrouillardise**

to fend for oneself; cope as best as one can
se débrouiller tout seul; se débrouiller avec les moyens du bord

when you're alone you have to cope and get by
quand on est seul, il faut apprendre à se débrouiller

how is she making out?
comment se débrouille-t-elle?

she's got enough to make out; she's making out rather well
elle a assez pour vivre / elle se débrouille; elle s'en tire plutôt bien

she hasn't got a lot of money but she gets by
elle n'a pas beaucoup d'argent, mais elle s'en tire

she gets by on very little money
elle s'en tire / se débrouille / s'en sort avec très peu d'argent

she knows her way about;
she's good at getting things her own way
elle sait se débrouiller; elle sait y faire pour que tout soit fait à sa façon

she's seen to it that she got some free seats
elle s'est débrouillée / arrangée pour avoir des places gratuites

as for him he wangled* it so that he got some leave
quant à lui, il s'est débrouillé pour avoir une permission

he knows how to look after himself
il sait se débrouiller dans la vie

he's a smart one / smart customer / fly one*
c'est un débrouillard* / dégourdi* / démerdard**

he always knows how to dig up* what he needs
il se débrouille toujours pour dégoter ce dont il a besoin

he knows how to wriggle out of something
il sait se débrouiller pour ne pas faire quelque chose

his brother hasn't got a clue
son frère n'est pas démerdard** pour deux sous

clumsiness   la maladresse

I for one am all thumbs
quant à moi, je ne sais rien faire de mes dix doigts / je suis maladroit

I'm clumsy / really useless with my hands
je suis maladroit de mes mains

I'm hopeless at anything manual; everything slips through my fingers
je suis nul pour tout ce qui est manuel; tout me glisse des doigts

they say I always set about doing something the wrong way /
in a ham-handed / ham-fisted way
on dit que je m'y prends toujours comme un pied
quand je dois faire quelque chose

I don't know how to set about it; I've lost my touch
je ne sais pas comment m'y prendre; j'ai perdu la main

what I do is always a bungled job
je fais tout n'importe comment /
ce que je fais est toujours fait n'importe comment

as a matter of fact I haven't got a clue about how to do it
en fait, je n'ai aucune idée sur la façon de m'y prendre

proverbs   **proverbe**

a bad workman always blames / finds fault with his tools
un mauvais ouvrier se plaint / a toujours de mauvais outils

a good workman is known by his chips
c'est à l'œuvre que l'on reconnaît l'artisan

■

89 ADAPTABILITY

adaptation is the law of life; life constantly compels us to try to adapt
l'adaptation est la loi de la vie;
la vie nous contraint à de constants efforts d'adaptation

adaptability is a great advantage in life
la faculté d'adaptation est un atout dans la vie

to adapt / adjust   **s'adapter**

we must adjust to the times
il faut vivre avec son temps

I've easily adapted myself to the American way of life; I adapt easily
je me suis facilement adapté au mode de vie américain; je m'adapte facilement

I took little time to settle down to the American way of life
j'ai mis peu de temps à m'adapter au mode de vie américain

I've easily adjusted myself to the new situation
je me suis facilement adapté à la nouvelle situation

man can adjust to anything but happiness and rest
l'homme s'habitue à tout sauf au bonheur et au repos (Stendhal)

to adapt oneself to the climate   **s'adapter au climat**

I can't get used to the tropical climate
je ne peux pas m'adapter au climat tropical

I can't stand the heat
je ne supporte pas la chaleur

but I quickly became acclimatized to the Mediterranean weather
mais je me suis rapidement adapté au climat méditerranéen

I don't like this cold weather but I suppose we shall have to stick it for a few weeks yet
je n'aime pas ce temps froid, mais je suppose
que nous devrons encore l'endurer / faire avec pendant quelques semaines

to adapt to circumstances   **s'adapter / se plier aux circonstances**

to adjust one's behaviour to the circumstances; jump on the bandwagon
se déterminer / régler sa conduite en fonction des circonstances;
prendre le train en marche

one has to adjust to circumstances in life
dans la vie, il faut savoir s'adapter aux circonstances

it's better to bend than to break; one must adapt to meet the circumstances
mieux vaut plier que rompre; il faut savoir prendre le virage

to adapt and bend with the wind
faire comme les autres / se fondre dans la foule

she soon fitted in; came to terms with it
elle s'est vite mise dans le ton; elle en a pris son parti

to be used to   **être habitué à**

I'm not used to the climate yet, but I hope I'll get used to it
je ne suis pas encore habitué au climat, mais j'espère m'y adapter

she's not used to driving at night
elle n'est pas habituée à conduire la nuit

I'm already used to Chinese food
je suis déjà habitué à la cuisine chinoise

she's accustomed to living with him now
elle est habituée à vivre avec lui maintenant

to get used to   **s'habituer à**

we must get used to the idea that computers are now part of daily life
nous devons nous faire à l'idée
que les ordinateurs font maintenant partie de la vie quotidienne

I need to have time to get used to the idea
j'ai besoin de temps pour m'habituer à cette idée

you'll get used to it; you'll have to get used to it
vous vous y habituerez / c'est un pli à prendre; il faudra vous y faire

he's becoming accustomed to living from hand to mouth
il s'habitue à vivre au jour le jour

she can't get accustomed to her brother's bad jokes
elle ne peut s'habituer aux mauvaises plaisanteries de son frère

to content oneself / make do with   se contenter / s'accommoder de

since I can't afford a new car I'll content myself with a second-hand one
puisque je ne peux pas me permettre d'acheter une voiture neuve,
je me contenterai d'une voiture d'occasion

since no one has gone shopping we must make do with the left-overs
puisque personne n'a fait les courses, nous devrons nous contenter des restes

when you don't have what you want you'll have to make do with what you've got
quand on n'a pas ce qu'on veut, il faut se contenter de ce qu'on a

she can make do with anything
elle s'accommode de tout

she has to put up with his foul temper; she just has to put up with it
il lui faut supporter son mauvais caractère; il lui faut bien s'en accommoder

she has to resign herself to it
il lui faut bien s'y résigner

she must learn to live with it
il faut qu'elle s'y fasse / qu'elle s'en accommode / qu'elle fasse avec

to grin and bear it
faire contre mauvaise fortune bon cœur

to make the most of something   tirer le meilleur parti possible de quelque chose

to make as much as one can of a situation
tirer le meilleur parti possible d'une situation

to turn something to one's advantage; make capital out of everything
tourner quelque chose à son avantage; tirer parti de tout

the customers take advantage of the sales to make their purchases at a low price
les consommateurs profitent des soldes pour acheter à bas prix

proverbs   proverbes

where the goat is tied it must browse
quand le vin est tiré, il faut le boire

half a loaf is better than no bread / none
faute de grives on mange des merles; mieux vaut peu que rien

you have to cut your coat according to your cloth
il faut vivre selon ses moyens

■
90 ATTENTION

attention   l'attention

can I have your full attention? I need everybody's attention
puis-je demander toute votre attention? je requiers l'attention de tous

you'll need to use all your wits for this work
vous allez avoir besoin de toute votre attention pour effectuer ce travail

keep your wits about you;it's a job that demands painstaking attention to detail
soyez attentifs; il s'agit d'un travail qui demande beaucoup d'attention

I'm all attention, I'm all ears, Sir
vous avez toute mon attention, je suis tout oreille, Monsieur

to pay attention / heed   faire attention

to pay attention to all that goes on; pay little attention
faire attention / être attentif à ce qui se passe; faire peu attention

no one paid (any) attention to me / no attention was paid to my warning
personne ne fit attention à moi / à mon avertissement

she paid scant attention to my presence
elle fit à peine attention à ma présence

if only you'd heeded my warning none of this would have happened,
but you paid no heed to what I said
si tu m'avais écouté, rien de cela ne serait arrivé,
mais tu n'as prêté aucune attention à ce que j'ai dit

you never pay any heed to what I say
tu n'écoutes jamais ce que je dis

to have one's mind on what one is doing
avoir la tête à ce que l'on fait

mind what you're about / your p's and q's
faites attention à ce que vous faites / dites

to take notice / acknowledge   **remarquer / faire attention**

she didn't take any notice of my presence
elle ne fit aucun cas de ma présence

she didn't even acknowledge my presence; she didn't take a blind bit of notice of it
elle n'a même pas remarqué ma présence; elle n'y a pas prêté la moindre
attention

I went out without her noticing it
je suis sorti sans qu'elle y fasse attention / sans qu'elle le remarque

it escaped my notice; I never notice such things
cela a échappé à mon attention; je ne fais jamais
attention à ces choses-là

you must pay very close attention to what he has to say
vous devez prêter la plus grande attention à ce qu'il va dire

to concentrate one's attention   **fixer / concentrer son attention**

to make an effort to concentrate; keep one's mind on something
faire un effort d'attention; concentrer son attention sur quelque chose

to be single-minded about something
concentrer tous ses efforts sur quelque chose

I've a single-track mind
je ne peux me concentrer que sur une chose à la fois

I was trying hard to find the error
je concentrais toute mon attention pour trouver l'erreur

but I couldn't concentrate on anything
mais je n'arrivais pas à me concentrer

my concentration lapsed while I was driving;
this lapse in concentration nearly cost me my life
j'ai eu un moment de distraction en conduisant et cela a failli me coûter la vie

the students focused their attention on the realistic details of Brueghel's paintings
les étudiants fixèrent leur attention
sur les détails réalistes des peintures de Brueghel

to be absorbed in one's work; be poring over an etching
être absorbé dans son travail / la contemplation d'une gravure

to call / attract somebody's attention   appeler / attirer l'attention de quelqu'un

to point something out to somebody; draw his / her attention
signaler quelque chose à quelqu'un; attirer son attention

the boss drew my attention to the errors in the report
le patron appela mon attention sur les erreurs contenues dans le rapport

Betty remarked that a new shop had opened in our street
Betty m'a fait remarquer qu'un nouveau magasin s'était ouvert dans notre rue

I want to point to one detail
je veux attirer votre attention sur un détail

the refugees' plight attracted the attention of the media
la situation lamentable des réfugiés attira l'attention des medias

a mere detail was enough to catch Sherlock Holmes's attention
un simple détail suffisait à éveiller l'attention de Sherlock Holmes

to hold somebody's attention   **retenir l'attention**

we've given the problem due consideration; your letter's been given our attention
**ce problème a retenu toute notre attention;
votre lettre a retenu toute notre attention**

to hold somebody spellbound
tenir quelqu'un en haleine

to see to it / make sure that   **faire attention / veiller à ce que**

I saw to it that she was well looked after
j'ai veillé à ce qu'on prenne bien soin d'elle

I have to make sure there's enough money in my bank account
je dois veiller à ce qu'il y ait assez d'argent sur mon compte

to take heed of something   **remarquer / tenir compte**

the captain always takes heed of the weather before sailing
le capitaine s'informe et tient toujours compte du temps avant de partir

to distract somebody's attention   **distraire / détourner l'attention**

my friend's unexpected visit distracted me from my work
la visite inopinée de mon ami m'a distrait de mon travail

inattention

to be inattentive to the lesson; to be absent-minded; to be hare-brained
être inattentif à la leçon; être étourdi / distrait; être une tête de linotte

I did it by mistake / inadvertently / absent-mindedly
je l'ai fait par étourderie / par inadvertance / par manque d'attention

to have one's mind elsewhere / on something else
avoir la tête ailleurs / à autre chose

to have one's head in the clouds
être dans les nuages

*sorry, my mind was wandering; whatever am I thinking of?
my thoughts were elsewhere*
excusez-moi, j'étais distrait; où avais-je la tête? j'avais la tête ailleurs

■

91 WILL

to have willpower / a will of iron
avoir de la volonté / une volonté de fer

to make an effort of will
faire un effort de volonté

to have a mind of one's own
avoir suffisamment de volonté pour ne pas se laisser influencer par autrui

you can manage to do it; it's a question of mind over matter;
where there's a will there's a way
vous pouvez y arriver; c'est une question de volonté;
quand on veut, on peut

goodwill / ill-will   **la bonne / mauvaise volonté**

to have a positive attitude; to be negative
faire preuve de bonne volonté; montrer de la mauvaise volonté

to go about one's work willingly / unwillingly
mettre de la bonne / mauvaise volonté à faire son travail

to do something with obvious ill-will
faire quelque chose en faisant preuve d'une évidente mauvaise volonté

to be willing to do something
bien vouloir faire quelque chose

I'm willing to accept your proposal
je veux bien accepter votre proposition

to want / not to want to do   **vouloir / ne pas vouloir faire quelque chose**
something

I want to come with you
je veux venir avec vous

I would never wear such a dress!
je ne porterais jamais une telle robe!

he wouldn't go away
il ne voulait pas s'en aller

to want something   **vouloir quelque chose**

to want one's own way
vouloir imposer sa volonté / ne vouloir en faire qu'à sa tête

in life you must know your own mind
dans la vie, il faut savoir ce que l'on veut

she knows what she wants; she gets anything she wants
elle sait ce qu'elle veut; ce qu'elle veut, elle l'obtient

she's set on this dress; she wants it with all her heart
elle veut absolument cette robe; elle la veut de toutes ses forces

he wants his wife to be happy
il veut / désire que sa femme soit heureuse

I'll have you know that I'll not stand for such behaviour
je veux que vous sachiez que je ne supporterai pas une telle conduite

I won't be dictated to
je n'aime pas / je ne veux pas qu'on me dise ce que je dois faire

the citizens will have you removed from office
les citoyens veulent vous démettre de vos fonctions

you must will it really hard if you wish to be cured
il faut le vouloir très fort, si vous voulez guérir

to want somebody to do   **vouloir faire faire quelque chose à quelqu'un**
something

expressed by *vouloir* or other verb indicating will / want, followed by *que* + *subjunctive*

what do you want me to do? - I want you to come with us
que voulez-vous que je fasse? - je veux que vous veniez avec nous

he had them tell the story
il a insisté pour qu'ils lui racontent l'histoire

he got them to tell the story
il a exigé qu'ils lui racontent l'histoire

to make somebody do something   **faire + infinitive**

he made them tell the story
il leur a fait raconter l'histoire

to be strong-minded   **être déterminé / résolu; savoir ce que l'on veut**

I'm determined to meet him
je suis déterminé à le rencontrer

I certainly intend to go there
j'entends bien y aller

to be really keen to do something   **tenir beaucoup à faire quelque chose**

I'm dead set on paying him in his own coins
je tiens beaucoup à lui rendre la monnaie de sa pièce

I'm anxious to have things done my way
je tiens beaucoup à ce que les choses soient faites à ma façon

I made up my mind on getting even with him
je me suis mis en tête de me venger

I went all out to win the race
j'étais vraiment déterminé à gagner cette course

I made it a point of telling her the truth
je me suis fait un devoir de lui dire la vérité

common expressions   **expressions courantes**

to have an iron hand in a velvet glove
avoir une main de fer dans un gant de velours

I'm not going to let myself be pushed around; nobody will make me change my mind
je n'ai pas l'intention de me laisser faire; personne ne me fera changer d'avis

I'll not give an inch
je ne céderai pas d'un pouce

I'll stop at nothing to get what I want
je ne reculerai devant rien pour obtenir ce que je veux

I'll go to any length to get the job
je ne reculerai devant rien / je suis prêt à tout pour obtenir ce poste

nothing will turn me from my purpose
rien ne me détournera de mon but

I'll do it (even) if it kills me
je le ferai même si je dois y laisser ma peau

if he wants to pass he'll have to do it over my dead body
s'il veut passer, il faudra qu'il me passe sur le corps

he won't budge an inch; persists in his refusal
il ne veut pas en démordre; il s'entête dans son refus

he isn't above licking the boss's boots to get a promotion
il irait jusqu'à lécher les bottes du patron pour obtenir une promotion

we must take the bull by the horns; get there at all costs
il nous faut prendre le taureau par les cornes; il faut y arriver coûte que coûte

we'll have to roll up our sleeves
il va nous falloir retrousser nos manches

future notions   **le futur**

whatever might happen / despite what he says, I mean to go
quoiqu'il arrive / dise, je partirai

I'll go with you!
j'irai avec vous!

you shall do as I say!
vous ferez comme je vous dis!

I shall do it all right!
je réussirai!

never am I going to permit it!
je ne le permettrai jamais!

92 SELF-CONTROL

to keep one's head
garder son sang-froid

to keep a cool / level head
garder tout son sang-froid / garder la tête froide / ne pas perdre la tête

to try to keep one's nerve; be cool and calculating
essayer de conserver son sang-froid; être froid et calculateur

to get a hold on oneself; to keep a grip on oneself
garder le contrôle de ses émotions; savoir prendre sur soi

to control oneself
se contrôler

to govern one's temper / tongue
se maîtriser; contrôler ses paroles

not to turn a hair; register no emotion
ne pas broncher; rester impassible

to do something in cold blood; commit a cold-blooded murder
faire quelque chose de sang-froid; commettre un meurtre de sang-froid

self-control   **la maîtrise de soi**

to show restraint
faire preuve de maîtrise de soi

despite his anger he refrained from telling him what he thought
malgré sa colère, il se retint de lui dire ce qu'il pensait

he was very self-composed when they broke the news to him
il est resté très maître de lui quand on lui a annoncé la mauvaise nouvelle

he listened to him without turning a hair; he didn't raise an eye-brow
il l'a écouté sans tiquer; il n'a pas sourcillé

it left him cold; he remained as cool as a cucumber
cela ne lui a fait ni chaud ni froid / cela l'a laissé froid; il est resté de marbre

to keep one's composure   garder son aplomb

he answered without losing his coolness
il répondit sans se départir de son calme

it takes more than that to make him lose his composure
il ne se laisse pas démonter pour si peu / il lui en faut davantage pour l'impressionner

he kept his countenance / wits about him
il ne s'est pas laissé décontenancer; il n'a pas perdu le nord

he was flying by the seat of his pants
il a dû faire appel à toute la présence d'esprit dont il était capable

to panic   perdre son sang-froid / paniquer

to lose one's composure / countenance / cool
perdre son calme / contenance / aplomb

to show a lack of restraint; to go haywire*
manquer de maîtrise de soi; perdre la tête / boule*

*he's no self-control; he's gone off his head**
il ne sait pas se maîtriser; il a perdu la tête

he can no longer control his temper
il ne peut plus maîtriser ses nerfs / se dominer

he's no longer in control of himself
il ne se contrôle plus

he lets his temper run away with him
il ne sait pas se contrôler / se dominer

to recover one's composure; collect oneself / pull oneself together
reprendre son aplomb; reprendre son sang-froid / se ressaisir

he's collecting his wits
il reprend ses esprits

■
93 PATIENCE AND IMPATIENCE

to be patient / have patience   être patient / avoir de la patience

if you want to see him you'll have to arm yourself with patience / sweat it out
si vous voulez le voir, il faudra vous armer de patience

you'll have to be patient with him; never is he in a hurry
avec lui, il faut s'armer de patience; il n'est jamais pressé

I'll wait; my patience will stand any test
j'attendrai; ma patience est à toute épreuve

to train oneself to be patient; be extra patient
s'exercer à la patience; redoubler de patience

he's the patience of a saint
il a une patience d'ange

I've been patiently waiting for her return
j'ai attendu patiemment son retour

I had to put up with the delay
j'ai dû prendre mon mal en patience

I had to bear my sufferings patiently
j'ai dû souffrir mon mal en patience

to keep somebody waiting   faire patienter quelqu'un

could you wait a moment?
si vous voulez bien patienter un instant

not long now, hold on; let's have a bit of patience, please!
encore un peu de patience, ce ne sera pas long;
un peu de patience, s'il vous plaît!

try to hold him off a little longer
essayez de le faire patienter encore un peu

give him some magazines to keep him pass the time
donnez-lui quelques magazines pour le faire patienter

be patient; let the situation cool down
prenez patience; attendez que la situation se calme

bear with me
ayez la patience de m'écouter jusqu'au bout

to grow impatient   **s'impatienter**

what on earth is she doing?
I've already been waiting for her for more than two hours
qu'est-ce qu'elle fiche? cela fait plus de deux heures que je l'attends

you've taken your time! you've taken long enough about it!
tu y as mis du temps! il t'en a fallu du temps!

none too soon! I was about to lose patience
ce n'est pas trop tôt! j'étais sur le point de perdre patience

I was growing impatient; my patience was wearing thin
je commençais vraiment à m'impatienter / perdre patience

I'm at the end of my patience
je suis à bout de patience

I can't take much more of this
je sens que je suis à bout de patience

I'm weary of waiting
je n'en peux plus attendre

there's a limit to my patience; I can't wait for ever!
ma patience a des limites; je ne vais pas attendre 107 ans!

we're not going to hang around here till night-time!
on ne va pas attendre / moisir ici jusqu'à la nuit!

waiting like that makes me very tense / edgy
attendre ainsi / cette attente me met les nerfs en boule / pelote

this has gone on quite enough; I'm at the end of my tether
ça commence à bien faire; je suis à bout de nerf

it's gone on (far) too long already; none too soon! not too soon at that!
cela n'a que trop duré; il était temps! ce n'est pas trop tôt!

I was just at breaking point; my patience was sorely tried
j'étais prêt à craquer / je n'en pouvais plus; ma patience a été mise à rude épreuve

expressions of impatience   **expressions d'impatience**

I'm impatient for her (to) return
j'attends son retour avec impatience

I'm longing to see her again
je suis impatient de la revoir

I just can't wait to see her again
je suis si impatient de la revoir

I'm dying to see her again
je meurs d'impatience de la revoir

I think she's awaited with the greatest expectancy
je crois qu'elle est attendue avec la plus grande impatience

I'm in a hurry to return home
j'ai hâte / j'attends avec impatience de rentrer à la maison

I'm burning with impatience to return home
je brûle d'envie / j'attends avec impatience de rentrer à la maison

to be impatient / seethe with impatience   **être impatient / bouillir d'impatience**

I'm impatient to get my work finished
je suis impatient d'avoir terminé mon travail

I can't wait for this work to be finished
j'ai hâte / il me tarde que ce travail soit fini

I'll be glad when it's all over; roll on the end!
je serai content quand ce sera fini; vivement que cela soit fin!

I can't wait to be on holiday; roll on the holidays!
il me tarde d'être en vacances; vivement les vacances!

to become restless / fidget about   **donner des signes d'impatience**

to be fidgeting to do something
trépigner d'impatience de faire quelque chose

to stamp one's feet impatiently; champ at the bit
piétiner d'impatience; ronger son frein

to be pacing about like a lion in a cage
aller et venir / tourner en rond comme un lion / ours en cage

to irritate   **impatienter**

nothing is more irritating than having to wait
rien n'impatiente plus que d'attendre

to try somebody's patience; tax somebody's patience
abuser de la patience de quelqu'un;
mettre la patience de quelqu'un à l'épreuve

to make somebody to lose their patience
faire perdre patience à quelqu'un

to keep somebody on tenterhooks
faire mourir quelqu'un d'impatience

to push somebody to the limit of his patience
pousser quelqu'un à bout

proverb   **proverbe**

kindness succeeds where force will fail / a watched pot never boils
patience et longueur de temps font plus que force et que rage

■

94 PRUDENCE AND IMPRUDENCE

caution   **la prudence**

to be prudent; be extra careful
être prudent / circonspect / précautionneux; redoubler de prudence

children, be careful whenever you have to cross a street
enfants, soyez prudents quand vous avez à traverser une rue

to be wise   être prudent / sage / avisé / prévoyant

it's advisable to reserve one's table ahead in that restaurant
dans ce restaurant, il est prudent de réserver à l'avance

it's advisable to get vaccinated against tetanus
il est prudent de se faire vacciner contre le tétanos

to take precautions   prendre des précautions

to take a lot of precautions
s'entourer de précautions / prendre toutes ses précautions

I got vaccinated against the 'flu as a precaution
je me suis fait vacciner contre la grippe par mesure de prudence / par précaution

it's always better to be on the safe side; it's better to play it safe
**il est toujours préférable de prendre ses précautions;
il vaut mieux ne prendre aucun risque**

to hold a candle to the devil*
assurer ses arrières

circumspection   la circonspection

to think twice before doing something
y regarder à deux fois avant de faire quelque chose

to be on the reserve; remain very reserved
être / demeurer sur la réserve; se tenir sur la réserve

I wouldn't stick my neck out about it
je ne m'avancerais pas là-dessus

to be overcautious   l'excès de prudence

he's prudent to a fault
il est prudent à l'extrême

he sometimes has a tendency to err on the side of caution
il a quelquefois tendance à pécher par excès de prudence

this is where prudence comes close to cowardice
c'est ici que la prudence rejoint la lâcheté

common expressions   **expressions courantes**

to run with the hare and hunt with the hounds
ménager la chèvre et le chou

better safe than sorry
on n'est jamais trop prudent / deux précautions valent mieux qu'une

it's safer this way
de cette façon, c'est plus sûr

carelessness   **l'imprudence**

careless drivers cause many accidents; don't do anything foolish!
**beaucoup d'accidents sont dus à l'imprudence des conducteurs;
ne faites pas d'imprudences!**

alcohol leads to reckless driving
l'alcool conduit à commettre des imprudences

his rashness cost us dear
son imprudence nous a coûté cher

proverbs   **proverbes**

safety is born of caution / discretion is the better part of valour
prudence est mère de sûreté

don't count your chickens before they're hatched
il ne faut pas vendre la peau de l'ours avant de l'avoir tué

let sleeping dogs lie
ne réveillez pas le chat qui dort

a bird in the hand is worth two in the bush
mieux vaut tenir que courir / un tiens vaut mieux que deux tu l'auras

once bitten twice shy / a burnt child dreads fire
chat échaudé craint l'eau froide

never say never; don't burn your bridges / boats
il ne faut jamais dire fontaine je ne boirai pas de ton eau

don't meddle in other people's family affairs
il ne faut pas mettre le doigt entre l'arbre et l'écorce

■

95 COURAGE AND COWARDICE

courage   le courage

he fought courageously, but to no avail; he showed admirable courage
il s'est battu avec courage, mais vainement; il a été d'un courage admirable

he set to work with a will
il s'est mis au travail avec courage

his courage will stand any test
son courage est à toute épreuve

to be strong in adversity
être courageux dans l'adversité

he must be strong
il va lui falloir du courage

to arm oneself with courage to do something
s'armer de courage pour faire quelque chose

to undertake a task with a will
entreprendre / s'attaquer à une tâche avec courage

to take one's courage in both hands
prendre son courage à deux mains

to lose heart; to take fresh heart
perdre courage; reprendre courage

to restore somebody's courage
redonner courage à quelqu'un

I found it very heartening; that gave me a new heart
cela m'a donné du courage; cela m'a redonné du courage

I had to sum up all my courage
j'ai dû faire appel à tout mon courage

keep up your spirits!
prenez courage!

common expressions   **expressions courantes**

to face it out; to face the music
faire face à la situation; braver l'orage et la tempête

he's got what it takes; fear doesn't exist as far he's concerned
ce n'est pas le courage qui lui manque; pour lui, la peur n'existe pas

he hesitates at nothing; he's the stuff heroes are made of
il ne recule devant rien; il est de la pâte dont on fait les héros

it requires a fair amount of courage; you need a strong stomach
il faut passablement de courage; il faut avoir du cœur au ventre

*it takes a lot of guts / bottle** /*
*you must have the balls*** to go bungy-jumping*
il faut du cran*/ avoir des couilles*** pour pratiquer le saut à l'élastique

he was man enough to apologize
il a eu le courage de s'excuser

to lack courage   **manquer de courage**

I don't feel up to much today;
I'd like to get this work finished, but I don't feel up to it
je n'ai pas beaucoup de courage aujourd'hui;
je voudrais finir ce travail, mais je n'en ai pas le courage

my courage deserted me; I can't be bothered going on working
le courage m'a abandonné; je n'ai pas le courage de continuer à travailler

I can't face the washing up tonight
ce soir je n'ai pas le courage de faire la vaisselle

I hadn't the heart to tell him the truth
je n'ai pas eu le courage / cœur de lui dire la vérité

rashness   **la témérité**

to be rash
être téméraire

he's brave but not reckless
il est courageux mais pas téméraire

to be so bold as to do something; launch out into a foolhardy enterprise
avoir l'audace de faire quelque chose; se lancer dans une entreprise téméraire

he must be mad to embark on such a venture
il faut être fou pour se lancer dans une telle aventure

unconscientiousness   **l'inconscience**

he cares very little about the consequences of his behaviour;
he's unaware of danger
il se soucie peu des conséquences de ses actes; il est inconscient du danger

this is sheer madness!
c'est de la folie pure! c'est de l'inconscience pure!

everyone knows of his thoughtlessness; he's completely brainless
son inconséquence est bien connue; c'est une tête sans cervelle

cowardice   **la lâcheté**

courage is not his strong point; he's a chicken-hearted man
il ne brille pas par le courage; c'est une poule mouillée*

he's a coward; he showed himself a coward in adversity
c'est un pleutre; il s'est montré lâche dans l'adversité

*he's a spineless individual; he's no guts**
il n'a pas de courage; il est lâche / il n'a rien dans le ventre / la culotte**

proverbs   **proverbes**

God helps those who help themselves
aide-toi, le ciel t'aidera

one must not throw in one's hand
il ne faut pas jeter le manche après la cognée

■

96 INTENTION

intention   l'intention

what are your intentions?
quelles sont vos intentions?

I silently entered the room with the intention of surprising him
je suis entré silencieusement dans l'intention de le surprendre

he lied intentionally
il a menti de propos délibéré / intentionnellement

I didn't do it on purpose
je ne l'ai pas fait exprès

it's the thought that counts
c'est l'intention qui compte

to have the intention of doing   avoir l'intention de faire quelque chose
something

I intend to help you
j'ai l'intention de vous aider

I've no intention of doing anything whatsoever for you
il n'est pas dans mes intentions de faire quoique ce soit pour vous

I haven't the slightest intention of apologizing
je n'ai pas la moindre intention de m'excuser

my uncle intends to sell his house
mon oncle a l'intention de vendre sa maison

I didn't mean to offend you; I intended no harm
je n'avais pas l'intention de vous offenser; je l'ai fait sans mauvaise intention

I'm considering buying a new car
j'ai l'intention d'acheter une voiture neuve

I may go to London
j'ai vaguement l'intention d'aller à Londres

I've a mind to go to the pictures(GB), movies(US) tonight
j'ai l'intention d'aller au cinéma ce soir

what do you have in mind for your holidays?
qu'avez-vous l'intention de faire pendant vos vacances?

what I have in mind is to go to France in order to improve my French
ce que j'ai l'intention de faire, c'est d'aller en France pour améliorer mon français

common expressions   **expressions courantes**

with only the highest intentions
en tout bien tout honneur

he's something at the back of his head; he's thinking of going to Japan
il a une idée derrière la tête; il a dans l'idée de partir au Japon

he kept his interlocutor cooling his heels with an eye to destabilizing him
il a fait poireauter son interlocuteur dans l'intention de le déstabiliser

to plan / expect to do something   **projeter / prévoir de faire**
quelque chose

my father plans to retire some time next year
mon père a l'intention de prendre sa retraite dans le courant de l'année prochaine

I'm planning to have a house built in Florida
je projette / j'ai l'intention de me faire construire une maison en Floride

what do you reckon on doing now?
que comptez-vous / qu'avez-vous l'intention de faire maintenant?

she's set her sights on becoming a famous barrister(GB), attorney(US)
elle a l'intention de devenir une grande avocate

firm intention   **l'intention bien arrêtée**

to have the firm intention of doing something
avoir la ferme intention de faire quelque chose

he got it into his head* to go to Japan
il s'est mis dans la tête de partir au Japon

the children are anxious to go to the circus as soon as it comes to town
les enfants sont résolus / bien décidés à aller au cirque dès qu'il sera là

I've set my mind on finding the solution
je suis résolu / bien décidé à trouver la solution

I've every intention of winning the race
je suis résolu / bien décidé à gagner cette course

I'm intent on telling him a few home truths
j'ai bien l'intention de lui dire ses quatre vérités

proverbs   **proverbes**

the road to hell is paved with good intentions
l'enfer est pavé de bonnes intentions

man proposes, God disposes
l'homme propose, Dieu dispose

■

97 EXPECTATION

expectation / anticipation / contemplation   **la prévision**

I had my passport renewed in anticipation of my next trip
en prévision de mon prochain voyage, j'ai fait renouveler mon passeport

my most sanguine expectations have proved right
mes prévisions les plus optimistes se sont confirmées

the whole ceremony went off according to schedule
toute la cérémonie s'est déroulée selon les prévisions / le programme prévu

the work is on schedule; it all went according to plan
**l'avancement des travaux est conforme aux prévisions;
tout s'est passé comme prévu**

forecasts   **les prévisions**

according to all the forecasts the harvest will be good
selon toutes les prévisions, la récolte sera bonne

long-range weather forecasts are more and more reliable
les prévisions météorologiques à long terme sont de plus en plus fiables

prospect / outlook   **les perspectives**

future prospects for the steel industry are limited
les perspectives d'avenir de l'industrie métallurgiques sont limitées

the immediate outlook is gloomy
les perspectives immédiates sont sombres

there's every prospect of success; there was no prospect of that
tout cela laisse prévoir le succès; rien ne laissait prévoir cela

to foresee / expect something   **prévoir quelque chose**

a good many experts failed to foresee the recession
bon nombre d'experts n'avaient pas prévu la récession

if we could foresee our future life could become quite boring
si on pouvait prévoir l'avenir, la vie risquerait d'être ennuyeuse

I expect the worst from him
de sa part, je prévois le pire / je m'attends au pire

as was to be expected the price of petrol(GB), gas(US) has gone up again
comme on pouvait le prévoir / s'y attendre, le prix de l'essence a encore augmenté

that was to be expected
c'était à prévoir / il fallait s'y attendre

we must allow for the worst
nous devons prévoir le pire

you'd better allow some extra money for incidental expenses
il vaut mieux prévoir quelque argent pour les imprévus

it's envisaged that interest rates are to be reduced in the coming months
on prévoit que les taux d'intérêt vont baisser au cours des prochains mois

I didn't anticipate waiting so long
je ne m'attendais pas à attendre si longtemps

we anticipate no trouble on that score
nous ne craignons / prévoyons aucun ennui de ce côté

the Meteorological Office has forecast a snowstorm for the end of the week
la météorologie a annoncé une tempête de neige pour la fin de la semaine

how long do you reckon it will take you to go there?
combien de temps prévoyez-vous pour vous y rendre?

I must allow on it taking a good ten hours
je dois bien compter dix heures

he has plans for the future but these plans are still very much in the air
il a des projets d'avenir,
mais ce ne sont encore que des projets en l'air

he doesn't plan his life at all; he just lives from day to day
il ne prévoit jamais rien; il vit au jour le jour

have you got anything planned for tonight?
avez-vous quelque chose de prévu pour ce soir?

I haven't yet mapped out where I'll go on holiday
je n'ai pas encore prévu où j'irai en vacances

future expressing certainty   **prévoir avec certitude**

he'll arrive for the weekend as sure as night follows day
il arrivera pour le week-end, aussi sûr que mars en carême

it's sure to rain tomorrow
il pleuvra à coup sûr demain

he's bound to fail; it was bound to happen
il est sûr d'échouer; c'était à prévoir / cela devait arriver

to intend doing something
prévoir de faire quelque chose

to be going to   présent du verbe aller + verbe à l'infinitif

I'm going to Paris tomorrow
je vais aller à Paris demain

to be going to   futur

my wife is going to give birth next week
ma femme accouchera la semaine prochaine

to be to   devoir

I'm to leave today
je dois partir aujourd'hui

he was to go to a party, so he had to leave
il devait se rendre à une réception, aussi a-t-il dû partir

to count upon / plan / arrange / reckon   prévoir

I was counting upon doing it tomorrow
je prévoyais de / je m'attendais à le faire demain

I plan to visit her tomorrow
je prévois de lui faire une visite demain

I've arranged to go to Italy for a holiday this year
j'ai prévu d'aller en vacances en Italie cette année

I was reckoning on finishing this task tomorrow
j'avais prévu de finir ce travail demain

I reckon to finish by the end of the week
je prévois / je compte terminer d'ici la fin de la semaine

something expected to happen   attendre ce qui était prévu

I'm due for a rise next year
je dois recevoir une augmentation l'an prochain

the plane is due to land at 7 o'clock; the take off is scheduled for 10 o'clock
l'atterrissage de l'avion est prévu pour 7 heures;
le décollage est prévu pour 10 heures

the President is (scheduled) to make a speech next Tuesday
il est prévu que le Président fasse un discours mardi prochain

the plane is expected to be ahead of schedule; I expected as much
nous nous attendons à ce que l'avion soit en avance;
je le prévoyais / je m'y attendais

he doesn't know what's in store for him
il ne sait pas ce qui l'attend

expectation not realised   **la prévision démentie par les faits**

he was supposed to come and he didn't; we hadn't counted on that
il devait venir et on ne l'a pas vu; nous ne nous attendions pas à cela

there was no hint of his defection
rien ne laissait prévoir sa défection

we weren't expecting that; that's not what was meant to happen
ce n'était pas prévu au programme; ce n'est pas ce qui était prévu

events didn't pan out* as he'd hoped
les événements n'ont pas tourné comme il l'avait espéré

foresight / forethought   **la prévoyance**

we don't know what the future holds in store for us
nous ne savons pas ce que l'avenir nous réserve

I put some money aside to guard against all eventualities
j'ai mis de l'argent de côté pour parer à toute éventualité

I'm naturally provident, so I'm used to seeing far ahead
je suis d'une nature prévoyante, aussi ai-je l'habitude de prévoir loin

you must take thought for the future and take the long view
il faut penser à l'avenir et prévoir les choses de loin

to prepare for the future; leave oneself a way out
ménager l'avenir; se ménager une porte de sortie

I put some money aside with the holidays in mind / with an eye to buying a car
j'ai mis de l'argent de côté en prévision des vacances /
en vue d'acheter une voiture

you can't think of everything
mais on ne peut tout prévoir

proverb   **proverbe**

nothing is certain but the unforeseen
il n'y a que l'imprévu qui soit certain

■

98 MOTIVATION

motivation / incentive / motives   **la motivation**

to have no motive for doing something
faire quelque chose sans raison / motif

success is the best motivation
le succès est la meilleure des motivations

this child has got no incentive to study; he can't work without inducements
cet enfant n'est pas motivé pour apprendre;
il ne peut travailler sans la promesse d'une récompense

this fine weather isn't an incentive to work
ce beau temps n'incite pas au travail

I've lost all my motivation
je suis totalement démotivé

you want to be a policeman; what are your motives?
vous voulez entrer dans la police; quelles sont vos motivations (personnelles)?

reasons / grounds   **les raisons de l'action**

I've good reasons for acting in that way;
many considerations have made me act this way
j'ai des raisons pour agir ainsi; plusieurs considérations m'ont amené à agir
ainsi

there's all the more reason for not going there
raison de plus pour ne pas y aller

just to show I'm able to, I'll do it
je vais le faire, juste pour te montrer que j'en suis capable

it's not without cause that he gave up struggling
ce n'est pas pour rien qu'il a renoncé à se battre

the forces which motivated him are ruined
les ressorts qui le faisaient agir sont cassés

to act out of   **agir par (sentiment)**

to act out of love / affection / pity / charity / kindness / hatred
agir par amour / affection / pitié / charité / bonté / dépit

he did it out of kindness of his heart / consideration for his parents
il l'a fait par pure bonté d'âme / considération pour ses parents

I don't like gambling, but I've occasionally played for small stakes out of mere curiosity
je n'aime pas les jeux de hasard, mais il m'est arrivé de jouer de petites sommes, par simple curiosité

to act from   **agir par (obligation intérieure)**

to act from a sense of duty
agir par devoir / conviction

to act for the sake of   **agir pour une raison déterminée**
to act for conscience's sake   **agir par acquit de conscience**
to act for safety's sake   **agir par mesure de sécurité**
to act for the love of God   **agir pour l'amour de Dieu**
to act for the sake of somebody   **agir par égard pour quelqu'un**

I gave up for the sake of peace
j'ai cédé pour avoir la paix

to act for the love / sake of   **agir pour (le plaisir)**

to do something for the love of it
faire quelque chose pour l'amour de la chose

I study philosophy for the love of it
j'étudie la philosophie pour le plaisir

he lies for the sake of it
il ment pour le plaisir

common expressions   **expressions courantes**

to do something on principle
faire quelque chose par principe

to act (just) to be on the safe side
agir par précaution / pour plus de sûreté

he did it for kicks*
il l'a fait parce que ça l'excitait

I'm going to check to set my mind at ease
je vais vérifier par acquit de conscience

I asked the question just on the off chance
j'ai posé la question à tout hasard

to motivate   **motiver**

to motivate somebody to do something
motiver quelqu'un pour faire quelque chose

to drive somebody to do something
motiver quelqu'un pour qu'il fasse quelque chose

to demotivate somebody
démotiver quelqu'un

varying degrees of motivation   **les degrés de motivation**

to do something of one's own free will / with good grace
faire quelque chose de son plein gré / de bonne grâce

to do something with a light heart / wholeheartedly
faire quelque chose de grand cœur / de tout cœur

to do something from inclination
faire quelque chose par goût

do it if you feel so inclined
faites-le si le cœur vous en dit

I'm quite agreeable to doing it
je ne demande pas mieux que de le faire

do it if you feel strongly about it; I'm going to have a field day*
faites-le, si cela vous tient à cœur; je vais m'en donner à cœur joie

reluctance   la réticence

to grudge doing something; grumble at having to do something
faire quelque chose à contrecœur / de mauvaise grâce;
renâcler à faire quelque chose

I'll do it but it goes against the grain
je le ferai, mais pas de bon cœur (cela va à l'encontre de mes idées)

you're going to do it willy-nilly
vous le ferez, bon gré mal gré

proverb   proverbe

if you pay peanuts, you get monkeys
on n'attrape pas les mouches avec du vinaigre

■

99 HESITATION

he hesitated a moment before diving into the cold water
il hésita un moment avant de plonger dans l'eau froide

he was diffident about answering the questions he was asked;
he was hesitant in his replies
il hésitait à répondre aux questions qu'on lui posait; il hésitait dans ses
réponses

don't hesitate to ask me what you need
n'hésitez pas à me demander ce dont vous avez besoin

he didn't hesitate to tell him a few home truths
il n'a pas hésité à lui dire ses quatre vérités

I'm still uncertain about my plans for the Summer
je suis encore indécis en ce qui concerne mes projets pour l'été

to hesitate about making a decision   **hésiter pour prendre une décision**

to be torn between two possibilities; weigh (up) the pros and cons
être tiraillé entre deux possibilités; peser le pour et le contre

I was torn between the desire of saying what I was thinking and the fear of blundering
**j'étais tiraillé entre le désir de dire ce que je pensais
et la crainte de commettre une bévue**

*I'm used to thinking twice before doing something
and yet there were no two ways about it*
**j'ai l'habitude d'y regarder à deux fois avant de faire quelque chose
et pourtant, il n'y avait pas à hésiter**

he was dithering about whether to be a candidate
il hésitait à se présenter devant les électeurs

I was wondering whether to invite them or not
je me demandais si j'allais ou non les inviter

*I wasn't sure; I was in two minds; I was dithering about**
j'hésitais; j'étais partagé entre les deux décisions; je tournais en rond

I didn't know what to do / which way to turn
je ne savais plus que faire / sur quel pied danser

*I'm a bit iffy** about his invitation*
je ne sais pas trop si je dois accepter son invitation

I'm weighing up whether to go or not
je me tâte pour savoir si j'y vais ou non

I was wavering between two decisions: changing my car or having it repaired
j'hésitais / j'oscillais entre deux décisions: changer la voiture ou la faire réparer

I can't bring myself to choose between them
entre les deux, mon cœur balance

to be reluctant   **être réticent**

lots of people are reluctant to talk about their private lives
beaucoup de gens n'aiment pas parler de leur vie privée

he always takes a lot of persuading to lend his car
il se fait toujours tirer l'oreille pour prêter sa voiture

to temporize / bide for time / dither   **atermoyer**

she was temporizing about paying her rent
because her bank account was already overdrawn
**elle atermoyait pour payer son loyer parce que son
compte était déjà à découvert**

to shilly-shally   **tergiverser**

stop shilly-shallying and make up your mind!
arrête de tergiverser et décide-toi!

common expressions   **expressions courantes**

to sit on the fence
ménager la chèvre et le chou

he has to choose between a rock and a hard place
il s'agit pour lui de choisir entre la peste et le choléra

I was left with Hobson's choice
j'étais comme l'âne de Buridan

proverb   **proverbe**

he who hesitates is lost / proscrastination is the thief of time
l'hésitation peut coûter cher

■
100 DECISION

one must know one's own mind to be able to decide
pour se décider il faut savoir ce que l'on veut

he decided to cut off all relationships with his parents
il décida de couper toute relation avec ses parents

it doesn't lie within my power to decide
il n'est pas en mon pouvoir de décider

it's up to him to decide
c'est à lui de décider

I vowed never to do it again
je me suis bien promis de ne jamais recommencer

common expressions   **expressions courantes**

to make a resolution to do something
prendre la résolution de faire quelque chose

to take the plunge; suit the action to the word
sauter le pas / se jeter à l'eau; joindre le geste à la parole

to make a decision in the dark
prendre une décision à l'aveuglette

to come off the fence   **prendre position**

I must come down clearly for or against this project
je dois prendre franchement position pour ou contre ce projet

I'd decided to carry out my plan
j'avais décidé de mettre mon plan à exécution

I've decided in your favour
j'ai décidé en votre faveur

the fact that you're an expert in the subject tipped the scales in your favour
le fait que vous soyez un expert en la matière
a fait pencher la balance en votre faveur

this is how things will be and no other way
il en sera ainsi et pas autrement

no buts about it; I won't take no for an answer
il n'y a pas de mais qui tienne; il n'y a pas de non qui tienne

to make up one's mind   **se décider / prendre un parti**

before making up your mind
you must set the advantages against the disadvantages
avant de vous décider, vous devez peser le pour et le contre

my mind is made up
mon parti est pris

before making an important decision about something it's advisable to sleep on it
il est bon de laisser passer la nuit avant de prendre une décision importante

to make a snap decision
se décider subitement

for her birthday gift he decided on a necklace rather than a bracelet
pour son cadeau d'anniversaire,
il se décida pour un collier plutôt que pour un bracelet

initiative

to use one's own initiative; take the initiative in doing something
agir de sa propre initiative; prendre l'initiative de faire quelque chose

to take it upon oneself to do something
prendre sur soi de faire quelque chose / prendre quelque chose sous son bonnet

I'll take it upon myself to tell him the truth
je prends sur moi de lui dire la vérité

I'll see to it that he disgorges the money
je me charge de lui faire rendre gorge

to persuade someone to do   **décider quelqu'un à faire quelque chose**
something

I finally prevailed upon him to resume his studies
je l'ai finalement décidé à reprendre ses études

you must please yourself whether you do it or not;
it's up to you (to decide); take it or leave it!
c'est à vous de décider si vous le faites ou non;
c'est à vous de décider; c'est à prendre ou à laisser!

to take into one's head to do   **se décider / se mettre en**
something   **tête de faire quelque chose**

the challenger was determined to win the title of world boxing champion
le challenger était bien décidé à gagner le titre de champion du monde de boxe

I may as well tell you that I won't go
j'aime autant vous dire que je n'irai pas

to stick stubbornly to one's decision
s'enfermer dans sa décision

see chapter **91 Will**

to think better of it   se raviser / revenir sur sa décision

I originally intended to go to Spain but I thought better of it; I won't go
j'avais l'intention d'aller en Espagne, mais j'ai réfléchi; je n'irai pas

indecisiveness   l'indécision

to sit on the fence
s'abstenir par prudence de prendre une décision

I'm undecided whether to go or not; I can't make up my mind
je n'ai pas encore décidé si j'irai ou non; je n'arrive pas à me décider

the father was uncertain as to the best course to follow
le père demeura dans l'incertitude quant à la conduite à tenir

I'm still in two minds about your proposal
je suis encore indécis au sujet de votre proposition

my father hasn't decided yet whether he'll lend me his car or not;
he keeps blowing hot and cold
mon père n'a pas encore décidé s'il me prêtera on non sa voiture;
il continue à souffler le chaud et le froid quand il en parle

he won't say no; he's not saying either yes or no
il ne dit pas non; il ne dit ni oui ni non

he just cannot decide one way or the other; he gave me the run-around
il n'arrive pas à prendre une décision dans un sens ou dans l'autre;
il m'a fait une réponse de Normand

see chapter **99 Hesitation**

incapable to decide   l'incapacité à décider

I couldn't bring myself to tell them the truth
je n'ai pu me résoudre à leur dire la vérité

he's always chopping and changing; doesn't know his own mind
c'est une vraie girouette; il ne sait pas ce qu'il veut

proverbs   **proverbes**

Man proposes, God disposes
l'homme propose, Dieu dispose

he who pays the piper calls the tune
c'est celui qui paie qui décide

■
101 PURPOSE

to have a purpose in life
avoir un but dans la vie

the poor chap wandered aimlessly in the town all night long;
he had no object in life
le pauvre type erra sans but toute la nuit dans la ville;
il n'avait aucun but dans la vie

what was the purpose of his visit?
quel était le but / l'objet de sa visite?

for this miser amassing money is the be-all and end-all of life
pour cet avaricieux, amasser de l'argent est le but suprême de la vie

with this end / to all intents and purposes / for whatever purpose it may serve
dans ce but / à cette fin / à toutes fins utiles

he started studying law for the sole purpose of doing something
il a entrepris des études de droit à seule fin de faire quelque chose

he started studying law with a view to becoming a barrister(GB), attorney(US)
il a entrepris des études de droit dans le but déterminé de devenir avocat

he kept his interlocutor hanging about in order to destabilize him
il a laissé poireauter son interlocuteur dans le but de le déstabiliser

I saw to it that he came
j'ai fait ce qu'il fallait pour qu'il vienne

this book is meant to help you improve your French
ce livre a été conçu pour vous aider à améliorer votre français

subordinate clauses   **les subordonnées (avec le verbe au subjonctif)**

I have made / made / am making / will make some coffee
for her to drink when she wakes up
j'ai fait / je fis / fais / ferai du café **pour qu'elle puisse en boire** à son réveil

we have left / left / are leaving / will leave early
in order not to make them wait for us too long
nous sommes partis / partîmes / partons / partirons de bonne heure
de façon qu'ils ne nous attendent pas trop longtemps

note the use of **pour** + **infinitive**   **l'infinitif**

she did / has done / does / will do everything with a view / so as / in order to succeed
elle fit tout ce qu'il fallait / a tout fait / fait tout / fera tout ce qu'il faut **pour réussir**

we have written / wrote / are writing / will write this article
with the intention of informing our readers about this issue
nous avons écrit / écrivîmes / écrivons / écrirons cet article
pour informer nos lecteurs sur ce problème

proverb   **proverbe**

the end justifies the means
la fin justifie les moyens

102 CHOICE

to have the choice; be spoilt by choice
avoir le choix; avoir l'embarras du choix

this shop has a wide selection of goods /
there's a great selection to choose from in this department store
il y a beaucoup de choix / on trouve tout dans ce grand magasin

there's plenty of choice
il y a tout le choix qu'on veut

to make one's choice   **faire son choix**

choosing a gift
choisir un cadeau

the choice of a gift is often difficult
le choix d'un cadeau est souvent difficile

my choice is made; I settled on this ring; I hope I've made a good choice
mon choix est fait; il s'est porté sur cette bague;
j'espère que j'ai fait le bon choix

to have no option   **ne pas avoir le choix**

I had no option but to accept his requirements
je n'ai pu faire autrement que d'accepter ses conditions

there was little enough option
je n'avais guère le choix

to choose   **choisir**

I always choose the shortest way
je choisis toujours le chemin le plus court

I chose to stay at home rather than go out
j'ai choisi de rester à la maison plutôt que de sortir

it's none of my choosing
ce n'est pas moi qui l'ai choisi

there isn't much to choose between washing powders
le choix d'une lessive importe peu

the street pedlar seemed to choose someone at random among the crowd
le camelot parut choisir quelqu'un au hasard dans la foule

the lucky devil* picked the winning lottery number
le veinard est tombé sur le numéro gagnant de la loterie

have your pick
choisissez ce qui vous convient

he picked an awkward time; the wrong time
il a choisi un mauvais moment; le mauvais moment

you can pick your friends; you can't pick your family
on choisit ses amis; on subit sa famille

when it comes to voting, I opt for the Democratic candidate
quand il s'agit de voter, j'opte pour le candidat démocrate

you must select the correct answer from the four possibilities
vous devez choisir la bonne réponse parmi les quatre possibilités

I selected a gift liable to please her; one must be selective
j'ai choisi un cadeau susceptible de lui plaire; il faut savoir faire un choix

when it comes to women I go for brunettes
quand il s'agit de femmes, je choisis les brunes / je penche pour les brunes

if I had to buy a car I would go for a Mercedes
si j'avais à acheter une voiture, je choisirais une Mercédès

I thought of going in for Mathematics at the University
je pensais choisir les mathématiques en entrant à l'Université

to be choosy   **faire le difficile**

when you've nothing at all you can't afford to be choosy; beggars can't be choosers
quand on n'a rien, on ne peut se permettre de faire le difficile

when you've nothing at all you've got to take what you can get
quand on n'a rien, on doit prendre ce qu'on trouve

this awkward child is difficult to please; he's a fussy eater
cet enfant capricieux est difficile à satisfaire; il n'aime rien

you can't have it both ways
il faut choisir

preference   **la préférence**

which dress do you prefer? which one will you have?
quelle robe préférez-vous? laquelle préférez-vous?

choice between two items
choix entre deux unités

neither this dress nor that one pleases me; neither of the two pleases me
ni cette robe ni celle-là ne me plaisent; aucune des deux ne me plaît

neither of them pleases me
aucune d'elles ne me plaît

either one, it's immaterial to me
l'une ou l'autre, cela m'est égal

you have to choose one of the two / one or the other
vous devez choisir l'une des deux / l'une ou l'autre

any of them will do
n'importe laquelle fera l'affaire

I prefer this one or rather that one; not this one, the other (one)
je préfère celle-ci ou plutôt celle-là; pas celle-ci, l'autre

both of them   **toutes les deux / tous les deux**

either (of them) pleases me / they both please me
chacune d'elles me plaît / l'une et l'autre me plaisent

I want both (of them); both dresses
je les veux toutes les deux; les deux robes

choice among several items
choix entre plusieurs unités

none   **aucun / aucune**

none of these dresses pleases me
aucune de ces robes ne me plaît

none of them pleases me; not a single one of them pleases me
aucune d'elles ne me plaît; il n'y en a pas une seule qui me plaise

any one   n'importe lequel / n'importe laquelle

any of them will do
n'importe laquelle fera l'affaire

all   tous / toutes

I want them all / every one of them
je les veux toutes

proverbs   proverbes

you can't have your cake and eat it
on ne peut avoir le beurre et l'argent du beurre

of two evils, choose the lesser
entre deux maux, il faut choisir le moindre

you can't have it both ways
il faut qu'une porte soit ouverte ou fermée

103 ALTERNATIVE AND DILEMMA

to have to choose between two possibilities
être dans l'alternative

it's an either-or situation
il n'y a que deux possibilités

it's one thing or the other / either...or   l'un ou l'autre / soit..soit / ou...ou

it's one thing or the other; either you accept or you resign
c'est l'un ou l'autre; ou vous acceptez ou vous démissionnez

it's got to be one thing or the other; either he's the culprit or he isn't
de deux choses l'une; il est coupable ou il n'est pas coupable

I can invite them either to lunch or to dinner
je peux les inviter soit à déjeuner, soit à dîner

make up your mind; let's get one thing clear, are you coming or not?
décide-toi; soyons clair, tu viens ou tu ne viens pas?

I don't know whether to invite them to lunch or to dinner
je ne sais pas si je dois les inviter à déjeuner ou à dîner

I wonder if I should invite them to lunch or to dinner
je me demande si je dois les inviter à déjeuner ou à dîner

if so….if not   si oui….sinon

are you going to the supermarket?
if so, buy some milk, please, if not, we'll do without it
allez-vous au supermarché?
si oui, achetez du lait, s'il vous plaît, sinon, nous nous en passerons

you can read a book while you wait, if not there are some magazines you can look at
vous pouvez lire un livre en attendant,
sinon, il y a quelques magazines que vous pouvez regarder

if you don't want to read a book look at a magazine
si vous ne voulez pas lire un livre, regardez un magazine

on the one hand...on the other hand   d'un côté… de l'autre

on the one hand I'd like to visit him, on the other hand it's a long and expensive trip
d'un côté, j'aimerais lui rendre visite, de l'autre le voyage est long et coûteux

on the one hand I like the way he argues,
on the other hand I disagree with his opinions
d'un côté, j'aime sa façon d'argumenter, de l'autre,
je ne partage pas ses opinions

lacking alternative   le défaut d'alternative

there's no alternative
il n'y a pas d'alternative

to have no alternative but to do something
ne pas avoir d'autre alternative que de faire quelque chose

I had no option but to accept his requirements; I had no choice
je n'ai pu faire autrement que d'accepter ses conditions; je n'avais pas le choix

there's nothing to do but to go on walking
il n'y a rien d'autre à faire que de continuer à marcher

dilemma   le dilemme

to be in a quandary
se trouver devant un dilemme

the government is in a quandary over whether to raise petrol tax or not
**le gouvernement se trouve dans l'embarras
au sujet de l'augmentation de la taxe sur les carburants**

to have somebody over a barrel; put somebody in a dilemma
placer quelqu'un devant un dilemme; enfermer quelqu'un dans un dilemme

to be caught between two stools
être assis entre deux chaises

to be caught in the crossfire
être pris entre deux feux

to have to choose between a rock and a hard place
être réduit à choisir entre la peste et le choléra

to jump out of the frying pan into the fire
tomber de Charybde en Scylla

104 POSSIBILITY AND IMPOSSIBILITY

possibility / chance / feasibility   la possibilité

if you pass the exam there'll be possibilities of work for you in our company
**si vous êtes reçu à l'examen,
il y aura des possibilités de travail pour vous dans notre société**

it's a possibility
c'est possible / une possibilité / dans le domaine des choses possibles

do the possibilities of science allow us to dream of better days?
les possibilités de la science nous permettent-elles de rêver d'un monde meilleur?

*the chances of reorientation are slim
as far as long-term unemployed workers are concerned*
les possibilités de reclassement des chômeurs de longue durée sont minces

he didn't even give him a chance to speak
il ne lui a même pas donné la possibilité de parler

we doubt the feasibility of your scheme
nous doutons de la possibilité / faisabilité de réaliser votre projet

to be possible   **être possible**

is it possible to walk to the station from here?
est-il possible d'aller d'ici à la gare à pied?

there's nothing impossible about it / that's perfectly possible
cela n'a rien d'impossible / ce n'est pas la mer à boire

he can't possibly be as stupid as he looks
il n'est pas possible qu'il soit aussi bête

this frying pan makes it possible to fry something without any fat
cette poêle permet de faire frire sans employer de matière grasse

to have the possibility / opportunity   **avoir la possibilité**

is it possible for me to refuse?
ai-je la possibilité de refuser?

can you accommodate me?
avez-vous la possibilité de me loger?

I've the opportunity to go to Spain every year
j'ai la possibilité de me rendre en Espagne tous les ans

as I'm free this afternoon I'll be able to play tennis
comme je suis libre cet après-midi, j'aurai la possibilité de jouer au tennis

he couldn't get a word in
il n'a pas eu la possibilité de placer un mot

when I'm appointed as a Director I'll be in a position to do something for you
quand je serai nommé Directeur,
il me sera possible de faire quelque chose pour vous

can   **pouvoir**

all that I can do is to remain silent
tout ce que je peux faire, c'est me taire

we can complete this task on time
nous pouvons terminer ce travail à temps

I can well afford a new car
je peux très bien m'offrir une nouvelle voiture

impossibility   l'impossibilité

it's impossible for me to answer your question
il ne m'est pas possible de répondre à votre question

I can't possibly imagine why he did that
il m'est impossible d'imaginer pour quoi il a fait cela

he's unable to pay back his debt
il est dans l'impossibilité de rembourser sa dette

*he can no more pay me back than fly in the air**
il ne peut pas plus me payer que devenir pape

*it's getting impossible; nothing doing**
cela devient impossible; y a pas mèche**

I found it impossible to do anything at all;
I came up against insuperable obstacles
je me trouvais dans l'impossibilité de faire quoi que ce soit;
je me suis heurté à des impossibilités

it's like trying to square a circle; you can't get a quart into a pint-pot
c'est la quadrature du cercle; on ne peut pas mettre Paris dans une bouteille

he's looking for the impossible
il court après l'impossible / il est à la recherche du merle blanc**

there's no knowing what he thinks
il est impossible de savoir ce qu'il pense

there's nothing we can do (about it)
on n'y peut rien / il n'y a rien à faire

it's beyond my power to help you
il n'est pas en mon pouvoir de vous aider

proverbs   proverbes

nothing is impossible to a willing heart / who dares wins
à cœur vaillant, rien d'impossible / tout est possible à celui qui ose

where there's a will there's a way
quand on veut, on peut

no one is bound / can be expected to do the impossible /
you can't make bricks without straw
à l'impossible, nul n'est tenu

■

105 MEANS

way / means   le moyen

there are ways and means of earning money
il y a différents moyens de gagner de l'argent

our means of action are limited
nos moyens d'action sont limités

it's the only way to convince him; there's no other way out
c'est le seul moyen de le convaincre; il n'y a pas d'autre moyen d'en sortir

by means of   au moyen de

the prisoner escaped from prison by means of a rope
le prisonnier s'est échappé de prison au moyen d'une corde

she makes a lot of money out of TV commercials
elle se fait beaucoup d'argent avec la publicité commerciale

thereby / whereby   par ce moyen

the father bought a life insurance,
thereby providing for his family in the event of his death
le père a souscrit une assurance sur la vie,
pourvoyant par ce moyen aux besoins de sa famille en cas de décès

the couple had signed a marriage contract
whereby the legal procedure was made simpler when they divorced

le couple avait signé un contrat de mariage
grâce auquel la procédure légale fut simplifiée au moment du divorce

as to how   **quant au moyen**

I've a few ideas as to how to get there
j'ai quelques idées quant au moyen / sur la façon de me rendre là-bas

with   **avec**

he was strangled with the telephone cord
on l'a étranglé avec le cordon du téléphone

by / through   **par**

we came by train
nous sommes arrivés par le train

we came over on the bus
nous sommes venus en bus / par l'autobus

he built his house all by himself
il a construit sa maison par ses propres moyens

he'll come under his own steam
il viendra par ses propres moyens

I got your address through your cousin
j'ai eu votre adresse par votre cousin

by / thanks to / through   **grâce à**

this student passed his exam by working very hard
cet étudiant a réussi à son examen grâce à un travail acharné

it was all through him that I got the job
c'est grâce à lui que j'ai eu le poste

the prisoner escaped from prison thanks to a guard's complicity
le prisonnier s'est évadé de prison grâce à la complicité d'un gardien

by / using all means   **par tous les moyens**

this man has decided to become rich by all manner of means
cet homme a décidé de devenir riche par tous les moyens

he uses all the means available
il fait flèche de tout bois

anything goes when one wants to succeed
quand on veut réussir, tous les moyens sont bons

he'll stop at nothing to get what he wants
**il n'hésitera devant rien pour obtenir ce qu'il veut / rien ne l'arrête /
il ne recule devant rien / tout lui est bon**

we must get there at all costs / by hook or by crook
il faut y arriver coûte que coûte / n'importe comment / à n'importe quel prix

I've done everything to try and help him
j'ai essayé de l'aider par tous les moyens

to resort to   avoir recours à

*the government resorted to drastic cuts in the social services
in order to balance the budget*
**le gouvernement a eu recours à des coupes drastiques dans les dépenses
sociales pour équilibrer le budget**

cast about   trouver moyen de

we have to find a way to make money no matter how
nous devons trouver moyen de gagner de l'argent par tous les moyens

we have to cast about how to earn some money
il faut chercher le moyen de gagner de l'argent

proverb   proverbe

he who wills the end wills the means
qui veut la fin veut les moyens

106 WAY

why do something the hard way?
pourquoi faire compliqué quand on peut faire simple?

to choose the easy way, that's my way of thinking
choisir la manière simple, c'est ma façon de voir les choses

(in) this way / (in) that way   de cette manière / de cette façon

the cake shouldn't have been prepared (in) that way; that's the way to do it
le gâteau n'aurait pas dû être préparé de cette manière;
voici comment il faut s'y prendre

the meat has to be roasted (in) the following way
la viande doit être rôtie de la façon suivante

she wants things to be done her own way; have it your own way
elle veut tout faire à sa façon; fais à ta manière

it was this way it happened; that was the way it went
voici comment les choses se sont passées;
voici la manière / façon dont les choses se sont passées / c'est ainsi que cela se
passa

in the same way / alike   de la même manière

the Impressionists didn't all paint in the same way
tous les Impressionnistes n'ont pas peint de la même manière

great minds think alike
les grands esprits se rencontrent toujours

either way   de toute manière / d'une façon ou d'une autre

you can go there by train or car, but either way it's very slow
vous pouvez y aller par le train ou en voiture,
mais de toute manière c'est très long

somehow or other we've got to find the money to pay the rent
d'une façon ou d'une autre, nous devons trouver l'argent pour payer le loyer

in any way   de quelque façon / manière que ce soit

he can't help you in any way at all
il ne peut vous aider de quelque manière que ce soit

in any case / at any rate / anyway   **de toute(s) façon(s)**

in any case / at any rate / anyway he won't get away with it
de toutes façons, il ne l'emportera pas au Paradis

any old way   **n'importe comment**

my sister stacked her records any old way and now she can't find the one she needs
ma sœur a empilé ses disques n'importe comment
et ne peut maintenant trouver celui dont elle a besoin

another way   **d'une autre façon / autrement**

you must find another way to solve the problem
vous devez trouver une autre façon de résoudre le problème

that couldn't have happened any other way; it had to happen that way
cela n'aurait pas pu se passer autrement; ça devait se passer comme ça

how   **comment**

she showed me how to bake the cake
elle m'a montré comment faire cuire le gâteau

■

107 ACTION IN PROGRESS

the project   **le projet**

to consider / plan to do something
envisager / se proposer de faire quelque chose

to undertake to do something; launch out into something
entreprendre de faire quelque chose; se lancer dans quelque chose

to study a project; go ahead with a plan
mettre un projet à l'étude; mettre un projet en route

to have several projects on the go and bite off more than one can chew
avoir plusieurs projets en route et entreprendre plus qu'on est capable de faire

preparation   **la préparation**

to set something on foot; to get something under way
mettre quelque chose sur pied; mettre quelque chose en route

to get something off the ground
démarrer quelque chose avec succès / faire qu'un projet voie le jour

to take a course of action; finalize one's technique; optimize one's policy
**adopter une ligne de conduite; mettre sa technique au point;
optimiser sa politique**

to take steps/measures; make the necessary arrangements
prendre des mesures; faire le nécessaire

to implement a policy; use all the possible means to succeed
mettre en œuvre une politique; mettre toutes les chances de son côté

to give me the nuts and bolts of the operation
donner tous les détails de l'opération

to arrange things so that everyone can take part in the success of the undertaking
faire en sorte que chacun puisse participer au succès de l'entreprise

method   **la méthode**

to do something methodically; not to put the cart before the horse
**faire quelque chose avec ordre et méthode;
ne pas mettre la charrue avant les bœufs**

first things first; do the spadework
faire les choses dans l'ordre; faire les travaux préliminaires

to wipe the slate clean; to go back to square one
repartir à zéro; reprendre les choses à zéro

the start of action   **le début de l'action**

to put a project into operation
mettre un projet à exécution

to proceed to do something; put a piece of work in hand
se mettre à faire quelque chose; mettre un ouvrage en chantier

to set to work; begin to do something
se mettre à l'œuvre; commencer à faire quelque chose

to set to work; set about doing something
se mettre au travail; se mettre à faire quelque chose

to put one's hand to the plough
se mettre à l'œuvre / mettre la main à la pâte

to get down to a task; get cracking*
s'attaquer à une tâche; s'y mettre / se mettre au boulot*

to put one's shoulder to the wheel; tuck up one's sleeves
s'atteler à la tâche; retrousser ses manches

to set about doing something the wrong way; begin at the wrong end
s'y prendre mal; commencer par le mauvais bout / à l'envers

action!

to take action
passer à l'action

the time has come for action
le moment est venu de passer à l'action

it's no good shirking the job; it'll have to be got down to
ça ne sert à rien de fuir le travail; il faudra bien s'y mettre

it's time we got down to it; this is no time for joking
il est temps de s'y mettre; ce n'est pas l'heure de plaisanter

let's start! let's get on with it / down to it*!*
allons-y! on commence! au travail!; on n'est pas là pour enfiler des perles*!

the job won't take long to do once we get at it
ce ne sera pas long, une fois que nous nous y serons mis

development of action   **le développement de l'action**

to have something on the go; continue doing something
avoir quelque chose en train; continuer à faire quelque chose

to fend for oneself; cope as best as one can
se débrouiller tout seul; se débrouiller avec les moyens du bord

to resort to drastic means
employer les grands moyens

(see chapter **113 Effort**)

to get into the swing of the action
se trouver complètement engagé dans l'action

to be in the thick of it; be in the very act of doing something
être en plein travail / en pleine action; être en train de faire quelque chose

I was in the very act of hanging the wallpaper in the sitting-room
when the postman rang the bell and asked for a signature
j'étais très occupé à poser le papier dans le salon
quand le facteur a sonné et m'a demandé une signature

it's a long way from being finished; I don't see the back of it
c'est loin d'être terminé; je n'en vois pas la fin

I'm not coming near to finishing my work
je ne suis pas près d'avoir fini

I won't rest until the work is done; I'll go all the way
je n'aurai de cesse avant d'avoir fini; j'irai jusqu'au bout

to be finished with something   **en finir avec quelque chose**

to get on top of something
avoir fait le plus gros du travail

to finish doing something; leave off doing something
finir de faire quelque chose; cesser / arrêter de faire quelque chose

to put an end to something; get done with something
mettre fin à quelque chose; en finir avec quelque chose

to be finished with something
en avoir fini avec quelque chose

to get to the end of a task
venir à bout d'une tâche

I'm reaching the home stretch; I begin to see the daylight
j'entre dans la dernière ligne droite; je commence à en voir la fin

I've done my correspondance of the week
j'en ai terminé avec ma correspondance de la semaine

I've finished making a list of the irregular verbs
j'ai achevé de dresser la liste des verbes irréguliers

I'm glad to have got that over
je suis content d'en avoir terminé

that's one thing out of my way
voilà une bonne chose de faite

completion   **l'achèvement**

to complete something (which took some time)
finir de faire quelque chose (qui a demandé du temps)

to accomplish something (which required some effort)
accomplir quelque chose (qui a demandé des efforts)

to bring something to a successful conclusion
mener quelque chose à bonne fin

to put an end to something
mettre un point final à quelque chose

to put the finishing touch to something / finalize something
mettre la dernière touche à quelque chose / parachever quelque chose

to achieve something (important / worthy of admiration)
réaliser quelque chose (d'important / digne d'admiration)

his swimming across the Channel was a real achievement
il a accompli un exploit en traversant la Manche à la nage

I'm proud of what I've achieved today
je suis fier de ce que j'ai réussi à faire aujourd'hui

we accomplished our task exactly as we had been instructed to
nous avons réalisé le plan exactement comme nous devions le faire

we finished all that we had set out to do
nous avons achevé tout ce que nous avions projeté de faire

to complete something brilliantly; put the cherry / icing on the cake
terminer quelque chose en beauté; couronner le tout

he's rich and happy, everything goes right for him and to put the cherry on the cake
he's just been awarded the Legion of Honour
il est riche et heureux, tout lui réussit, et pour couronner le tout
il vient d'être nommé dans l'ordre de la Légion d'Honneur

proverbs   **proverbes**

grasp all, lose all; to many cooks spoil the broth
qui trop embrasse, mal étreint; trop de cuisiniers gâtent la sauce

108 ACTION BORDERLINE OR MISSED

I came near to telling him a few home truths
j'ai failli lui dire / pour un peu, je lui aurais dit ses quatre vérités

he almost forgot to post his letter
il a failli oublier de poster sa lettre

this oversight was near to costing him his life
cet oubli a bien failli lui coûter la vie

he nearly met his end; the bullet narrowly missed him
il a failli y rester; la balle l'a manqué / raté de peu / de justesse

he narrowly escaped being killed
il a bien failli être tué

he very nearly got run over / he missed being run over by inches
il a failli se faire écraser / il a été à deux doigts de se faire écraser

it was a near thing
il s'en est fallu de peu

he escaped by the skin of his teeth
il l'a échappé belle

his survival hung by a thread
sa survie n'a tenu qu'à un cheveu

it was touch and go whether he'd change his mind
il s'en est fallu d'un cheveu qu'il ne change d'avis

we got the train without a minute to spare
une minute de plus et nous manquions le train

we only just caught the train
nous avons attrapé le train de justesse

we narrowly missed the train; a little bit more and we'd have had it
nous avons manqué le train de peu; un peu plus et ça y était

he won the race by a whisker; it was touch-and-go whether he'd win
il s'en est fallu d'un cheveu qu'il ne perde la course;
il a été à deux doigts de perdre

he all but accused me of lying
pour un peu, il m'aurait accusé de mensonge

for two pins / cents I'd have biffed* him on the nose
pour un peu, je lui aurais flanqué* mon point sur la figure

I'd half a mind to slap him in the face; I was half inclined to do it
j'avais presque envie de le gifler; j'étais tenté de le faire

it's as much as he can do to stand up
c'est tout juste s'il peut se lever

proverb   proverbe

a miss is as good as a mile
rater, c'est rater

■

109 REPETITION

to repeat / tell over and over   répéter

sorry, will you please repeat that please?
excusez-moi, voulez-vous répéter s'il vous plaît?

they repeat the same mistakes over and over
until they become ineradicable
ils répètent toujours les mêmes erreurs jusqu'à ce qu'elles soient indéracinables

he never tires of repeating how pleased he is with his new job
il ne se lasse pas de répéter combien il est satisfait de son nouveau travail

he repeats in every possible way that he's never lucky
il répète sur tous les tons qu'il n'a jamais de chance

I've told him again and again that he should work more
je lui répète toujours / je ne cesse de lui répéter
qu'il devrait travailler davantage

I'm wearing myself out repeating that he should work more
je me tue / je m'escrime à lui répéter qu'il devrait travailler davantage

to rehearse / go over   répéter

they're rehearsing their parts so as to be ready for the performance
ils répètent leurs rôles de façon à être prêts pour la représentation

I had to go over my lesson again with my elder sister
ma grande sœur m'a fait répéter ma leçon

to recur / occur again   se répéter

I don't want this embarrassing incident to occur again
je ne veux pas que cet incident désagréable se répète

you must be vigilant to prevent such an incident from recurring
pour éviter la répétition d'un tel incident vous devez être vigilant

this little scene recurs every day
cette petite scène se renouvelle tous les jours

to multiply   **se multiplier**

attacks against the dollar multiplied in the course of the past week
les attaques contre le dollar se sont multipliées au cours de la semaine dernière

repeated actions   **arriver de nouveau / chaque fois / encore une fois**

I ran into her again yesterday; she has bought yet another dress
je l'ai encore rencontrée hier; elle s'est encore acheté une nouvelle robe

I lose every time I gamble
chaque fois que je joue, je perds

I go fishing whenever I've a day off
chaque fois que j'ai un jour de congé, je vais à la pêche

you must fasten your safety belt when you get in the car
vous devez attacher votre ceinture chaque fois que vous montez en voiture

have another try at it!
essayez encore une fois!

I tried to phone you time and again but the line was always busy
j'ai essayé plusieurs fois de vous téléphoner mais la ligne était toujours occupée

I've told it to you innumerable times
je te l'ai dit 36 fois / 100 fois

I've told you any number of times
je te l'ai dit je ne sais combien de fois

to try several times to do something
s'y prendre à plusieurs fois pour faire quelque chose

to have two bites at the cherry
s'y reprendre à deux fois

to reiterate one's promises / threats / attempts
réitérer ses promesses / menaces / essais

to ram something down somebody's throat
rabattre les oreilles de quelqu'un de quelque chose

he always comes out with the same jokes
il ressort toujours les mêmes plaisanteries

he was making one blunder after another and gave one excuse after another
il faisait gaffe sur gaffe et avançait excuse sur excuse

he started off again even worse than before
il a recommencé de plus belle

never a week passes but she comes and visits us
il ne se passe jamais une semaine sans qu'elle ne vienne nous voir

he had several periods of illness and had several bad nights in a row
il a été malade à plusieurs reprises et a mal dormi plusieurs nuits de suite

he's forever complaining about something
il est toujours à se plaindre de quelque chose

the students kept asking the same questions
les étudiants posaient toujours les mêmes questions

he keeps harping on about the same thing
il rabâche toujours la même chose

he usually drives through the town on his way home
il traverse généralement la ville en rentrant à la maison

I took the children to the park every day
j'emmenais les enfants au jardin public tous les jours

in those days they'd come and visit us every Sunday afternoon
ils nous rendaient généralement visite le dimanche après-midi à cette époque-là

proverb   **proverbe**

if you keep playing with fire you must expect to be burnt
tant va la cruche à l'eau qu'à la fin elle se casse

110 HASTE

to hurry / hasten   **se hâter / se dépêcher de**

I received your letter yesterday; I hasten to answer you
j'ai reçu votre lettre hier; je m'empresse de vous répondre

I'm hurrying to come back home because the children are waiting for me
je me hâte de rentrer parce que les enfants m'attendent

to hurry up / get a move on / step on it*
se presser / faire vinaigre* / mettre le turbo*

to get a move on* / stir one's stumps*; take the bit between one's teeth
se magner le train* / se grouiller*; prendre le mors aux dents

we have to hurry up if we don't want to miss the train
il nous faut presser le pas si nous ne voulons pas manquer le train

we're late, we mustn't dawdle
nous sommes en retard, il ne faut pas que l'on s'amuse / il ne faut pas traîner

in my haste I forgot to greet his parents
dans ma précipitation, j'ai oublié de saluer ses parents

nothing good can be done in great haste
on ne fait rien de bon dans la précipitation

we haven't (got) a minute to lose
nous n'avons pas une minute à perdre

if we exert ourselves a bit* we'll finish before nightfall
si on se démène un peu, on aura fini avant la nuit

we must put on a spurt
il nous faut mettre les bouchées doubles

to do something in a hurry; rustle up   **faire quelque chose en toute hâte**

to make short work of a task
expédier rapidement une tâche

the doctor came in a hurry without wasting a minute
le docteur est venu en toute hâte, sans perdre une minute

he wasted no time / made haste
il n'a perdu de temps / il a fait diligence

can you rustle up a cup of coffee?
peux-tu me préparer une tasse de café en vitesse?

he finished it nice and quickly*; it was a nice quick job
il l'a terminé vite fait, bien fait; ce fut du vite fait, bien fait

he took off as quick as a flash*
il s'est retiré vite fait*/ comme un éclair

to be pressed for time   **être pressé**

to do something as a matter of urgency / with the utmost urgency
faire quelque chose d'extrême urgence / de toute urgence

I'm really pressed today; I'm under pressure
je suis vraiment débordé aujourd'hui; je suis sous pression

I've been haring* around all day
j'ai galopé toute la journée

I snapped up a quick breakfast and dashed to the station
j'ai avalé un rapide petit déjeuner et me suis précipité à la gare

I gobbled down my lunch; I ate my dinner in a great rush
j'ai déjeuné à toute allure; j'ai dîné au galop

we'll go for a quick drink
on va prendre un verre en vitesse

we'll have an omelette but a quick one / pronto*
on va prendre une omelette en vitesse / vite faite sur le gaz*

to attend to the most urgent things first; cut corners
parer au plus pressé; aller / prendre au plus court

I typed this quickly so be indulgent for any misprints(GB), typos(US)
j'ai tapé ceci rapidement, donc, soyez indulgent pour les fautes de frappe

this work was done hastily / botched up
c'est du travail fait à la hâte / travail bâclé

I admit it, I had to work against the clock
je le reconnais, j'ai dû lutter contre la montre

to hurry somebody up   **presser quelqu'un**

hurry up! the sooner we get started the sooner we'll be done; the sooner the better!
dépêchons-nous! plus tôt nous commencerons, plus tôt nous aurons fini;
le plus tôt sera le mieux!

hurry up! my patience is exhausted
dépêche-toi! je suis à bout de patience

do this for me and be quick about it! double quick! chop-chop**!
fais-moi ça, et vite / en vitesse! au trot*! et que ça saute*!

look alive! / smart! / sharp about it!
fais vite! dépêche-toi! remue-toi*!

time presses, get a move on! move yourself! get your skates on*!
le temps presse / l'heure tourne, remue-toi! grouille-toi*! magne-toi le train*!

there's no time for slacking
ce n'est pas le moment de dormir / s'amuser / se relâcher / rêver

everything always has to be done at top speed
il faut toujours tout faire en quatrième vitesse

we've to work at a furious pace
il nous faut travailler à une cadence infernale

he forced me to work to a very tight schedule
il m'a mis l'épée dans les reins

don't hurry him up; you must give him time to sort himself out
ne le pressez pas; laissez-lui le temps de se retourner

give him time to get his breath back
donnez-lui le temps de souffler

to be eager to do something

avoir hâte / être impatient
de faire quelque chose

to be burning to do something
brûler de faire quelque chose

I'm eager to get this work finished so I'm hurrying up
j'ai hâte d'avoir terminé ce travail, aussi je me dépêche

I shall be glad to see the last of this work
je serai content d'en avoir fini avec ce travail

to make a dash for something

se précipiter sur / pour faire
quelque chose

to make a bee-line for something
se précipiter sur quelque chose en prenant le chemin le plus court

to make a bolt for it
se précipiter pour échapper à un danger

to jump the gun; take the bit between one's teeth
aller plus vite que la musique; prendre le mors aux dents

I must dash now*
maintenant, il faut que je fonce*

he came at the double / like a shot
il est accouru dare-dare* / à toute vitesse

as soon as the shops have a sale there's a (great) rush for the entrance
dès l'ouverture des soldes, c'est la ruée à l'entrée des magasins

the whole audience rushed towards the emergency exit
tous les spectateurs se précipitèrent vers la sortie de secours

the talks are dragging on but we mustn't be hasty
les pourparlers traînent en longueur, mais il ne faut rien précipiter

let's not rush things; there's no great need to hurry
mais ne nous précipitons pas; il ne faut rien brusquer;
il n'y a pas péril en la demeure

no sooner had he arrived than he pounced on the buffet
il n'était pas sitôt arrivé qu'il se rua / se précipita sur le buffet

just as the interview was over, he shot out of the house
l'entretien à peine terminé, il se précipita dehors

he left in a mad rush
il est parti en catastrophe

he was off like a shot
il est parti comme un trait

proverbs   **proverbes**

more haste, less speed
hâte-toi lentement / qui trop se hâte reste en chemin

he who takes it slow and steady goes a long way
qui veut voyager loin ménage sa monture

slow and steady wins the race
rien ne sert de courir, il faut partir à point

■
111 EASINESS

there are people who like things that are easy
and other ones who prefer to grapple with difficulty
il y a des gens qui aiment la facilité et d'autres qui préfèrent
se mesurer à la difficulté

it was the ease with which he was able to lie that always amazed me
la facilité avec laquelle il était capable de mentir
avait toujours été pour moi un sujet d'étonnement

he took the easy way out by leaving the country
il a choisi la facilité en quittant le pays

it's easy   **c'est facile**

it's a camera which is very easy to use; that sounds easy
c'est un appareil très facile à utiliser; cela semble facile

that presents no problem; it's quite easy work
cela ne présente aucune difficulté; ce n'est pas difficile

it's as easy as pie* / a breeze*(US)
c'est aussi facile que cela / c'est facile comme tout

it's a cinch* / piece of cake* / snitch* / pushover* / child's play*
c'est simple comme bonjour / c'est du gâteau*
c'est la facilité même / l'enfance de l'art / un jeu d'enfant

it's piss easy**
c'est fastoche*

that's all there is to it
ce n'est pas plus malin que cela / c'est aussi simple que cela

you don't have to be a wizard to do that
ce n'est pas sorcier; il ne faut pas être sorcier pour faire cela

I could do it standing on my head / with my eyes closed
je le ferais les doigts dans le nez / je le ferais les yeux fermés

it'll be easy for you; it's enough to know how to go about it
cela vous sera facile; il suffit de savoir s'y prendre

it's nice and easy; it's a work within anybody's grasp
c'est tout à fait facile; c'est un travail à la portée de tous

it's easy, any fool can do it
c'est facile, n'importe quel imbécile peut le faire

that's easy to say but it's easier said than done
c'est facile à dire mais c'est plus facile à dire qu'à faire

as a matter of fact it's not as easy as that
en fait, ce n'est pas si facile que cela

to do something easily   **faire facilement quelque chose**

to make light of the difficulties
se jouer des difficultés

he made light work of the problem; it was child's play for him
il s'est fait un jeu de résoudre le problème; pour lui, ce n'était qu'un jeu d'enfant

he had an easy time of it at the exam
il s'est facilement tiré de l'examen

he works with ease; does it all without trying; everything runs smoothly with him
il travaille avec aisance; il fait tout cela en se jouant; avec lui, tout devient facile

she handles the baby as if she'd been doing it all her life
elle s'occupe du bébé comme si elle avait fait cela toute sa vie

this race was a walkover for him
cette course n'a été qu'une promenade de santé pour lui

he won easily; won at a canter*
il a gagné sans forcer; il a gagné dans un fauteuil

he won in fine style / hands down / in a breeze(US)
il a gagné haut la main / les mains dans les poches* / les doigts dans le nez*

■

112 DIFFICULTY

it'll be no easy matter; there's a fly in the ointment
cela ne sera pas facile; il y a une ombre au tableau

it turned out to be harder than we thought
cela s'est révélé plus difficile que nous ne pensions

there's a problem
il y a un problème

the snag is that he doesn't accept our offer
le problème / le hic* est qu'il n'accepte pas notre offre

that's where the difficulty lies
c'est là que réside la difficulté

the contributory pension scheme is a real hot potato* for the government
le problème des retraites par répartition est un sujet brûlant pour le gouvernement

the government has a difficult task to face
le gouvernement doit affronter un problème difficile

to meet with / encounter a difficulty
rencontrer / se heurter à une difficulté

to stumble over a difficulty	**achopper sur une difficulté**
to have trouble doing something	**avoir du mal à faire quelque chose**
to be confronted with a problem	**être confronté à un problème**

is there anything the matter? nothing's going right
quelque chose ne va pas? rien ne marche

I've a problem with my neighbour
j'ai un problème avec mon voisin

things seem to have got to a bad start; aren't looking too good; there's a snag
l'affaire semble mal engagée; l'affaire se présente mal; il y a un os / un nœud

I've come across a snag or I should say, I've met someone to outmatch me
je suis tombé sur un os, ou, pour mieux dire, sur quelqu'un plus fort que moi

it's difficult / it's not easy to do
c'est difficile / ce n'est pas facile à faire

writing a speech is difficult; but improvising in front of an audience
is another story / pair of shoes / a different kettle of fish
composer un discours, c'est difficile; improviser en public, c'est autrement plus difficile / c'est une autre histoire / une autre paire de manches

it's difficult to please everyone
il est difficile de contenter tout le monde

it's no easy job; there are problems; it's no doddle**
cela ne va pas sans difficulté; il y a des problèmes; cela ne va pas tout seul

there's more to this than meets the eye
cela est moins simple que cela / que ce n'en a l'air / qu'il n'y paraît

he doesn't understand French very well and to make things worse, he's rather deaf
il comprend mal le français et, pour aggraver les choses, il est un peu sourd

this set back won't help our affairs; this isn't going to help matters
ce contretemps ne va pas arranger nos affaires; cela ne va pas arranger les choses

you're not making matters easier for me
tu ne me facilites pas les choses

it seems difficult; it's difficult to believe
cela paraît difficile; c'est difficile à croire

that's a hard nut to crack*; it's a real palaver*! what a carry on*!
ce n'est pas un petit problème; c'est compliqué! c'est tout un poème!

it's no picnic / fun / joke*
ce n'est pas une partie de plaisir / ce n'est pas de la tarte* / du nougat*

it's awkward for me
cela m'est difficile

it's not as easy as that; it takes some doing! it's easier said than done
ce n'est pas si simple que cela; il faut le faire! c'est plus facile à dire qu'à faire

to find it hard to do something
avoir / éprouver de la peine à faire quelque chose

to be hard put (to it) / hard pressed to do something
avoir bien du mal / éprouver les plus grandes difficultés à faire quelque chose

you'll have a job getting that into his head
vous aurez du mal à lui faire rentrer ça dans la tête

I had a real job convincing him to tell the truth
j'ai eu beaucoup de mal à le convaincre de dire la vérité

it's the devil's own job trying to drag him away from the television
c'est la croix et la bannière pour l'arracher à la télévision

I experienced the utmost difficulty to get here
j'ai eu toutes les peines du monde pour arriver jusqu'ici

what a performance to get the car parked here!
quel cirque pour se garer par ici!

it's quite a business to go to the Philippines; what a lot of bother to get there!
c'est toute une affaire d'aller aux Philippines; quel tintoin* pour aller là-bas!

I had a fiendish time getting him to agree
j'ai eu un mal fou à obtenir son accord

it's such a struggle getting him to eat
ce n'est pas une petite affaire que de le faire manger

I managed to get a seat for the concert but it was a real struggle
j'ai pu avoir une place pour le concert, mais ça a été toute une histoire

it's really something to find a good craftsman nowadays
c'est difficile / ce n'est pas rien de trouver un bon artisan de nos jours

common expressions   **expressions courantes**

to fight an uphill battle   **se battre contre des montagnes**
to be stymied *   **tomber sur un bec***
to throw oneself into the lion's jaws   **se jeter dans la gueule du loup**
to bring a hornet's nest about one's ears   **se fourrer dans un guêpier**

it was like looking for a needle in a haystack
c'était comme de trouver une aiguille dans une meule de foin

to be in trouble / difficulty   **être en difficulté**

to find oneself in difficulty; to be beset with difficulties; to be in a predicament
se trouver en difficulté; être assailli de difficultés; être assis entre deux chaises

he's in deep trouble* / really in the soup* / in a real mess
il est drôlement / vachement** emmouscaillé* / emmerdé***

he's up to his neck in it*; he's in a nasty position
il est dans le bain jusqu'au cou; il est en mauvaise posture

he's in a difficult position
il est en situation délicate

he's in a critical situation
il est dans une situation critique

he's in a pretty pickle*
il est / il se trouve dans de beaux draps

he's in a mess / tight spot*
il est dans le pétrin* / dans la panade*

he's in a devil* of a mess
il est dans un sacré pétrin*

he's caught between the devil and the deep blue sea
il se trouve pris entre le marteau et l'enclume

he's like a cat on hot bricks
il se débat comme un diable dans un bénitier

he got a raw deal from life; he has a millstone round his neck*
la vie ne lui fait pas de cadeau; il traîne un boulet

to be at a dead end; in a cleft stick; stymied*
aboutir à une impasse; être dans une impasse; être coincé*

everything has gone amiss; everything has gone from bad to worse
tout va de travers; tout va de mal en pis

he's stuck and he can't do anything; he finds himself in a tight squeeze
il est coincé et il ne peut rien faire; il aura du mal à s'en sortir

he has his back to the wall; he's on the brink of ruin
il a le dos au mur; il est au bord de l'abîme

there's no way out of this difficulty
il n'y a pas moyen de s'en sortir

there doesn't seem to be any end to it; we aren't out of the woods yet
on n'en voit pas le bout / ça ne finira jamais; nous ne sommes pas sortis de l'auberge

to have a tough time of it
passer un mauvais moment / en baver*

to fall on hard times; have a very trying time
traverser un moment difficile; en voir de dures / des vertes et des pas mûres*

to go through hard times
manger de la vache enragée

to jump out of the frying pan into the fire
tomber de Charybde en Scylla

he's going through a difficult stage; going through the mill
**il traverse un moment difficile; il passe par de dures épreuves /
il en voit de dures**

*he's in Queer Street***
il traverse une mauvaise passe

*his eyes nearly popped out of his head***
il en a bavé des ronds de chapeau

reaction to difficulties   **l'attitude devant la difficulté**

to face the music; bite (on) the bullet
faire face à une situation difficile; y faire face avec courage

to face (up to) difficulty; take the bull by the horns
faire face à la difficulté; prendre le taureau par les cornes

to weather / ride out the storm; to muddle on
étaler la tempête; essayer de se débrouiller tant bien que mal

to put a brave face on it
faire contre mauvaise fortune bon cœur

she put a happy face at the way things turned out
elle a fait contre mauvaise fortune bon cœur devant les événements

to shrink from the difficulty; to be stuck at a difficulty
reculer devant la difficulté; rester en panne devant une difficulté

they buried their heads in the sand
ils n'ont pas voulu voir la difficulté / ils ont pratiqué la politique de l'autruche

to overcome a difficulty   **surmonter la difficulté**

to manage to get out of a difficult situation
se sortir d'une situation difficile / se tirer d'une mauvaise passe

to wriggle out of a difficulty; escape by the skin of one's teeth
arriver à se sortir d'une difficulté; s'en tirer in extremis

to get out of it; save one's bacon
se tirer d'affaire / se sortir d'un mauvais pas; se tirer du pétrin

to make light of the difficulty; get off pretty easily
se jouer de la difficulté; s'en tirer assez facilement

to get away with it; be left off lightly
s'en tirer à bon compte; s'en sortir à peu de frais

to succeed with flying colours
s'en tirer avec les honneurs de la guerre

everything seems to be working out; all the difficulties have been ironed out
tout semble s'arranger; toutes les difficultés ont été aplanies

he managed to straighten things out*; everything came right in the end
il a réussi à arranger les choses; à la fin tout s'est arrangé

we're out of the wood now
**nous sommes au bout du tunnel / sortis de l'auberge /
au bout de nos peines maintenant**

we finally got clear out of all our trouble
enfin, nous en avons terminé avec tous nos malheurs

the worst is over / we're over the hill
le pire est passé / on a doublé le cap

he came off badly
il ne s'en est pas sorti sans dommages / il y a laissé des plumes

he's off the hook*; it's plain sailing from now on
il est tiré d'affaire; maintenant tout va aller comme sur des roulettes

to ride it out; muddle through
s'en sortir sans (trop de) dommages / s'en tirer / s'en sortir tant bien que mal

he came out of it quite well / without a scratch
il ne s'en est pas mal sorti; il s'en est sorti sans une égratignure

113 EFFORT

to make an effort   faire des efforts

to put in a lot of effort
fournir un gros effort

to make every effort to succeed
faire tous ses efforts pour réussir

to pull one's socks up*; to succeed in something
faire encore de plus grands efforts; pour réussir quelque chose

to give one's all; to expend a lot of energy
se dépenser sans mesure; déployer beaucoup d'énergie

to put all one's energy into one's work
déployer toute son énergie dans son travail

to spare no effort; not to stint one's effort
ne pas ménager; ne pas mesurer ses efforts / ne pas pleurer sa peine

to put on a spurt; put one's back into it; pull out all the stops
faire un effort soudain; donner un coup de collier; faire un suprême effort

to redouble one's effort; show one's worth; stick it out
redoubler d'efforts; donner toute sa mesure; tenir jusqu'au bout

to be untiring in one's effort to do something
s'efforcer inlassablement de faire quelque chose

to wear oneself out repeating the same thing; knock oneself out* doing something
s'échiner / s'escrimer à répéter la même chose; se tuer à faire quelque chose

common expressions   **expressions courantes**

to move heaven and earth to get something
faire des pieds et des mains pour obtenir quelque chose

to sweat blood to get something done
suer sang et eau pour faire quelque chose

not to go easy on the (old) elbow-grease*
ne pas pleurer l'huile de coude*

if we don't talk it out all hell's going to break loose!*
il va falloir que ça pète ou que ça dise pourquoi!

there can be no letting up now; this is not the time to ease up
il n'est pas question d'abandonner maintenant;
ce n'est pas le moment de se relâcher

this is no time for weakening
ce n'est pas le moment de mollir!

to win something after a well-fought battle
gagner quelque chose de haute lutte

he strained to win the race; he snatched victory
il a fait de gros efforts pour gagner la course; il a obtenu la victoire à l'arraché

he tried his hardest / made a strenuous effort to win
il a fait tous ses efforts / des efforts acharnés pour gagner

I went all out / worked flat out to pass the exam
j'ai travaillé d'arrache-pied / sans désemparer pour réussir à l'examen

I really put myself out repairing that damned fridge*
j'ai dû vraiment en mettre un coup pour réparer ce sacré* frigo

I really put my back into it
j'en ai mis vraiment un coup

I put a lot of time and trouble into it
j'y ai consacré beaucoup de temps et d'efforts

I had my tongue hanging out but by dint of trying I succeeded
j'en ai bavé des ronds de chapeaux, mais à force d'essayer, j'ai réussi

I've finished at long last but it's been heaving going
j'ai enfin réussi, mais ça a été laborieux

to do one's best   **s'efforcer / faire de son mieux**

I'm doing my best to explain to you that you mustn't go there
je m'évertue à t'expliquer que tu ne dois pas y aller

I tried hard to keep cool; had to do my bit
je me suis efforcé de rester calme; j'ai dû y mettre du mien

I did my best to smooth things over
j'ai fait de mon mieux / tout mon possible pour arrondir les angles

I did my best but I can't do more
j'ai fait de mon mieux mais je ne peux pas faire plus

I did to the utmost of my abilities; that's the utmost I can do
j'ai fait au mieux de mes possibilités; je ne peux absolument pas faire mieux

I'll help you all I can
je vous aiderai de mon mieux / je ferai tout ce que je peux pour vous aider

I'll do all in my power to help you
je ferai absolument tout mon possible pour vous aider

this politician is striving to earn his constituents' confidence
cet homme politique s'efforce de gagner la confiance de ses électeurs

he puts on a performance to convince his interlocutors
il use de tout son talent pour convaincre ses interlocuteurs

I really exerted myself to teach him to read
je me suis vraiment donné du mal pour lui apprendre à lire

to go all out for something   **faire tout son possible**
pour (avoir) quelque chose

to pull out all the stops to make something succeed
faire tout son possible / mettre le paquet pour que quelque chose réussisse

to set one's heart on doing something
prendre à cœur / prendre à tâche de faire quelque chose

this salesman makes every effort within his power to satisfy his clients
ce vendeur fait tout ce qu'il peut pour satisfaire ses clients

he's doing his utmost to give the client satisfaction
il fait tout ce qu'il peut pour donner satisfaction au client

when my friend was badly in need I did all that could possibly be done to help him
**quand mon ami s'est vraiment trouvé en grande difficulté,
j'ai fait tout ce qui était humainement possible pour l'aider**

I went out of my way to help him go through a sticky patch
**je me suis mis en quatre / je me suis donné un mal de chien*
pour l'aider à traverser une mauvaise passe**

proverbs   **proverbes**

it's the first step that's difficult
il n'y a que le premier pas qui coûte

a small effort can go a long way
petite pluie abat grand vent

■
114 RISK

risk   le risque

you don't get anywhere without taking risks; it pays off to take risks
on n'a rien sans risque; c'est le risque qui paie

it's a long shot but you might be lucky; it's a risk you have to take
c'est risqué, mais tu as peut-être une chance; c'est un risque que tu dois courir

I don't have any taste for danger
je n'ai pas du tout le goût du risque

there's a risk in sailing if you're inexperienced
il y a du risque à naviguer lorsqu'on manque d'expérience

surgeons are put at risk when in contact with AIDS patients;
it's an occupational hazard
les chirurgiens sont exposés au risque de contagion du SIDA;
ce sont les risques du métier

drinking alcohol to excess is a health hazard
l'abus d'alcool constitue un risque pour la santé

to risk / chance   **risquer**

you risk getting lost without a compass
sans boussole, tu risques de te perdre

what do we risk? - let's chance it
qu'est-ce que nous risquons? - risquons le coup

to take a big risk / lay one's head on the block
risquer gros / mettre sa tête sur le billot

to risk one's neck / death
risquer sa vie / tête; risquer / jouer sa peau*; risquer la mort

if I had time, I'd chance sailing (all) around the world
si j'en avais le temps, je me risquerais / tenterais
de faire le tour du monde à la voile

but I'd risk my neck trying to go round the Horn
mais je prendrais un gros risque en essayant de doubler le cap Horn

to risk everything
risquer le tout pour le tout

it's neck or nothing*; his life is at stake
il faut jouer le tout pour le tout; c'est sa tête qui est en jeu

to take a chance; take the risk of doing something
prendre un risque; prendre le risque de faire quelque chose

I want to see her alone but I'll have to chance meeting with a refusal
je voudrais la voir seule, mais je dois prendre le risque de me heurter à un refus

I'd like to but I daren't
je voudrais bien mais je n'ose pas

*you must take risks; you must have a go**
il faut oser; il faut tenter le coup*!

I'll chance it!
je vais risquer le coup! je vais tenter ma chance

to get one's feet wet; stick one's neck out*
se mouiller* / prendre des risques

to take any number of risks
prendre tous les risques

this daredevil was ready to go to any lengths to win the race
ce casse-cou était prêt à prendre tous les risques pour gagner la course

to go out on a limb; take a gamble
prendre des risques; payer d'audace

you'll go there at your own risk
vous vous y rendrez à vos risques et périls

to tread on dangerous ground
se mettre dans une situation délicate et hasardeuse

to take no risks   **ne prendre aucun risque**

the hunted fox had decided not to take any chances that day, it remained in its den
**le renard traqué avait décidé de ne prendre aucun risque ce jour-là,
il demeura dans sa tanière**

proverbs   **proverbes**

nothing ventured, nothing gained
on n'a rien sans risque / qui ne risque rien n'a rien

fortune favours the brave
la fortune sourit aux audacieux

115 SUCCESS

to meet with success   **remporter un succès**

things are settling into shape
les choses commencent à prendre tournure

our efforts have been crowned with success
nos efforts ont été couronnés de succès

success greatly exceeds our expectations
le succès dépasse toutes nos prévisions

*things are looking up for us; everything's hunky-dory**
nos actions sont en hausse; tout baigne dans l'huile*

it's in the bag; we hit the jackpot this time*
c'est dans la poche*; cette fois nous avons gagné le gros lot

his first novel only met with moderate success
son premier roman n'a connu qu'un succès d'estime

but the second one was a hit
mais le second a eu un succès foudroyant / a fait un tabac*

that's a feather in his cap
c'est un succès dont il peut être fier

this crooner is at the top of the charts
ce chanteur de charme est en tête du hit-parade

to succeed / manage   **réussir**

to succeed in doing something; be poised to succeed
réussir à faire quelque chose; être en passe de réussir

trying is one thing but succeeding is another thing altogether
essayer et réussir, cela fait deux

to make a go of something; to make a feat of something
réussir quelque chose; bien faire quelque chose

she's able to make a go of anything she puts her hands to
elle est capable de réussir tout ce qu'elle touche

to hit the mark; to make a hit of something
atteindre son but; réussir pleinement quelque chose

to sweep everything before oneself
réussir complètement / sur toute la ligne; remporter un succès total

I managed to finish my work on time
j'ai réussi à terminer mon travail à temps

he managed to straighten things out; laugh it off
il a réussi à arranger les choses; à tourner la chose en plaisanterie

it's coming along splendidly
ça avance bien

my business is coming along like a house on fire
mon affaire marche du tonnerre de Dieu

have another go at it, I don't doubt you'll succeed
essaye encore une fois, je ne doute pas que tu réussisse

he came off well; contrived to make matters better
il s'est bien tiré d'affaire; il a réussi à améliorer les choses

he made it to the finishing line ahead of the other runners
il réussit à franchir la ligne d'arrivée en tête des autres

to succeed in life   **réussir dans la vie**

to make a success of one's life; be riding high
réussir sa vie; réussir spectaculairement dans la vie

to carve one's way in the world
faire son chemin dans le monde

he worked his way up from nothing; achieved a good result
**il a réussi tout en partant de rien / il est arrivé à la force du poignet;
il a réussi une belle performance**

he's doing fine in his business; everything goes right for him
il réussit bien dans ses affaires; tout lui réussit

he's succeeded in all his undertakings
il a réussi tout ce qu'il a entrepris

to pull it off   réussir un beau coup

to be successful at the first attempt
réussir du premier coup

that's not bad for a first attempt
pour un premier coup / un premier essai, ce n'est pas mal

for a first attempt it's a master stroke
pour un coup d'essai, c'est un coup de maître

to win   gagner

to win something in a hard-fought struggle
gagner quelque chose de haute lutte

to win at a canter* / in fine style / hands down*
gagner dans un fauteuil* / haut la main* / les mains dans les poches*

to win the case
obtenir gain de cause

we won on both counts; on all fronts
nous avons gagné sur les deux tableaux; sur tous les tableaux

to get the better of somebody / something   l'emporter sur quelqu'un /
                                                                                    quelque chose

to get the better of somebody
damer le pion à quelqu'un

to make somebody bite the dust; wipe the floor with one's opponent
faire mordre la poussière à quelqu'un; réduire son adversaire en miettes

her sweet smile always gets the better of my anger
son doux sourire a toujours raison de ma colère

the All Blacks got the upper hand and won the match
les All Blacks ont été les plus forts et ont gagné le match

he made short work of his opponent; wiped him out
il n'a fait qu'une bouchée de son adversaire; il l'a écrasé

to see something through   **mener quelque chose à bien**

we carried out the plan exactly as we'd been instructed to
nous avons réalisé le plan exactement comme nous devions le faire

we brought the matter to a successful issue
nous avons mené l'affaire à une heureuse conclusion / à bonne fin

what a feat! it was an outstanding feat
quel exploit! ça a été une remarquable performance

it was no mean feat
cela n'a pas été un mince exploit

we finished all that we had set out to do and we finished it with a flourish
**nous avons achevé tout ce que nous avions projeté de faire
et nous avons terminé en beauté**

it went off like a dream
cela a merveilleusement marché / cela a marché comme dans un rêve

everything worked a treat / it went like clockwork
tout a marché comme sur des roulettes / à merveille

it all went off without a single hitch
tout s'est déroulé sans anicroche

to achieve one's ends
arriver / parvenir à ses fins

we pulled back from the brink; it all turned out well in the end
nous avons fini par nous en sortir; tout s'est heureusement terminé

we've achieved our ends; it's been a 100% success
nous sommes parvenus à nos fins; cela a été une réussite complète

he always gets through a delicate situation successfully
il arrive toujours à se tirer avec succès d'une situation délicate

he always lands on his feet
il retombe toujours sur ses pieds

proverb   proverbe

nothing succeeds like success
le succès mène au succès

■

116 FAILURE

failure   l'échec

to suffer a setback / meet with a failure
subir un revers / essuyer un échec

to be heading for a failure
courir à l'échec

to be doomed to failure
être voué / condamné à l'échec / condamné à échouer

his attempt has failed
sa tentative s'est soldée par un échec

to fail   échouer

to fail an exam
échouer à un examen

the mediator has failed in his attempt to settle a labour dispute
le médiateur a échoué dans sa tentative de régler un conflit du travail

his efforts have failed
ses efforts n'ont pas abouti

in spite of all my efforts I fail to understand her behaviour
malgré tous mes efforts je n'arrive pas à comprendre son comportement

common expressions   expressions courantes

to go to the wall; to come against a brick wall
aller droit au mur; se heurter à un mur

to be a flop* / wash-out*
faire fiasco / faire un bide*

*the play was a flop**
la pièce a été un échec complet / un four*

to come unstuck / across a snag*
tomber sur un os* / bec*

it's enough to drive you up the wall / crazy*
c'est à se taper la tête contre les murs; c'est à devenir fou

to fall down on the job
se montrer incapable d'effectuer une tâche

he fell down on the problem
il a raté* son problème

all my plans have fallen through for lack of sufficient financial means
**tous mes projets sont tombés à l'eau / se sont envolés,
faute de moyens financiers suffisants**

to come to nothing   **échouer / n'aboutir à rien**

the peace negotiations have come to nothing
les pourparlers de paix n'ont pas abouti

the negotiations have reached a deadlock; the negotiations broke down
les négociations sont dans une impasse; les négociations sont rompues

to be unsuccessful in doing something   **ne pas réussir à faire
quelque chose**

I'll never get through it / see the end of it
je n'en viendrai jamais à bout / je n'en verrai jamais la fin

he made an ineffective attempt to justify himself to us
il a vainement essayé de se justifier devant nous

*I tried to shift him from his opinion but in vain; I might just as well have spared
myself the trouble but I was wasting my time*
**j'ai essayé de le faire changer d'avis, mais en vain;
j'en ai été pour mes frais, mais j'ai perdu mon temps**

I tried, but in vain
j'ai essayé, mais en vain

he's received a severe blow; he missed his aim; things aren't looking so good for him
il a essuyé un échec cuisant; il a manqué son but; ses actions sont en baisse

acknowledgement of failure   **le constat d'échec**

I've nothing to show for it; I couldn't manage to solve the problem
je n'ai obtenu aucun résultat; je n'ai pas réussi à résoudre le problème

his attempts were wasted; he's shot his bolt
ses efforts ont été vains / n'ont rien donné / ont été en pure perte;
il a brûlé ses dernières cartouches

he's been beaten
il a été fait comme un rat

I went on a fool's errand
j'y suis allé pour rien

it was a go for nothing; a shot in the dark
ce fut un coup pour rien; ce fut un coup d'épée dans l'eau

he's bitten the dust
il a mordu la poussière

he had to admit defeat and confess himself beaten
il a dû admettre sa défaite et s'avouer vaincu

it proved to be a wild-goose chase
l'aventure s'est terminée en eau de boudin*

he took all that trouble for nothing / all in vain
il s'est donné tout ce mal pour rien / en pure perte

he got nothing for his trouble
il en a été pour sa peine

he's unsuccessful in everything he does; everything he touches turns to dust
rien ne lui réussit; il échoue dans toutes ses entreprises

he's missed the boat; he's a failure; he's wasted his life*
il a raté* le coche; c'est un raté; il a gâché sa vie

his goose is cooked; it's all over for him*
pour lui, les carottes sont cuites*; tout est fini pour lui et il est au bout du rouleau

now, he's in for it; it's all up with him
maintenant, il est fichu / foutu*; c'en est fait de lui

that's the end of all our hopes; this is rock-bottom
c'est la fin de tous nos espoirs; c'est la fin de tout; c'est la catastrophe

it's the pot calling the kettle black
c'est la lutte du pot de fer contre le pot de terre / c'est l'hôpital qui se moque de la charité

you can't fight the Town/City Hall
c'est perdu d'avance

to give up   **renoncer / abandonner**

to acknowledge oneself beaten
s'avouer vaincu

to throw in the towel / sponge*
reconnaître que l'on a échoué; jeter l'éponge / les gants; mettre les pouces*

to throw in one's hand; throw out the baby with the bathwater
baisser les bras / jeter le manche après la cognée; jeter le bébé avec l'eau du bain

we're cornered; we must give up
nous sommes acculés; nous devons céder

I'm done for / it's all up with me*; this is the end! I give up!
c'en est fait de moi / je suis fichu; c'est la fin! j'abandonne!

we may as well give it up, there's no point trying to take it any further
il n'y a plus qu'à tirer l'échelle

117 INTELLIGENCE

common sense   **le bon sens**

country people are renowned for their sensibleness
les paysans sont réputés pour leur bon sens

they possess good solid common sense;
their down-to-earth common sense is a comfort
ils sont doués d'un solide bon sens; leur bon sens est réconfortant

intelligence   **l'intelligence**

to be intelligent
être intelligent

to have a great brain
être très intelligent

to be outstandingly intelligent
avoir une intelligence brillante

an intelligent person   **une personne intelligente**

he's a scholar and a gentleman; he isn't just intelligent
c'est un homme intelligent et raffiné; il est plus qu'intelligent

he's an original thinker; a bright spark
c'est un esprit novateur; il est plein d'idées

he's bubbling with ideas
il bouillonne d'idées

he's brainy; he's the brains of the family
c'est une grosse tête; c'est le cerveau de la famille

he works intelligently;
he shows intelligence in the management of his business
il travaille intelligemment;
il fait preuve d'intelligence dans la conduite de ses affaires

*he's one of the great minds of the century; he's a (positive) genius**
c'est un des grands esprits du siècle;
c'est un génie / il est génial; c'est un véritable génie

as for his wife, she's as bright as a button
quant à sa femme, elle a oublié d'être bête

she's far from being stupid; she's quite the reverse of stupid
elle est loin d'être bête; elle est tout le contraire d'une imbécile

she's as clever as they come*; a sly minx; she's as sharp as a needle
elle est futée comme pas une*; c'est une fine mouche;
elle est perspicace / rien ne lui échappe

she's got a lot of nous; she shows great single-mindedness of purpose
elle a du plomb dans la tête / cervelle*; elle a de la suite dans les idées

there are no flies on her / she's nobody's fool; don't try to outsmart her!
on ne la lui fait pas / elle n'est pas née de la dernière pluie;
n'essayez pas de jouer au plus fin avec elle!

the qualities and failings of mind	les qualités et défauts d'esprit
to have a clear mind	avoir l'esprit clair
to have an open mind	avoir l'esprit ouvert
to be broad-minded	avoir l'esprit large
to be narrow-minded	avoir l'esprit étroit
to be mean-minded	être mesquin
to have a logical way of thinking	avoir l'esprit logique
to have a tidy mind	être méthodique
to have an analytic mind	avoir l'esprit d'analyse
to have a scientific turn of mind	avoir l'esprit scientifique
to be muddle-minded	avoir l'esprit brouillon
to be a shrewd man	être un esprit subtil
to have a lively mind	avoir l'esprit vif
to be slow-witted	avoir l'esprit lent / lourd
never to think of an answer until it's too late	avoir l'esprit d'escalier
to be critical	avoir l'esprit critique
to be negative	avoir mauvais esprit
to have a twisted mind	avoir l'esprit mal tourné
to have a warped mind	avoir l'esprit tordu
to be always running somebody down	avoir l'esprit de dénigrement
to be practical minded	avoir l'esprit pratique
to be down-to-earth	être prosaïque

to be witty   **avoir de l'esprit**

to try to be witty; to sparkle with wit; to have a battle of wit
faire de l'esprit; pétiller d'esprit; jouer au plus fin

to have a sense of humour; have a dry sense of humour
avoir le sens de l'humour; avoir l'esprit caustique / être un pince sans rire

to be a ready wit; lack sparkle
être spirituel / avoir beaucoup d'esprit; manquer d'esprit

■

118 STUPIDITY

human folly knows no bounds
il n'y a pas de limite à la bêtise

lack of intelligence   le manque d'intelligence

to be brainless; lacking in judgment / discernment
manquer d'intelligence; manquer de jugement / discernement

he's sweet but not too bright; he's hardly what you'd call bright
il est gentil mais pas très intelligent; on ne peut pas dire qu'il brille par son intelligence

he's slow on the uptake; a blockhead**
il a la comprenette difficile; il a la tête dure

*he's not really on the ball**
il n'est pas très dégourdi

*he's a bit thick in the head / no bright spark**
il n'est pas très malin / futé

he only seems to have learnt a thing or two in the army
il s'est seulement un peu déluré lorsqu'il est allé au régiment

*he doesn't know his arse*** from his elbow; he's obtuse*
il ne comprend rien à rien; il est borné

he hasn't got an ounce of common sense
il n'a pas deux sous de bon sens / un gramme de bon sens

*he's long on muscle but a bit short on brains**
il a du muscle mais pas tellement de cervelle

he's as daft as a brush / as thick as two short planks
il n'a pas inventé la poudre / le fil à couper le beurre

he's narrow-minded; he's wearing blinkers
c'est un esprit étroit / fermé aux idées nouvelles; il a des œillères

*he's very pernickety(GB), persnickety(US); a nit-picker**
il est tatillon; c'est un esprit tatillon

he sees no further than the end of his nose
il ne voit pas plus loin que le bout de son nez

he takes a narrow view of things
il regarde les choses par le petit bout de la lorgnette

he can't see the wood for the trees
les arbres l'empêchent de voir la forêt

stupidity   **la bêtise**

he's incredibly stupid / a positive fool; hopelessly stupid
il est d'une bêtise consternante / crasse; désolant de stupidité

he's stupidity personified
c'est la stupidité personnifiée / en personne

he's afflicted with more than his fair share of stupidity
pour ce qui est de la stupidité, on ne l'a pas oublié / il en a eu sa bonne part

he's a perfect ass / too stupid for words
il est bête comme ses pieds / il est bête à manger du foin

you've no idea how stupid he is
vous n'avez pas idée de sa bêtise

his stupidity goes beyond anything you could imagine
sa bêtise dépasse tout ce qu'on peut imaginer

when it comes to being silly he wins hands down
pour ce qui est de faire des bêtises, il remporte la palme

don't be so nonsensical! don't be such a goose!*
ne sois pas si bête / ne dis pas tant de bêtises; ne sois pas si dinde*!

what an inane thing to do! how can anyone be so incredibly stupid?
faut-il être bête pour faire une chose pareille! comment peut-on être aussi bête?

an imbecile   un imbécile

he behaves like an imbecile
il se conduit comme un imbécile

he's a silly ass; he behaves idiotically
c'est un pauvre imbécile; il se conduit en idiot

stop acting the fool!
arrête de faire l'imbécile!

don't be an idiot!
ne fais pas l'imbécile!; n'agis pas bêtement, réfléchis!

he's a ruddy* fool / first-class idiot
c'est un sacré* / fichu* / fier imbécile

he's a prize idiot / perfect fool* / absolute imbecile
c'est un idiot de premier ordre / un parfait imbécile / un imbécile fini;
c'est le dernier des imbéciles

he's one heck* of an idiot; they don't come much dafter than him*
c'est un sacré imbécile; comme imbécile, il est gratiné

he's a prize idiot
c'est vraiment le roi des imbéciles

an idiot   un crétin

what a nitwit*! what a twit*!
quel crétin! quel nigaud! quel imbécile! quelle truffe*!

he's thick (skulled); really thick*
il a le crâne dur; il en tient une couche!

he's wood from the neck up*
il est bouché à l'émeri

he's a moron*
c'est un crétin

he's a damn(ed)** fool
il est con comme la lune***

what a bloody fool (he is) **! what a stupid bastard ***!
quel con***! qu'il est con***!

to be raving mad* / off one's rocker**
délirer / déconner** / déconner à pleins tubes**

mental deficiency   **la débilité mentale**

he's simple-minded / a bit simple
il est un peu simple d'esprit / un peu simplet

he's feeble-minded / lame-brained / mentally impaired
il est faible d'esprit / c'est un débile; il est mentalement handicapé

he's daft in the head; weak-minded
il est un peu demeuré; c'est un faible / simple d'esprit / demeuré

he's pea-brained
il a une cervelle grosse comme un pois chiche

he's completely brainless / as thick as two short planks*; he's empty-headed
il n'a rien dans la cervelle* / le ciboulot*; il a la tête vide

he hasn't a thought in his head / he's feather / bird-brained;
he's completely brainless / scatterbrained
il n'a rien dans la tête / il n'a pas de plomb dans la cervelle;
c'est une tête sans cervelle / il a une cervelle d'oiseau

proverbs   **proverbes**

there's no fool like an old fool
il n'y a pas de pire imbécile qu'un vieil imbécile

once a fool, always a fool
quand on est bête, c'est pour longtemps

■

119 KNOWLEDGE

to learn   **apprendre**

it's never too late to learn
il n'est jamais trop tard pour apprendre / on apprend à tout âge

I learnt from experience that we mustn't believe all that we're told
j'ai appris par expérience qu'on ne doit pas croire tout ce qu'on nous dit

it's important to learn from one's mistakes
il est important de savoir tirer la leçon de ses erreurs

he learnt up all he could about the neighbourhood before buying the house
avant d'acheter la maison, il a appris tout ce qu'il a pu sur le voisinage

knowledge / learning   **la connaissance / le savoir**

to deepen / broaden one's knowledge
approfondir / enrichir ses connaissances

to show off one's knowledge
faire étalage de ses connaissances

he thinks he knows everything,
but as a matter of fact he hasn't a clue about anything
il croit tout connaître, mais en fait il ne connaît rien à rien

he's a certain brilliance but not much serious knowledge
il a du brillant, mais c'est tout / mais pas de connaissances sérieuses

this man is a man of great learning / a scientist of the first rank
cet homme est un savant d'envergure / un savant de premier plan

knowledge of languages   **la compétence linguistique**

I can speak several languages
je connais plusieurs langues

I've a smattering of German / some notion of German
je sais un peu d'allemand / j'ai des notions d'allemand

I know enough German to run along with / I can just scrape along in German
je sais assez d'allemand pour me débrouiller / pour me tirer d'affaire

I've become familiar with the German language
la langue allemande m'est devenue familière

I can hold my own in Spanish but my Spanish is somewhat rusty
je me débrouille en espagnol, mais mon espagnol est un peu rouillé

my Spanish needs to be brushed up
j'ai besoin de rafraîchir mon espagnol

I've a working knowledge of / a good grounding in Arabic
j'ai de solides connaissances / de bonnes bases en arabe

but I don't feel at home in Italian; my Italian is very shaky
mais je ne suis pas à l'aise en italien; mes notions d'italien sont fragiles

I've a perfect command of French
je maîtrise parfaitement le français

I speak flawless French; I speak French like a native
je parle un français sans faute; je parle français comme si c'était ma langue maternelle

I speak French fluently
je parle le français couramment

I'm still a bit clumsy with my French
je suis encore maladroit à m'exprimer en français

when I want to speak French I always have to rehearse what I'm going to say
quand je veux parler en français, je dois toujours répéter ce que je vais dire

my French is still limited
mon vocabulaire est encore limité; je baragouine le français

the policeman spoke to them in pidgin English; he spoke a laboured English
le policier s'est adressé à eux dans un anglais de pacotille; il s'exprimait dans un anglais laborieux

he floundered on / jabbered away in bad English
il pataugeait / baragouinait en mauvais anglais

competence   **la compétence**

to have some ideas on a subject
avoir des clartés sur un sujet

to be well up* in a subject; know a subject inside out
connaître un sujet à fond; être ferré* sur un sujet

she's a good grasp of economics and she's good at mathematics
elle est savante / versée en sciences économiques et bonne en mathématiques

but she only has a nodding acquaintance with organic chemistry
mais elle n'a que de vagues connaissances en chimie organique

and only some basic / a rudimentary knowledge of physics
et seulement quelques notions / rudiments de physique

her knowledge of physics is sketchy
ses connaissances en physique sont superficielles

her French is of a good standard
son français est d'un bon niveau

I'm not really familiar with computing /
I'm not well-acquainted with information technology
je ne connais pas bien l'informatique / je ne suis pas bien fort en informatique

my brother is a wizard* at computing
mon frère est un crack* en informatique

philosophy is a closed book to me; I'm completely at sea in maths
je ne connais rien en philosophie; en maths, je nage complètement

he knows a lot about engineering
il s'y connaît en mécanique / il connaît bien la mécanique

he knows a thing or two about it*; he knows the ropes*; he's competent in the subject
il en connaît un bout* / un rayon*; il connaît les ficelles* du métier;
il est compétent en la matière

she knows about painting; she's an expert in paintings
elle s'y connaît en peinture; c'est une experte en tableaux

she knows her job; she knows what she's talking about
elle connaît son métier; elle sait ce dont elle parle

she knows the subject down to the ground
elle connaît son sujet à fond

she knows the subject cold (US) /off pat
elle connaît son sujet sur le bout du doigt

to know somebody   **connaître quelqu'un**

do you know this man? - everyone knows him / he's known all over
connaissez-vous cet homme? - tout le monde le connaît /
il est connu comme le loup blanc

I know him to be a good fellow
je le connais comme étant un brave type

I know him inside out / through and through; I can read him like a book
je le connais comme si je l'avais fait / je le connais par cœur;
je lis en lui à livre ouvert

I don't know him from Adam
je ne le connais ni d'Eve ni d'Adam

do you know those people? - they are familiar faces
connaissez-vous ces gens? - je les connais de vue

to know something   **connaître quelque chose**

he knows London like the back of his hand
il connaît Londres comme sa poche

he knows a lot about the customs of that country
il connaît beaucoup de choses au sujet des coutumes de ce pays

I know this road backwards
je connais cette route comme ma poche

I know of a good Chinese restaurant
je connais / j'ai entendu parler d'un bon restaurant chinois

I know of nothing on earth more stupid
je ne connais rien au monde de plus bête

to be aware of a fact   avoir connaissance d'un fait

as far as I know his business isn't doing well
pour autant que je sache, ses affaires vont mal

you're not unaware that he's ruined
vous n'êtes pas sans savoir qu'il est ruiné

you won't be ignorant of the fact that he went bankrupt
vous n'ignorez pas qu'il a fait banqueroute / faillite

how do you know? I know what I know; I know this much
comment le savez-vous? je sais ce que je sais; je sais tout au moins ceci

intuition   l'intuition

to have intuition
avoir de l'intuition

my intuition tells me that he won't come
mon intuition me dit qu'il ne viendra pas

I had a hunch* that he wouldn't come
j'avais comme un pressentiment qu'il ne viendrait pas

hunches* sometimes pay off; you should follow your hunch*
on a quelquefois intérêt à suivre son intuition;
il faut (savoir) suivre son intuition

I have a feeling / hunch* that he's not telling me the whole truth
j'ai comme l'impression / j'ai le sentiment qu'il ne me dit pas toute la vérité

proverb   proverbe

knowledge is power
savoir, c'est pouvoir

■

120 IGNORANCE

ignorance   l'ignorance

to be in blissful ignorance
être dans la plus complète ignorance / dans l'ignorance la plus totale

what you don't know can't hurt you; ignorance is bliss
on ne souffre pas de ce qu'on ignore; il vaut mieux ne pas savoir

to remain in ignorance; to err through ignorance
rester / demeurer dans l'ignorance; pécher par ignorance

to speak from ignorance
parler sans savoir / parler en ignorant ce dont on parle

tell me, I don't want to die in ignorance
dis-le moi, je ne veux pas mourir idiot

it's best to leave him in the dark about our plans
il vaut mieux le laisser dans l'ignorance de nos projets

we're still in the dark about his intentions
nous sommes encore dans l'incertitude quant à ses intentions

ignorance of the law is no excuse
nul n'est censé ignorer la loi

to be an ignoramus   être un ignorant

he's still wet behind the ears* and he thinks he knows it all
il a encore la goutte au bout du nez* et il croit tout savoir

he doesn't know a single thing / he doesn't know beans about it*(US)
il ne sait rien de rien / il ne sait trois fois rien

he's as green as grass*
il ne connaît rien de la vie; c'est un innocent

he doesn't know A from B / he's abysmally ignorant
il est complètement ignare / il est d'une ignorance crasse

he's shamefully ignorant; a complete numbskull*(GB), numbhead*(US)
il est ignorant que c'en est une honte; c'est un nullard*

he doesn't know a single word of French
il ne sait pas un traître mot de français

I don't know anything at all about economics; absolutely nothing
je n'entends rien à l'économie / en économie; je n'y entends strictement rien

I'm a layman in the field
je suis profane en la matière

what an ignoramus you are!
quel ignorant tu fais!

not to know about / be unaware of   **ignorer**

to be unacquainted with / unaware of the facts; be unaware that...
ignorer les faits / ne pas être au courant des faits; ignorer que…

I was unaware of his coming; I don't know if he's still at home
j'ignorais sa venue / j'ignorais qu'il viendrait;
j'ignore / je ne sais pas s'il est encore à la maison

I'm still hazy about what really happened
j'ignore / je ne sais pas encore très bien exactement ce qui s'est passé

I haven't got the slightest idea
je n'en ai pas la moindre idée

I don't really know; not that I know
je n'en sais trop rien; pas que je sache

there you have me, I know damn* all about it
ça, je n'en sais rien, je n'en sais foutrement** rien

I'm none the wiser
je n'en sais pas plus pour autant

he's doesn't know all the customs
il ignore tous les usages

I don't know anything about this business
j'ignore tout de cette affaire

I wasn't to know he was your husband
je ne pouvais pas savoir que c'était ton mari

not be unaware of = to know   **ne pas ignorer = savoir**

you cannot but know / you must be aware that he's lost his job
vous ne pouvez ignorer / vous n'êtes pas sans savoir qu'il a perdu son emploi

none of you is ignorant of the fact that he's lost his job
nul d'entre vous n'ignore qu'il a perdu son emploi

I'm aware that he has to face some difficulties
je n'ignore pas qu'il doit faire face à des difficultés

proverb   **proverbe**

a little learning is a dangerous thing
il n'y a pire ignorance que celle de celui qui croit savoir

■

121 MEMORY AND FORGETFULNESS

to have a memory   **avoir de la mémoire**

I've a very good memory; I've a poor memory
j'ai une très bonne mémoire; je n'ai pas une bonne mémoire

I've a good memory for numbers; I've a bad memory for names
j'ai une bonne mémoire pour les nombres; je n'ai pas la mémoire des noms

my memory is rather shaky
je ne suis pas très sûr de ma mémoire / ma mémoire n'est pas très fidèle

he's a memory like an elephant; he can quote from memory
il a une mémoire d'éléphant; il peut citer de mémoire

to remember   **se rappeler / se souvenir**

I remember that he likes to read, so I offered him a book
je me rappelle qu'il aime lire, aussi je lui ai offert un livre

I remember him; I remember having promised him something
je me souviens de lui; je me rappelle lui avoir promis quelque chose

to call up one's memories   **faire appel à ses souvenirs**

I'll always recall Armistice Day, that never-to-be-forgotten day
je me souviendrai toujours du jour de l'armistice, ce jour inoubliable

my memory of it is undimmed; I remember plainly
je m'en souviens avec précision; je m'en souviens distinctement

it has remained etched on my memory; certain details are coming back to me
c'est demeuré gravé dans ma mémoire; certains détails me reviennent à l'esprit

the whole scene of the jubilant crowd is still in my memory
j'ai toujours en mémoire la scène de la foule en liesse

I'll remember that all my life; for old times' sake
je m'en souviendrai toute ma vie; en souvenir du bon vieux temps

now I come to think of it, it seems to me
that this man was sporting a moustache; I placed him at once
maintenant que j'y pense, il me semble que cet homme portait la moustache;
je le reconnus aussitôt

this is an unpleasant memory which is hard to forget
c'est un mauvais souvenir, difficile à oublier

I've a pleasant recollection of the place
je garde un bon souvenir de cet endroit

to recollect   **réussir à se rappeler**

I vaguely recollect his face but I can't remember where I saw him before
sa figure me dit quelque chose, mais je ne peux me rappeler où je l'ai vu

I've a dim recollection of that meeting
j'ai un vague souvenir de cette rencontre

if my memory serves me right you've already been in this store
si ma mémoire est bonne, vous êtes déjà venue dans ce magasin

to rake / search one's memory   **fouiller sa mémoire / remuer le passé**

I can't put a name to his face
je n'arrive pas à mettre un nom sur son visage

I've to rack my brain to remember his name
je dois me creuser la tête pour me rappeler son nom

I've got it now; his name's come back to me
ça me revient maintenant; son nom me revient maintenant

to remind somebody of something   **rappeler quelque chose à quelqu'un**

what you've just said about paintings reminds me of an anecdote
ce que vous me dites concernant des tableaux me rappelle une histoire

his face isn't unknown to me
son visage ne m'est pas inconnu

does that remind you of anything? - wait, it rings a bell*
ça ne te rappelle rien? - attends, ça me rappelle quelque chose

that name sounds familiar to me; that name means nothing to me
ce nom me dit quelque chose; ce nom ne me dit rien

that makes me think of the day when I met her
cela me fait penser / me rappelle le jour où je l'ai rencontrée

the smell of dead leaves recalled memories of his childhood
l'odeur des feuilles mortes lui rappelait son enfance

to tie a knot in one's handkerchief
(to jog one's memory and make sure to do something)
faire un nœud à son mouchoir
(pour se rafraîchir la mémoire et ne pas oublier de faire quelque chose)

my husband is so forgetful that I don't know how he would get on
if he hadn't me to jog his memory
mon mari est si distrait que je ne sais ce qu'il deviendrait
si je n'étais pas là pour lui rafraîchir la mémoire

to arouse old memories   **évoquer des souvenirs**

that takes me back a few years
cela me ramène quelques années en arrière; cela me rappelle de vieux souvenirs

the old soldiers talked hours on end reminiscing about the war
les vieux soldats passaient des heures à évoquer leurs souvenirs de guerre

my father liked to reminisce about his former teachers
mon père aimait évoquer le souvenir de ses vieux maîtres

to keep / bear something in mind   garder en mémoire

I keep in mind the memory of my lost friends
je garde en mémoire le souvenir de mes amis disparus

it's important to bear all the safety regulations in mind
il est important de garder toutes les règles de sécurité présentes à l'esprit

to stamp something on one's memory   graver quelque chose dans sa mémoire

that will remain engraved on my memory
cela restera gravé dans ma mémoire

I've to learn by heart the list of irregular verbs
je dois apprendre par cœur la liste des verbes irréguliers

lapses of memory   les défaillances de la mémoire

I'm losing my memory; I can't remember if I locked the door
je perds la mémoire; je ne sais plus si j'ai fermé la porte à clef

I can't remember it; I've forgotten what it's called
je ne peux m'en rappeler; j'ai oublié comment ça s'appelle

I can't remember the word; I've the word on the tip of my tongue
le mot m'échappe; j'ai le mot sur le bout de la langue

when (I was) asked his name my mind went blank
quand on m'a demandé son nom, j'ai eu un blanc de mémoire /
un passage à vide

I couldn't think of his name; my memory failed me
je n'ai pu me rappeler son nom; j'ai eu un trou de mémoire

I couldn't for the life of me tell you his name
je ne pourrais absolument pas vous dire son nom

I can't keep his name in my head; I just can't place him at all
je n'arrive pas à retenir son nom; je n'arrive pas à le situer

my memory often fails me; my weak point is my memory
ma mémoire me fait souvent défaut; mon point faible, c'est ma mémoire

my memory sometimes plays tricks on me
ma mémoire me joue quelquefois des tours

my memory is like a sieve; I can't remember a thing
ma mémoire est une vraie passoire; je n'ai aucune mémoire

what I'm told goes in one ear and out of the other
ce qu'on me dit entre par une oreille et ressort par l'autre

forgetting   **l'oubli**

I've no recollection of it; it's sunk into oblivion
je ne m'en souviens pas; c'est tombé dans les oubliettes

I forgot about having to go to the market
j'ai oublié que je devais aller au marché

it slipped my mind / escaped my memory
cela m'a échappé / m'était complètement sorti de la tête / l'esprit

his visit pushed the matter right out of my mind
sa visite m'a fait complètement oublier l'affaire

forgetting that is unfortunate; I'm going to make up for that omission at once
cet oubli est regrettable; je vais réparer cet oubli tout de suite

he'll forget in time; oblivion heals the wounds
il oubliera avec le temps; l'oubli guérit tout

let's forget about the past
oublions le passé

proverb   **proverbe**

an elephant never forgets
souviens-toi de la mule du pape

■

122 REFLECTION

to think / think about something   **penser / réfléchir à quelque chose**

the news set me thinking
la nouvelle m'a donné à réfléchir

that gives you food for thought; this is a matter for serious thought
cela donne à penser; cela donne à réfléchir

I'm given a lot to think about; that started me thinking
cela me donne beaucoup à réfléchir; cela m'a mis la puce à l'oreille

when I come to think of it that's worth thinking about
quand j'y pense, cela mérite réflexion

let me think; give me time to think about it
que je réfléchisse / laissez-moi réfléchir; donne-moi le temps de réfléchir

to harbour a thought; have a brainwave; toy with an idea
nourrir / avoir une idée; avoir soudainement une bonne idée; jouer avec une idée

it came into my head that I shouldn't take what he says for granted
**il m'est venu à l'esprit que je ne devais pas prendre ce
qu'il dit pour argent comptant**

I'm thinking about what I'll tell her when she returns
je pense à ce que je vais lui dire quand elle sera de retour

I thought to myself that I shouldn't trust him
je me disais en moi-même que je ne devais pas lui faire confiance

he said to himself that there was no point in answering
il se dit en lui-même qu'il était inutile de répliquer

I half think that he isn't sincere; I got to thinking that he wasn't sincere
**je serais tenté de penser qu'il n'est pas sincère;
je me suis mis à penser qu'il n'était pas sincère**

it all points to the fact that prices will go down
tout donne à penser que les prix vont baisser

I now feel that I should have gone there
je me dis maintenant que j'aurais dû y aller

to think seriously   **réfléchir profondément**

to give thought to something / have a good think about something
bien réfléchir à quelque chose / mûrement réfléchir à quelque chose

to be cautious about doing something
longuement réfléchir avant de faire quelque chose

your proposal is worth thinking about
votre proposition mérite réflexion / qu'on y réfléchisse

I must think things over
il faut que je réfléchisse

I'm going to think it over carefully
je vais y réfléchir soigneusement

this must be gone into / examined / taken into account
c'est à considérer; cela mérite examen; cela doit être pris en compte

I have to pore over the problem; I'll have to use my loaf!*
**il me faut étudier le problème de très près;
il va falloir que je fasse travailler mes méninges!**

we mustn't let ourselves be stampeded; I'll have to sleep on it
il faut que nous prenions le temps de réfléchir; je vais y réfléchir jusqu'à demain

before making an important decision about something it's advisable to sleep on it
il est bon de laisser passer la nuit avant de prendre une décision importante

*after pondering / duly considering the matter /
after mature reflection, I thought it best not to do anything*
**après avoir mûrement réfléchi / délibéré /
après mûre réflexion, j'ai décidé de ne rien faire**

when you think about it it's not so difficult
en y réfléchissant bien / quand on y réfléchit, ce n'est pas si difficile

to be lost / deeply immersed / engrossed in one's thoughts
être absorbé / perdu dans ses pensées; être plongé dans un abîme de réflexion

to turn over an idea in one's mind
retourner / ressasser une idée

to collect / compose one's thoughts; make things clear
rassembler ses idées / mettre de l'ordre dans ses idées; mettre les choses au clair

to lose one's train of thought; get into a muddle
perdre le fil de ses idées; s'embrouiller dans ses idées

to weigh the pros and cons   **peser le pour et le contre**

you must weigh up all the pros and cons before deciding to move to a larger house
il faut peser le pour et le contre avant de déménager dans une plus grande maison

you must take into account the advantages and disadvantages
il faut mettre en balance les avantages et les inconvénients

to give something a second thought   **réfléchir à deux fois**

you should give your project second thoughts
before you institute proceedings against somebody
il faut réfléchir à deux fois avant d'engager un procès contre quelqu'un

you'd better have another think about it
vous feriez bien d'y repenser

to turn an idea over and over in one's head; concentrate on an idea
retourner une idée dans sa tête; se concentrer sur une idée

to go over something again in one's mind
repasser quelque chose dans son esprit

to mull something over / ruminate about something
ruminer une idée / ruminer quelque chose

to change one's mind   **se raviser / changer d'avis**

I first intended to resign, but I finally changed my mind
j'avais d'abord l'intention de démissionner, mais finalement je me suis ravisé

I've had second thoughts about resignation; I had afterthoughts about my decision
pour ce qui est de ma démission, j'ai changé d'avis;
j'avais des doutes sur ma décision

to examine / consider   **examiner**

to examine the situation
examiner la situation

to examine a problem from all sides; go closely into a question
examiner un problème sous toutes ses faces; examiner une question de très près

to consider something with a critical eye
considérer quelque chose d'un œil critique

to meditate   **méditer**

as a punishment the boy was confined to his room
and told to meditate on the consequences of his behaviour
comme punition, le garçon fut confiné dans sa chambre
et invité à méditer sur les conséquences de sa conduite

he was looking thoughtful about it
il avait l'air de méditer là-dessus

when in prison Verlaine was brooding over the failure of his past
dans sa prison Verlaine méditait tristement sur son passé

to rack one's brain   **se creuser la tête**

to rack one's brains; beat one's brains out *
se creuser la cervelle* / la tête; faire travailler ses méninges*

I'm constantly racking my brains to find a good example
à chaque instant, je dois me creuser la tête pour trouver un bon exemple

*he didn't strain himself**
il ne s'est pas beaucoup creusé* / fatigué les méninges*

there's no fear of his getting brain fever!
il ne risque pas d'attraper une méningite!

to agonize over how to do something
se ronger les sangs pour savoir comment faire quelque chose

proverbs   **proverbes**

great minds think alike
les grands esprits se rencontrent

think twice before you speak
tournez sept fois votre langue dans votre bouche avant de parler

■

123 COMPREHENSION

I can understand French but I can't speak it
je comprends le français, mais je ne le parle pas

do you get* what I mean?
comprenez-vous ce que je veux dire?

I followed the drift of what you said; I got the gist of what you said
j'ai compris le sens général de vos paroles;
j'ai compris l'essentiel de ce que vous avez dit

the facts may be clear to us who have made a study of them
but how are they to be got over to the man in the street?
les faits sont clairs pour nous qui les avons étudiés,
mais comment peuvent-ils être compris par l'homme de la rue?

I've understood you; I have it! suddenly it clicked**
je vous ai compris; j'y suis! tout à coup, j'ai pigé*

can you figure out what this text means?
pouvez-vous comprendre ce que ce texte signifie?

do you see what I mean?
comprenez-vous / voyez-vous ce que je veux dire?

yes, I see what you mean
oui, je vous entends

no, I can't make out what you mean
non, je ne comprends pas ce que vous voulez dire

I see what you're getting at; I'm with you so far
je vois / comprends où vous voulez en venir; jusqu'ici, je vous suis

I don't really follow you there; I've lost the thread of your argument
là, je ne vous suis pas très bien; je perds le fil de votre raisonnement

to grasp   saisir pleinement

I fully grasp the seriousness of the situation
je saisis très bien la gravité de la situation

I've grasped all the particulars of the problem
j'ai bien saisi toutes les données du problème

to realize   réaliser / se rendre compte

I realize that I made many mistakes in the past
je me rends compte que j'ai fait beaucoup d'erreurs dans le passé

it was dawning on me that she'd made a fool of me
je commençais à réaliser / comprendre qu'elle s'était moquée de moi

to be perspicacious   être perspicace

I can read between the lines / take a hint
je suis capable de lire entre les lignes / je suis capable de saisir une allusion

I've a shrewd idea that you don't like me
Je crois comprendre / vraiment comprendre que vous ne m'aimez pas

I gather from your letter that you bear me a grudge
d'après votre lettre, je crois comprendre que vous m'en voulez

there's more to it than meets the eye
il y a quelque chose là-dessous

it should be evident to anyone who can read the writing on the wall
that the car industry faces a period of difficulties
pour qui sait voir / interpréter les signes,
il est évident que l'industrie automobile traverse une période de difficultés

to know how to take a hint   comprendre à demi-mot

my husband and I don't have to spell things out to each other;
we know how to take a hint
mon mari et moi nous comprenons à demi-mot

he gave me to understand that he would resign
il a donné à entendre / il m'a fait comprendre qu'il démissionnerait

that's what I was given to understand
c'est ce qu'on m'a fait comprendre / ce qu'on m'a donné à entendre

to find it hard to understand   **avoir du mal à comprendre**

I find it hard to understand how he has become rich
j'ai du mal à comprendre comment il est devenu riche

I couldn't make much of what he was saying
j'ai eu du mal à comprendre / je n'ai pas bien compris ce qu'il disait

he's slow on the uptake / to catch on**
il a du mal à comprendre / il est lent à comprendre / il a la comprenette difficile*

he doesn't understand properly what he's told; he can't take a hint
il comprend mal ce qu'on lui dit; il est incapable de saisir une allusion

it isn't given to everyone to understand such things
il n'est pas donné à tout le monde de comprendre ce genre de choses

my explanation took a long time to sink in
il lui a fallu du temps pour comprendre mon explication

to put a false interpretation on something   interpréter quelque chose de travers

to get (hold of) the wrong end of the stick
comprendre tout de travers

to put a wrong construction on somebody's words
mal interpréter les paroles de quelqu'un

he misinterpreted my words
il a mal interprété mes paroles

he's misunderstood me; he's got it backwards
il m'a mal compris; il a tout compris de travers

we're at cross purposes; there must be some misunderstanding
il y a un malentendu entre nous; il doit y avoir malentendu

to make somebody understand something   faire comprendre
quelque chose à quelqu'un

to give somebody to understand that he's not wanted
donner à entendre à quelqu'un / laisser entendre à quelqu'un qu'il est de trop

to make oneself understood without having to spell it out
se faire comprendre à demi-mot

don't get me wrong; do I make myself clear?
comprenez-moi bien; me fais-je bien comprendre?

it's sometimes difficult to get one's ideas across
il est parfois difficile de se faire comprendre

I made it clear to him that he'd done something stupid
je lui ai fait comprendre qu'il avait fait une bêtise

I had got to put it across to him that he must leave
j'ai dû lui faire comprendre qu'il devait partir

he made me clearly understand that he was bored
il me fit clairement comprendre qu'il s'ennuyait

she made me realize that I should be more careful
elle m'a fait comprendre que je devais être plus prudent

I drove it home to him that I didn't want to see him anymore
je lui ai bien fait comprendre que je ne voulais plus le voir

I couldn't get it over to him
that he was declared redundant for economic reasons
je n'ai pu lui faire comprendre qu'il était licencié pour des raisons économiques

I drilled it into him that he must stop smoking
je lui ai bien fait rentrer dans la tête qu'il devait s'arrêter de fumer

I tried to din into his head that he must always be on time
j'ai essayé de lui faire rentrer dans la tête qu'il devait toujours être à l'heure

to drum an idea into somebody's head   **enfoncer une idée dans
la tête de quelqu'un**

to drum something into somebody
enfoncer / fourrer* quelque chose dans la tête de quelqu'un; lui seriner la chose

I can't get it into his (thick) skull that speed is dangerous*
je n'arrive pas à lui faire entrer dans le crâne* que la vitesse est dangereuse

now get this firmly into your head!
enfoncez-vous bien cela dans le crâne!

to make oneself understood   se faire comprendre

to make oneself understood without having to spell it out
se faire comprendre à demi-mot

it's sometimes difficult to get one's ideas across
il est parfois difficile de se faire comprendre

excuse me, perhaps I explained myself badly
excusez-moi, peut-être que je me suis mal expliqué

to fail to understand   ne pas arriver à comprendre

I can't understand why he wants to resign
je n'arrive pas à comprendre pourquoi il veut démissionner

you look as if you haven't understood a single thing
vous semblez n'avoir rien compris

I don't quite follow you; it beats me how anyone can have such ideas
je ne vous suis pas bien; qu'on puisse avoir de telles idées, ça me dépasse

that beats me; it's beyond me
ça me dépasse; ça me dépasse complètement

*I can't understand it / I don't get it**
je ne comprends pas / je ne saisis pas / je n'y suis pas du tout

I can make nothing of it / I can't understand a word of it
je n'y comprends rien / je n'en comprends pas un mot

it's hard to understand; that's beyond all comprehension
c'est difficile à comprendre; cela dépasse l'entendement

what on earth does it mean? I can't for the life of me understand
qu'est-ce que cela peut bien signifier? je n'arrive absolument pas à comprendre

I can't see what he means
je ne vois pas / je ne comprends pas ce qu'il veut dire

the whole business is as clear as mud*
c'est la bouteille à l'encre

it's completely baffling
c'est à n'y rien comprendre

the devil take me if I understand any of it*!
le diable m'emporte si je comprends*!

I can't make head nor tail of it / I'm all at sea*
je n'y comprends rien / j'y perds mon latin / je nage complètement*

I don't twig (it) at all**
je n'y pige que dalle**

I've read this text several times, but I still can't get the hang* of it
j'ai lu ce texte plusieurs fois, mais je n'en saisis toujours pas le sens

I can't pin down how it works
je n'arrive pas à comprendre comment ça marche

it's uncanny how he does it
je ne m'explique pas comment il peut le faire

I don't understand the first thing about information technology
je n'entends absolument rien à l'informatique

I'm not conversant in economics; it's all Greek / double Dutch to me*
je ne comprends rien à l'économie; pour moi, c'est de l'hébreu / du chinois

he doesn't understand a thing about anything
il ne comprend rien à rien

he's all at sea* / at a complete loss
il ne comprend rien; il pédale dans la choucroute** / le yaourt** / la semoule*

he's just being obtuse!
il fait exprès de ne pas comprendre!

124 EXPLANATION

to explain something to somebody   expliquer quelque chose à quelqu'un

to make something intelligible to somebody
rendre quelque chose intelligible à quelqu'un

I explained to him that he was wrong
je lui ai expliqué qu'il avait tort

our father explained to us at length what he intended to do
notre père nous expliqua longuement ce qu'il avait l'intention de faire

he set off on a long explanation
il se lança dans une longue explication

his son's sudden death explains his deep depression
la mort soudaine de son fils explique sa profonde dépression

the man was unable to give any reason for his erratic behaviour
l'homme n'a pas pu expliquer la raison de sa folle conduite

the accident was set down to negligence
l'accident a été mis au compte de la négligence

but we set it down to the fact that the driver was tired
mais nous l'avons expliqué par le fait que le chauffeur était fatigué

you don't see the explanation? - why, it leaps to the eye!
vous ne voyez pas l'explication? - voyons, elle saute aux yeux!

why am I displeased? - you're late again, that's the reason why
pourquoi je suis mécontent? - tu es encore en retard, c'est pour ça

to find it hard to explain   avoir du mal à s'expliquer

I find it hard to explain and yet there must be an answer
j'ai du mal à l'expliquer et pourtant il doit y avoir une explication

he tried explaining that he was late because of the traffic-jam
but he got lost in his explanation

il essaya d'expliquer son retard par les embouteillages,
mais il se perdit dans ses explications

he got bogged down in details
il s'est noyé / perdu dans les détails

he swamped us with explanations
il nous a noyés sous un déluge d'explications

he tied himself in knots* trying to explain
il s'est enferré dans ses explications

he was getting himself into more and more of a mess
il s'enferrait de plus en plus

he got into a tangle when he tried to explain
il s'est embrouillé / emmêlé / empêtré / enchevêtré dans ses explications

he'd complicated the issue
il est allé chercher midi à quatorze heures

to explain to somebody how something works
expliquer à quelqu'un comment quelque chose fonctionne

please, explain how it works
s'il vous plaît, expliquez-moi comment ça marche

it's too difficult for me to explain
c'est trop compliqué pour moi à expliquer

he explained to me the how and the why of it
il m'a expliqué le comment et le pourquoi / le pourquoi du comment de la chose*

my wife explained to me how to bake the cake
ma femme m'a expliqué comment faire cuire le gâteau

this is the way to do it and that's all there is to say
voici comment il faut faire et voilà tout

to make something plain to somebody
faire comprendre quelque chose à quelqu'un

to elucidate something
faire la lumière sur quelque chose / expliquer quelque chose / élucider une affaire

to get to the bottom of a business
tirer une affaire au clair / aller au fond des choses

let me spell it out for you; do I have to spell it out for you?
laissez-moi vous expliquer bien clairement; faut-il vous mettre
les points sur les i?

I explained it all in plain words; now it's plain as daylight
j'ai tout expliqué clairement; maintenant, c'est clair comme le jour / de
l'eau de roche

it must be plain to everyone that…; do I make myself plain?
il doit être clair pour tout le monde que…;
est-ce que je me suis bien fait comprendre?

it's as plain as a pikestaff* / as the nose on your face*
c'est évident / ça se voit comme le nez au milieu de la figure

to make onself clear   s'expliquer

to get things straight with somebody
mettre les choses au clair avec quelqu'un

we must get to the bottom of this business
il faut tirer cette affaire au clair / aller au fond des choses

to make myself perfectly clear
pour plus de clarté / pour être parfaitement clair

perhaps I explained myself badly
je me suis peut-être mal expliqué / peut-être me suis-je mal expliqué?

to relate / connect   établir une relation

to explain is to relate facts
expliquer c'est établir des relations entre des faits / les mettre en corrélation

to bear a relation to something
avoir une relation avec quelque chose

what's the relevance of your question to the problem?
quel rapport y-a-t-il entre la question (posée) et le problème (en discussion)?

it's irrelevant
cela n'a rien à voir

this question is closely connected with the first one
cette question est étroitement liée à la première

there's a loose connection between the two cases
il existe une vague relation entre les deux affaires

his psychological problems bear a connection to his traumatic childhood
ses problèmes psychologiques s'expliquent par les traumatismes de son enfance

there's a close connection between the unemployment rate
and the health of the economy
il y a une relation étroite entre le taux de chômage et la santé de l'économie

to have something to do with　　　　　　　**avoir quelque chose à voir avec**
something else　　　　　　　　　　　　　　　　**autre chose**

some people think that the variations in the weather
have something to do with the phases of the moon
certains pensent que les variations du climat dépendent des phases de la lune

his health problems have partly to do with his way of life
ses problèmes de santé ont trait en partie à son mode de vie

everything relating to this matter is of interest to me
tout ce qui a trait à cette affaire m'intéresse

to have nothing to do with　　　　**n'avoir aucune relation avec quelque chose**
something

his recent numerous journeys have nothing to do with his business
ses récents et nombreux voyages n'ont rien à voir avec ses affaires

that has nothing to do with the matter in hand
cela n'a rien à voir avec l'affaire en question

there's no direct connection between the two facts
il n'y a pas de rapport direct entre les deux faits

it's totally irrelevant; it's neither here nor there
cela n'a rien à voir; tout cela n'a aucun rapport

that's a horse of a different colour
cela n'a rien à voir; nous ne parlons pas de la même chose

■

125 SUPPOSITION AND HYPOTHESIS

a supposition / surmise   une supposition

the journalist's report of the outcome of the discussions was pure supposition
les propos du journaliste concernant l'issue des pourparlers étaient pure
supposition

they were nothing but surmise
ils étaient purement hypothétiques / ils n'étaient que pure conjecture

his surmise of the situation turned out to be true
ce qu'il supposait de la situation s'avéra être vrai

to suppose   supposer / faire une supposition

I suppose you've already made a decision
je suppose que vous avez déjà pris votre décision

I expect it was your girlfriend
je suppose que c'était ta petite amie

suppose you were flying and hijackers took hold of the plane
supposez que vous êtes dans un avion et que des pirates s'emparent de
l'appareil

supposing that the economy improves the unemployment rate should go down
supposez que l'économie s'améliore, le taux du chômage devrait baisser

even if he asked me himself I wouldn't do it
même si / alors même / quand bien même il me le demanderait lui-même, je ne
le ferais pas

imagine that you're the judge, how would you decide the case?

imaginez / supposez que vous êtes le juge,
comment vous déterminez-vous dans cette affaire?

let's postulate that point A is not found on a line segment
supposons un point A pris hors d'une droite

different types of hypotheses: plausible / likely / improbable…

he must have arrived by now
il doit être arrivé maintenant

the window panes are frosted up; it must be cold outside
les vitres sont couvertes de givre; il doit faire froid dehors

he should already be here, I suppose he's lost his way
il devrait déjà être là, je suppose qu'il s'est perdu en chemin

he might be lying about his past
il se pourrait qu'il mente au sujet de son passé

he might have lied about his past
il se pourrait qu'il ait menti au sujet de son passé

if the worst comes to the worst
en mettant les choses au pire

at best / worst   au mieux / au pire
if that is so   s'il en est ainsi
if this were the case   s'il en était ainsi

you really think I'm stupid? if so, don't expect me to remain your friend
vous pensez réellement que je suis stupide?
s'il en est ainsi, n'espérez pas que je demeure votre ami

it's (a) pure hypothesis
c'est une simple / pure hypothèse

even if it rains I'll come
même s'il pleut, je viendrai

even if you're late you'll be welcome
même si vous arrivez en retard, vous serez le bienvenu

if it rains I won't come with you
s'il pleut, je ne vous accompagnerai pas

if it rained I wouldn't come with you
s'il pleuvait, je ne vous accompagnerais pas

if it had rained I wouldn't have come with you
s'il avait plu, je ne vous aurais pas accompagné

if I'd known it earlier a lot of trouble might have been saved
si je l'avais su plus tôt, beaucoup de problèmes auraient pu être évités

it must have been 6 o'clock when the storm broke
il devait être 6 heures quand l'orage éclata

he'd probably left his convictions behind
il avait dû laisser ses convictions au vestiaire

■

126 REASONING

to prove   **démontrer / prouver**

to prove that God exists by the use of reason
démontrer / prouver l'existence de Dieu par le raisonnement

to prove something conclusively
démontrer quelque chose par A + B

to argue   **argumenter**

to argue from analogy
raisonner par analogie

by analogy with the rhythm of the seasons
you can say that youth is the springtime of life
par analogie avec le rythme des saisons,
on peut dire que la jeunesse est le printemps de la vie

his reasoning is sound; there's a good deal of coherence in his argument
son raisonnement est correct / il raisonne juste; son raisonnement est cohérent

his logic is flawed
son raisonnement est faux

there's a flaw in his argument; he can't follow his own argument
il y a une faille dans son raisonnement / son raisonnement n'est pas juste; il raisonne comme une casserole*

his argument has no solid foundation
son raisonnement ne repose sur rien de solide

he lost the thread of his argument; he got all mixed up
il a perdu le fil de son raisonnement; il a perdu les pédales*

he forgot where he was up to
il ne savait plus où il en était

he's become tangled up in his argument
il s'est noyé / il s'est pris les pieds dans son raisonnement

to deduce   **déduire**

and this has as a consequence...
et ceci a pour corollaire…

from the fact that alcohol dulls the reflexes
we can deduce that drunken driving is dangerous
du fait que l'alcool diminue les réflexes,
on peut déduire qu'il est dangereux de conduire après avoir bu

to put two and two together
déduire quelque chose à partir de faits connus / d'informations

since you didn't answer my letters
I put two and two together and figured you were cross with me
du fait que vous n'avez pas répondu à mes lettres,
j'en ai déduis que vous étiez fâché avec moi

since...; it follows that...; it doesn't follow…
du fait que...; il s'en suit que...; il ne s'en suit pas nécessairement que…

it follows from this that…
il découle de tout cela que…

that follows from what's been said previously
cela découle de ce qui a été dit précédemment

syllogism   le syllogisme

all men are mortal, Socrates is a man, therefore Socrates is mortal
tous les hommes sont mortels, or Socrate est un homme,
donc Socrate est mortel

to induce   induire

since you always succeed in wriggling out of all difficulties
I induce that you've a good head for business
du fait que vous arrivez toujours à vous sortir de toutes les difficultés,
j'en induis / j'en conclus que vous avez le sens des affaires

to extrapolate   extrapoler

the expected benefits in the years to come
can't be extrapolated from the current data without any risk
extrapoler les bénéfices des années à venir à partir des résultats actuels
n'est pas une opération sans risque

to generalize   généraliser

you can't generalize from a single example
on ne peut pas généraliser à partir d'un seul exemple

you must be careful about sweeping statements
méfiez-vous des généralisations hâtives

to conclude   conclure

to draw a conclusion from something
tirer une conclusion de quelque chose

you're not putting everything you have in your work,
I conclude that either you aren't interested in it or you're lazy
vous ne vous investissez pas dans votre travail,
j'en conclus soit qu'il ne vous intéresse pas soit que vous êtes paresseux

you may yourself draw the conclusion of your attitude
je vous invite à tirer vous-même la conclusion de votre attitude

as for me, I've come to the conclusion that I have to part with you
quant à moi, je suis arrivé à la conclusion que je dois me séparer de vous

from all that you've told me
I gather you don't stand a chance of winning your case
d'après tout ce que vous me dites,
je conclus que vous n'avez aucune chance de gagner votre procès

to jump to conclusions   **conclure à la légère / hâtivement**

they're sometimes quarrelling but you mustn't jump to the
conclusion that they're about to get a divorce
ils se disputent quelquefois,
mais vous ne devez pas en conclure qu'ils sont sur le point de divorcer

to imply   **sous-entendre**

his constant refusal of our invitations implies
that he wants to have nothing more to do with us
le fait qu'il refuse toujours nos invitations laisse sous-entendre
qu'il ne veut plus avoir à faire avec nous

to lay down as a principle that   **poser comme principe que**

to lay down as a principle that all men are equal in law
poser comme principe que tous les hommes sont égaux en droits

to make it a matter of principle
en faire une question de principe

to lay down as a fact that   **poser comme un fait que**

to lay down as a fact that anyone is liable to make a mistake
poser comme un fait que tout le monde peut se tromper

exigencies of reasoning   **les exigences du raisonnement**

to stick to the facts; to stick very much to the point; to be consistent / clear
s'en tenir aux faits; être rigoureux; être cohérent / clair

the police found my version of the facts (to be) perfectly consistent
with that of the other eyewitnesses
la police trouva que ma version des faits était en parfaite cohérence
avec celle des autres témoins de l'accident

it's as clear as daylight; it's self-evident
c'est clair comme le jour; c'est l'évidence même

■

127 CAUSALITY

it's sometimes difficult to relate the cause to the effect
il est parfois difficile d'établir un rapport de cause à effet

to be the cause of something   **être la cause de quelque chose**

the fog was the cause of the accident
le brouillard fut la cause de l'accident

to be at the bottom of something
être à l'origine de quelque chose

Peter's disturbed childhood might be at the bottom of his current psychological problems
**les difficultés vécues par Peter dans son enfance pourraient bien être à l'origine
de ses problèmes psychologiques actuels**

*he's making out as if he didn't know anything about the whole business, but the long
and short of it is that he doesn't want to take sides in the matter*
**il prétend tout ignorer de l'affaire, mais la vraie raison de son attitude / le fin
mot de l'histoire, c'est qu'il ne veut pas prendre parti**

one has no cause to think that he's dishonest
on n'a aucune raison de penser qu'il soit malhonnête

there's no cause for alarm
il n'y a pas de quoi se faire du mauvais sang / de quoi s'alarmer

his absent-mindedness often gives cause for laughter
**son étourderie donne souvent matière à plaisanter / lieu à des plaisanteries; à
cause de son étourderie, il est souvent l'objet de plaisanteries**

because of   **à cause de**

I'm worried about his absence
je suis inquiet à cause de son absence

I can't concentrate because of the noise
je ne puis me concentrer à cause du bruit

I'm late due to heavy traffic
je suis en retard à cause de l'intense circulation

he can't run very fast on account of his limp
il ne peut pas courir vite à cause de sa claudication

with   **de**

to shake with fear; cry with joy; blush with anger
trembler de peur; pleurer de joie; rougir de colère

for   **pour / pour raison de**

the candidate was expelled for cheating
le candidat fut exclu pour (raison de) tricherie / pour avoir triché

the man couldn't answer for laughing
l'homme riait trop (fort) pour pouvoir répondre

I didn't go on holiday for lack of money
je ne suis pas parti en vacances pour des raisons d'argent

for lack of   **faute de**

he's been released for of lack evidence
il a été relâché faute de preuves

for fear of   **par crainte de**

I didn't enter the garden for fear of the dog
je ne suis pas entré dans le jardin par crainte du chien

by / out of / through   **par**

to ask for the price of something out of curiosity
demander le prix de quelque chose par curiosité

through sheer luck he happened to meet her in the street
par pure chance, il lui arriva de la rencontrer dans la rue

the flooding was caused by heavy rains
l'inondation a été provoquée par des pluies abondantes

for / from   pour

I'm angry with myself for not answering you sooner
je suis en colère contre moi-même pour ne pas vous avoir répondu plus tôt

the child got sick from eating too many sweets
l'enfant fut malade pour avoir mangé trop de sucreries

because   parce que / vu que

I can't go because I already have another appointment
je ne peux pas aller parce que / vu que j'ai déjà un autre rendez-vous

through   à cause de

through not knowing the country he got lost
parce qu'il ne connaissait pas le pays, il s'est perdu

it was all through him that I lost the job
c'est à cause de lui que j'ai perdu mon poste

since   puisque

since you're free this afternoon come and have tea with us
puisque vous êtes libre cet après-midi, venez prendre le thé avec nous

given (the fact) that   étant donné que

given (the fact) that Saudi Arabia is an Islamic country alcohol is illegal there
étant donné que l'Arabie Saoudite est un pays musulman, l'alcool y est interdit

on the grounds that   sous prétexte que

the professor rejected my conclusion on the grounds that my logic was flawed
le professeur rejeta ma conclusion sous prétexte que
mon raisonnement était faux

lest...should   de crainte que

he fled very quickly lest he should be caught
il s'enfuit bien vite de crainte d'être pris

verbs and expressions   **verbes et expressions**

the drunken driver caused the accident
le conducteur ivre a causé l'accident

the heavy winter rains brought about flooding in March
les pluies abondantes de l'hiver ont provoqué des inondations en mars

new technologies bring about unemployment
les nouvelles technologies engendrent du chômage

it's his wounds that provoked his death
ce sont ses blessures qui ont provoqué / entraîné sa mort

that good smell makes my mouth water / me hungry
cette bonne odeur me fait venir l'eau à la bouche / me donne faim

this joke made me laugh
cette plaisanterie me fit rire

the accident must be put down to excessive speed
l'accident doit être imputé à une vitesse excessive

his attitude gave rise to suspicion
son attitude donna lieu à suspicion

violence breeds violence
la violence engendre la violence

ice on the roads makes driving difficult
le verglas entraîne des difficultés de circulation

his undisciplined behaviour led to his dismissal
son comportement indiscipliné l'a conduit à être renvoyé

one thing leads to another
une chose en amène une autre

drug use contributes to increasing criminality
l'usage de la drogue contribue à accroître la criminalité

■

128 CONSEQUENCE

we ought to admit the consequences of our actions
on doit accepter les conséquences de ses actes

this decision could have serious consequences for the future
c'est là une décision qui pourrait être lourde de conséquences pour l'avenir

this business had unfortunate consequences; considerable repercussions
cette affaire a eu de fâcheux lendemains; des conséquences considérables

the upshot of it was complete chaos
le résultat de tout cela a été une belle pagaille

I'll draw conclusions from your attitude
je tirerai les conséquences de votre attitude

to be the result of   **être la conséquence de / résulter**

his car accident was the result of his driving under the influence of alcohol
son accident de voiture est la conséquence de sa conduite en état d'ivresse

the result of all this is that you lied to me
il résulte de tout ceci que vous m'avez menti

as a result / consequence of   **être le résultat / la conséquence / résulter**

as a consequence of his laziness he failed his exam
la conséquence de sa paresse a été son échec à l'examen

he was late for the concert, resulting in his being refused admittance
il est arrivé en retard pour le concert, du coup / résultat il s'est vu refuser l'entrée

to arise from

the whole difficulty arises from his stubbornness
toute la difficulté résulte de son entêtement

to entail

living in a big house entails big expenses
vivre dans une grande maison entraîne de grandes dépenses

to affect

the Asian crisis didn't affect the European economy very much
**la crise financière asiatique n'a guère eu de conséquence
sur l'économie européenne**

to come of

that's what comes of being careless
voici ce qui arrive quand on est insouciant

no good can result from it; nothing came of it
rien de bon ne peut en résulter; il n'en est rien résulté

to stem from

his financial difficulties stem from his lack of foresight
ses difficultés financières résultent de son imprévoyance

as a consequence of   **en conséquence de**

as a consequence of their misconduct those pupils were expelled from school
**ces élèves furent mis à la porte de l'école pour mauvaise conduite /
en conséquence de leur mauvaise conduite**

to result in / have the effect   **avoir pour conséquence / pour effet**

his laziness resulted in his failure in the exam
sa paresse a eu pour résultat son échec à l'examen

the consequence of the rail strike was that business was paralyzed
la grève des chemins de fer a eu pour conséquence la paralysie des affaires

these measures had the effect of encouraging tax evasion
ces mesures ont eu pour effet d'encourager la fraude

the wind has blown the washing dry / away
le vent a séché la lessive; le vent a emporté la lessive

he read himself almost blind
à force de lire, il est devenu presque aveugle

the mother is singing the child to sleep
la mère chante pour endormir l'enfant

the young boy came to be the laughing stock of his mates
le jeune garçon finit par devenir la risée de ses camarades

he grew to dislike his schoolmates and to fear going to school
il a fini par détester ses camarades et redouter d'aller à l'école

more complicated sentences

so...that / such...that   si....que

I walked such a long distance that I'm tired
j'ai marché si longtemps que je suis fatigué

to such good effect that   si bien que

I've been working away at my French
to such good effect that I'm able to make myself understood
j'ai beaucoup travaillé mon français
si bien que je suis maintenant capable de me faire comprendre

he talks so quickly that you can't understand him
il parle tellement vite qu'on ne le comprend pas

so much / often that   tant et si bien que

he insisted so much that he finally obtained satisfaction
il a tant et si bien insisté, qu'il a fini par obtenir satisfaction

he's lied so often that nobody believes him now
il a tant et si souvent menti, que maintenant personne ne le croit plus

my little brother ate the entire cake and now he's sick
mon petit frère a mangé tout le gâteau, et maintenant / si bien qu'il est malade

so / therefore   aussi / par conséquent / donc

she's running a high temperature so she's sleeping a lot
elle a une forte fièvre, aussi elle dort beaucoup

I can't say anything else, therefore I'll remain silent
je ne peux rien dire de plus, aussi / donc je me tais

since   **puisque**

since it's not cold anymore we can turn off the central heating
puisqu'il ne fait plus froid, nous pouvons éteindre le chauffage central

since you don't want my help I'll leave you
puisque vous ne voulez pas de mon aide, je vous laisse

thereby   **de ce fait**

she lived in the country for five years,
thereby gaining the right to apply for citizenship
elle a vécu cinq ans dans le pays,
et de ce fait, obtint le droit d'en demander la nationalité

failing which   **faute de quoi**

when you go to the airport you'll have to allow for the traffic-jams,
failing which you'll risk missing your plane
quand vous vous rendrez à l'aéroport, vous devrez tenir compte des
embouteillages, faute de quoi vous risquez de manquer votre avion

common expressions   **expressions courantes**

now, you've done it!
eh bien, maintenant c'est fait, il va falloir en subir les conséquences!

it serves you right! it serves you right for lying!
c'est bien fait pour toi! ça t'apprendra à mentir!

it's of no consequence
cela ne tire pas à conséquence

proverbs   **proverbes**

as you sow, so shall you reap / he who sows the wind shall reap the whirlwind
qui sème le vent, récolte la tempête

you have made your bed, now you must lie on it
comme on fait son lit, on se couche

129 CONDITION

hardwork is the condition for success
le travail est la condition du succès

such are my terms
telles sont mes conditions

the enemy have accepted an unconditional surrender;
they surrendered unconditionally
l'ennemi a accepté une reddition sans conditions; il s'est rendu sans conditions

the employer's acceptance of the demand for negotiations
was dependent on the employees' return to work
l'acceptation par l'employeur de la demande d'ouverture de négociations
était soumise à / conditionnait la reprise du travail

to depend / hinge   **dépendre**

will you come? that depends
vous viendrez? cela dépend

my coming depends on the exam result
ma venue est subordonnée au résultat de l'examen / dépend du résultat de
l'examen

it depends on you whether he accepts or not
cela dépend de vous, qu'il accepte ou non

no, everything doesn't hinge on my decision
non, tout ne dépend pas de ma décision / tout n'est pas suspendu à ma décision

it all depends on whether he has the money or not
tout dépend s'il a de l'argent ou non

it's all bound up as to whether he got a holiday or not
cela dépend selon / cela est lié au fait qu'il a obtenu un congé ou non

on (the) condition / provided / assuming that   à condition / à condition que

you can borrow my book on one condition: you mustn't lend it to anyone else
vous pouvez emprunter mon livre à une condition:
vous ne devez pas le prêter à personne d'autre

I'll come provided (that) I'm invited in time
je viendrai à condition d'être invité à temps

you can borrow my book on condition that you give it back to me
vous pouvez emprunter mon livre à condition que vous me le rendiez

I won't be long assuming that I don't have to queue up
je ne serai pas long, à condition que / à supposer que je n'aie pas à faire la queue

I lent him my car on the express understanding that he'd return it tomorrow
je lui ai prêté ma voiture à la condition expresse qu'il me la rende demain

as long as   du moment que / tant que

Robert loves eating (just) as long as someone else does the cooking
Robert aime manger du moment que quelqu'un d'autre fait la cuisine

you can stay as long as you don't disturb me
vous pouvez rester tant que vous ne me dérangez pas

unless   à moins que

he'll never get a good job unless he learns how to use a computer
il n'obtiendra jamais un poste intéressant
à moins qu'il n'apprenne à se servir d'un ordinateur

if   si

if she accepts I'll accept too; if that is so
si elle accepte, j'accepterai aussi; s'il en est ainsi

if her parents give her the money she'll buy a car
si ses parents lui donne l'argent, elle achètera une voiture

if conditions prove favourable I'll set up a new business
si les circonstances se montrent favorables, je monterai une nouvelle affaire

in case   au cas où

in case you came I'd come too
au cas où vous viendriez, je viendrais aussi

if...should   pour peu que

if he should make an effort he might succeed
pour peu qu'il fasse un effort, il pourrait réussir

to have to   il faut...pour

you have to see it to believe it
il faut le voir pour le croire

he would have had to leave earlier to be able to catch his train
il aurait fallu qu'il parte plus tôt pour pouvoir attraper son train

it would require...for there to be   il faudrait...pour qu'il y ait

it would require a major industrial catastrophe
for there to be full awareness of the danger of certain technologies
il faudrait une catastrophe industrielle majeure pour qu'il y ait une véritable
prise de conscience des dangers de certaines technologies

proverb   proverbe

if ifs and buts were pots and pans there would be no need for tinkers
avec des "si" et des "mais", on mettrait Paris en bouteille

130 OPPOSITION

the two brothers are of opposite political opinions
les deux frères ont des opinions politiques opposées

their points of view are diametrically opposed
ils ont des vues diamétralement opposées

we came into conflict over the commercial policy
nous sommes entrés en opposition sur la politique commerciale à suivre

your testimony conflicts with the facts
votre témoignage est en opposition avec les faits

I'm not accustomed to acting contrary to my principles
il n'est pas dans mes habitudes d'agir en opposition avec mes principes

the boss systematically opposes everything I put forward
le patron est systématiquement opposé à tout ce que je lui propose

he always maintains the opposite of what I say
il prend toujours le contre-pied / il soutient toujours le contraire de ce que je dis

that is counterproductive
cela va à l'encontre du but recherché

whereas / when   **alors que / tandis que**

my brother prefers to sleep in whereas his wife is an early riser
mon frère préfère traîner au lit tandis que sa femme aime se lever tôt

how can you throw away all that food when so many people are starving?
comment pouvez-vous jeter toute cette nourriture
alors que tant de gens meurent de faim?

however / yet / nevertheless / but   **cependant / pourtant / néanmoins /**
toutefois / mais

I thought he'd be nervous but he played the part to perfection
je pensais qu'il aurait le trac, mais il a joué son rôle à la perfection

he's as thin as a rake but yet resilient
il est maigre comme un clou et pourtant résistant

it's strange yet true
c'est étrange et pourtant c'est vrai

the battle promises to be difficult,
however we shall do all that is possible to win
la bataille s'annonce difficile, cependant nous ferons tout pour gagner

he's a Democrat but he sometimes agrees with the Republicans
c'est un Démocrate mais il est parfois d'accord avec les Républicains

he was beaten but I think no less of him for that
il a été battu, mais il n'a pas pour autant baissé dans mon estime

I didn't come off any the worse for it
pour autant, je ne m'en suis pas plus mal

I like him none the worse for that
je ne l'en aime pas moins pour ça

I shan't think any the worse of him for it
je n'en aurai pas moins une bonne opinion de lui pour ça

he's none the bitter for having suffered a great deal
pour avoir beaucoup souffert, il n'en est pas plus amer

although / for all / in spite of   **malgré / en dépit de / alors que**

tired as he was he kept working all night long
malgré / en dépit de sa fatigue, il continua à travailler pendant toute la nuit

he went out although the doctor had told him not to
il est sorti alors que le médecin le lui avait interdit

in spite of our efforts to rescue the sailor who had fallen overboard he drowned
malgré nos efforts pour le secourir, le marin tombé à la mer s'est noyé

for all his long lectures on the dangers of speeding he keeps driving like a mad man
malgré toutes ses leçons sur les dangers de la vitesse,
il continue à conduire comme un fou

much as I like you I won't lend you any money
malgré mon affection pour vous, je ne vous prêterai pas d'argent

but even so   **malgré tout / quand même**

he may be bad-tempered but even so she loves him
il peut avoir mauvais caractère, malgré tout elle l'aime bien /
elle l'aime bien quand même

all the same / still(GB) / still and all(US)   **tout de même**

all the same you must keep hoping
vous devez continuer à espérer tout de même

still(GB) / still and all(US) you have to trust her
vous devez tout de même lui faire confiance

even though / even if   même si / quand bien même / lors même que

> *you must be polite to him even though you don't like him*
> vous devez être poli avec lui, même si vous ne l'aimez pas

> *he will finish his work even if it takes him all night*
> il finira son travail, quand bien même il devrait / même s'il devait y passer la nuit

> *I'll keep loving him even if he's unfaithful to me*
> quand bien même / lors même qu'il me tromperait, je continuerai à l'aimer

for all   quoique

> *for all his tendency to lie he was telling the truth this time*
> quoiqu'il ait toujours eu tendance à mentir, cette fois il disait la vérité

> *for all he may say he's comfortably off*
> quoi qu'il en dise, il est très à l'aise

> *even though it's sunny it's cold because of the wind*
> quoique le soleil brille, à cause du vent, il fait froid

> *whatever you may say nothing will make him change his mind*
> quoi que vous disiez, rien ne le fera changer d'avis

> *whether her father likes it or not I'll go on meeting her*
> n'en déplaise à son père / malgré l'opposition de son père, je continuerai à la voir

however   quoique

> *however good it smells I don't like this dish*
> quoiqu'il sente très bon, je n'aime pas ce plat

> *be that as it may / the fact remains that / that doesn't alter the fact that…*
> quoi qu'il en soit / toujours est-il / le fait demeure que / cela ne change rien au
> fait que…

> *he may well not be the culprit but the fact remains that*
> *he was there when the crime was committed*
> il n'est peut-être pas coupable, mais le fait demeure qu'il était là au moment du
> crime

he may have worked a lot but, be that as it may, he failed his exam
il a peut-être beaucoup travaillé, mais quoi qu'il en soit, il a échoué à son examen

no matter how / whatever   **quel(s,le les) que soi(en)t**

whatever the problem I can handle it
quel que soit le problème, je peux m'en occuper

no matter how hurt you are time will heal your wounds
quelle que soit votre souffrance, le temps guérira vos plaies

my cat always needs to be petted before eating no matter how hungry he is
quelle que soit sa faim, mon chat exige toujours d'être caressé avant de manger

although   **pour...que**

however intelligent he is he should still study to pass his exam
pour intelligent qu'il soit, il devra travailler pour réussir à son examen

rich though he is he isn't happy
pour riche qu'il soit, il n'est pas heureux

try as you may you'll never know the secret
vous aurez beau essayer, vous ne connaîtrez jamais le secret

rich though they may be they aren't happy
ils ont beau être riches, ils ne sont pas heureux

although / much as / while   **bien que**

although we're really enjoying your company we must say good-bye
bien que nous nous plaisons en votre compagnie, nous devons vous dire au revoir

much as I dislike doing that I will provide confirmation of your alibi
bien que je n'aime pas cela / si peu que j'aime faire cela je confirmerai votre alibi

while I like your dress I'm afraid I can't say that its colour becomes you
bien que j'aime votre robe, je ne suis pas sûre de pouvoir dire que sa couleur
vous convienne

but   **mais par contre**

he's rich but he isn't happy
il est riche, mais par contre il n'est pas heureux

he only works a little but on the other hand what he does is well done
il travaille peu mais (par contre) ce qu'il fait est bien fait

on the contrary   **au contraire**

we don't hate Brussels sprouts on the contrary we adore them
nous ne détestons pas les choux de Bruxelles, au contraire nous les adorons

contrary to accepted ideas / popular belief most snakes aren't dangerous
contrairement aux idées reçues / à ce que vous pensez / à ce que pensent
beaucoup de gens la plupart des serpents ne sont pas dangereux

it's just the opposite
c'est tout le contraire

■
131 EXCEPTION

to except / exclude   **excepter**

except for the few pieces of furniture I gave him he's nothing of his own
à l'exception des quelques meubles / si j'excepte les quelques meubles que je
lui ai donnés, il ne possède rien en propre

the superintendent questioned all the inhabitants in the block of flats
without excluding anyone
le commissaire interrogea tous les habitants
de l'immeuble sans excepter personne

exception   **l'exception**

to be / make an exception to the rule
être une exception / faire exception à la règle; faire une exception à la règle

there's only one exception to this rule; it's the exception that proves the rule
cette règle ne connaît qu'une exception; c'est l'exception qui confirme la règle

this rule allows several exceptions / no exception
cette règle admet plusieurs exceptions / n'admet aucune exception

wear a beautiful dress to the wedding, Mary, if you don't want to be the odd one out
mets une belle robe pour le mariage, Mary, si tu ne veux pas faire exception

certain special dispensations are allowed for in the law
certaines dérogations sont prévues dans la loi

his appointment to the post of manager constitutes a departure from the law
sa nomination au poste de directeur constitue une dérogation
par rapport à la loi

people like you are one in a thousand
des gens comme vous, on en trouve un sur mille

with a few exceptions / allowing for an exception / exceptionally
à quelques exceptions près / sauf exception / exceptionnellement

only one   seul / le seul / nul autre

only Helen can do it; no one (else) but she could do it
seule Hélène peut le faire; nulle autre qu'elle ne pourrait le faire

there's hardly anyone else who can do it
il n'y a guère qu'elle qui puisse le faire

only he came by train
lui seul est venu par le train

but / if not   sauf / excepté

everyone but him turned back
tout le monde sauf lui a fait demi-tour

I can resist anything but temptation!
je peux résister à tout sauf à la tentation!

he's anything but shy; he's nothing if not clever
il est tout sauf timide; il n'est rien sauf intelligent

with the exception of / minus.../ apart from...   à l'exception de

the box was empty except for a few biscuits
la boîte était vide, à l'exception de quelques biscuits

he can eat anything excluding sea food that gives him a rash
il peut manger de tout, à l'exclusion des crustacés qui lui donnent de l'urticaire

she found her bag minus the money
elle a retrouvé son sac, moins / excepté l'argent

I know nothing about him except that he's a priest
je ne sais rien de lui, sinon que c'est un prêtre

apart from you I don't know anyone here
à part vous, je ne connais personne ici

my husband is capable of doing anything short of changing the baby's nappy
mon mari est capable de tout faire sauf de langer le bébé

but   **ne...que**

this employee had nothing to do but copy addresses
cet employé n'avait rien d'autre à faire que de copier des adresses

he doesn't know how to do anything apart from basking in the sun all day
il ne sait rien faire d'autre que de se dorer au soleil à longueur de journée

I can't drink anything except water
je ne peux boire que de l'eau

for once   **pour une fois**

for once I could stay in bed but my neighbour's alarm had to start blaring
pour une fois que je pouvais faire la grasse matinée,
il a fallu que l'alarme du voisin se déclenche

I'll forgive you just this once
je vous pardonne pour cette fois

■

132 RESTRICTION

to express some reservations
faire des restrictions

to give one's unqualified approval / accept something without reservation
approuver quelque chose sans restriction

to have reservations / reserves about the timing of a measure
faire / émettre des réserves sur l'opportunité d'une mesure

to release a piece of news with all reserve
publier une information sous toutes réserves

I can't vouch for / guarantee the truth of what I'm telling you
je vous le dis sous toutes réserves

except / save that   **sauf que / sauf à**

I'm willing to accept your proposals except that I would like you to modify some details
je suis d'accord pour accepter vos propositions
sauf que j'aimerais que vous modifiiez certains détails

if you want to lay him off you'll have to pay him some redundancy money
vous pouvez le renvoyer, sauf à lui payer une indemnité de licenciement

apart / barring   **à moins de**

barring accidents / accidents apart it should work
à moins d'un accident, ça devrait marcher

short of   **si ce n'est**

I don't see what I can do for her short of giving her some money
je ne vois pas ce que je peux faire pour elle, si ce n'est lui donner un peu d'argent

if it were not / apart from / but for   **si ce n'était / sauf / à part**

if it were not for my solitude everything would be fine
si ce n'était ma solitude, tout irait bien

apart from my solitude everything is fine
à part ma solitude, tout va bien

if it had not been for the fact that I wanted to meet his sister
I would never have got in touch with him
si ce n'avait été que je voulais connaître sa sœur,
je ne serais jamais entré en relation avec lui

apart from a few spelling errors her essay was written in perfect French
à part quelques fautes d'orthographe, son essai était écrit en bon français

this couple would divorce but for the children
si ce n'étaient les enfants, ce couple divorcerait

but   **mais**

that's all very well but we must think of others
tout cela est bien beau, mais il faut penser aux autres

(even) if (it's) only   **ne serait-ce que**

please write soon, even if it's only a few lines
s'il te plaît, écris-moi vite, ne serait-ce que quelques lignes

if any / if at all   **si tant est que / pour autant que**

there are few flowers that blossom here during winter, if any (at all)
il y a peu de fleurs à fleurir ici, en hiver, si tant est qu'il y en ait

few, if any, commuters are willing to give up their car and take the bus
peu de banlieusards, pour autant qu'il y en ait,
sont d'accord pour abandonner leur voiture et prendre l'autobus

he's known, if at all, as a gambler
il est connu, si tant est que ce soit le cas, comme étant un joueur

he's under paid if he's paid at all
il est mal payé, pour autant qu'il le soit / si tant est qu'on le paie

unless   **à moins que**

unless you're willing to devote yourself wholly to your task
you shouldn't expect to work with me
à moins que vous soyez résolu à vous investir totalement dans votre tâche,
vous ne devez pas espérer travailler avec moi

only   **seul / seulement**

only pupils' parents are admitted
seuls les parents des élèves sont admis / ne sont admis que les parents des
élèves

the only snag is that I won't be free
le seul inconvénient est que je ne serai pas libre

however / nevertheless   cependant / néanmoins

I think you may come to the party; however it's not up to me to invite you
je pense que vous pouvez venir à cette réception,
cependant ce n'est pas à moi de vous inviter

but only to a certain extent   mais seulement dans une certaine mesure

he's credulous but only up to a certain point / extent
il est crédule, mais seulement jusqu'à un certain point / dans une certaine mesure

with the difference that   à ceci près que

they are the same products
with the difference that one is packed and the other is sold loose
ce sont les deux mêmes produits, à ceci près que l'un
est empaqueté et l'autre livré en vrac

but...still / but   encore / mais encore

that sounds easy but you still have to do it
cela paraît facile, mais encore faut-il le faire

he looks surprised but he doesn't know everything (at that)
il paraît surpris, encore ne sait-il pas tout

if anything / and even   et encore

your old car might be worth one thousand dollars if anything
votre vieille voiture peut valoir mille dollars, et encore

and even that wasn't easy
et encore ce ne fut pas facile

although / even though   encore

I'll abandon my plan if necessary (even) though I'm not accustomed to giving up
si cela est nécessaire, je renoncerai à mon plan,
encore que je n'ai pas l'habitude d'abandonner

so far as / in as much as / as far as   pour autant que

you can put on this dress in as much as you're not cold
tu peux mettre cette robe pour autant que tu n'aies pas froid

as far as I know it's the only item available
pour autant que je sache, c'est le seul article disponible

you can buy some pineapples in as much as they're not too expensive
**vous pouvez acheter des ananas pour autant /
dans la mesure où ils ne sont pas trop chers**

I wouldn't go so far as to say that I'm pleased but that might have been worse
je n'irais pas jusqu'à dire que je suis content, mais cela aurait pu être pire

■

133 APPRECIATION

to appreciate   **apprécier**

to appreciate something at its true value
apprécier quelque chose à sa juste valeur

I'd appreciate it if you'd come to our next meeting
j'apprécierais que vous acceptiez de venir à notre prochaine réunion

the whole audience was appreciative of the play
tous les spectateurs ont montré qu'ils avaient apprécié la pièce

*how did you like the film / movie? - I didn't like it all that much;
that's not much of an answer*
**comment avez-vous trouvé le film? - je ne l'ai pas tellement aimé;
c'est un peu mince comme réponse**

I'm not over glad to see her again
je n'apprécie pas tellement / je ne suis pas plus content que cela de la revoir

she's not over intelligent; she's not much of a cook
elle n'est pas tellement intelligente; elle n'est pas très bonne cuisinière

to think fit to do something when you think fit
croire / juger bon de faire quelque chose quand vous le jugerez bon

what do you think of my new hair-do?
que pensez-vous / que dites-vous de ma nouvelle coiffure?

I don't think much of his attitude
je n'apprécie pas beaucoup son attitude

how does it appear / seem to you? that's more like it
qu'en pensez-vous? que vous en semble-t-il? c'est mieux comme ça

there is nothing...than   **il n'est rien de plus / de mieux / de tel que**

there's nothing harder than playing the piano well; there's nothing to it
rien n'est plus difficile que de bien jouer du piano; rien de plus facile

there's nothing better than a good shower after a tough game
il n'est rien de meilleur qu'une bonne douche après une dure partie

to be far from / be nowhere near   **être loin de**

he's far from (being) stupid; it's far from easy
il est loin d'être bête; c'est loin d'être facile

it's nowhere near the right answer; you aren't anywhere near it
c'est loin d'être la bonne réponse; vous n'y êtes pas du tout

the house isn't anywhere near big enough for the whole family
la maison est loin d'être assez grande pour toute la famille

to be little short of   **pas loin de / quasiment**

his careless attitude is little short of foolish
sa désinvolture n'est pas loin d'être stupide

to be nothing short of   **n'être rien moins que / quasiment**

it's nothing short of blackmail!
mais ce n'est rien moins que du chantage! c'est quasiment du chantage!

nice and…   **bien**

I like my soup nice and hot
j'aime la soupe bien chaude

hardly / barely / quite enough   **à peine**

he hardly earns enough to keep body and soul together
il gagne à peine de quoi vivre

a chicken for six people, it's barely enough / a bit on the short side
un poulet pour six, c'est un peu juste / c'est à peine suffisant

the dressmaker didn't count quite enough for the hem; she didn't allow quite enough
la couturière a compté un peu juste pour l'ourlet; elle a mesuré trop juste

not (really) very much   **(très) peu**

I (really) don't like eating liver very much
j'aime (très) peu / je n'aime pas beaucoup le foie

pretty much   **à peu près**

it's pretty much what we wanted
c'est à peu près ce que nous voulions

it's pretty much the same thing
c'est à peu près la même chose

all but / as good as   **presque / pour un peu / peu s'en fallu /**
c'est tout juste si

he all but / he just about accused me of lying
c'est tout juste s'il ne m'a pas accusé de mentir / pour
un peu il m'aurait accusé de mentir

he as good as said I was a liar
il m'a presque traité de menteur

I all but / very nearly forgot to mail my letter
pour un peu, j'oubliais de poster ma lettre

you might as well say / tantamount to saying that   **autant dire que**

you might as well say that I'm a liar
autant dire que je suis un menteur

it's tantamount to saying that I was taken in / that my efforts are useless
autant dire que je me suis laissé avoir / que je ne sers à rien

pretty / fairly   **plutôt**

she feels pretty pleased with her new job
elle est plutôt contente de son travail

he was fairly pleased to find us there
il était plutôt content de nous trouver là

I was pretty annoyed at the way the children behaved
je suis plutôt vexée de la façon dont les enfants se sont conduits

in my opinion that was a pretty bad way of dealing with the problem
à mon avis, c'était une bien mauvaise façon de traiter le problème

I rather enjoyed the play; I feel rather better today
j'ai plutôt aimé la pièce; je me sens plutôt mieux aujourd'hui

the bad weather rather ruined our holiday(GB), vacation(US)
le mauvais temps a plutôt gâché nos vacances

common expressions   **expressions courantes**

it's not so bad; it's not bad at all
ce n'est pas si mal; ce n'est pas mal du tout

there's something to be said for it; he sort of likes her
cela a du bon, des mérites, des avantages; il l'a plutôt à la bonne

none too   **pas très**

my father was none too pleased that I failed the test
mon père n'était pas très content que j'aie échoué à mon examen

the shower water was none too warm
l'eau de la douche n'était pas très chaude

that / all that   **ne guère / ne…pas tellement**

it was not all that easy
ce ne fut guère facile / ce ne fut pas tellement facile

common expressions   **expressions courantes**

he's not as lazy as all that; nobody is that lazy
il n'est pas aussi paresseux que ça; personne n'est paresseux à ce point

I know nobody to be as lazy as that
je ne connais personne qui soit paresseux à ce point

it won't be as long as that
ce ne sera pas si long que ça

enough   **assez**

the water isn't warm enough
l'eau n'est pas assez chaude

we've enough food for tomorrow
nous avons assez de nourriture pour demain

we've got more than enough (money) to live on
nous avons largement assez pour vivre

the hem of the curtains is very generous
l'ourlet des rideaux a été largement calculé

he took a generous helping of cheese
il s'est servi largement de fromage

too   **trop**

he's too big; if you eat too much you'll put on weight
il est trop gros; si vous mangez trop, vous prendrez du poids

he's already been driving far too long
il n'a déjà que trop conduit

he's far too stupid to understand
il est bien trop bête pour comprendre

there were too many people at the party; there were too many of us
il y avait beaucoup trop de monde à cette réception; nous étions trop nombreux

altogether / by and large   **tout compte fait**

it wasn't altogether very pleasant
tout compte fait, ce n'était pas très agréable

he's by and large a hard-working student
dans l'ensemble, c'est un étudiant travailleur

quite   tout à fait

it's a very good film
ce film est tout à fait bon

miniskirts are quite fashionable
les minijupes sont tout à fait à la mode

■
134 IMPORTANCE

to make much of something; set great store by something
faire grand cas de quelque chose

to attach importance to something
attacher de l'importance à quelque chose

to set a high value upon something
attacher un grand prix à quelque chose

I give great importance to faithfulness
j'attache beaucoup d'importance à la loyauté

it's very important to me
c'est très important pour moi

the qualities of the heart are of prime importance to me
pour moi, ce sont les qualités de cœur qui priment

the important thing is to love each other; what matters is to love each other
l'important est de s'aimer; ce qui importe, c'est de s'aimer

you're forgetting what's most important
vous oubliez l'essentiel / ce qui est le plus important

as long as you have your health, that's the main thing; it's essential / the main thing
le plus important / l'essentiel, c'est la santé; c'est capital / c'est essentiel

it's of capital importance
c'est d'une importance capitale

it's a discovery of the utmost importance / significance
c'est une découverte de la plus haute importance / du plus grand intérêt

it's a discovery of major importance
c'est une découverte d'une importance exceptionnelle

this problem is vitally important; this isn't just anything
ce problème est d'une importance capitale; ce n'est pas n'importe quoi

it's a matter of some importance
la chose est d'importance

it's not a question to be played with; we mustn't make light of it
ce n'est pas une question qu'on traite à la légère;
nous ne devons pas la traiter à la légère

he doesn't always think about the import of what he's saying
il ne mesure pas toujours la portée de ses paroles

to give first priority to something
donner la priorité à quelque chose

for him making money is the be-all and end-all of his job
pour lui, gagner de l'argent constitue l'alpha et l'omega de son métier

last but not least
dernier (point) mais non le moindre / enfin et ce n'est pas le moins important

to think little of something
faire peu de cas de quelque chose

what does it matter to you? what difference can it possibly make to you?
qu'est-ce que cela peut bien te faire?

this letter is of no importance whatever; we can ignore it
cette lettre n'a aucune espèce d'importance; nous pouvons l'ignorer

the price doesn't much matter
le prix n'a pas beaucoup d'importance

it pales into insignificance beside everything else
cela perd toute importance par rapport au reste

money doesn't mean much to me
je n'attache pas une très grande importance à l'argent

it's no big deal to me; this amounts to very little
c'est peu important pour moi; cela ne représente pas grand-chose

it's (of) no great matter / it's quite unimportant
cela n'a pas beaucoup d'importance / c'est peu de chose

it hardly matters at all; it's nothing to speak of
ce n'est pas important du tout; cela ne vaut pas la peine qu'on en parle

all that is of no importance
tout cela n'a pas d'importance

to have no regard for something   ne faire aucun cas de quelque chose

he never takes any notice of my comments
il ne fait aucun cas de mes observations

it's nothing to me that she's poor
le fait qu'elle est pauvre m'est bien égal

it doesn't matter one way or the other / it's of no consideration
cela n'a aucune espèce d'importance / cela n'a aucune importance

it's nothing to get worked up about!
ce n'est pas une affaire!

never mind / it doesn't matter   peu importe

that's neither here nor there
peu importe / cela n'a aucune importance

it makes no matter whether he comes or not
peu importe qu'il vienne ou non

never mind, it doesn't matter
ne vous en faites pas, cela n'a pas d'importance / ce n'est pas grave

no matter what you think you will do what you've been told to do
peu importe ce que vous pensez, vous ferez ce qu'on vous a dit de faire

it matters little whether he's satisfied or not; it hardly matters at all!
peu importe qu'il soit content ou non; ce n'est pas important du tout!

it doesn't matter to me how much it costs / how long you'll stay / who said that
peu m'importe combien il coûte / le temps que vous resterez / qui a dit cela

to play up something / blow something up   **exagérer l'importance de quelque chose**

that diplomat undoubtedly played up his own role in the peace talks
ce diplomate a sans doute exagéré son rôle dans les négociations de paix

you mustn't blow up this border incident
il ne faut pas exagérer l'importance de cet incident de frontière

the incident has been blown up out of all proportion
on a gonflé l'importance de l'incident

the press made too much of it
la presse y a attaché trop d'importance / la presse en a fait trop de cas

you mustn't make a mountain out of a molehill
il ne faut pas en faire tout un plat / une montagne

to matter   **compter / importer**

her brother means a lot to her
son frère compte beaucoup pour elle

the only thing that matters is the result / to act quickly
la seule chose qui compte, c'est le résultat / c'est d'aller vite

to count for nothing / cut no ice
compter pour rien / pour des prunes* / du beurre*

■
135 OPINION

to have an opinion about something   **avoir une opinion sur quelque chose**

to have a closed mind on / about education
avoir des opinions bien arrêtées sur l'éducation

to be out of date in one's opinions about the economy
avoir des opinions complètement dépassées concernant l'économie

I've my own opinion on the subject
j'ai mon opinion sur la question

in my opinion / as I see it the government is making a mistake by raising taxes
à mon avis / selon moi, le gouvernement a tort d'augmenter les impôts

but it's purely a matter of opinion / my personal opinion
**mais ce n'est qu'une question d'opinion / c'est seulement
une opinion personnelle**

to sum somebody up   se faire une opinion sur quelqu'un

to think highly of somebody
avoir une bonne opinion de quelqu'un

to have a low opinion of somebody
avoir une piètre opinion de quelqu'un

to think the best / worst of somebody
avoir une très bonne / mauvaise opinion de quelqu'un

to ask somebody's opinion   demander son opinion à quelqu'un

I'd be happy to have your opinion
je serais heureux d'avoir votre opinion

your opinion carries weight in the company; I want to hear it
votre opinion a du poids dans la société; j'ai besoin de la connaître

what is your attitude to / can you tell me what you think of voluntary abortion?
**quelle est votre opinion en ce qui concerne l'IVG?
pouvez-vous me dire ce que vous pensez de l'IVG?**

what do you think about my new hair-do? how does it appear / seem to you?
**que pensez-vous de ma nouvelle coiffure? qu'en pensez-vous?
que vous en semble-t-il?**

I thought we could invite them to dinner; how does that strike you?
je pensais que nous pourrions les inviter à dîner; qu'en penses-tu?

what do you think about this idea?
que pensez-vous de cette idée?

what do you lot* think? - opinion is divided
et vous autres, qu'en pensez-vous? - les avis sont partagés

tell me what you feel about the new government?
dites-moi ce que vous pensez personnellement du nouveau gouvernement

to express one's opinion   **exprimer son opinion**

I'll give you my opinion for what it's worth
je vais vous dire mon opinion, prenez-la pour ce qu'elle vaut

from my point of view everything's going well and there I'm speaking my mind
de mon point de vue, tout va bien et je le dis comme je le pense

to find   **trouver**

I find it stupid to waste one's money on trifles
je trouve stupide de gaspiller son argent en frivolités

I found the lady of the house to be a beautiful brunette
je trouvais que la maîtresse de maison était une jolie brunette

I find that his attitude reveals a deep malaise
je trouve que son attitude révèle un profond malaise

other verbs and expressions   **d'autres verbes et expressions**

I consider my partner a reliable person
je considère mon associé comme une personne digne de confiance

I suppose film stars are sometimes the victims of their celebrity
je pense que les vedettes de cinéma sont parfois victimes de leur célébrité

it seems to me you've changed a lot
à ce qu'il me semble, vous avez bien changé

I've the impression that you're not telling me the whole truth
j'ai l'impression que vous ne me dites pas toute la vérité

I figure he'll come
je pense qu'il viendra

I'm of the opinion / think that it's better to wait
je suis d'avis d'attendre / je pense qu'il vaut mieux attendre

I really think he's trying to trick me
je crois bien qu'il essaie de me jouer un tour

I guess it's going to rain
je crois / pense qu'il va pleuvoir

I reckon my good health is linked to the fact I don't drink any alcohol
je pense que ma bonne santé est due au fait que je ne bois pas d'alcool

I think you're right
je pense que vous avez raison

everything leads me to believe that my wife is planning to leave me
tout me donne à penser que ma femme se prépare à me quitter

if I may express an opinion
si je peux me permettre de dire ce que je pense

of course, everyone is allowed their say
mais bien sûr, tout le monde a son mot à dire

as far as I can see / to the best of my reckoning you're not ready to take the plunge
à ce que je vois / pour autant que je puisse en juger,
vous n'êtes pas prêt à sauter le pas

to the best of my knowledge he's never had any problem with the law
pour autant que je sache, il n'a jamais eu affaire à la justice

I guessed as much; I suspected as much for a long time
je m'en doutais bien; je m'en doutais depuis longtemps

I can't help thinking you must be wrong
je ne peux m'empêcher de penser que vous devez vous tromper

that's quite another matter
c'est une toute autre histoire

a rough rule of thumb is that a bird in the hand is worth two in the bush
en règle générale il vaut mieux tenir que courir

proverb   **proverbe**

every man to his opinion
autant de têtes, autant d'opinions / à chacun sa vérité

■

136 BELIEF

belief / credence   **la croyance**

according to popular belief rheumatic people are supposed to live a long time
selon la croyance populaire, les rhumatismes sont un brevet de longue vie

you mustn't give credence to rumours
il ne faut pas ajouter foi aux rumeurs

to believe somebody   **croire quelqu'un**

to take what somebody says at face value
prendre les paroles de quelqu'un pour argent comptant

to believe somebody's statements
ajouter foi aux dires de quelqu'un

I'll take your word for it; I accept what you say as a fact
je vous crois sur parole; je ne mets pas en doute ce que vous me dites

I've come to believe you
j'en suis venu à vous croire

I believe you, but only to a certain extent; I only half believe you
je vous crois, mais seulement dans une certaine mesure;
je ne vous crois qu'à demi

anyway I give you the benefit of the doubt
de toute façon, je vous accorde le bénéfice du doute

to believe something   **croire quelque chose**

the will is father to the thought
on a tôt fait de croire ce qu'on désire

I think he'll come
je crois qu'il viendra

I think so / I think not; I believe so / I believe not
je le crois / je ne le crois pas; je crois que oui / je crois que non

I somehow have an idea that he won't come
j'ai comme une idée qu'il ne viendra pas

I'm half-inclined / inclined to believe that he won't come
je suis tenté de croire / je suis enclin à croire qu'il ne viendra pas

I'm led to think that he won't come
je suis amené / porté à croire qu'il ne viendra pas

everything leads me to believe that he won't come
tout me porte à croire qu'il ne viendra pas

I'm led / have reason to believe that he's to leave today
je crois savoir / je suis porté à croire qu'il doit partir aujourd'hui

I like to think that he loves me; I believe it and I don't
j'aime à croire qu'il m'aime; j'y crois sans y croire

deep down I don't believe it
au fond de moi-même, je n'y crois pas

to have a blind belief in something
croire dur comme fer / croire aveuglément à quelque chose

the judge firmly believes that he's guilty
le juge croit dur comme fer qu'il est coupable

as for me I've good reasons to believe that he's innocent
quant à moi, j'ai de bonnes raisons de croire qu'il est innocent

I've good grounds for believing him when he claims his innocence
j'ai de bonnes raisons de le croire quand il clame son innocence

I believe that is the truth but I wouldn't venture to swear to it
je pense / crois que cela est vrai, mais je n'oserais pas le jurer

I'm not so naïve as to believe he's as innocent as a new-born babe
je n'ai pas la naïveté de croire qu'il est innocent
comme l'agneau qui vient de naître

you ought to know better than to believe him
tu ne devrais pas être assez stupide pour le croire

do you think this medicine is effective?
croyez-vous que ce médicament soit efficace?

he's got it into his head that he was a victim of destiny
il s'est fourré dans la tête qu'il était poursuivi par le sort

he's a strong believer in ghosts
il croit fermement aux revenants

not to believe / refuse to believe   **ne pas croire / se refuser à croire**
quelque chose

I could hardly believe my ears when she told me she was about to sail for Australia
je n'en ai pas cru mes oreilles quand elle me dit
qu'elle s'embarquait pour l'Australie

I find it hard to believe / I can hardly believe it
c'est difficile à croire / j'ai peine à le croire

would you believe it? it's beyond (all) belief! it's incredible! it's unbelievable!
le croiriez-vous? c'est incroyable! ce n'est pas croyable! c'est incroyable!

doing things like that! it has to be seen to be believed
on n'a pas idée de faire des choses pareilles! il faut le voir pour le croire

you must be joking! you can't be serious! that cannot be!
ce n'est pas possible! vous ne parlez pas sérieusement! je ne peux vous croire!

I can hardly credit it; it's hardly credible
je n'arrive pas à le croire; c'est peu probable

what you're saying is a lie, it's a lot of rubbish; I won't buy it
tu mens, tout ça c'est du bidon*; je ne vais pas avaler ça

that's coming it a bit thick*; you're laying it on with a trowel*
tu pousses le bouchon* un peu loin; tu n'y vas pas avec le dos de la truelle*

your story is an old wives' tale; a cock and bull story
ton histoire est un conte de bonne femme; c'est une histoire à dormir debout

believe it or not, it's true
c'est incroyable mais vrai

if you were to go by what he says he's already seen and read everything
à l'en croire / à l'entendre dire, il a déjà tout lu et tout vu

I lean towards the belief that he oversteps the mark
j'ai tendance à croire qu'il exagère

faith   **la foi**

to believe in God; to see the light
croire en Dieu; trouver son chemin de Damas

he had faith in communism for a long time but now he no longer believes in anything
il a cru longtemps aux promesses du communisme,
maintenant il ne croit plus à rien

superstition   **la superstition**

to put a jinx / hoodoo* on somebody
porter la guigne / poisse* à quelqu'un

are you superstitious? don't pass under a ladder, it's unlucky
êtes-vous superstitieux? ne passe pas sous une échelle, ça porte la poisse*

proverbs   **proverbes**

faith is a marvellous thing
il n'y a que la foi qui sauve

it's too good to be true
c'est trop beau pour être vrai

■

137 DOUBT

to sow confusion / seeds of doubt in somebody's mind
semer le doute / trouble dans l'esprit de quelqu'un

to leave somebody in doubt / keep somebody on tenterhooks
laisser quelqu'un dans le doute / maintenir quelqu'un dans l'incertitude

to give somebody the benefit of the doubt
laisser à quelqu'un le bénéfice du doute

a certain amount of doubt hangs over the case;
my mind is gripped by doubt
un doute plane sur l'affaire; le doute envahit mon esprit

doubt began to creep into people's mind
le doute a gagné les esprits / s'est instauré dans les esprits

some doubt remains as to the authenticity of the document
le doute subsiste quant à l'authenticité du document

there's no room for doubt concerning the authenticity of the document
le doute n'est plus permis concernant l'authenticité de ce document

to have misgivings / (one's) doubts about something   **douter / avoir des doutes**

I've misgivings about the feasibility of his project
j'ai des doutes au sujet de la possibilité de réalisation de son plan

I'm having second thoughts (about it); I find it doubtful
je commence à avoir des doutes (à ce sujet); je trouve cela douteux

I've serious doubts about it; I'm assailed by doubts
j'en doute sérieusement / j'ai de graves doutes à ce sujet; je suis assailli par le doute

I'm very dubious about it; I'm still wondering
je n'en suis pas sûr du tout / j'en doute fort; je me pose la question

you can believe it if you like; you'll never know if it's true
va-t-en voir si c'est vrai!

I doubt his sincerity; I'm not without some doubts as to his sincerity
je doute de sa sincérité; je ne suis pas sans avoir de doute sur sa sincérité

I'm doubtful about the efficiency of this weight loss programme
je doute de l'efficacité de ce régime d'amaigrissement

uncertainty   **l'incertitude**

I don't know that that's a very good idea; I very much doubt it
je ne suis pas sûr que ce soit une très bonne idée; j'en doute fort

if you're uncertain about a word look it up in the dictionary
si vous êtes dans le doute à propos d'un mot, regardez dans le dictionnaire

I'm dubious whether I'll be able to come / it's problematic(al) whether I'll come
je ne suis pas sûr de pouvoir venir / il n'est pas du tout certain que je vienne

it's not definite I'll go on holiday
il n'est pas sûr que je parte en vacances

it's still uncertain whether I'll go on holiday
je ne sais pas encore très bien si je vais partir en vacances

I'm not too sure about that
je n'en suis pas très sûr / très certain

who knows? you can never know
qui sait? on ne sait jamais

it's far from obvious that he's telling the truth
il est loin d'être évident qu'il dit la vérité

it's not clear whether he's showing his true colours
il est difficile de savoir s'il montre son vrai visage

it's not that certain; nothing is less certain
ce n'est pas si sûr; rien n'est moins sûr

I don't know for sure / I wouldn't like to say
je ne sais pas vraiment / je ne saurais le dire

I'm at a loss to say; I can't tell
je suis incapable de le dire; je n'en sais rien

I'm saying that off the top of my head*
je dis ça sans trop savoir / sans savoir exactement

I don't know what to make of it and yet, when I come to think of it, he may be right
je ne sais qu'en penser et cependant, à y bien réfléchir, je crois qu'il a raison

I don't know to what extent he may be right
je ne sais jusqu'à quel point il a raison

to doubt if / whether   **douter que**

I doubt if we'll have time to visit you
je doute que nous ayons le temps de vous rendre visite

it's open to doubt whether he'll come
on peut douter qu'il vienne

it's not sure whether we'll go on holiday this year
je doute / il n'est pas sûr que nous partions en vacances cette année

suspicion   **la suspicion**

to suspect something; to be suspicious about somebody
se douter de quelque chose; avoir des soupçons à l'égard de quelqu'un

I suspected that he was dishonest
je me doutais qu'il était malhonnête

I had a suspicion that he wouldn't come back
je me doutais / j'avais le sentiment /
quelque chose me disait qu'il ne reviendrait pas

I've suspected as much for a long time
je m'en doutais depuis longtemps

I smelt a rat / something fishy*
je flairais quelque chose / quelque chose de louche

there was plenty of hanky-panky* going on around here
il y avait là quelque chose de pas très catholique / de l'embrouille là-dedans

there was something odd about it
il y avait quelque chose là-dessous

there's a snake in the grass
il y a anguille sous roche

proverbs   proverbes

when in doubt, don't
dans le doute, abstiens-toi

there's no smoke without fire
il n'y a pas de fumée sans feu

■

138 CERTAINTY

certainty   la certitude

I'm sure of my ground
je suis sûr de mon fait / je parle en connaissance de cause

I became certain of his honesty
j'ai acquis la certitude de son honnêteté

I haven't the slightest doubt about his honesty
je n'ai pas le moindre doute au sujet de son honnêteté

I dare say that he'll succeed; no doubt about it
je suis certain qu'il réussira; cela ne fait aucun pli

I take his success for granted
je tiens son succès pour certain

it's safe to predict he'll succeed; it's dead certain*
on peut prédire à coup sûr qu'il réussira; c'est couru d'avance

do you know it for sure?
en êtes-vous absolument certain?

it's a dead certainty / I'm 100 % sure / I know it for sure
j'en suis absolument certain / j'en suis sûr à 100% /
c'est une certitude absolue / j'en ai la certitude

I'm positive / very definite about it
j'en suis certain / je suis catégorique

I'd stake my life on it or I'm a Dutchman*
j'en mettrais ma tête à couper / j'en mettrais ma main au feu

I know it for a fact that the dice are loaded
je sais pertinemment / je sais de source sûre les dés sont pipés

I can say for sure that he deceived me
j'affirme avec certitude qu'il m'a trompée

you can take that from me because it's the truth
vous pouvez me croire, parce que c'est la vérité

to my positive knowledge he didn't see me
je sais sans l'ombre d'un doute qu'il ne m'a pas vue

there's no doubt about it
cela ne fait aucun doute

there's no doubt whatever about it
cela ne fait pas le moindre doute

it doesn't permit of doubt / there's no doubt about that
aucun doute n'est permis / cela ne permet pas le moindre doute /
c'est incontestable

he's undoubtedly right; it's beyond doubt
il a indubitablement raison; cela ne fait aucun doute; c'est hors de doute

that's for sure / you can be sure of that
la chose est sûre, vous pouvez en être sûr

*by all the odds the unemployment rate will still increase
in the course of the year*
sans aucun doute / à en juger par ce que l'on sait,
le taux de chômage augmentera encore cette année

it's beyond doubt / definite that rats are pests
il ne fait aucun doute / il est incontestable que le rat est un animal nuisible

there's not the shadow of a doubt about it
il n'y a pas l'ombre d'un doute à ce sujet

there's no room for doubt
il n'y a pas de doute possible

it's undeniable / uncontestable
c'est indéniable / c'est incontestable

that's certain / that's for sure / it's absolutely certain
c'est certain / c'est sûr et certain / c'est absolument certain

it's as sure as two and two are 4
c'est aussi sûr que deux et deux font 4

evidence   **l'évidence**

it's obvious that you were deceived; you were evidently deceived
il est clair qu'on vous a trompé; **de toute évidence** on vous a trompé

it's obvious / it leaps to the eye that the witness committed perjury
il est évident / il saute aux yeux que le témoin a fait un faux témoignage /
qu'il s'est parjuré

it's crystal clear
c'est clair comme de l'eau de roche

it's self-evident; it's staring you in the face
c'est évident; cela saute aux yeux

it's as plain as plain can be / as the nose on my face
c'est évident / cela se voit comme le nez au milieu de la figure

■
139 ERROR

there's been a mistake / there must be some mistake, this is not mine
il y a erreur / il doit y avoir une erreur, ceci n'est pas à moi

due to an error we sent you somebody else's invoice
par suite d'une erreur, nous vous avons envoyé une facture
qui ne vous était pas destinée

there's plainly been a mistake; it's a glaring mistake
il y a eu manifestement erreur; cette erreur crève les yeux

that was the one thing not to do
c'était l'erreur à ne pas faire

errors and omissions excepted
sauf erreur ou omission

prejudices often risk leading people into error
les préjugés risquent souvent de nous induire en erreur

to make / commit a mistake / an error   **faire une erreur**

we're all liable to make mistakes;
nobody is beyond making a mistake / no one is infallible
nous sommes tous sujets à l'erreur;
personne n'est à l'abri d'une erreur / personne n'est infaillible

to make an error in calculation; make one mistake after another
faire une erreur de calcul; faire faute sur faute

to be sadly mistaken / commit a gross error; make a big mistake
se tromper grossièrement / lourdement; faire une grosse erreur

I rang this door bell by mistake; I've boobed** over the number
j'ai sonné à cette porte **par erreur; je me suis trompé / je me suis gouré*** de numéro

to be wrong / mistaken about something   **se tromper**

to err in one's judgement; misjudge somebody
faire une erreur de jugement; se méprendre sur quelqu'un

I was mistaken about the sincerity of her feelings
je me suis trompé sur la sincérité de ses sentiments

I was out in my calculations; I was out by 100 dollars
je me suis trompé dans mes calculs; je me suis trompé de 100 dollars

I was not far wrong; I was far out
je ne me suis pas trompé de beaucoup; je me suis trompé lourdement

common expressions	expressions courantes
to take chalk for cheese	prendre des vessies pour des lanternes
to be on the wrong track	faire fausse route
to be misled by appearances	se tromper sur les apparences
to get the wrong address	se tromper d'adresse
to dial the wrong number	se tromper de numéro

I've got the wrong person; I mixed these twins
je me suis trompé de personne; j'ai confondu ces deux jumeaux

he made the mistake of saying what he thought
il a eu le malheur de dire ce qu'il pensait

he was foolish to say what he thought; he's had cause to rue it!
il a eu la sottise de dire ce qu'il pensait; mal lui en a pris!

because of an unfortunate remark he turned everybody against him
pour un mot malheureux, il s'est mis tout le monde à dos

you're nowhere near right; you haven't got it at all*
vous n'y êtes pas du tout; vous êtes loin de la vérité

you're completely up the pole* / you've got another thing coming*
tu te mets / tu te fourres* le doigt dans l'œil jusqu'au coude*

he's gone completely wrong with his problem
il s'est complètement fourvoyé dans son problème

he got his calculations wrong
il s'est planté dans ses calculs

he made a cock-up** of his calculations; he really boobed**
il s'est gouré* dans ses calculs; il s'est foutu dedans**

he's slipped up with a vengeance; he committed a considerable error
il s'est trompé dans les grandes largeurs; il a commis une erreur de taille

he got it all wrong; he's got it all wrong
il s'est fichu dedans*; il a tout faux

his answer was off the point; he was wide of the mark
il a répondu à côté de la question; il était à côté de la plaque*

he had to eat his words in public
il a dû manger son chapeau (il a dû reconnaître son erreur)

all the same he's wrong
n'empêche qu'il a tort

illusion   l'illusion

to be the victim of an illusion
être le jouet d'une illusion

to delude / kid oneself / be under an illusion
**se faire des illusions / se bercer d'illusions /
se duper soi-même / se mettre le doigt dans l'œil***

to live in a make-believe world
prendre ses désirs pour des réalités / se repaître de chimères

to chase shadows
lâcher la proie pour l'ombre

proverbs   proverbes

to err is human, to forgive is God's will
l'erreur est humaine, mais Dieu pardonne

if you don't make mistakes, you don't make anything
il n'y a que celui qui ne fait rien qui ne se trompe pas

■
140 JUDGMENT VALUE

to have good judgment; lack good judgment; be rash in one's judgments
avoir un bon jugement; manquer de jugement; formuler des jugements téméraires

to base one's judgment on reliable evidence
asseoir son jugement sur des témoignages dignes de foi

you mustn't judge by appearances; don't judge a book by its cover
il ne faut pas juger sur les apparences

it's shallow to pass judgment on somebody only by appearances
il est futile de porter un jugement sur les seules apparences

I had taken him for an honest person but he turned out to be a regular crook
**je l'avais pris pour un honnête homme, mais il s'est révélé
être un véritable escroc**

to judge somebody at his real value   **juger quelqu'un à sa juste valeur**

what do you make of him?
qu'est-ce que tu penses de lui?

he's every bit as good as his brother
il vaut largement son frère

*as a musician he's not worth a crop**
comme musicien, il ne vaut rien

to be worth   **mériter / valoir la peine**

it's worth it / it's (well) worth the trouble
ça vaut la peine / cela en vaut (bien) la peine / cela vaut le dérangement

it's not worth it
cela n'en vaut pas la peine / cela ne vaut pas le coup*

I think the play is worth seeing
j'estime que la pièce vaut d'être vue

I think the town itself is worth a visit; it's worth it
je pense que la ville en elle-même mérite une visite; ça vaut le coup*

I think it's worth your going there
j'estime que cela vaut la peine que vous y alliez

it's not worthwhile talking about; it's not worth making a fuss about it
**cela ne vaut pas la peine d'en parler;
ce n'est pas la peine / cela ne vaut pas la peine d'en faire une histoire**

to be worth something   **valoir quelque chose / estimer une valeur**

how much is it (worth)? it's worth money; it must be worth 500 dollars
**combien cela vaut-il? / combien ça vaut? ça vaut de l'argent;
cela vaut bien / doit bien valoir 500 dollars**

it isn't up to much; it's not worth having; it's not worth tuppence* / a cent
ce n'est pas fameux / ça ne vaut pas grand-chose;
ça ne vaut rien / ça ne vaut pas un radis*

it's not worth a brass farthing* / a tinker's cuss*/ damn*
ça ne vaut pas un clou* / ça ne vaut pas tripette* /
ça ne vaut pas un pet de lapin*

common expressions   **expressions courantes**

the game is not worth the candle
le jeu n'en vaut pas la chandelle

it's six of one and half a dozen of the other* / it's all one / it's all the same
ça se vaut* / c'est tout un / c'est la même chose

what a stupid thing to say!
il vaut mieux entendre cela que d'être sourd

let's not waste a second on him, he's not worth it; he's not worth his keep
il ne vaut pas la corde pour le pendre; il ne vaut pas le pain qu'il mange

their two sons aren't much good
leurs deux fils ne valent pas cher

they're both as bad as each other
ils ne valent pas mieux l'un que l'autre

proverb   **proverbe**

a tree is known by its fruit
on juge l'arbre aux fruits qu'il donne

■

141 ESTEEM AND CONSIDERATION

to act out of consideration for somebody
agir par considération envers quelqu'un

he showed great consideration to(wards) his partner
il a montré beaucoup de considération et d'égards pour son associé

he welcomed him with every / great consideration
il l'a accueilli avec beaucoup d'égards / de considération

I think highly / the world of you
j'ai une très bonne opinion de vous / je pense le plus grand bien de vous

I've a very high opinion of you / I hold you in high esteem
**j'ai une très haute opinion de vous / j'ai la plus grande estime pour vous /
je vous tiens en grande estime**

he was beaten but I think no less of him
il a été battu, mais il n'a pas pour autant descendu dans mon estime

I appreciate your generosity / I hold your generosity in high esteem
j'apprécie / j'estime votre générosité

to praise somebody   **louer / féliciter quelqu'un**

to speak / write in praise of somebody / bestow lavish praise on somebody
faire l'éloge de quelqu'un / se répandre en éloges sur quelqu'un

to sing somebody's praises
chanter les louanges de quelqu'un (sur toutes les notes de la gamme)

to heap praises / accolades on somebody
combler / couvrir quelqu'un d'éloges

to praise somebody to the skies
porter quelqu'un aux nues

he never stops praising her; always puts her on a pedestal
il ne tarit pas d'éloges sur elle; il la met toujours sur un piédestal

I take my hat off to you for what you've done
je vous tire mon chapeau pour ce que vous avez fait

you've gone up yet another notch in my estimation
vous êtes encore monté d'un cran dans mon estime

to pay tribute to somebody   **rendre hommage à quelqu'un**

many people paid tribute to Martin Luther King on the anniversary of his death
**beaucoup de gens ont rendu hommage à Martin Luther King
à l'anniversaire de sa mort**

to deserve / have a right to something   **mériter**

he's a man of great merit; he deserves recognition
c'est un homme de grand mérite; il mérite qu'on ne l'oublie pas

he merits everyone's esteem
il mérite l'estime de tous

all the merit is due to him
tout le mérite lui en revient

his success is all the more to his credit as no one helped him at all
il a d'autant plus de mérite à avoir réussi que personne ne l'a aidé

reputation   **la réputation**

to be favourably considered; have a good / bad reputation
jouir d'un préjugé favorable; avoir bonne / mauvaise réputation

to get / make oneself a good name
se faire un nom / acquérir une bonne réputation

to be well-known for one's honesty; have a spotless reputation
avoir une réputation d'honnêteté; avoir une réputation sans tache

what's his standing? - this man has a reputation for miserliness
**quelle est sa réputation? - cet homme a la réputation d'être avare / il est réputé
pour son avarice**

this doctor is a man of high standing; he's highly regarded
ce médecin est un homme considéré et respecté; il est hautement considéré

he's said to be a good doctor
on le donne pour un bon médecin

he's reputed as a good doctor
il a la réputation d'un bon docteur

he's one of the town's most reputable doctors
c'est l'un des médecins les plus réputés de la ville

he's regarded as the best doctor in town
il passe pour être le meilleur médecin de la ville

his reputation is not in doubt / is firmly established
sa réputation n'est plus à faire / est maintenant fermement établie

fame / celebrity   **la célébrité**

this actor has reached a certain fame
cet acteur est parvenu à une certaine célébrité

his name is on everyone's lips
son nom est sur toutes les lèvres

he's known throughout the world; he's world-famous
il est connu / célèbre dans le monde entier

it's sometimes said that glory is the radiant mourning of happiness
on dit parfois que la gloire est le deuil éclatant du bonheur

proverb   **proverbe**

a good name is better than riches
bonne renommée vaut mieux que ceinture dorée

142 REPROBATION

to reproach somebody for / with something   **reprocher quelque chose à quelqu'un**

to level reproaches at somebody
adresser des reproches à quelqu'un

to heap reproaches on somebody; not to spare one's complaints
accabler quelqu'un de reproches; ne pas épargner ses reproches

to accuse somebody of ingratitude
accuser quelqu'un d'ingratitude

to remonstrate with somebody about something
faire des remontrances à quelqu'un au sujet de quelque chose

to give somebody a ticking-off* / a dressing-down* / tear a strip off somebody*
passer un savon à quelqu'un* / lui sonner les cloches* / l'enguirlander*

they reproached him for his indelicacy and for having lied
on lui a reproché son indélicatesse et d'avoir menti

I've nothing to reproach myself with
je n'ai rien à me reprocher

anyhow your reproaches don't affect me
de toutes façons, vos reproches ne m'atteignent pas

I'm not blaming you for anything; I'm blaming you for not coming
je ne vous reproche rien; je vous reproche de n'être pas venu

to disapprove   **désapprouver**

I don't approve of watching television too much
je n'approuve pas le fait de trop regarder la télévision

I strongly disapprove of that kind of behaviour
je désapprouve fermement cette façon de se comporter

my father always disapproves of the clothes I wear
mon père trouve toujours à redire à propos de la façon dont je m'habille

I reprove corporal punishments; I condemn such behaviour
je réprouve les châtiments corporels; je réprouve une telle conduite

common expressions   **expressions courantes**

my parents take a dim view of my associates
mes parents voient mes fréquentations d'un mauvais œil

I don't hold with people smoking
**je ne suis pas d'accord avec les gens qui fument / je
suis contre les gens qui fument**

he reproached me for having left
il m'a fait grief de mon départ

his behaviour lays him open to censure; he's more to be pitied than blamed
sa conduite l'expose à des reproches; il est plus à plaindre qu'à blâmer

that's his funeral if he wants to do it; that's his funeral!
s'il veut le faire, c'est tant pis pour lui; tant pis pour lui! ça lui apprendra!

that'll teach him (a thing or two)!
ça lui fera les pieds!

he / she deserves to be slapped / a kick in the pants
il y a des gifles / des coups de pieds au derrière qui se perdent

some "set" expressions / clichés   **quelques reproches formulés**

you're going a bit too far* / over the top, I'm afraid
je crains que vous n'alliez un peu trop loin

you take too much for granted
vous prenez trop de libertés / vous vous croyez tout permis

why do you always need to go there? you shouldn't have gone there
pourquoi faut-il que tu ailles toujours là-bas? il ne fallait pas y aller

you might (just) as well not have gone
tu aurais aussi bien fait de ne pas y aller

why the hell did you do that**? you ought to have known better
qu'est-ce qui t'a pris de faire cela? tu aurais dû réfléchir

it's incredible doing things like that! see what you've let me in for now!
on n'a pas idée de faire des choses pareilles!
regarde dans quelle situation tu m'as mis!

you could at least have told me; you might have told me
tu aurais pu au moins m'en parler; vous auriez pu m'avertir

how is it that you're always late? couldn't you be back earlier?
comment se fait-il que vous soyez toujours en retard?
ne pourrais-tu rentrer plus tôt?

he didn't even thank me
il ne m'a même pas remercié

I've never known anybody behave that way
je n'ai jamais vu quelqu'un agir de cette façon

what a disgrace to the family! you're the disgrace of your family!
quelle honte pour la famille! tu es la honte de la famille!

it's shocking! it's scandalous! it's an absolute disgrace!
c'est choquant! c'est scandaleux! c'est absolument scandaleux!

how CAN you say that? you had no call to say that
comment osez-vous dire cela? vous n'aviez aucune raison de dire cela

■

143 CRITICISM AND CONTEMPT

you have to express your scorn sparingly because the needy are numerous
il faut dispenser son mépris avec parcimonie parce que
les nécessiteux sont nombreux

contempt is the revenge of the weak
le mépris est la revanche des faibles

to criticize somebody for something   critiquer / dénigrer

to delight in criticizing everything
se plaire à tout critiquer

my parents are always criticizing me for all that I do
mes parents critiquent toujours tout ce que je fais

they always speak sharply to me about my way of working
ils me font toujours des observations acerbes au sujet de ma façon de travailler

I've a low opinion of people like him
je n'ai pas une bien bonne opinion des gens comme lui

his attitude is open to criticism
son attitude prête le flanc à la critique

I don't think much of people who fail to honour their engagements
je n'ai pas une bonne opinion des gens qui n'honorent pas leurs engagements

to despise somebody / feel contempt   mépriser / éprouver du mépris
for somebody

to treat somebody with disdain
traiter quelqu'un avec mépris

to fling somebody a look of contempt; crush somebody with one's scorn
lancer à quelqu'un un regard de mépris; écraser quelqu'un de son mépris

he treated me like dirt
il m'a traité de chien galeux

I despise lazy people
je méprise les paresseux

this politician holds in contempt whoever isn't of the same opinion;
he poured contempt on them
ce politicien tient en mépris tous ceux qui ne partagent pas ses opinions;
il les accable de son mépris

the angry customer was disparaging the mechanic's work
le client en colère parlait avec mépris du travail du mécanicien

to scorn / despise   **mépriser / dédaigner**

to scorn / despise honours
mépriser / dédaigner les honneurs

those people scorned common decency
ces gens-là méprisaient le plus élémentaire savoir-vivre

to hiss at somebody   **huer**

the crowd was not long in hissing at the inexperienced speaker
la foule ne tarda pas à huer l'orateur inexpérimenté

to sneer at somebody   **sourire / ricaner**

when I saw her squeezed in a too tight-fitting suit
I couldn't help sneering at her pretension to elegance
quand je la vis, boudinée dans un tailleur trop étroit,
je ne pus m'empêcher de sourire (d'un air méprisant) **de sa prétention à**
l'élégance

to spurn / look down upon / not to deign   **dédaigner**

to shrug off; to give a shrug of contempt
ignorer / ne pas relever; hausser les épaules en signe de mépris

to sniff at something
faire le dégoûté devant quelque chose

to give a disdainful pout / a pout of disgust; to pooh-pooh something
**faire le dédaigneux / faire une moue de dédain;
dédaigner quelque chose / faire fi de quelque chose**

the princess spurned any suitor who wasn't both handsome and rich
la princesse dédaigna / regarda de haut tous ses soupirants
qui n'étaient pas à la fois riches et beaux

he looks down on us now that he's rich
il se moque bien de nous maintenant qu'il est riche

he didn't even deign to look at me
il n'a même pas daigné me regarder

*the woman turned her nose up at the gilded jewellery
and chose a solid gold ring*
la femme dédaigna les bijoux plaqués or et choisi une bague en or véritable

this offer isn't to be sneezed at
il ne faut pas cracher sur cette offre / cette offre n'est pas à dédaigner

you shouldn't bite the hand that feeds you
il ne faut pas cracher dans la soupe*

■

144 SENSITIVENESS

sensitivity   la sensibilité / la bonté

to be sensitive / soft-hearted / have a tender heart
avoir le cœur sensible / avoir du cœur

to be capable of emotion / pity
être capable de sentiment / pitié

to commiserate with somebody
éprouver de la compassion pour quelqu'un

to sympathize with somebody in his grief
compatir aux malheurs de quelqu'un

it was heartrending to see her in such a state
ça vous fendait le cœur de la voir dans cet état

to be big-hearted / a big-hearted fellow; he's a heart of gold
avoir bon cœur / c'est un homme de cœur; il a un cœur d'or /
il est bon comme le bon pain

he sometimes seems a bit rough but he's open-hearted /
he wears his heart on his sleeve
il peut parfois sembler rude, mais il a le cœur sur la main

his bark is worse than his bite; it's easy to get him by his weak point
c'est un dur au cœur tendre; c'est facile de le prendre par son point faible

he's always taken in when someone appeals to his feelings
il se laisse toujours avoir quand on le prend par les sentiments

it's enough to tug his heartstrings
il suffit de faire vibrer sa corde sensible

you mustn't confuse sensitiveness with sentimentality
il ne faut pas confondre la sensibilité avec la sensiblerie

emotionalism   **l'émotivité**

he's a sensitive soul; a man of great feeling
c'est une âme sensible; un homme sensible

he's very emotional
il est prompt à s'émouvoir

he's quick to shed tears; he's moved to tears for next to nothing
il a la larme facile; pour un rien, il est ému aux larmes

your gesture went straight to his heart; he had a little cry
votre geste lui est allé droit au cœur; il y est allé de sa petite larme

touchiness / sensitiveness   **la susceptibilité**

to be very touchy; be cut to the quick
avoir une sensibilité à fleur de peau; être touché au vif

my critical remark touched him on his weak side; he's a tormented soul
**ma remarque l'a touché au point sensible; c'est un écorché vif /
une âme tourmentée**

he's easily offended / his pride is sensitive; I mustn't offend his sensibilities
**il est très susceptible / il a l'amour-propre chatouilleux;
je me dois de ménager ses susceptibilités**

he was most offended at not being invited
il a été très choqué de n'avoir pas été invité

insensivity / insensibility / hard-heartedness   l'insensibilité / la dureté

to be devoid of all feeling
être dépourvu de tout sentiment

to be lost / alien to all delicate feeling
être étranger à tout sentiment délicat / ignorer tout sentiment délicat

to have a heart of stone
avoir un cœur de pierre / avoir un caillou à la place du cœur

to be heartless / hard-hearted / callous / unfeeling; close one's heart to pity
être sans cœur / sans pitié / endurci / impitoyable; fermer son cœur à la pitié

to be insensible to the suffering of others
être insensible aux souffrances d'autrui

nothing upsets him; he's no soul; under a friendly exterior he's a hard man
**il ne s'émeut de rien; c'est un corps sans âme;
sous des dehors aimables, c'est un homme dur**

he doesn't know the meaning of tenderness; tenderness is alien to him
il ne sait pas ce que c'est que la tendresse; la tendresse lui est étrangère

to have a thick skin / a hide like a rhinoceros
être insensible aux critiques / avoir la peau dure

*to be a politician requires a thick skin;
not recommended for people of nervous disposition*
**pour faire de la politique, il faut avoir la peau dure;
personnes / âmes sensibles, s'abstenir**

■
145 FEELINGS

to appeal to somebody's feelings
prendre quelqu'un par les sentiments

she appealed to my feelings; she took advantage of my better nature
elle m'a pris par les sentiments; elle m'a eu au sentiment

to appeal to feelings rather than reason
faire appel aux sentiments plutôt qu'à la raison

to appeal to the emotions
faire jouer la corde sensible

to inspire somebody with a feeling   inspirer un sentiment à quelqu'un

to share somebody's feelings / sympathize with somebody
entrer dans les sentiments de quelqu'un / partager ses sentiments

to know somebody's innermost feelings; see into somebody's heart
connaître le fond du cœur de quelqu'un; lire dans le cœur de quelqu'un

to spare somebody's feelings
ménager les sentiments de quelqu'un

to play with somebody's feelings; hurt somebody's feelings
jouer avec les sentiments de quelqu'un; heurter les sentiments de quelqu'un

to experience feelings   éprouver des sentiments

to have kind / ill feelings for somebody
avoir de bons / mauvais sentiments à l'égard de quelqu'un

to have a feeling for somebody; give oneself up to one's feelings
avoir un sentiment pour quelqu'un; s'abandonner à ses sentiments

to have mixed feelings for somebody; be torn between two conflicting feelings
**éprouver des sentiments mêlés à l'égard de quelqu'un;
être ballotté entre deux sentiments contraires**

to be in communion with somebody
être en communion avec quelqu'un

to feel love / hate / pity for somebody
éprouver de l'amour / de la haine / de la pitié pour quelqu'un

to love / hate somebody with every fibre of one's being
aimer / haïr de tout son être

to have one's feelings hurt / wounded
être atteint / blessé dans ses sentiments

to express one's feelings   **exprimer ses sentiments**

to open one's heart to somebody / pour out one's feelings to somebody
dévoiler / ouvrir son cœur à quelqu'un / s'ouvrir à quelqu'un

to lay bare one's innermost feelings; give away the secrets of one's heart
dévoiler ses sentiments les plus profonds; dévoiler les secrets de son cœur

to pour out all one's pent-up feelings; unburden one's heart;
bare one's heart to a friend
déverser le trop-plein de son cœur; libérer son cœur; se livrer à une amie

to pour out / open one's heart to somebody / relieve one's feelings
**vider son cœur / s'épancher auprès de quelqu'un / épancher son cœur avec
quelqu'un**

to have a heart-to-heart talk with somebody; give voice / vent to one's feelings
parler à cœur ouvert avec quelqu'un; donner libre cours à ses sentiments

today I've decided to lay bare my heart
aujourd'hui, j'ai décidé de mettre mon cœur à nu / de dévoiler mes sentiments

to give way / free rein to my feelings; to let my pen flow / run (on / freely)
donner libre cours à mes sentiments; laisser courir ma plume

however words can't convey how I feel
cependant les mots sont impuissants à exprimer ce que je ressens

and I'm not very good at putting my feelings into words
et je ne suis pas très doué pour dire mes sentiments avec des mots

to show one's feelings   manifester / montrer ses sentiments

to let one's feelings be seen
laisser voir ses sentiments

her heart was full to overflowing and she just had to speak
son cœur débordait, il fallait qu'elle parle

to give away one's true feelings
trahir ses sentiments

to keep one's feelings under control   contrôler ses sentiments

to conceal / hide one's feelings
contrôler / dissimuler ses sentiments

I had great difficulty in disguising / hiding my feelings
j'avais bien du mal à dissimuler mes sentiments

to curb / hold in check one's feelings
refréner ses sentiments

to repress / contain one's feelings / bottle one's feelings up*
refouler / contenir / maîtriser ses sentiments

■
146 FRIENDSHIP

a bosom / close friend; an old / a long-standing friend
un ami intime; un vieil ami / un ami de longue date

he's a friend of mine / a childhood friend
c'est un de mes amis / un ami d'enfance

I've been friends with him ever since our schooldays
je suis ami avec lui depuis le temps même où nous allions à l'école

we're long-standing friends; we're friends of twenty years' standing
nous sommes des amis de longue date; nous sommes des amis de vingt ans

a fair-weather friend stops being one when you're in trouble
un ami occasionnel cesse d'être votre ami quand vous êtes en difficulté

a true friend will stand by you in times of trouble as well as in prosperity
un véritable ami vous demeurera fidèle
dans les mauvais jours comme dans les jours heureux

he's gone out with his girlfriend; she's gone out with her boyfriend
il est sorti avec sa petite amie; elle est sortie avec son petit ami

start of friendship   **la naissance d'une amitié**

to click with somebody*; be a friend to somebody
se découvrir des atomes crochus* avec quelqu'un;
traiter quelqu'un en ami / lui donner son amitié

to have a kindred feeling for somebody
sympathiser avec quelqu'un

we took to each other at once
nous avons sympathisé d'emblée

to take (a liking) to / take up with somebody
se prendre d'amitié pour quelqu'un

to bestow friendship on somebody; give one's friendship to somebody
prendre quelqu'un en amitié; donner son amitié à quelqu'un

to make friends with somebody; strike up a friendship with somebody
se lier d'amitié avec quelqu'un; nouer une amitié avec quelqu'un

to make a friend of somebody; become intimate with him
se faire un ami de quelqu'un; devenir intime avec lui

feelings   **les sentiments**

to be fond of / have a liking for somebody
avoir de l'amitié pour quelqu'un

to be attached to somebody; care deeply about somebody
être attaché à quelqu'un; être profondément attaché à quelqu'un

to have a soft spot for somebody; be enthusiastic about somebody
avoir un faible pour quelqu'un; être enthousiaste au sujet de quelqu'un

I've a great liking for him / I like him a great deal; he's very likeable
j'ai beaucoup de sympathie pour lui; il inspire la sympathie

friendly relations   **les relations d'amitié**

to be on a friendly footing with somebody; have a lot in common with somebody
avoir des relations d'amitié avec quelqu'un;
avoir des atomes crochus* avec quelqu'un

to be dead pally* with somebody; to be very matey* with everyone
être très copain avec quelqu'un; être copain-copain avec tout le monde

to be as thick as thieves with somebody / be hand in glove with somebody
être comme cul et chemise* avec quelqu'un / s'entendre comme larrons en foire

to get on with somebody
bien s'entendre avec quelqu'un

they get on well together / they get along with each other;
they get on like a house on fire
ils s'entendent bien / ils s'accordent bien; ils s'entendent à merveille

they've sworn eternal friendship / they're friends for life
entre eux, c'est à la vie et à la mort

the end of a friendship   **la fin d'une amitié**

their friendship has its ups and downs / goes through occasional rough patches
leur amitié connaît des hauts et des bas / traverse des turbulences

they had been quite good friends for years until they fell out over some trivial matter
ils avaient été de fort bons amis pendant des années
jusqu'à ce qu'ils se brouillent pour une vétille

the friendship there was between them little by little gave way to indifference
la sympathie qui existait entre eux a fait peu à peu place à l'indifférence

to give somebody the cold shoulder(GB), turn a cold shoulder on / to somebody(US)
traiter quelqu'un par indifférence

to alienate somebody's affection; to alienate / estrange a friend
s'aliéner l'affection de quelqu'un; s'aliéner un ami

to deprive somebody of one's friendship; to sever all relations with somebody
retirer son amitié à quelqu'un; cesser toute relation avec quelqu'un

proverbs   **proverbes**

a friend in need is a friend indeed
c'est dans l'adversité qu'on reconnaît ses vrais amis

save us from our friends
protégez-moi de mes amis (je me charge de mes ennemis)

the more, the merrier / the company makes the feast
plus on est de fous, plus on rit

■

147 AFFECTION

to become fond of / attached to somebody; like somebody
**prendre quelqu'un en affection / se prendre d'affection pour quelqu'un;
bien aimer quelqu'un**

to have / feel affection for somebody
avoir de l'affection pour quelqu'un

to win somebody's affection
se faire aimer de quelqu'un / gagner l'affection de quelqu'un

not to get any affection; hunger / crave for affection
être privé d'affection; avoir grand besoin d'affection

to be deeply / profoundly attached to somebody
être profondément attaché à quelqu'un

he has a great affection for his parents; his letter is evidence of his affection
**il a beaucoup d'affection pour ses parents;
sa lettre témoigne de toute l'affection qu'il leur porte**

his parents always showed him much affection
ses parents lui ont toujours montré beaucoup d'affection

he has a soft spot for his daughter; she's a very affectionate child; she's such a dear!
il a un faible pour sa fille; c'est une enfant très affectueuse; elle est adorable!

to cherish / love somebody dearly   chérir quelqu'un

his mother dotes on him; he's the apple of his mother's eye
c'est le chéri de sa maman; elle le couve comme la prunelle de ses yeux

my grandparents dote on their grandchildren
mes grands-parents sont fous de leurs petits-enfants

my pet / my sweetie   ma petite chatte
yes darling / poppet* / honey   oui ma choute
my darling   ma chérie / mon chéri

to snuggle up / nestle close to somebody; snuggle up into somebody's arms
se pelotonner contre quelqu'un; se pelotonner dans les bras de quelqu'un

proverb   proverbe

desire passes, tenderness lives on
le désir passe, la tendresse demeure

■

148 LOVE

love affair   la relation amoureuse

to have a love affair
avoir une liaison amoureuse

they're in love with each other; they're courting
ils sont amoureux; ils sortent ensemble

it's her first love; this is puppy love; they got no further than a few kisses
c'est son premier amour; ce sont des amours enfantins;
ils en sont restés aux baisers

it's only a passing love affair / she's just a passing fancy for him;
a flirtation; a flash in the pan
pour lui, ce n'est qu'une amourette; une passade; un feu de paille

and he was her first romance
et c'était son premier amoureux

she's one of his old loves / flames; he had an affair with her 10 years ago
c'est un de ses amours de jeunesse / un ancien béguin;
il a eu une liaison avec elle il y a 10 ans

he falls in love with every girl he meets; he falls in and out of love
il a un cœur d'artichaut*; il tombe amoureux à tout bout de champ

he's a ladykiller / fast worker*
c'est un bourreau des cœurs

it's not a casual love affair; she's the love of his life
il ne s'agit pas d'un amour de rencontre; c'est l'amour de sa vie

meeting   **la rencontre**

to play the field* / run around**
courir les filles*

to be on the make*; chat somebody up*
draguer; draguer quelqu'un

to make a hit*; to have made a hit* with somebody
faire une touche*; avoir fait une touche* avec quelqu'un

to have a date with one's boyfriend / girlfriend
avoir un rendez-vous avec son petit ami / sa petite amie

to be attracted to somebody
être attiré par quelqu'un

to be under somebody's spell
subir le charme de quelqu'un

to be in raptures over a very attractive / alluring woman
être en extase devant une femme très attirante

to fall in love with somebody
tomber amoureux de quelqu'un

it was love at first sight between Paul and Jane
Paul a rencontré Jane, ce fut le coup de foudre

*he fancied / clicked with her**
elle lui a tapé dans l'œil

he fell in love with Jane at first sight; she swept him off his feet
il a eu le coup de foudre pour Jane; elle lui a tourné la tête

seduction / captivation   la séduction

to chat somebody up
baratiner quelqu'un; faire du plat / **gringue** à quelqu'un*

to make eyes at somebody; charm / appeal to somebody
faire du charme à quelqu'un; séduire / plaire à quelqu'un

Mike kept making eyes at the girl sitting next to him during the concert
pendant tout le concert, Mike ne cessa de **faire du charme à** sa voisine

he only had eyes for her; he winked at her
il n'avait d'yeux que pour elle; il lui décocha une œillade

*he was making sheep's eyes at her; he was playing footsie** with her*
il lui faisait des yeux de velours / il lui faisait des yeux doux; il lui faisait du pied

she was giving him the eye; her charm didn't go unnoticed by him
**elle lui faisait de l'œil / elle jouait de la prunelle;
il n'est pas resté insensible à son charme**

love feeling   le sentiment amoureux

to be in love with somebody
être amoureux de quelqu'un

to have a crush on somebody; be keen on / infatuated with somebody
avoir le béguin pour quelqu'un; être épris / entiché de quelqu'un

to care deeply about somebody; have a place in somebody's heart
**être profondément attaché à quelqu'un;
avoir une place dans le cœur de quelqu'un**

*to be stuck*** on somebody / mad about somebody*
avoir quelqu'un dans la peau / en pincer pour quelqu'un*

he's got a thing for her / really stuck on her; he's hooked* / taken a shine* to her
il en pince* pour elle; il est pincé* / mordu*

passionate love   **la passion amoureuse**

to love passionately; be madly in love with somebody
aimer passionnément

to cherish somebody / be the apple of one's eye
chérir quelqu'un / tenir à quelqu'un comme la prunelle de ses yeux

to pine for somebody
se mourir d'amour pour quelqu'un

he's her heart-throb; she's given / lost her heart to him
son cœur bat pour lui; elle lui a donné son cœur

they're wrapped up in each other
ils vivent entièrement l'un pour l'autre / ils n'ont d'yeux que l'un pour l'autre

to declare one's love   **déclarer son amour / sa passion**

to make a declaration of love / declare one's love to somebody
se déclarer / faire sa déclaration / déclarer son amour à quelqu'un

he declared his undying love to her
il lui a déclaré sa flamme et promis un amour éternel

I love you no end; you're all in all to me
je vous aime infiniment; vous êtes tout pour moi

you mean a lot to me; you're everything for me
vous comptez beaucoup pour moi; vous êtes tout pour moi

my heart is overflowing with tenderness for you; I've eyes for no one but you
mon cœur déborde de tendresse pour vous; je n'ai d'yeux que pour vous

you swept me off my feet; I always think of you
vous m'avez tourné la tête; je pense à vous, toujours

I love you to distraction / I'm head over heels in love with you
je vous aime à la folie

I'm really smitten with / hung up on you; I adore you
je suis vraiment toqué de vous; je vous adore

I'm crazy / mad about you
je suis fou d'amour pour vous

I love you with all my heart and soul
je vous aime de tout mon cœur et de toute mon âme

I want to give myself body and soul to you; my whole life is forever devoted to you
je veux me donner à vous corps et âme; je veux vous consacrer toute ma vie

I would do anything for you
je ferais des folies / n'importe quoi pour vous

I'd go through fire / suffer tortures for you
je me ferais tailler en pièces pour vous

there's nothing I wouldn't do for you; I'd go to the ends of the earth for you
il n'y a rien que je ne fasse pour vous; pour vous, j'irais au bout du monde

all-embracing love   **l'amour totalitaire**

he's really got her under his skin; it's not love, it's raving madness
il l'a vraiment dans la peau; ce n'est plus de l'amour, c'est de la rage

he's really hooked on / nuts* / mad about that girl*
il est vraiment accroché; il est complètement dingue* de cette fille

love is blinding him; he's blinded by love
son amour le rend aveugle; l'amour l'aveugle

impatient moments for love   **l'impatience amoureuse**

I'm looking forward to seeing you again; I've been waiting so eagerly for you
je suis impatient / j'ai hâte de vous revoir

I'm longing to see you again; I'm lovesick; I'm languishing with love for you
je me languis de vous; je suis malade d'amour; je meurs d'amour pour vous

I'm yearning for a little tenderness; I'd like to clasp you to my heart
je suis en mal de tendresse; je voudrais vous serrer sur mon cœur

I'd like to clasp you in my arms / give you a hug
je voudrais vous serrer dans mes bras

I'd like to cuddle you
je voudrais faire un câlin

love behaviour   **le comportement amoureux**

to have a brief romance with somebody
flirter / avoir un flirt avec quelqu'un

to say / murmur sweet nothings to somebody
conter fleurette à quelqu'un

to be romantic / indulge in romantic ideas
être fleur bleue / s'abandonner à des rêveries romantiques

to flirt a little with a woman; pay court to / woo a woman
faire un brin de cour à une femme; faire la cour à / courtiser une femme

to woo a woman assiduously
faire une cour assidue à une femme

to be courting a girl according to the rule book
faire une cour en règle à une fille

to hover round a woman; force one's attentions on a woman
papillonner autour d'une femme; poursuivre une femme de ses assiduités

to be very considerate to / towards a woman
entourer une femme de prévenances

to dance attendance on somebody / wait on somebody hand and foot /
lavish attention upon somebody
être aux petits soins pour quelqu'un / être très attentionné envers quelqu'un

to go out together / go steady with somebody
fréquenter quelqu'un / sortir avec quelqu'un / sortir ensemble

they've been going around together for six months now
ils se fréquentent / sortent ensemble depuis six mois

he tried on the old trick about the car breaking down
il lui a fait le coup de la panne

to dally with somebody
badiner (amoureusement)

to have a snog*; kiss eagerly
se bécoter*; s'embrasser à pleine bouche / à bouche que veux-tu

to kiss somebody full on the lips; smother somebody with kisses
embrasser quelqu'un sur la bouche / les lèvres; dévorer quelqu'un de baisers

to make amorous advances
faire des avances (à une femme)

to win somebody's heart; worm one's way to somebody's heart
gagner le cœur de quelqu'un; trouver le chemin du cœur de quelqu'un

to spin out love's sweet dream; live on love alone
filer le parfait amour; vivre d'amour et d'eau fraîche

break-up / split   **la rupture**

to stop loving somebody
cesser d'aimer quelqu'un

to break somebody's heart
briser le cœur de quelqu'un

he loved her but she didn't return his love; he's through with her
il l'aimait mais n'était pas payé de retour; il l'a plaquée*; elle et lui, c'est fini

he ditched / jilted her*
il l'a laissée tomber comme une vieille chaussette

proverbs   **proverbes**

lucky at cards, unlucky in love
heureux au jeu, malheureux en amour

love me, love my dog
qui m'aime, aime mon chien

love is blind
l'amour est aveugle

out of sight, out of mind / absence makes the heart grow fonder
loin des yeux, loin du cœur

there are lots of good fish in the sea
une de perdue, dix de retrouvées

■

149 BEAUTY AND LOVE

the fair sex   le beau sexe

she's a fine figure of a woman; she looks like a million
c'est une belle femme; elle est belle comme le jour

she's graced / endowed with great natural beauty; she was favoured by nature
la nature l'a pourvue d'une grande beauté; elle a été gâtée par la nature

she's a fine specimen of womanhood, a veritable statuette / statue
c'est un beau type de femme, une vraie tanagra

she's enchantingly / entrancingly beautiful; she's quite a beauty
elle est ravissante / belle à ravir; c'est une vraie beauté

she's in the fullness of her beauty
elle est dans la plénitude de sa beauté

she's breathtakingly beautiful; she's so lovely she would tempt a saint
elle est belle à vous couper le souffle; elle est belle à faire damner un saint

she looks good enough to eat
elle est belle à croquer

she's a good-looking girl; a fine slip of a girl
elle est belle fille; c'est un joli brin de fille

she's as fresh as a daisy / an English rose; she has the face of a madonna
elle est fraîche comme une rose; elle a un visage de madone

she's as pretty as a picture / the bee's knees; she's a sight for sore eyes*
elle est jolie comme un cœur; c'est un régal pour les yeux

she has very refined / delicate features
ses traits sont très fins / son visage est d'une grande finesse

she has a slim waist / figure; she's wasp-waisted
elle a la taille fine; elle a une taille de guêpe

she has a neat waistline; a perfect figure
elle a la taille bien prise; la taille mannequin

*she's a shapely woman; she's got a smashing / stunning figure**
elle est bien faite; elle est bien balancée*

she's got what it takes / curves in all the right places
elle est bien carrossée / elle a ce qu'il faut là où il faut**

she's got shapely / well-shaped / nice legs
elle a de belles jambes / la jambe bien faite

she has a high rounded bust; the ampleness of her bosom catches everyone's eye
elle a une poitrine pigeonnante; l'opulence de sa poitrine attire tous les regards

*she's a humdinger**! she's some girl!*
elle est sensass*! c'est une fille sensass*! extra! terrible*!

*what a smashing figure she's got! she's a knockout**! wow, what a scorcher*!*
quel beau chassis! vingt dieux, la belle église**!**

*she's a smart / nice piece** / a nice piece of ass***(US)*
*she's a bit of all right** / a nice bit of stuff***
elle est bien foutue / c'est un beau morceau* / une jolie nénette* / chouette
nana***

*she's a real peach (of a girl); she's a real turn-on****
elle est canon / c'est une fille canon**; elle est vachement bandante****

people turn round and look when she goes by
on se retourne sur son passage

charm   le charme

she has a way with her / there's something about her;
she's able to charm the birds from the trees
elle ne manque pas de charme; elle est le charme en personne

she has great charm; she's oddly attractive
elle a beaucoup de charme; elle a un charme insolite

she has a certain something* / she has oomph*;
there's a certain something about her that is very attractive
elle a du chien; elle a un je-ne-sais-quoi qui attire

she has a certain attraction; she has great powers of seduction
elle possède une certaine séduction; elle a un grand pouvoir de séduction

she's very kittenish; you just can't say no to her
elle est très chatte; on ne peut rien lui refuser

she could cast a spell; she's devastating / dressed to kill
elle possède le don de se faire aimer; elle est irrésistible

she's got great charm of manners when she chooses
quand elle le veut, elle sait se montrer très agréable

she manages to stay very natural; she has style
elle sait rester naturelle; elle a belle allure

moreover she's a crafty / sly little minx; she combines intelligence and beauty
de plus, c'est une petite futée; elle joint l'intelligence à la beauté

proverb   proverbe

beauty is in the eyes of the beholder
la beauté est dans les yeux de celui qui regarde

150 COQUETRY AND SEX

a flirtatious / sexy woman   une femme coquette

she's fond of daring dresses; she always wears eye-catching dresses
elle affectionne les tenues osées; elle porte toujours des
robes qui attirent le regard

people turn round and look when she goes past
on se retourne sur son passage

she displays her charms / shows you all she's got*
elle joue de ses charmes / elle étale la marchandise**

she gives men a provocative look; likes to provoke men
elle provoque du regard; elle aime provoquer les hommes

she has come-to-bed eyes*
elle a un regard provoquant / aguichant; son regard est une invite

she's sexy; she's an intoxicating / alluring woman
elle a du chien; c'est une beauté capiteuse

she has great powers of seduction; she's a vamp
elle a un grand pouvoir de séduction; c'est une vamp

she's not really a man-hunter
but she likes the sport of bringing men down "with bow and arrow"
ce n'est pas à proprement parler une coureuse,
mais elle prend plaisir à séduire / à réduire les hommes à sa merci

a woman of easy virtue / a loose woman   **une femme légère / facile**

she doesn't exactly take you at arm's length; she's free with her favours; she's a tart**
c'est une femme peu farouche; elle a la cuisse légère; c'est une Marie-couche-
toi-là

she's an easy lay** / a right little tart** / scrubber**
c'est une drôle de sauteuse

she kicked over the traces / had her fling long ago
il y a longtemps qu'elle a jeté son bonnet par-dessus les moulins

she's a woman of easy virtue / a loose woman
c'est une femme de mœurs légères / de mauvaise vie

she's a great one for men*! she's quite a lass*! she's quite a woman*!
c'est une sacrée luronne*! c'est une sacrée gaillarde*!

■

151 UGLINESS

*the least one can say is that she's rather a plain Jane**
le moins qu'on puisse dire est que ce n'est pas une Vénus

she wasn't favoured by nature
elle n'a pas été gâtée / avantagée par la nature /
elle est bien mal partagée quant aux attraits physiques

she's very plain; she isn't all that much to look at
ce n'est pas une beauté / elle a un visage ingrat; elle n'est
pas très agréable à regarder

*she's as thin as a rake / all skin and bone; she's a bag of bones**
elle est maigre comme un cent de clous / elle n'a que la peau et les os;
c'est un sac d'os*

she has no bust / she's flat-chested / as flat as a pancake
elle n'a pas de poitrine / elle est plate comme une limande / planche à pain

*she's a fat bag** / broad**(US); she's got legs like tree trunks**
c'est une grosse pouffiasse**; elle a des jambes comme des poteaux*

she fought a battle against her waistline all her life and is now losing
because of the good food and lack of physical exercise
elle s'est battue toute sa vie pour garder la ligne mais en vain
à cause de la bonne nourriture et du manque d'exercice

she's a great lump / a pudding of a girl**
c'est une grande mollasse*

she's an ugly woman; a real ugly duckling
c'est une femme laide; un vrai laideron

she's got a face like the back of a bus / she's as ugly as sin*
elle est moche comme un pou / comme un singe

she's an absolute fright / she's as ugly as sin
c'est une vraie mochetée* / elle est moche à faire peur

she's enough to put you off the opposite sex altogether
c'est un remède à l'amour

152 SEXUAL MATTERS

to be fond of women; be a randy* / horny* one
être porté sur la bagatelle / chose

to go wenching / gallivanting / chase the girls
courir le guilledou / la prétentaine / le cotillon / la gueuse

to have sex outside marriage / a bit on the side
avoir des relations extra-conjugales

to be highly sexed; feel sexy
avoir une forte libido; avoir envie de faire l'amour

to be the very devil; hot-blooded
avoir le diable au corps; avoir le sang chaud / être un chaud lapin

to feel desire for somebody / desire somebody / have the hots for somebody**(US)
éprouver du désir pour quelqu'un / désirer quelqu'un

to pet / paw* / touch up* a woman
peloter* une femme

*stop pawing me**! keep your hands to yourself! hands off!*
cesse de me peloter*! bas les pattes*!

to be a ladykiller; lay** / have a woman
être un tombeur*; tomber une femme

to have sexual relations / go all the way*/ have sex* / have it off** with somebody
avoir des rapports intimes / coucher avec quelqu'un

to have it** / have it off** / get some*
s'envoyer en l'a***

to make love / screw*** / fuck*** / lay; to climax
faire l'amour / baiser; jouir

to quiver / tremble with sensual / voluptuous pleasure
frissonner de volupté

to have it off with a girl / guy; make it with a girl / guy
s'envoyer une fille / un mec***

to come together in a passionate embrace; have a steamy session** with somebody
s'unir dans une étreinte fougueuse; prendre son pied* avec quelqu'un

to have an erection / have a hard on***; be wet*
bander / avoir la trique***; mouiller***

she had it off** with / got laid** by the boss
elle s'est fait sauter par le patron

she got screwed*** / laid***; she's a good fuck***; she was a good lay***
elle est passée à la casserole**; elle baise bien***; ce fut un bon coup**

■

153 EMOTION

to give free / full expression to one's emotions; be quivering with emotion
donner libre cours à ses émotions; être palpitant d'émotion

I'm still in a highly emotional state / in the grip of a powerful emotion
je suis encore sous le coup d'une forte émotion

his accident gave us a fright / turn / a nasty turn
son accident nous a donné des émotions / nous a fait un coup / un sacré coup

I got such a shock! that gave us a nasty jar
j'ai eu une de ces émotions! cela nous a rudement secoués

to be moved   **s'émouvoir**

to be moved to tears
être ému aux larmes

it brought tears to his eyes; he had a little cry
ça lui a fait monter les larmes aux yeux; il y est allé de sa petite larme

it really tugs at your heartstrings
c'est émouvant / ça vous remue les tripes

I was more stirred / aroused than I wished to admit at the sight of those pictures
j'étais plus ému par ces photos que je ne voulais le laisser paraître

to get worked up* / upset about something   s'émotionner / s'énerver

the news has severely shaken her
la nouvelle l'a rudement secouée / l'a complètement retournée

she was shattered / aghast at the piece of news
la nouvelle l'a bouleversée

she's still all upset about it
elle en est encore toute retournée

she's very pent-up; her thoughts are whirling
elle est sur les nerfs / très tendue; tout tourbillonne dans sa tête

he's easily flustered / disconcerted when he has to speak on the phone
il se trouble facilement lorsqu'il a à parler au téléphone

I've a tendency to get worked up whenever something goes wrong
j'ai tendance à m'énerver chaque fois que quelque chose ne va pas

he's on edge because he's waiting for the result of his exam
il attend le résultat de son examen et cela le rend fébrile / irritable et nerveux

don't get all worked up! don't let it get to you!
ne t'énerve pas! ne t'énerve pas pour cela!

to fidget / be fidgety
s'agiter / s'énerver / ne pas tenir en place / être fébrile

to be all nerves / in a fluster
être un paquet de nerfs; être dans tous ses états

to have an attack of nerves / have the jitters
avoir le trac

to get excited / be thrilled   s'exciter / être en émoi

she was all excited / thrilled on her first date
elle était tout en émoi pour son premier rendez-vous

the children were all wound up by the prospect of Christmas
les enfants étaient tout excités par la perspective de Noël

everyone was all in a flutter / stir waiting for their gift
chacun était tout en émoi dans l'attente de son cadeau

the effects of emotion   **les effets de l'émotion**

to get confused / be flurried; be in a state of shock
se troubler; être en état de choc

to lose one's head / get flurried
perdre la tête

to be trembling with emotion; shivering all over; shake / tremble like a leaf
trembler d'émotion; trembler de tout son corps; trembler comme une feuille

I shudder just thinking about it
rien que d'y penser me donne le frisson

my heart was beating / thudding with emotion
mon cœur battait d'émotion

I felt my heart wrung by emotion
j'avais le cœur serré par l'émotion

it gave me a nasty shock / quite a turn to see her in that state
ça m'a retourné / ça m'a fait un drôle de choc de la voir dans cet état

I felt a clutch at my heart; I had my heart in my mouth
j'ai eu un choc au cœur; mon cœur battait la chamade

my heart missed / skipped a beat
mon sang n'a fait qu'un tour

to be breathless with excitement; to have a dry throat
avoir le souffle coupé par l'émotion; avoir la gorge sèche

to be choking / have one's voice strained with emotion
avoir la voix étranglée par l'émotion

my throat was tight with emotion
j'avais la gorge serrée par l'émotion

to have a cold feeling all over one's body; have cold shivers
avoir froid dans le dos; avoir des sueurs froides

it sends shivers down the spine; it gives you the shivers
cela fait froid dans le dos; cela vous donne le frisson

that gets you in the guts!*
cela vous prend aux tripes*!

it's the kind of show that really churns you up / makes your hair stand on end
**c'est le genre de spectacle qui vous prend aux tripes /
qui vous fait dresser les cheveux sur la tête**

to come out in goose-pimples / goose-flesh /   **avoir la chair de poule**
goose-bumps

when I saw the ghost it gave me goose-pimples / goose-bumps
la vue du fantôme me donna la chair de poule

I get goose-flesh / goose-bumps just thinking about it
rien que d'y penser me donne la chair de poule

to change colour   **changer de couleur**

to flush with anger   rougir de colère
to blush with shyness / shame   rougir de timidité / honte
to blush up to the ears   rougir jusqu'aux oreilles
to blush to the roots of one's hair   rougir jusqu'à la racine des cheveux
to blush deeply / flush crimson   piquer un fard
to turn as white as a sheet   devenir blanc comme un linge

she blushes when spoken to; she goes / turns as red as a beetroot
elle rougit quand on lui parle; elle rougit comme une pivoine

he turned quite pale when he heard the news
il a blêmi en apprenant la nouvelle

to get a grip / hold on oneself   **garder le contrôle de ses émotions**

don't let your emotions run away with you
ne te laisse pas envahir par tes émotions

she couldn't overcome her confusion
elle ne put maîtriser son trouble

to get oneself together / get over an emotion   **se remettre d'une émotion**

he still hasn't got over the death of his son
il ne s'est pas encore remis de la mort de son fils

to gather / collect one's wits
rassembler ses esprits

we're over it now / we're on an even keel now
**nous sommes maintenant remis de nos émotions / nous en sommes
maintenant remis**

■

154 ANGER

anger is a bad counsellor
la colère est mauvaise conseillère

this irascible old man sometimes has terrible fits of anger
ce vieillard irascible entre parfois dans de violentes colères

the rise of anger   **la montée de la colère**

to get huffy*
prendre la mouche*

to lose one's head / cool
perdre son sang-froid

to get one's hackles up / get up on one's high horse / get stroppy*
monter sur ses ergots / monter sur ses grands chevaux

to be a spitfire; fire / blaze up in an instant
**être soupe au lait / s'emporter pour un rien /
s'emporter comme une soupe au lait**

to let oneself be carried away by one's anger
se laisser emporter par sa colère

you're putting me in a temper
tu commences à m'échauffer les oreilles

I'm (slowly) reaching boiling point / getting hot under the collar /
I'm going to flare up / I feel I'm going to lose my temper*
**j'en ai assez / je sens que je vais me mettre en colère /
je sens la moutarde me monter au nez***

to fly into a passion / rage   **s'emporter**

to see red / hit the ceiling / raise / go through the roof
voir rouge / se fâcher tout rouge / sortir de ses gonds / sauter au plafond

to get really cross at somebody
se fâcher tout rouge contre quelqu'un

I saw red; that to me is like a red rag to a bull
**mon sang n'a fait qu'un tour / j'ai vu rouge;
cela m'a fait l'effet du chiffon rouge sur le taureau gaulois**

to get / turn angry / lose one's temper   **se mettre en colère**

to get angry about / over something
se mettre en colère à propos de quelque chose

to have a short temper / low boiling-point
se mettre facilement et fréquemment en colère

to go off at the deep end / throw a tantrum
se ficher / se foutre** en colère / se mettre dans tous ses états / piquer une colère

to fly off the handle / blow one's top / cut up rough*
se mettre soudainement en colère / sortir de ses gonds / se mettre en pétard*

to get furious / mad with somebody
entrer / se mettre en rage contre quelqu'un

to flare up in anger / flare up at somebody
s'enflammer de colère / s'enflammer de colère contre quelqu'un

to become infuriated / enraged / fly into a towering rage
entrer en fureur / se mettre dans une rage folle / des fureurs folles

to fly into a white / towering rage / have mad fits of rage
entrer dans une colère noire

to give free vent / rein to one's anger; take it out on somebody
donner libre cours à sa colère; passer ses nerfs sur quelqu'un

to pour out one's anger on somebody
décharger sa colère contre quelqu'un

to be angry   être en colère

to be raging mad*; be in a flaming temper at somebody
être en pétard*; être en pétard* contre quelqu'un

to have one's dander up*; be out of one's mind
être hors de soi / en rogne*; avoir perdu le contrôle de soi-même

she was violently angry with me; I'd have murdered / strangled her
elle était déchaînée contre moi; je l'aurais étranglée / tuée / bouffée*

I'm angry with myself for having been mistaken; I could kick myself!
**je suis en colère contre moi-même de m'être trompé;
je m'en donnerais des coups!**

to be in a tantrum / up in the air   être très en colère

to be inwardly seething with anger
avoir la rage au cœur

to be mad with anger / in a raging temper / raging mad*
être fou de colère / dans une rage folle / dans une colère noire

he's beside himself / consumed with rage
la fureur le possède / il est possédé de rage

he flew into a rage, and what a rage!
il est dans une colère, mais là, dans une colère, je ne vous dis que ça

signs / show of anger   les signes et manifestations de la colère

to boil over with rage / seethe with anger
bouillir de colère

it makes my blood boil
cela me fait bouillir

when I'm angry I lose my self-control
lorsque je suis en colère, je ne me possède plus

to grind / gnash one's teeth in anger; to stamp one's feet with rage / be hopping mad*
grincer des dents de colère; trépigner de colère

to choke with anger; to be speechless with anger
suffoquer / étouffer de colère / rage; être muet de colère

to turn pale / go livid / with anger
pâlir / blêmir de colère

to shout one's head off*; to scream at somebody
donner un coup de gueule; vociférer contre quelqu'un

to scream insults
vociférer des injures

to make somebody angry   **mettre quelqu'un en colère**

to infuriate / enrage somebody / make somebody's blood boil
faire enrager quelqu'un / mettre quelqu'un en furie

the way he answered me made me angry
sa façon de me répondre eut le don de me mettre en colère

*that really made me bloody mad***
ça m'a foutu en rogne**

it drove me up the wall / made me hit the ceiling / the roof
ça m'a fait grimper au rideau* / bondir / sauter au plafond*

155 FEAR

to be afraid / scared of something   **avoir peur de quelque chose**

to be afraid of the dark; to be afraid of nothing; to be scared of flying
avoir peur du noir; n'avoir peur de rien; avoir peur de l'avion

the fear of flying spoiled his journey
la peur de l'avion lui a gâché son voyage

to become alarmed / take fright; scare easily
s'alarmer / prendre peur; avoir peur d'un rien

he wouldn't say boo to a goose; he's frightened of his own shadow*
un rien lui fait peur; il a peur de son ombre

to be haunted by the fear of illness
avoir la hantise de la maladie

to be scared witless* / have the wind up / be scared to death
avoir la pétoche / avoir les foies* / avoir la trouille***

to have the heebie-jeebies** / collywobbles** / be jittery / have the jitters
avoir la frousse* / les chocottes* / les jetons*

*it gives me the heebie-jeebies**; it scared the hell out of me***
ça me fout la trouille; ça m'a flanqué les foies***

the child had a bad fright on account of the dog
l'enfant a eu très peur du chien

my car skidded on black ice; I got a real fright / it gave me a nasty fright
ma voiture a dérapé sur le verglas; ça m'a fait une belle / sacrée peur

I got the fright of my life / a hell of a fright*
j'ai eu la peur / la trouille* de ma vie

I got off with a fright; I was more frightened than hurt
j'en ai été quitte pour la peur; j'ai eu plus de peur que de mal

to be frightened to death of spiders
avoir une peur bleue des araignées

to be panic-stricken / scared stiff
avoir très peur au point de paniquer / être pris de panique

he was scared stiff at the idea of flying
il était paniqué à l'idée de prendre l'avion

to be gripped with terror
être saisi de terreur

the results of fear   **les effets de la peur**

to blanch / blench / go white with fear
blanchir / blêmir de peur

to be as white as a sheet / ghost
être blanc de peur / comme un linge / à faire peur

to shudder / tremble with fear
trembler de peur

to have cold shivers / be in a cold sweat*
avoir des sueurs froides / suer de peur

it sent a chill / shivers down my spine
j'en ai eu un frisson dans le dos; ça m'a fait froid dans le dos

to lose one's head; be panic-stricken; be dumb with fear
s'affoler / perdre la tête; être pris / frappé de panique; être muet de peur

to be numbed with fear; be petrified / paralyzed with terror
être paralysé par la peur; être pétrifié / paralysé de terreur

to be rooted / glued to the spot with fear
être / rester cloué sur place par la peur

to shriek with / shout out in fright
pousser des cris de frayeur

to shit in one's pants*** / wet one's pants** / oneself**
faire dans sa culotte / son froc****

it was enough to curdle the blood;
it was enough to make your hair curl / stand on end*
c'était à vous glacer le sang; c'était à vous faire dresser les cheveux sur la tête

my teeth were chattering / rattling
j'avais les dents qui jouaient les castagnettes

my mouth was dry with fear; fear gripped my throat
j'en avais la gorge sèche; la peur me serra / contracta la gorge

fear was churning my stomach
la peur me tordait l'estomac

I had my heart in my mouth and then sank into my boots
**j'eus soudain le cœur au bord des lèvres puis je me sentis
vidé de mon sang**

my knees turned to water / gave way (beneath me)
j'ai senti mes jambes se dérober

all at once I felt my blood freeze; my blood froze
je sentis soudain le sang se glacer dans mes veines; mon sang se glaça

this horror film gave me goose-pimples / goose-bumps / the shivers
ce film d'épouvante me donna la chair de poule / des frissons

proverb   **proverbe**

fear lends wings
la peur donne des ailes

■
156 ENVY

to envy   **envier**

when I see her so happy I envy her
quand je la vois si heureuse, je l'envie

I envy her happiness
j'envie son bonheur

to like / desire to do something   **l'envie courtoisement exprimée**

I'd like to make her acquaintance / meet her
je souhaite / j'aimerais / je voudrais / j'ai envie de faire sa connaissance

I've a growing desire to make her acquaintance
j'ai de plus en plus envie de faire sa connaissance

to be half inclined to do something   **avoir presque envie**

after hearing his pitiful excuse I was half inclined to forgive him
après avoir entendu ses pitoyables excuses, **j'avais presque envie de lui pardonner**

when the man began insulting me, I had half a mind to punch him in the face
quand l'homme commença à m'insulter, **j'eus presque envie de lui casser la figure**

to feel like   **avoir envie**

after staying at home a long time I feel like having some fresh air
après être resté longtemps à la maison, **j'ai envie d'un peu d'air frais**

how do you feel about going for a walk? – if you feel like it
avez-vous envie d'aller vous promener? - si le cœur vous en dit

do you fancy going out tonight? - yes, I fancy going to the cinema
as-tu envie de sortir ce soir? - oui, j'ai envie d'aller au cinéma

the fancy took me to go to the cinema
j'ai eu tout d'un coup envie d'aller au cinéma / l'envie m'a pris d'aller au cinéma

this swimming champion wants to participate in the Olympic Games
ce champion de natation désire / a envie de participer aux Jeux Olympiques

to have a hankering to do something   **avoir envie de faire quelque chose**
to lust after a woman   **convoiter une femme**
to cast covetous looks on something   **regarder quelque chose avec envie**

this lecherous man covets / wants all the beautiful women that he meets
cet homme libidineux convoite toutes les belles femmes qu'il rencontre

to be keen on doing something   **avoir bien envie de faire quelque chose**

my sister is keen on learning how to play the piano
ma sœur a bien envie d'apprendre à jouer du piano

I've a good mind to change my career
j'ai bien envie de changer de métier

to have a great desire for something / urge to do something
**avoir une forte envie de quelque chose / brûler d'envie /
mourir d'envie de faire quelque chose**

I suddenly felt the urge to give him a piece of my mind
j'éprouvai subitement **une forte envie de** lui dire ma façon de penser

the jealous husband had a great urge to knock down his rival
le mari jaloux brûlait d'envie d'abattre son rival

the child wanted very much to cry
l'enfant avait une forte envie de pleurer

I was bitten with the desire to flee as early as possible
je brûlais d'envie de fuir le plus vite possible

she wants this dress badly
elle a très envie de cette robe

he's pining for home / homesick
il a très envie de rentrer chez lui

he yearns / longs for his wife when he's away from her
il a très envie de sa femme quand il est loin d'elle

I long to see you again; it's a long time since I've longed for it
j'ai très envie de vous revoir; **il y a longtemps que je le désire**

I'm dying / longing / I'd so like to go to the States
je meurs d'envie d'aller aux USA / **j'aimerais tant** aller aux USA

I'm gasping / dying for a pint; oh, for a pint!
j'ai terriblement envie d'un verre de bière;
que ne donnerais-je pas pour un verre de bière!

she desperately wants to have a little house of her own
elle meurt d'envie d'avoir une petite maison à elle

when Jane hears her youngest sister is about to get married she'll be green with envy
quand Jane apprendra que sa plus jeune sœur est sur le point de se marier,
elle en mourra de jalousie / elle en sera verte de jalousie

it'll turn her green with envy
cela la fera verdir d'envie

the man was eaten up / consumed with envy to have a sports car
l'homme était dévoré d'envie de posséder une voiture de sport

to want something at all costs   **vouloir quelque chose à tout prix**

I want this painting at all costs / any price
j'ai envie / je veux cette peinture à tout prix

I must have it at all costs
il me la faut à tout prix

to have a strong desire   **l'envie impérieuse**

it sometimes happens that a pregnant woman
has a craving / wild / mad desire for some chocolate
il arrive qu'une femme enceinte ait une envie soudaine et impérieuse de chocolat

an irresistible desire   **l'envie irrésistible**

I couldn't help laughing when I saw his funny getup*
je ne pus m'empêcher de rire quand je le vis dans son bizarre accoutrement

I couldn't help it / I couldn't stop myself
je n'ai pas pu m'en empêcher

I can resist anything but temptation!
je peux résister à tout sauf à la tentation!

she was a woman who always ached to tell everything
c'était une femme qui ne pouvait se retenir de tout raconter

common expressions   **expressions courantes**

I'm itching / strongly tempted to tell him what's what
l'envie / la langue me démange de lui dire son fait

I don't know what keeps me from punching him in the face
je ne sais pas ce qui me retient de lui casser la figure

it's not that I don't want to smash his face in
ce n'est pas l'envie qui me manque de lui casser la figure

I was doing all that I could to keep myself from laughing at him
je me tenais à quatre pour ne pas lui rire au nez

I've set my heart on this journey
ce voyage me tient à cœur

I'd give everything to have a place in her heart
je donnerais tout ce que j'ai pour avoir une place dans son cœur

I'd give anything / my right arm / an arm and a leg to be in his place
je donnerais n'importe quoi pour être à sa place

I'd sell my soul for her
je vendrais mon âme au diable / je me damnerais pour elle

to have very little desire   **avoir très peu envie**

I've very little desire to work today
j'ai très peu envie de travailler aujourd'hui

I'm not very keen on going out tonight
j'ai très peu envie de sortir ce soir

I don't feel like meeting him
j'ai très peu envie de le rencontrer

not to feel like   **ne pas avoir envie**

there are good desserts but I don't fancy any
il y a de bons desserts, mais je n'en ai pas envie / mais ça ne me dit rien

I don't fancy dining out this evening
je n'ai pas envie / je me soucie peu d'aller au restaurant ce soir

I don't feel like doing anything / I'm not in the mood for anything just now
rien ne me dit / je n'ai envie de rien en ce moment

I feel no desire to see him again; I haven't the least desire to see him again
je n'ai pas envie de le revoir; **je n'ai pas le moindre désir de** le revoir

not to want anymore   **ne plus avoir envie**

I've gone off travelling
je n'ai plus envie de voyager

I've gone off my girlfriend
je n'ai plus envie de sortir avec mon amie

proverb   **proverbe**

the grass is always greener on the other side (of the fence)
l'herbe est toujours plus verte de l'autre côté de la barrière

157 AVERSION

not to appreciate something   **ne pas apprécier quelque chose**

I'm not much of a one for wine and I'm not much of a tea-drinker*
je ne suis pas un grand amateur de vin et je n'aime pas beaucoup le thé

I can't say I'm fond of snails
je ne peux pas dire que j'aime les escargots

I don't go much for television; I don't go much on that
la télévision ne m'attire pas particulièrement; ça ne me dit pas grand-chose

writing isn't really my thing
je n'aime pas particulièrement écrire

I'm not too keen on it; I don't feel up to doing that
je n'aime pas trop ça; je ne m'en ressens pas pour faire ça

I'm not too wild about Stephen King's latest book
je ne suis pas particulièrement emballé par le dernier livre de Stephen King

I don't appreciate this kind of literature
je n'apprécie pas ce genre de littérature

holidaying at home won't be much fun
passer ses vacances à la maison, ça n'a rien de folichon*

I'm not wild about it/ it doesn't exactly appeal to me*
ça ne m'emballe pas / ça ne m'enchante pas

I don't like that actor very much
je n'aime pas beaucoup cet acteur

this man is not my type; I don't like him all that much*
cet homme n'est pas mon genre; je ne l'aime pas tant que ça

I'm not thrilled at the thought of working with him
l'idée d'avoir à travailler avec lui ne m'emballe pas

I don't fancy that idea / that idea doesn't appeal to me
Je n'aime pas beaucoup cette idée /
cette idée ne me réjouit pas beaucoup / ne me sourit guère

I'm sorry, but hunting / shooting isn't exactly my line
excusez-moi, mais la chasse, ce n'est pas ce que je préfère

*it's not my cup of tea**
ce n'est pas ma tasse de thé / ce n'est pas du tout à mon goût

I don't enjoy having to go to Paris; I'd gladly get out of going there if I could
ça ne m'amuse pas de devoir aller à Paris;
je me dispenserais bien / volontiers d'y aller

not to like　　　　　　　　　　　　　　　　　　　　**ne pas aimer**

*I don't like that fellow; he brings me out in a rash**
je n'aime pas ce type; il me donne de l'urticaire

*I don't like the look of him; I was glad to see the back of him**
il a une tête qui ne me revient pas; j'étais content de le voir partir

*I dislike doing the washing; I can't say I like it; I don't take kindly to that**
je n'aime pas faire la lessive; je ne peux pas dire que j'aime ça;
je n'aime pas du tout ça

I shy away from speaking in public
je n'aime pas / j'appréhende de parler en public

my wife is reluctant to move away from the city and live in the country
ma femme est réticente pour quitter la ville et vivre à la campagne

like many people I'm very sticky about lending my car
comme beaucoup de gens, je n'aime pas / je répugne à prêter ma voiture

to find disagreeable   **trouver désagréable**

I find it disagreeable to have to tell you the truth about your son
je trouve désagréable d'avoir à vous dire la vérité au sujet de votre fils

I hate to have to say this but I must tell it
ça m'empoisonne d'avoir à le dire mais je dois le dire

I don't find it pleasant to mingle with the crowd; I don't like it at all
je n'aime pas du tout me mêler à la foule; je n'aime pas du tout ça

I don't relish the idea / prospect of getting up at 5 (a.m.)
l'idée de me lever à 5 heures ne me sourit pas

I've got to go and see him, what a drag!*
je dois aller le voir, quelle barbe*!

to have a strong dislike   **éprouver de l'aversion**

to take a violent dislike to something; show / evince dislike of somebody
prendre quelque chose en aversion; témoigner de l'aversion à quelqu'un

I've no great liking for my neighbour; I took a dislike to him
je ne porte pas mon voisin dans mon cœur; je l'ai pris en grippe

I've a particular aversion to this kind of people
j'éprouve une particulière aversion pour ce genre de personne

I can't stick / stand that guy*
je ne peux pas encaisser ce type

that man fills me with disgust; I feel somewhat disgusted at his way of acting
cet homme me dégoûte; j'éprouve un certain dégoût pour sa façon d'agir

I can't bear him; he really irritates me
je ne peux pas le supporter; il m'agace

I can't stand the sight of him; I give him a wide berth as far as possible
je ne peux pas le voir en peinture; je l'évite autant que possible

I can't stand / stick** him; I hate his guts***
je ne peux pas le sentir / piffer/ blairer**; je l'ai dans le nez / pif****

to hate / detest / loathe   **détester / haïr**

I hate this kind of publicity
je déteste ce genre de publicité

I've had more than I can take; it's coming out of my ears
ça me sort par les yeux et par les oreilles

I hate driving in the dark; what I hate most is driving on an icy road
j'ai horreur de conduire la nuit;
ce que je déteste le plus, c'est conduire sur une route verglacée

I loathe going to the dentist; the very thought of it makes me sick
je déteste aller chez le dentiste; rien que d'y penser, j'en suis malade

to feel hatred for somebody; hate somebody like poison
éprouver de la haine pour quelqu'un; détester quelqu'un à mort

she hates him and he returns her feelings
elle le déteste et il le lui rend bien

they cordially detest one another
ils se détestent cordialement

to conceive a dislike for something   **prendre quelque chose en horreur**

to hold something in execration / abomination; abominate something
avoir quelque chose en horreur / exécration / abomination; exécrer quelque chose

to draw / shrink back in horror at such a sight
reculer d'horreur devant un tel spectacle

I conceived a dislike for meat ever since I visited the abattoir
j'ai pris la viande en horreur dès que j'ai eu visité les abattoirs

she holds her mother-in-law in abomination; she abominates her mother-in-law
elle tient sa belle-mère en abomination; elle abhorre / exècre sa belle-mère

she abhors his way of thinking
elle a horreur de sa façon de penser / elle abhorre sa façon de penser

to be disgusted / revolted   **trouver quelque chose répugnant**

to loathe snails; pull a wry face in disgust
éprouver de la répugnance pour les escargots; grimacer de dégoût

I'm disgusted / revolted by it
cela me dégoûte / répugne

I find the smell repulsive
je trouve cette odeur répugnante

I find it revolting / it nauseates me / turns my stomach
cela me soulève le cœur / cela me donne la nausée / cela m'écœure

I find this kind of guy repellent
je trouve répugnant ce genre de type / ce genre de type me répugne

■

158 PREDILECTION AND TASTE

to have good taste; to have bad / poor taste; to lack taste
avoir bon goût; avoir mauvais goût; manquer de goût

to have a taste for something; acquire a taste for something
avoir du goût pour quelque chose; prendre goût à quelque chose

to show a taste for something
montrer du goût pour quelque chose

to have expensive tastes; be catholic in one's tastes
avoir des goûts de luxe; avoir des goûts éclectiques

each to his own taste / there's no accounting for tastes
à chacun ses goûts / chacun son goût

it takes all sorts to make a world
tous les goûts sont dans la nature / il faut de tout pour faire un monde

my husband knows all my likes and dislikes
mon mari sait tout ce que j'aime et tout ce que je n'aime pas

is the tea to your liking? it's too strong for my liking
le thé est-il à votre goût? il est trop fort pour mon goût

not to be averse to / not to look down on   ne pas dédaigner / ne pas être contre

I'm not averse to the occasional quick one*
je ne dédaigne pas / je ne suis pas contre un petit verre de temps en temps

he's not averse to having people talk about him
il n'est pas contre le fait qu'on parle de lui

I'm not above window-shopping
je ne dédaigne pas faire du lèche-vitrine

to like / appreciate something   aimer / apprécier quelque chose

how did you like the film? did you enjoy the film? – er! so so
comment avez-vous trouvé le film? le film vous a-t-il plu? - bof! comme ci, comme ça

I'd rather like a dress like that
j'aime assez ce genre de robe

special love of / taste for something   avoir un goût particulier pour quelque chose

I like racing cars and I'm a great one for the theatre(GB), theater(US)
j'aime les voitures de sport et je suis (un) amateur de théâtre

he's a liking for good food; he's a fine palate
il a un penchant pour la bonne chère; c'est une fine bouche

he doesn't turn his nose up at caviar
il ne crache pas sur le caviar*

he absolutely adores Chinese food
il raffole de la cuisine chinoise

this little girl has a sweet tooth
cette petite fille aime les sucreries

I love Mozart but I'm partial to Debussy
j'aime Mozart mais j'ai un goût particulier / un faible pour Debussy

this book about painting is right up my street*
ce livre sur la peinture est le genre de chose qui m'intéresse particulièrement

I take a particular interest in the Impressionists; it's my type of painting
j'ai une prédilection pour les Impressionnistes; c'est le genre de peinture que j'aime

I've a soft spot for cats
j'ai un faible pour les chats

to get / acquire a taste / liking for something   prendre goût à quelque chose

I've only recently got a liking for painting
ce n'est que récemment que j'ai pris goût à la peinture

my daughter suddenly took a fancy to start collecting stamps
ma fille s'est subitement mise à vouloir collectionner les timbres

to like doing / to do something   aimer faire quelque chose

I'm keen on doing some odd-jobs in the house
j'aime beaucoup bricoler dans la maison

we love staying around here
nous aimons séjourner dans votre région

we love to be able to come and spend a few days here
nous sommes heureux de pouvoir venir ici pour quelques jours

I'd like to go to the restaurant tonight
j'aimerais aller au restaurant ce soir

to love / relish doing something   adorer faire quelque chose

to do something with (great) relish
faire quelque chose avec goût / délectation

I love sailing in the open sea
j'adore faire de la voile en pleine mer

to be keen on something   avoir la passion de quelque chose

I was born with a passion for fine things
je suis né avec la passion des belles choses

music is my passion; I've got a passion for music in my blood
ma passion, c'est la musique; j'ai la passion de la musique dans le sang

he's mad about sailing; he's a sailing enthusiast
il est fou de voile; c'est un mordu / enragé de la voile

to have a (pet) craze   avoir une marotte

to be dotty* / potty* about something
être toqué* de quelque chose

to have a bee in one's bonnet* about something; get on one's hobby-horse
avoir une idée fixe / une marotte à propos de quelque chose; enfourcher son dada

everyone has his fads; my brother has a craze for crosswords
à chacun a ses petites marottes; mon frère a la marotte des mots croisés

he's got that on the brain*; it's his pet craze
il ne pense qu'à ça / il a ça dans la tête; c'est sa marotte

to get worked up / be carried away   s'emballer / s'enthousiasmer

she took a great fancy to / she went ape**(US) over that little dress;
she fell in love with this little dress at first sight
elle a eu le béguin / le coup de cœur / elle a flashé* pour cette petite robe;
elle s'est emballée pour cette petite robe

to be big on** somebody / be big on** folk music
être un fan* de quelqu'un / être grand amateur de folk music

fussiness / pernicketiness   la maniaquerie

my wife is fanatical about cleanliness
ma femme est une maniaque de la propreté

as for me, as a collector, I'm obsessed with authenticity
quant à moi, en tant que collectionneur, je suis un maniaque de l'authenticité

159 PREFERENCE

preference   la préférence

this boy has a marked preference for racing cars
ce garçon a une nette préférence pour les voitures de sport

a good many motorists now give preference to security
bon nombre d'automobilistes donnent désormais leur préférence à la sécurité

this man shows preference to coloured women
cet homme a une préférence pour les femmes de couleur

to prefer   préférer

I prefer skiing to skating
je préfère le ski au patin à glace

I prefer taking the train to driving
je préfère prendre le train plutôt que d'aller en voiture

but this morning I preferred to take my car than go by train
mais ce matin, j'ai préféré prendre ma voiture plutôt que d'aller par le train

I prefer to stay here and wait for his call
je préfère rester ici et attendre son appel

to prefer / like better   préférer / aimer mieux

what would you prefer, tea or coffee?
que préférez-vous, thé ou café?

I've no preference / I don't mind
je n'ai pas de préférence

which dress do you prefer? I prefer this one to that one /
I like this one better than that one
quelle robe préférez-vous? je préfère celle-ci à celle-là /
j'aime mieux celle-ci que celle-là

I prefer / like you better with long hair
je vous préfère / je vous aime mieux avec les cheveux longs

I prefer you to come tomorrow
je préfère que vous veniez demain

to like (the) best   aimer le plus

what I like best / most of all is reading
ce que j'aime le plus / ce que je préfère par-dessus tout, c'est lire

it's the dress I like (the) most
c'est la robe que je préfère le plus

I like apricots best of all
je préfère les abricots à n'importe quoi / ce que j'aime le plus ce sont les abricots

this kind of cake is most to my liking / the sort I like most
cette sorte de gâteau est celle qui correspond le mieux à mon goût / que je préfère

I'd sooner / prefer to...rather than   préférer...plutôt que de + infinitif

I'd prefer to stay at home rather than go out
je préférerais rester à la maison plutôt que de sortir

I'd sooner / prefer to give up my project rather than annoy her
j'aimerais mieux / je préférerais renoncer à mon projet plutôt que de la contrarier

I'd rather   je préférerais + subjonctif ou infinitif

I'd rather have a racing car
je préférerais avoir une voiture de sport

I'd much rather you came yourself
je préférerais de beaucoup que vous veniez vous-même

I'd rather people didn't learn about my past
je préférerais que les gens ignorent tout de mon passé

I'd rather not learn about their past
je préférerais tout ignorer / ne rien apprendre de leur passé

I'd just as soon   j'aurais autant aimé / j'aimerais autant + subjonctif

I'd just as soon you'd kept the secret
j'aurais autant aimé que vous ayez gardé le secret

I'd just as soon people didn't learn about my past
j'aimerais autant que personne ne sache rien de mon passé

I'd just as soon...as   j'aimerais autant...plutôt que de + infinitif

I'd just as soon stay at home as go out
j'aimerais autant rester à la maison plutôt que de sortir

I'd just as soon have stayed at home as gone out
j'aurais autant aimé rester à la maison plutôt que de sortir

I'd have much preferred to / I'd much rather /   j'aurais bien préféré + infinitif
 sooner

I'd have much preferred to see you sooner; I'd much rather have seen you sooner
j'aurais bien préféré vous voir plus tôt

I'd have much preferred +   j'aurais bien préféré que + subjonctif
pluperfect

I'd have much preferred people hadn't learned about my past
j'aurais bien préféré que personne n'ait rien appris de mon passé

I'd much rather / sooner...than   j'aurais bien préféré...
                                                       plutôt que de + infinitif

I'd much rather / sooner have stayed at home than gone out
j'aurais bien préféré être resté à la maison plutôt que d'être sorti

had better   faire mieux de + infinitif

I'd / I had better wait; he'd / he had better go
je ferais mieux d'attendre; il ferait mieux de s'en aller

I like this dress but I'd better take that one
j'aime bien cette robe mais je ferais mieux de prendre celle-là

it's better   il est préférable + subjonctif

it's better for everyone to be informed of my decision
il est préférable que chacun soit informé de ma décision

it would have been better   il aurait été préférable que + subjonctif

it would have been better if I'd seen you sooner
il aurait été préférable que je vous voie plus tôt

he'd better have stopped while he was winning
il aurait mieux valu qu'il se soit arrêté alors qu'il gagnait

common expressions   **expressions courantes**

sooner you than me; I wouldn't like to be in your shoes!
plutôt toi que moi; je n'aimerais pas être à ta place!

I'd rather not; I'd sooner die!
je n'y tiens pas; plutôt mourir!

he wouldn't change places with anyone for all the tea in China
il ne donnerait pas sa place pour un empire / pour rien au monde /
pour un boulet de canon**

■
160 INDIFFERENCE

indifference   **l'indifférence**

he looked at my new dress with an air of indifference
il a regardé ma nouvelle robe d'un air indifférent / en jouant l'indifférence

he remained completely indifferent to my efforts to impress him
il est resté complètement indifférent à mes efforts pour lui plaire

he completely ignored me / gave me the cold shoulder(GB),
turned a cold shoulder on / to me*(US)*
il m'a traitée avec la plus grande indifférence

I tried to glance around in a matter-of-course way
je m'efforçais de regarder autour de moi d'un œil indifférent

the loss of his job didn't affect him
la perte de son emploi ne l'a pas affecté / l'a laissé indifférent

I don't mind   **peu m'importe**

I don't mind living alone
peu m'importe de vivre seul; il m'importe peu / ça m'est égal de vivre seul

I don't mind whether the children play in my study
cela ne me dérange pas que les enfants jouent dans mon bureau

I don't mind money all that much; it's no big deal to me
je n'attache pas une très grande importance à l'argent; c'est peu important
pour moi

it was nothing to me that she was poor
le fait qu'elle était pauvre m'était bien égal

*it doesn't matter to me how much it costs / how long you'll stay /
who said that / when you leave / where you went yesterday*
peu m'importe combien il coûte / le temps que vous resterez /
qui a dit cela / quand vous partirez / où vous êtes allés hier

total indifference   l'indifférence totale

it's a matter of supreme indifference to me; I don't mind at all
cela m'est parfaitement / complètement indifférent;
cela m'est complètement égal

I don't care in the least bit / two hoots* about it
cela m'est absolument égal / je m'en fiche complètement

I care very little about it / I've no time for that
je n'en ai cure / je n'ai pas de temps à perdre avec cela

for all I care! I couldn't care less
pour ce que cela me fait! je m'en moque éperdument /
cela m'est on ne peut plus égal

it means nothing to me whether you come or not
peu m'importe que vous veniez ou non

for all the good it is for me!
pour ce que j'en ai à faire!

I don't care what people say
je me moque du qu'en dira-t-on

all that leaves me cold
tout cela ne me fait ni chaud ni froid

I feel fairly relaxed about it / that doesn't psych* me
cela ne me fait aucun effet

I don't care / give a damn* / rap* / fig*
je m'en fiche / je m'en fous* / j'en ai rien à foutre** / je m'en balance

I don't care / give a hang*
je m'en fiche comme d'une guigne*

I don't care a brass farthing* / what the heck* do I care?
I don't give a tinker's cuss / damn*
je m'en fiche* comme de ma première chemise / culotte / l'an 40

I snap my fingers at it
je m'en moque / je m'en bats l'œil

to be indifferent   **être indifférent**

to look at something with an air of detachment / in a matter-of-course way
regarder quelque chose avec indifférence / d'un air détaché

to be unappreciative of something
rester indifférent à quelque chose / ne pas l'apprécier pour ce qu'il vaut

which dress will you have? - it doesn't matter / I'm not bothered
quelle robe veux-tu? - ça m'est égal / oh, n'importe!

I'm quite indifferent to it / couldn't care less about it
**cela m'est complètement indifférent / ça m'indiffère totalement /
souverainement**

I don't feel strongly about anything; it's either that or some other pointless task
tout m'est égal; faire ça ou peigner la girafe

it makes no difference to me / it's all one to me
cela ne fait aucune différence pour moi / cela m'est parfaitement égal

I've no preference (either way)
je n'ai pas de préférence

it's all the same to me
pour moi, c'est la même chose

it's much of a muchness / it's six of one and half a dozen of the other
c'est blanc bonnet et bonnet blanc

all that's of no importance; it doesn't matter in the least
tout cela n'a pas d'importance; cela n'a pas la moindre importance

none of this is of any concern to me
tout cela ne me concerne pas

that's the least of my worries; I've better things to do
cela est le moindre de mes soucis; j'ai mieux à faire

I don't lose any sleep over it; I've other fish to fry
cela ne m'empêche pas de dormir; j'ai d'autres chats à fouetter

■
161 REGRET

to regret something   regretter quelque chose

I regret what I did
je regrette ce que j'ai fait

she regretted not having told the truth
elle regrettait de ne pas avoir dit la vérité

I regret having to tell you this bad news by telephone
je regrette d'avoir à vous annoncer ces mauvaises nouvelles par téléphone

while in jail Verlaine was regretting his lost youth
dans sa prison, Verlaine regrettait sa jeunesse perdue

he retained a nostalgia for the past; he kept turning over his regrets
il gardait la nostalgie du passé; il ressassait ses regrets

to miss somebody   regretter quelqu'un

so, you're going to leave; I'll miss you
ainsi vous allez partir; je vais vous regretter / vous allez me manquer

common expressions   expressions courantes

I'm most distressed at not being able to help you
je suis très malheureux / fâché de ne pas pouvoir vous aider

I apologize for keeping you waiting
je regrette de vous avoir fait attendre

I feel bad about having done nothing to help you
je suis mécontent de n'avoir rien fait pour vous aider

you'll live to regret it! you'll rue the day!; she could kick herself now
vous le regretterez amèrement / vous vous en mordrez les doigts!;
maintenant, elle s'en mord les doigts

the word came out before I could stop it; I could have bitten my tongue off
le mot est parti malgré moi; je m'en suis mordu la langue

I was foolish enough to accept; how silly of me! what a fool I am!
j'ai eu la bêtise d'accepter; que je suis bête! quel idiot je suis!

I could kick myself for it / I could have kicked myself
je m'en donnerais de coups / je m'en serais donné des coups

it's not the money I grudge but the time lost
ce n'est pas tant l'argent que je regrette que le temps perdu

it's too bad / a pity / unfortunate you can't come
c'est dommage / malheureux que vous ne puissiez pas venir

we might (just) as well have stayed at home
nous aurions aussi bien fait de rester à la maison

I regret going there; I shouldn't have gone there
je regrette d'être allé là-bas; je n'aurais pas dû aller là-bas

I now feel I shouldn't have seen him again
je me dis que je n'aurais pas dû le revoir

various expressions indicating regrets in the present

I wish I were with you; I wish I were rich
j'aimerais être près de vous; je voudrais être riche

he regrets not speaking French fluently; he wishes he could speak French fluently
**il regrette de ne pas parler le français couramment;
il voudrait parler le français couramment**

I wish I knew where he was
je regrette de ne pas savoir où il se trouve / je voudrais savoir où il se trouve

if only I were / was younger!
si seulement j'étais plus jeune!

if only we had enough money!
si seulement nous avions assez d'argent!

if only we could turn the clock back / roll back the years!
si seulement on pouvait remonter le cours du temps!

various expressions indicating regrets in the past

I wish I'd had the money
j'aurais aimé avoir cet argent

I wish I'd been there
j'aurais aimé être là

I wish you'd told me the truth
je regrette que vous ne m'ayez pas dit la vérité

I wish you hadn't lost your temper
je regrette que vous vous soyez mis en colère

if only I'd won the lotto!
ah, si seulement j'avais gagné au loto!

if I'd known! it's sad to be reduced to that
si j'avais su! c'est triste d'en être arrivé là

proverb   **proverbe**

the mill cannot grind with the water that is past
le passé est le passé

■

162 WISH

wish / desire   le souhait

my greatest / most cherished desire is to meet you again
mon plus cher désir / mon désir le plus cher, c'est de vous revoir

your wish is my command
vos désirs sont des ordres

what do you want? what would   que voulez-vous? que souhaitez-vous?
you like?

all I wish is to be left alone in peace
tout ce que je souhaite, c'est qu'on me fiche la paix

I wish most of all to remain in good health
ce que je souhaite par-dessus tout, c'est rester en bonne santé

would you like a drink? - all I want is a nice cup of tea
désirez-vous boire quelque chose? - tout ce que je veux / souhaite,
c'est une bonne tasse de thé

what would you like as a treat for Christmas? —I'd like a dress like this one
qu'est-ce qui te ferait plaisir pour Noël? - je veux une robe comme celle-ci

I hope to see you again soon
j'espère vous revoir bientôt

I hope my letter will find you in the best of health
je souhaite que ma lettre vous trouve en excellente santé

I would / should like
j'aimerais / je voudrais (bien) + infinitif / je voudrais bien que + subjonctif

I'd like to see you again
j'aimerais / je voudrais bien vous revoir

I'd like him to lend me some money
je voudrais bien qu'il me prête un peu d'argent

I shouldn't like him to feel obliged to return my favour
je ne voudrais pas qu'il se sente obligé à mon égard

I wish I could remember the date of his birthday
je voudrais bien me rappeler sa date de naissance

I wish I were rich; I wish I had a house of my own
je voudrais être riche; j'aimerais avoir une maison à moi

common expressions   **expressions courantes**

I'd just as soon people didn't learn about my past
j'aimerais autant que personne ne sache rien de mon passé

I'd just as soon stay at home as go out
j'aimerais autant rester à la maison plutôt que de sortir

I'm very keen that she should come
je tiens beaucoup à ce qu'elle vienne

the thing next to my heart is her happiness
la chose qui me tient le plus à cœur c'est son bonheur / c'est qu'elle soit heureuse

I'd give my back teeth / last penny / bottom dollar for her to come back
je donnerais tout l'or du monde pour qu'elle revienne

I can't wait for him to go away!; let's hope it lasts!
vivement qu'il s'en aille!; pourvu que ça dure!

it's to be wished / hoped his situation will improve
il faut souhaiter que sa situation s'améliore

it's desirable he should find a job very soon
il est souhaitable qu'il trouve rapidement du travail

if only   **si seulement**

if only he'd call me!
si seulement il voulait bien m'appeler!

if only I could win the lottery!
si seulement je pouvais gagner à la loterie!

to wish somebody something   **souhaiter quelque chose à quelqu'un**

I wish you a Happy New Year / a Happy Birthday
je vous souhaite une bonne année / un bon / joyeux anniversaire

I wish you every success in your enterprise
je vous souhaite de réussir dans votre entreprise

I wish it with all my heart; good luck! all the best!
je vous le souhaite de tout cœur; bonne chance!

have a nice meal! enjoy your meal!
bon appétit!

proverb   **proverbe**

I see you're pining for someone
cœur qui soupire n'a pas ce qu'il désire

■

163 SADNESS

to be sad / sorrowful   **être triste / avoir de la peine**

he's as miserable as sin
il est triste comme une porte de prison

he's always walking about with a long face
il est triste comme un jour sans pain

to look a real misery / down in the mouth*
faire une tête d'enterrement / faire une mine de carême

to indulge in brooding; to be melancholy / depressed / dejected
s'abandonner à des idées noires; être abattu / déprimé

to be inclined / given to melancholy
être enclin à la mélancolie

to feel miserable / unhappy / sorry for oneself / lonely
être malheureux; s'attendrir sur soi-même / s'apitoyer sur son sort; se sentir seul

sadness   la peine

to be sad / grief-stricken; have an unhappy love life
avoir de la peine; avoir des peines de cœur

it pains me to have to leave you
cela me fait de la peine d'avoir à vous quitter

it breaks my heart to have to sell my house
cela me fend le cœur d'avoir à vendre ma maison

to be affected by something   être très affecté par quelque chose

he was sorely distressed by the death of his girlfriend
il a été très affecté par la mort de sa petite amie

what an ordeal he must have been through!
quelle épreuve cela a dû être pour lui!

he's heartsick / his heart aches
il a la mort dans l'âme

he keeps his sorrows to himself and tells no one
il garde ses peines pour lui et n'en parle à personne

he's going through sad times; it hurts to see it
il connaît de tristes heures; cela fait peine à voir

I took my teacher's well-intended criticism to heart
j'ai pris à cœur les critiques pourtant bien intentionnées de mon professeur

it's with deep sadness that we learnt of your mother's death
c'est avec une profonde tristesse que nous avons appris le décès de votre mère

it came as a shock to me to hear she had passed away
cela m'a fait un choc d'apprendre qu'elle était morte

to be grieved   avoir du chagrin

to have an aching / heavy heart
avoir le cœur gros

his heart is full
il a le cœur gros

to be overcome with grief
être accablé de chagrin

to immure oneself in one's grief
se murer dans son chagrin / dans sa douleur

to be heartbroken (about it); to die of a broken heart
(en) avoir le cœur brisé; mourir de chagrin

my heart breaks at the thought of leaving you
j'ai le cœur brisé / mon cœur se brise à la pensée de vous quitter

the sight of it broke his heart
ce spectacle lui brisa le cœur

she's eating her heart out / she's worn down by grief
elle se ronge de chagrin / elle est minée par le chagrin

to give way to one's grief; to drown one's sorrow
s'abandonner à son chagrin; noyer son chagrin (dans l'alcool)

to cause somebody grief   **faire / causer du chagrin à quelqu'un**

to plunge somebody into deep grief
plonger quelqu'un dans un profond chagrin

to twist / turn the knife in the wound
remuer le couteau dans la plaie

despair   **le désespoir**

to be in great distress; surrender to despair
être dans une grande détresse; s'abandonner au désespoir

my girlfriend left me, I just despair of ever seeing her again;
this thought is driving me to despair
mon amie m'a quitté, je désespère de la revoir; cette pensée me désespère

I've been a prey to despair ever since
depuis je suis en proie au désespoir

I'm sinking into despair
je sombre dans le désespoir

I'm in the depths / nadir of despair
je suis complètement désespéré / au fond du désespoir

proverbs   proverbes

life has its joys as well as its sorrows
la vie a ses joies et ses peines

life is not a bed of roses; there is no rose without a thorn
la vie n'est pas un lit de roses; il n'y a pas de roses sans épines

time heals all sorrows
le temps guérit toutes les peines

■

164 CRYING

there will be much wailing and gnashing of teeth
when she learns that her boyfriend is about to marry her bosom friend
il y aura des pleurs et des grincements de dents
quand elle apprendra que son amant épouse sa meilleure amie

to cry   pleurer

to be close to tears; to shed tears
être au bord des larmes; verser des larmes

she very much wanted to cry; she stopped herself from crying
elle avait une forte envie de pleurer; elle s'est retenue pour ne pas pleurer

she cries at the slightest little thing
elle pleure pour un rien

she held / forced back / choked her tears
elle a retenu / rentré / refoulé ses larmes

to break into a fit of tears   **avoir une crise de larmes**

to turn on the waterworks*; burst into tears
se mettre à pleurer à chaudes larmes / ouvrir les vannes*; fondre en larmes

to cry one's heart out / have a good cry; let one's tears flow freely
pleurer à chaudes larmes / pleurer un bon coup; donner libre cours à ses larmes

she collapsed into tears
elle s'est effondrée en larmes

she was in floods of tears; her eyes were brimming with tears
elle était tout en larmes; ses yeux étaient noyés de larmes

she had a sob in her voice; she was crying fit to break one's heart
il y avait des sanglots dans sa voix; elle sanglotait à fendre l'âme

she was crying her eyes / heart out
elle pleurait toutes les larmes de son corps / tout son saoul / soûl

she was crying like anything
elle pleurait comme une Madeleine

■

165 PLEASURE, HAPPINESS AND JOY

pleasure   le plaisir

to enjoy / relish doing something
prendre grand plaisir à faire quelque chose

to enjoy oneself / get one's kicks**
prendre son pied*

I delight / enjoy spending Sunday in the countryside
j'aime passer / je prends plaisir à passer le dimanche à la campagne

what a delight to lie in the sun!
quel plaisir de s'allonger au soleil!

what a pleasure (it is) to see you again!
quel plaisir de vous revoir!

*I had a field day; your visit made my day**
ce fut particulièrement agréable; votre visite a transformé ma journée

it did my heart good / it was heart-warming to see you again
cela m'a réchauffé le cœur de vous revoir

she's a sight for sore eyes
c'est un plaisir de la regarder / elle est un régal pour les yeux

it's a delight to hear her sing
c'est un régal de l'entendre chanter

to please somebody   faire plaisir à quelqu'un

I take pleasure in pleasing you
je prends plaisir à vous faire plaisir

what would you like as a treat for your birthday?
qu'est-ce qui te ferait plaisir pour ton anniversaire?

just to please me; if it will give you pleasure
fais-moi plaisir; si cela vous fait plaisir

cheerfulness   la gaîté

to be of a cheerful turn of mind
être d'une nature joyeuse

he's full of the joys of spring; he's bubbling over with high spirits
il a le cœur joyeux; il déborde de gaîté

he's as happy as a lark
il est gai comme un pinson

happiness   le bonheur

to be happy to be in good health
avoir le bonheur de vivre en bonne santé

to make somebody happy
faire le bonheur de quelqu'un

to be like the cat that stole the cream
avoir l'air particulièrement content de soi-même

he's happy for the first time in his life; he's having the time of his life
il est heureux pour la première fois de sa vie; il n'avait jamais été à pareille noce

he's as happy as a sandboy / lark
il est heureux comme un poisson dans l'eau

he's as pleased as a king
il est heureux comme un roi

he's walking on air / he's over the moon
il est heureux comme tout / il est aux anges

he laps it up; it's like walking in a dream
il boit du petit lait; il vit comme dans un rêve

he's on top of the world; in seventh heaven
il se sent comblé; il est au septième ciel

he looks the picture of happiness / he's radiant with happiness
il respire le bonheur / il est resplendissant de bonheur

as snug as a bug in a rug; he's everything he needs to be happy*
tranquille comme Baptiste; il a tout pour être heureux

he doesn't know how lucky he is
il ne connaît pas son bonheur

rapture   **le ravissement**

I'm thrilled about going to visit them
je suis ravi de leur rendre visite

I'm so happy that I'll meet you again
je suis si heureux à la pensée de vous revoir

he's in raptures about his trip
il est ravi de son voyage

happiness and joy   **le bonheur et la joie**

to cry / dance with joy; jump for joy
pleurer / danser de joie; bondir de joie

to quiver / be delirious with joy
frétiller / délirer de joie

to be radiant with joy / happiness
rayonner de joie / bonheur

her face shone with happiness; her eyes sparkled with joy
son visage rayonnait de bonheur; ses yeux brillaient de joie

a feeling of joy came over me as soon as I saw her; I gave free rein to my joy
la joie m'a envahi dès que je l'ai aperçue; j'ai laissé éclater ma joie

I was overjoyed
j'étais au comble de la joie

I was overwhelmed / bursting with joy
je débordais de joie

I was frantic with joy; I couldn't contain my joy
j'étais fou de joie; je ne pouvais contenir ma joie

I was walking / treading on air
je ne me sentais plus de joie / je nageais dans le bonheur;
je me sentais pousser des ailes

what bliss! I'm still exhilarated
quelle félicité! / quel bonheur! je suis encore en pleine euphorie

I'd never thought I could reach such a climax of happiness
je n'avais jamais pensé pouvoir atteindre un si grand bonheur

no words could be invented for such supreme happiness
il n'y a pas de mots pour dire un tel bonheur

proverbs   proverbes

happiness is worth more than riches
contentement passe richesse

one man's joy is another man's sorrow
le malheur des uns fait le bonheur des autres

■

166 MORALE

to be in good spirits; have a fighting spirit
avoir bon moral; avoir un moral d'acier

to keep one's spirits up
garder le moral

to raise one's spirits; cheer up
se remonter le moral; retrouver son entrain

to be in high spirits; to be in a festive mood
être en verve; avoir le cœur en fête

to be in low spirits   **ne pas avoir le moral**

I'm in low spirits today
aujourd'hui, je n'ai pas le moral

my morale is very low
j'ai le moral à zéro

my morale has reached the low water mark
mon moral est au plus bas

I'm in the doldrums
j'ai le cafard*

*I feel really down / I'm (feeling) down in the dumps**
j'ai le cafard* / j'ai un cafard* monstre

my heart isn't in anything anymore; I'm depressed / sick at heart
je n'ai plus le cœur à rien; je suis déprimé; j'ai la mort dans l'âme

despondency   **le découragement**

to lose heart; sink into despondency / become demoralized
**se décourager; tomber dans le découragement / se laisser aller au
découragement**

to be demoralized by failures
se laisser abattre par les échecs

don't let things get you down / keep your spirits up!
**ne te laisse pas décourager / n'aie pas le cafard pour autant /
ne te laisse pas abattre**

common expressions   **expressions courantes**

to knock the stuffing out of somebody*
saper le moral de quelqu'un

to revive somebody's spirits
remonter le moral de quelqu'un

■

167 OPTIMISM

to be optimistic; have faith in the future
être optimiste; avoir foi en l'avenir

my boyfriend's optimism is equal to nothing
mon ami est d'un optimisme à toute épreuve

I've never known anyone to be so optimistic
je n'ai jamais connu quelqu'un d'aussi optimiste

he's of sanguine disposition / given to optimism; he's optimistic by nature
il est d'un naturel optimiste / il est porté à l'optimisme; c'est une nature optimiste

he's a born optimist; he was born under a lucky star; he trusts his lucky star
**il est né avec un caractère optimiste; il est né sous une bonne étoile;
il a foi en son étoile**

he always looks on the bright side of things
il prend / regarde toujours les choses du bon côté

he sees things through rose-coloured spectacles / he's always in the pink
il voit la vie en rose / il a toujours le moral au beau fixe

he takes life as it comes / things as they come
il prend la vie comme elle est / les choses comme elles sont

he lives life to the full; he's full of the joys of life
il vit pleinement sa vie; il est plein de joie de vivre

life is grand! "let's live it up*!" is his motto
la vie est belle! « il faut profiter de la vie! » c'est sa devise

he's sailing before the wind; I'm sanguine about his future
il a le vent en poupe; je suis optimiste quant à son avenir

let's be optimistic! all that is bound to work out all right in the end
soyons optimistes! tout cela finira bien par s'arranger

everything is for the best in the best of worlds
tout est pour le mieux dans le meilleur des mondes

let's hope for the best (and prepare for the worst)!
soyons optimistes (mais préparons-nous au pire)!

proverbs   proverbes

it's always darkest before the dawn
après la pluie, le beau temps

every cloud has a silver lining
à toute chose, malheur est bon

■
168 PESSIMISM

my friend is a pessimist; he's pessimistic by nature / given to pessimism
mon ami est un pessimiste; il est pessimiste de nature / d'une nature pessimiste

he's a born pessimist; he has uncertainties
il est né pessimiste; il a des états d'âme

he always looks on the black side of things; he's always expecting the worst
il voit toujours les choses en noir; il s'attend toujours au pire

"it's too good to last" he's used to saying
« c'est trop beau pour durer », a-t-il l'habitude de dire

the worst is yet to come
il faut s'attendre au pire / le pire est encore à venir

misfortune has given him a gloomy outlook on life
les malheurs ont assombri son caractère

he's renounced the pleasures of life
il a renoncé aux plaisirs de la vie

his fortunes are at their lowest ebb
il est dans le creux de la vague

I'm pessimistic about the success of his venture
je suis pessimiste quant au succès de son entreprise

I feel rather pessimistic about his success
je n'ai pas grand espoir qu'il réussisse

things are looking black; are in a bad way
les choses se présentent mal; tout va mal

the future looms very dark / gloomy
l'avenir apparaît sombre / se présente sous les jours les plus sombres

things look rather bleak for him
les choses se présentent plutôt mal pour lui

the situation is beyond hope; all hope is lost of seeing the situation improve
la situation est sans espoir; il n'y a aucun espoir de voir la situation s'améliorer

don't be such a pessimist; the worst is never certain
ne soyez pas si pessimiste; le pire n'est jamais certain

■
169 MOOD

good mood   **la bonne humeur**

to be even-tempered; to be in a good mood
être d'humeur égale; être de bonne humeur

to smile good-humouredly; to be in a sunny mood
sourire avec bonne humeur; être d'une humeur charmante

to be in the height of good temper
être au comble de la bonne humeur

to be in a jovial / laughing / joking mood
être d'humeur joviale / à rire / plaisanter

to take something good-humouredly / in good part
prendre quelque chose avec bonne humeur / en bonne part / du bon côté

she's quite recovered her temper; she's bubbling (over) with good humour
elle a retrouvé sa bonne humeur; elle pétille de bonne humeur

to be in the right mood   **être dans de bonnes dispositions**

to be in the best of moods
être dans les meilleures dispositions

everyone was in the right mood to work
tout le monde était dans de bonnes dispositions pour travailler

everyone was in the mood for work
chacun était d'humeur à travailler

good humour reigned again in the workroom
la bonne humeur régnait de nouveau dans l'atelier

sudden changes of mood   **les sautes d'humeur**

he's a man of many moods; subject to outbursts of temperament
son humeur est changeante; il est sujet à des sautes d'humeur

he has his good times and his bad
il a ses bons et ses mauvais moments

yesterday was a good day
hier était un bon jour

today it's one of his off days
aujourd'hui, il n'est pas dans un bon jour

today he's having one of his bad spells
aujourd'hui, il est dans ses mauvais jours

bad mood   **la mauvaise humeur**

to be in a bad mood
être de mauvaise humeur

to be sullen / morose / glum / out of humour
être maussade / être d'humeur maussade / morose / faire preuve de morosité

he's sullen; he must have got out of bed on the wrong side
il est d'humeur maussade; il a dû se lever du pied gauche

he's in a rotten temper; I wonder what's bitten him
il est d'une humeur massacrante; je me demande quelle mouche l'a piqué

he's in a foul temper; he's sour-tempered
il est de méchante humeur; il est d'humeur acariâtre

he's in a foul mood / as cross as two sticks
il est d'une humeur de chien / dogue

signs of a bad mood   **les signes de mauvaise humeur**

he looks rather surly / grumpy; he's scowling
il fait grise mine; il se renfrogne

he looks down in the mouth*
il fait une mine d'enterrement

he's pulling a long face
il a la mine longue / il fait une mine longue comme un jour sans pain

he's sulking / having the sulks - stop pulling that face!
il boude / il fait du boudin* - ne fais pas cette mine-là!

to act in a bad temper   **agir de mauvaise humeur**

to have a fit of (bad) temper; act in a fit of ill humour; have a bad-tempered gesture
**avoir un mouvement d'humeur; agir par humeur;
avoir un geste de mauvaise humeur**

to vent one's bad temper on somebody
passer son humeur sur quelqu'un

don't work off your annoyance on me!
ne passe pas ta mauvaise humeur sur moi!

to be awkward   **faire la mauvaise tête**

he's being awkward; he's grumpy; what a misery he is!
il fait sa mauvaise tête; il est grincheux; quel grincheux!

he's really ratty/ in a pet*; he's like a bear with a sore head*
il est vraiment grincheux / il est en rogne* / il est de mauvais poil*;
il n'est pas à prendre avec des pincettes*

for the moment he's in no laughing mood
pour le moment, il n'est pas d'humeur à rire / il n'a pas envie de rire

he's not in the mood for work either / he's in no mind to work either
il n'est pas non plus d'humeur à travailler / il n'a pas non plus envie de travailler

■

170 SATISFACTION

to get a certain satisfaction from doing something
éprouver une certaine satisfaction à faire quelque chose

to feel great contentment at the sight of something; slap one's thighs with satisfaction
éprouver un vif contentement à la vue de quelque chose;
se taper sur les cuisses de contentement*

to be purring with satisfaction / be on the crest of a wave
ronronner de satisfaction / être en pleine euphorie

to be satisfied / happy with one's lot
être satisfait / content de son sort

to be self-satisfied
être satisfait de soi

to look like the cat that swallowed the canary* / stole the cream*
être content de soi

I'm pleased with myself because I've worked well
je suis content de moi parce que j'ai bien travaillé

I'm not sorry to have finished this job
je ne suis pas fâché d'avoir terminé ce travail

I was thankful that he hadn't seen me
j'étais bien content qu'il ne m'ait pas vu

he's satisfied with his car
il est satisfait de sa voiture

he's pleased with the way he spent the evening
il est satisfait / content de sa soirée

to be satisfied with somebody   **être satisfait de quelqu'un**

I'm quite satisfied with my new assistant
je suis tout à fait satisfait de mon nouveau collaborateur

I've every cause for satisfaction with his services /
I've nothing but praise for the service he gives
je n'ai qu'à me louer de ses services / je n'ai que des compliments à lui adresser

I can only praise him for the way he fulfils his task
je n'ai qu'à me louer de la façon dont il s'acquitte de sa tâche

he gives me complete satisfaction
il me donne toute satisfaction

I must say in his praise that I'm an exacting boss
je dois dire, à sa louange, que je suis un patron exigeant

I give him full marks for the way he acts in the defence of my interests
je lui donne un satisfecit pour la façon dont il défend mes intérêts

■

171 DISSATISFACTION

there are 60 million subjects in France not counting the subjects of dissatisfaction
**la France compte 60 millions de sujets, sans compter les sujets de
mécontentement**

discontent is likely to become widespread
le mécontentement risque de devenir général

to be dissastisfied   **être mécontent / ne pas être satisfait**

what's the trouble? you look as though the cat has killed your canary
qu'est-ce qu'il y a? on dirait qu'il vous est arrivé quelque chose de grave

what's the matter? / what's up? - I'm annoyed, that's what
qu'est-ce qu'il y a? - il y a que je suis mécontent, voilà ce qu'il y a

I'm dissastisfied with my holiday; it's not the sort of holiday you dream about!
je ne suis pas content de mes vacances; des vacances comme ça,
ce n'est pas le rêve!

I'm annoyed with you about your dubious company
je suis mécontent de vous à propos de vos fréquentations douteuses

he looks very annoyed / displeased
il a l'air très mécontent / il n'a pas l'air content

when he was dismissed he didn't appreciate it one little bit;
he was very put out about it / he took it very badly
quand on l'a renvoyé / (le fait) d'être renvoyé, il l'a trouvé mauvaise

he took exception to what I said to him; he took it amiss
il a mal pris / il a pris en mauvaise part ce que je lui ai dit; il l'a mal pris

now he's like a bear with a sore head; he's really prickly
maintenant, il n'est pas à prendre avec des pincettes;
c'est une vraie pelote d'épingles

he looks cross; I'm afraid that my remark still rankles in his mind
il a l'air fâché; je crains que ma remarque ne lui soit restée sur le cœur

it's Saturday and he resents being at work
il n'est pas content d'avoir à travailler / il n'accepte pas de travailler le samedi

to be dissatisfied with oneself   **être mécontent de soi**

I'm angry with myself at having made a mistake
je suis mécontent de moi parce que je me suis trompé / j'ai fait une erreur

I'm angry at having been the cause of so much damage
je suis confus d'avoir été la cause de tant de dommages

I'm sorry about forgetting your birthday
je suis confus d'avoir oublié votre anniversaire

to feel / get frustrated   se sentir frustré

she got frustrated when she failed to win;
the frustration of her failure made her a bitter woman
elle s'est sentie frustrée de n'avoir pas gagné; la frustration
de son échec l'a rendue amère

he was frustrated that no one would believe his story
il a été déçu que personne ne voulut croire à son histoire

he was offended at not being invited
il a été vexé de n'avoir pas été invité

to sulk   bouder / faire la lippe / faire du boudin*

the child went away and sulked in his room
l'enfant s'en alla bouder dans sa chambre

to moan / grouse* / grouch*   rouspéter* / ronchonner*

he's never satisfied; he's always moaning / grousing / grouching**
il n'est jamais content; il est toujours à rouspéter / ronchonner;
il rouspète / ronchonne tout le temps

he's always mumbling some grievance
il est toujours à marmonner quelque grief

to be (hopping) mad* / really ratty*   être en rogne

*this really is too much! I'm pissed off***!*
cela dépasse les bornes! j'en ai marre*! j'en ai ras le bol*!

*I'm fed up with working for peanuts**
j'en ai assez de travailler pour des prunes**

I find it rather too hard to swallow; that sticks in my throat
je trouve cela plutôt dur à avaler; cela me reste dans la gorge /
je ne peux le digérer

he started thumping his fist on the table
il s'est mis à taper du poing sur la table

he chucked up** everything
il a tout envoyé promener

he was in such a (foul) temper / so really ratty* that he sent everybody packing*
il était dans une telle rogne qu'il a envoyé tout le monde promener

■

172 BOREDOM

to languish in boredom; to die of boredom; to yawn with boredom
languir d'ennui; mourir d'ennui; bailler d'ennui

to get bored   **s'ennuyer**

to mope around
traîner son ennui / passer son temps à se morfondre / se languir

this place reeks of boredom
cet endroit sue l'ennui

what a drag it is here** ! it's so boring here!
qu'est-ce qu'on s'ennuie / qu'on se barbe* / qu'on s'embête ici

I find the time going on too long; the hours seem to drag by; time hangs heavy on me!
je trouve le temps long; les heures me paraissent longues; le temps me pèse!

I'm getting bored to death / I'm bored stiff
je m'ennuie à mourir / je m'ennuie ferme

to bore   **ennuyer**

to bore somebody stiff / to death / bore the pants off somebody**
ennuyer / emmerder** quelqu'un (en le lassant)

all these lengthy explanations bore me
toutes ces longues explications m'ennuient

in the end he wears you out with his advice
avec ses conseils, à la longue, il fatigue

I found his lecture deadly dull / as dull as ditchwater; it was deadly boring
**j'ai trouvé sa conférence assommante / ennuyeuse comme la pluie;
c'était mortellement ennuyeux**

he's not much fun / he's pretty dreary*
il n'est pas marrant*/ il est ennuyeux / triste

he's such a bore! deadly* boring
il est tellement ennuyeux! il est mortellement ennuyeux

I find him so tedious that I don't want to go out with him any more
je le trouve si assommant que je ne veux plus sortir avec lui

I'm sick and tired of him; I've had my fill of listening to him
j'en ai assez de lui; j'en ai assez de l'écouter

I'm fed up with him!
j'en ai marre de lui!

■

173 WORRIES

to worry   **se faire du souci / s'inquiéter**

her daughter worries her a lot
sa fille lui donne bien du souci / bien des soucis

she's fretting / worrying about her; she's a constant worry to her
**elle se tourmente à cause d'elle; elle est pour elle une source perpétuelle de
soucis**

she's bothered / gets worried about her company
elle se fait de la bile* / elle se tracasse au sujet de ses fréquentations

she can't sleep for thinking of it / she's losing sleep over it
elle n'en dort plus / elle en perd le sommeil

she's concerned for her safety when she goes rock climbing
elle se fait du souci / elle s'inquiète pour sa sécurité quand elle fait de l'escalade

she's worrying herself stiff* / makes herself sick with worry about her
elle se fait beaucoup de souci / elle se fait un sang d'encre /
elle se ronge les sangs à son sujet / elle s'en rend malade

she's agonizing over what she should do for her
elle se ronge les sangs pour savoir ce qu'elle doit faire pour elle

she's worrying herself grey / sick*
elle se fait des cheveux blancs / du mouron*

she's weighed down by worries; what a hassle! she's all hot and bothered*
elle ploie sous le poids des soucis; que de tracas! elle est dans tous ses états

what's wrong? what's bothering you? what's the matter with you?
qu'est-ce qui ne va pas? qu'est-ce qui te tracasse?

I've something on my mind; there's something weighing on my mind
quelque chose me préoccupe; il y a quelque chose qui me tourmente

I can't get it out of my mind
cela me trotte par la tête / je ne peux m'empêcher d'y penser

I'm full of cares; I've money worries
je suis accablé de soucis; j'ai des soucis d'argent

I'm concerned about the increase in the cost of life
je m'inquiète de l'augmentation du coût de la vie

I worry a great deal over it
cela me donne bien des soucis

besides, the worrying thing is that my son is in bad health
de plus, ce qui me donne du souci, c'est la santé de mon fils

however I've got enough to worry about without that
j'ai pourtant assez de soucis comme ça

I need it like a hole in the head**; I've already had my fair share of trouble
je n'ai vraiment pas besoin de cela; j'ai déjà eu ma part de soucis

common expressions   expressions courantes

to make a great deal of fuss about something
se faire tout un monde de quelque chose

to make a mountain out of a molehill / a fuss over nothing
se faire un monde de rien

to make everything into a great issue
se faire un monde de tout

don't worry   **ne vous inquiétez pas**

set your mind at rest / don't worry
ne vous en faites pas / ne vous faites pas de soucis

don't worry / bother about that
ne vous inquiétez pas / ne vous faites pas de souci pour cela

don't bother your head; there's no need for you to worry
ne vous mettez pas martel en tête; vous n'avez pas à vous en faire

don't worry / fret over a little thing like that
ne vous tracassez pas / ne te tracasse pas pour si peu

there's nothing to worry about / no cause for alarm
il n'y a aucune raison de vous inquiéter / il n'y a pas lieu de s'inquiéter

there's no need to get hot and bothered about your daughter;
adolescence is a difficult phase of life
vous n'avez pas besoin de vous mettre dans tous vos états au sujet de votre fille;
l'adolescence est une période difficile à vivre

you worry about things too much; stop tormenting yourself like that
vous vous faites trop de soucis; cessez de vous tourmenter comme ça

don't get into such a state; if you go on like that you'll worry yourself sick
ne vous mettez pas dans un tel état;
si vous continuez comme ça, vous allez vous rendre malade

worrying does no good; forget it / let him get on with it!
il ne sert à rien de se faire du souci / s'inquiéter ne sert à rien;
laisse tomber / laisse pisser* (le mérinos)**

■

174 APPREHENSION AND FEAR

to fear something   **craindre quelque chose**

the wounded man feared about being operated on
le blessé craignait d'être opéré

the hostages are fearing for their life; we fear the worst
les otages craignent pour leur vie; on redoute le pire

he fears neither God nor the devil
il ne craint ni Dieu ni diable

**for fear of something / for fear   de crainte que / par crainte de quelque chose
+ should**

I didn't enter the house for fear of the dog
je ne suis pas entré par crainte du chien

I always fasten my safety belt for fear that an accident should happen
j'attache toujours ma ceinture par crainte de l'accident

common expressions   expressions courantes

to be apprehensive / anxious of danger / about the weird / the unknown
craindre / redouter le danger / l'étrange / l'inconnu

to have misgivings about something; view the future with trepidation
**avoir des craintes au sujet de quelque chose; regarder l'avenir avec
appréhension**

to be in a blue funk*; to fear for one's bacon*
être dans la crainte de ce qui pourrait arriver; craindre pour sa peau

to get cold feet
arrêter de faire quelque chose par crainte des conséquences

I'm somewhat anxious about him; he wouldn't say boo to a goose
**j'entretiens des craintes / j'éprouve une certaine appréhension à son sujet; il
n'ose même pas ouvrir la bouche / il n'ose jamais ouvrir le bec***

I reached the point myself when I no longer dare go out
j'en étais arrivé au point de ne plus oser sortir

to be afraid / fear   craindre que + subjonctif

I'm afraid he's already left
je crains qu'il ne soit déjà parti

I'm afraid / half afraid that he's cross with me
je crains / j'ai quelque crainte / j'ai un peu peur qu'il ne soit fâché (contre moi)

I'm afraid (that) you might be cold
je crains fort que vous n'ayez froid

she feared he might hurt himself
elle craignait qu'il ne se fasse mal

I'm very much afraid that he may have had an accident
j'ai bien peur / je crains fort qu'il n'ait eu un accident

■
175 ANNOYANCE

the slightest annoyance makes him ill; he's annoyed about your attitude
la moindre contrariété le rend malade; il est contrarié par votre attitude

it really bothered me that she'd forgotten my birthday
cela m'a contrarié qu'elle ait oublié mon anniversaire

the annoying thing about this matter is that you omitted to inform me
ce qui me contrarie dans cette affaire, c'est que vous avez omis de m'en informer

he resented my marriage; he was resentful of my marriage
mon mariage l'a contrarié; il n'a jamais pu admettre / accepter mon mariage

he resented (the fact) that I married his sister
il n'a jamais pu admettre que j'ai épousé sa sœur

he didn't half pull a face** when he heard the news
il a fait une sale gueule** quand il a appris la nouvelle

hearing that piece of news made him go funny
cette nouvelle l'a rendu tout chose

he got into a terrible state about it / he had a fit*;
he finds it rather too hard to swallow
il en a fait une maladie / il en a eu une attaque; il trouve cela plutôt dur à avaler

that sticks in his throat
cela lui reste dans la gorge / cela est dur à avaler / il n'arrive pas à le digérer

much to my chagrin he hasn't come; it's a pity that he felt it necessary to go
à mon grand / vif dépit, il n'est pas venu; il est fâcheux qu'il ait cru devoir partir

the annoying thing about it is that I absolutely needed to talk to him
le fâcheux de tout cela est que j'avais absolument besoin de lui parler

this news grieves me
cette nouvelle me fâche beaucoup

it's very awkward for me not to meet him
c'est vraiment gênant pour moi de ne pas le rencontrer

his way of behaving puts me off him*; at the moment anything annoys me
sa façon de se comporter m'indispose; en ce moment, tout m'indispose

how annoying! it's a flaming nuisance*! what a bother it all is!
que c'est ennuyeux! que c'est empoisonnant*! quelle barbe que tout cela*!

that meeting is a terrible bind*; don't bother me! let me be!
cette réunion me casse les pieds*; laissez-moi tranquille!

that blessed* motorcar(GB), automobile(US) won't start!
cette foutue** / sacrée* / satanée* bagnole* ne veut pas démarrer!

there's that blinking* cat in our garden again!
ce sacré* chat est encore dans notre jardin!

■

176 IRRITATION AND EXASPERATION

to irritate / hassle somebody   **agacer / irriter quelqu'un**

to irritate somebody by petty requests; nag at somebody
irriter quelqu'un par des questions sans intérêt;
faire des remarques incessantes à quelqu'un

your constant nagging irritates me; don't hassle me!
tes remarques incessantes finissent par m'agacer; fiche-moi la paix!

I've had enough / I'm fed up / I've had my fill of your hassling
j'en ai assez / j'en ai marre de tes remarques / j'en ai jusque-là!

I'm sick and tired of your nagging
j'en ai par-dessus la tête de tes remarques

I'm sick to death* / I'm sick to the (back) teeth* of your hassling
j'en ai ras le bol* / j'en ai plein le dos de tes remarques

I'm through with your hassling! I've had my share of it!
j'en ai ma claque de tes remarques! j'en ai eu ma dose!

common expressions   expressions courantes

for God's sake, stop wanting to do me good!
pour l'amour du ciel, cesse de vouloir me faire du bien!

you make me tired*! you've picked the wrong day!
that brings me out in a rash*!
tu me fatigues! ce n'est vraiment pas le jour! ça me donne des boutons

this is so irritating; what a trial you are! it's getting a bit too much!
c'est agaçant; que tu es agaçant! ça commence à bien faire!

you're putting me in a temper / getting my goat*
tu commences à m'échauffer les oreilles

you're getting on my nerves* / wick**
tu me tapes sur les nerfs / tu me cours sur le système

the barking of the dog jars upon my nerves
les aboiements du chien me portent sur les nerfs / me mettent les nerfs en boule

the barking of my neighbour's dog drives me crazy / up the wall*
les aboiements du chien du voisin me rendent fou / me mettent hors de moi

this child's attitude has become unbearable; he's a bag of nerves
cet enfant est devenu insupportable; c'est un vrai paquet de nerfs

that's just typical of him!
il n'en fait jamais d'autre!

it gets my goat*! / he gets under my skin / he's grating on my nerves
il m'énerve / me tape / porte sur les nerfs

he gets on my nerves; drives me mad
il me met les nerfs à vif; il me prend la tête

he sets my teeth on edge; gives me the pip*
il me fait grincer des dents; il me hérisse le poil

because of him my nerves are all on edge / tensed up /
I got (myself) into a twist* / I got my knickers in a twist*
à cause de lui, j'ai les nerfs en pelote / à vif / en boule / à fleur de peau

I go round the twist*; he drives me round the bend* / up the wall*
je deviens dingue* / je perds la boule*; il me fait tourner en bourrique*

he pushes me to the limits
il me pousse à bout

I can't stand him anymore; I'm fed up with him
je ne peux plus le supporter; j'en ai assez de lui

I'm fed up to the back teeth with him*;
it takes the patience of a saint to put up with him
j'en ai par-dessus la tête de lui; il faut une patience d'ange pour le supporter

I'm sick and tired / fed up with all this business
j'en ai plein le dos / j'en ai par-dessus la tête de toutes ces histoires

what the blazes have you done now*? why the hell did you do it*?
qu'est-ce que tu as encore fichu? qu'est-ce qui t'a pris de faire cela?

this has gone on quite long enough!
ça commence à bien faire!

this is getting beyond a joke! it's gone on far too long already
la plaisanterie n'a que trop duré; cela n'a que trop duré

to exasperate / aggravate   **exaspérer**

I'm exasperated by your constant complaints;
you exasperate me with your constant complaining
vos plaintes continuelles m'exaspèrent; je suis excédé par vos plaintes continuelles

it gets up my nose!
ça m'horripile! / ça m'exaspère

his procrastination exasperates / aggravates me
ses atermoiements m'exaspèrent / me mettent hors de moi

I'm exasperated with him; he's driving me mad
il m'exaspère; il me rend fou

to be exasperated   **être exaspéré**

*I'm (slowly) reaching boiling point / getting hot under the collar**
je sens la moutarde me monter au nez / je sens que je vais me mettre en colère

I'm at the end of my tether / at breaking point; my nerves are quite frayed
je suis à bout de nerfs / je suis sur le point d'exploser; je suis prêt à craquer

oh for crying out loud, stop it! stop it! you're getting on my nerves! it's hell here*!*
mais bon sang*, cesse de m'agacer! arrête! tu me tapes sur les nerfs! c'est l'enfer
ici!

I've had it up to here! I've had a basinful**/ I'm hacked off*(US) / pissed off***
j'en ai jusque-là! j'en ai par-dessus la tête*/ la coupe est pleine / j'en ai marre*/
j'en ai ras le bol*

come off it! you're pushing me to the limit (of my patience); enough is enough!
et puis quoi encore! tu me pousses à bout; trop, c'est trop!

I've just about had enough of you/ I'm fed up with you! lay off*! bugger off***!*
j'en ai assez / j'en ai marre* de toi! fous-moi** la paix!

I can't take much more of this; you've gone too far
je sens que je suis à bout de patience / je n'en peux plus; tu es allé(e) trop loin

that's the limit, I've had more than I can take
la coupe est pleine, c'est plus que je ne peux supporter

that crowns it all! that's the last straw (that breaks the camel's back)
ça, c'est le bouquet*! là, c'est la dernière goutte (qui fait déborder le vase)

■

177 PERPLEXITY

I'm greatly perplexed
je suis dans une grande perplexité

I'm deeply perplexed / puzzled
je suis dans la plus complète perplexité / je suis plongé dans un abîme de
perplexité

I just don't know what to think of this case
je ne sais que penser de cette affaire

what CAN he mean? where CAN he be? whatever COULD it be?
que peut-il vouloir dire? où peut-il bien être? qu'est-ce que ça peut bien être?

I'm bewildered / in a maze / muddle
je suis désorienté / dérouté / déconcerté

I don't know whether I'm coming or going
je ne sais plus où j'en suis

I don't really know what to do / what I should do
je ne sais pas trop que faire / ce que je dois faire

I don't know which way to turn; I'm in a real predicament
je ne sais que faire / je ne sais à quel saint me vouer

puzzle my head as I can, I can't make head or tail of it
j'ai beau me creuser la tête, je n'y comprends rien

to wonder   **se demander**

I wonder who he is
je me demande qui il est

I wonder what he's up to; it's difficult to guess what he's up to
je me demande ce qu'il mijote / fabrique; il est difficile de deviner ce qu'il mijote

I've come to wonder if she loves me or not
j'en suis (venu) à me demander si elle m'aime ou non

I wonder what course to follow
je m'interroge sur la conduite à tenir

common expressions   **expressions courantes**

I can't understand it, they should have arrived by now!
c'est incompréhensible, ils devraient être arrivés maintenant!

I don't like the look of it
cela ne me dit rien qui vaille

he found himself up a stump* ; he was at a complete loss
il ne sut que répondre / il resta perplexe; il était comme la poule qui a trouvé un couteau

■

178 EMBARRASSMENT

the mother was at a loss to account for her son's strange behaviour
la mère était très embarrassée pour expliquer l'étrange conduite de son fils

she was in an awkward position
elle était dans une situation embarrassante

she was embarrassed with indiscreet questions
on l'embarrassait par des questions indiscrètes

that plunged her into a state of utter confusion / made her quite helpless
qui l'ont plongée dans la plus grande confusion / le plus grand désarroi

she looked embarrassed / ill-at-ease
elle avait l'air empêché / elle était mal à l'aise

she got in a muddle with confused explanations /
she tied herself in knots* with her confused explanations
elle s'embarrassait / elle se perdait dans des explications confuses

she got into a muddle
elle se mélangeait les pieds* / pédales* / pinceaux*/ crayons*

she was just getting herself into deeper and deeper water /
into more and more of a mess
elle ne faisait que s'enfoncer davantage / que s'enliser davantage

in the confusion she was in she was at a loss for words; she was overtaken by events
dans son embarras, elle ne trouvait plus ses mots;
elle était dépassée par les événements

she didn't know where to hide herself; she wanted the ground to open up
elle ne savait plus où se mettre; elle aurait voulu rentrer sous terre

there's something that bothers me
il y a quelque chose qui m'embarrasse

I don't like to say so but I was embarrassed at having lied to him
ça m'embarrasse de le dire mais j'étais confus de lui avoir menti

I felt embarrassed about it; I was hot and bothered
j'en étais gêné; j'étais très embarrassé

I had egg on my face / I looked a proper Charlie*!
j'avais l'air fin*! j'avais l'air plutôt ridicule!

I felt like a fish out of water
j'étais dans mes petits souliers

I wasn't exactly enjoying myself
je n'étais pas à la noce

what am I to do? what is to be done?
que dois-je faire? que faut-il faire?

I'm not too sure / don't really know what to do
je ne sais trop que faire / je ne sais vraiment pas quoi faire

what would you have me say? I should be at a loss to know what to tell you
que voulez-vous que je vous dise? je serais bien embarrassé pour le dire

I don't quite know what to say; I don't know whether I'm coming or going
je ne sais pas trop quoi dire; je ne sais plus où j'en suis

I'm not sure what to answer; I'm in no position to answer
je ne sais pas ce que je dois répondre; je suis bien mal placé pour vous répondre

common expressions   **expressions courantes**

to be at one's wits' end; to be left in the lurch
ne plus savoir que faire; rester le bec dans l'eau*

not to know which way to turn; not to know who to turn to
ne pas savoir à quel saint se vouer; ne pas savoir vers qui se tourner

179 ANXIETY

anxiety / worry / concern / misgivings / trepidation   **l'inquiétude**

to feel anxious about something
éprouver de l'inquiétude au sujet de quelque chose

I'm concerned by the increase in the cost of living
je m'inquiète de l'augmentation du coût de la vie

his health gives me cause for concern; I'm filled with concern
sa santé me donne de l'inquiétude; je suis inquiet

the economic crisis is a cause of great anxiety to lots of people
la crise économique est un sujet d'inquiétude pour beaucoup de gens

we sometimes view the future with trepidation
nous regardons parfois l'avenir avec inquiétude / appréhension

lots of people approach old age with misgivings
beaucoup (de gens) abordent la vieillesse avec inquiétude

to disturb   **inquiéter**

to give somebody cause for worry / cause somebody alarm
donner de l'inquiétude à quelqu'un / alarmer quelqu'un

to keep somebody feeling uneasy
entretenir l'inquiétude de quelqu'un

his being late is beginning to worry me
son retard commence à m'inquiéter

the economic situation is somewhat disturbing
la situation économique n'est pas sans inquiéter chacun d'entre nous

to fret / worry   **s'inquiéter**

he frets over trifles
**il s'inquiète / se tourmente / se fait du mauvais sang pour un rien /
pour des vétilles**

I was in a fret because the heavy traffic was making me late for work
**je me tourmentais car je craignais d'être en retard à mon travail
à cause des encombrements de la circulation**

I was fretting over this exam
je me faisais du mauvais sang à cause de cet examen

I'm worried / becoming uneasy about his being late
je m'inquiète de son retard; je commence à m'inquiéter de son retard

I'm becoming increasingly anxious about his being late; I'm worried about him
je m'inquiète de plus en plus de son retard; je m'inquiète pour lui

there's no cause for you to worry
vous n'avez pas lieu de vous inquiéter

it doesn't do any good to worry, it won't change the situation
il ne sert à rien de s'inquiéter, cela ne changera pas la situation

to be very anxious / worried   **être très inquiet / être dans l'anxiété**

to be sick with anxiety; be racked / tormented by worry
être malade d'inquiétude; être tenaillé / tourmenté d'inquiétude

to be worn down by anxiety; eat one's heart out; tear one's hair out
être miné d'inquiétude; se ronger d'inquiétude / les sangs; s'arracher les cheveux

to be crazy with anxiety
être fou d'inquiétude

to be distracted with worry; look rather green around the gills*
être fou d'anxiété; être saisi d'une inquiétude fébrile

to be on hot coals / tenterhooks
être sur la braise / des charbons ardents

to be all worked up
être dans tous ses états

to get into a flap / steamed up / a terrible state (about something)
s'affoler / paniquer / se mettre dans tous ses états

the whole business worries me to death
toute cette affaire me rend malade d'inquiétude / me fera mourir d'inquiétude

she was nearly out of her wits with worries about him; she was frantic
elle était si inquiète à son sujet qu'elle en devenait folle; elle était aux cent coups

to be distressed / anguished   **être angoissé**

Jane was distressed about the results of her exam
Jane était angoissée au sujet du résultat de son examen

she went through days of anguish
elle a vécu des jours d'angoisse

she's lived in anguish since her son's death in an accident
depuis la mort de son fils, elle vit dans l'angoisse de l'accident

■
180 NEED

to be in need; provide for somebody's needs
être dans le besoin; pourvoir aux besoins de quelqu'un

my wants are few and simple
je n'ai que peu de besoins

he set aside some money to provide for his children's needs in the future
il a mis de l'argent de côté pour ses enfants, en prévision de l'avenir

animals hunt only when the need of food is on them
les animaux ne chassent que lorsqu'ils ont besoin de nourriture

to need something / need to do something
avoir besoin de quelque chose / de faire quelque chose

after working hours on end in the office I feel like a breath of fresh air
après avoir passé des heures au bureau, j'ai besoin d'air frais

I need somebody to help me; I need your advice / help
j'ai besoin de quelqu'un pour m'aider; j'ai besoin de votre avis / aide

I need to pore over the problem
j'ai besoin d'étudier le problème de très près

he's going to need 1,000 dollars; they need one another
il va avoir besoin de 1 000 dollars; ils ont besoin l'un de l'autre

this plant requires frequent watering
cette plante a besoin d'être fréquemment arrosée

this chapter requires to be read over again attentively
ce chapitre a besoin d'être soigneusement relu

the car needs washing
la voiture a besoin d'être lavée

my daughter needs a new dress
ma fille a besoin d'une nouvelle robe

this house plant needs a lot of light
cette plante d'appartement a besoin de beaucoup de lumière

it takes three hours for the mechanic to repair the car
le mécanicien a besoin de trois heures pour réparer la voiture

common expressions   **expressions courantes**

the kitchen would be none the worse for a coat of paint
une couche de peinture ne ferait pas de mal à la cuisine

I'm ready for a drink - you only need to ask
je boirais bien quelque chose - tu n'as qu'à demander

that'll keep the wolf from the door for some while
cela les mettra à l'abri du besoin pendant un certain temps

to be badly in need of   avoir grand / vraiment besoin de quelque chose
something

I'm badly in need of a change
j'ai vraiment besoin de changement

the roof of the house stands in urgent need of repair
le toit de la maison a grand besoin de réparations

I'm in urgent need of money; I must have 1,000 dollars at once
j'ai absolument besoin d'argent;
il me faut absolument / j'ai besoin de 1 000 dollars tout de suite

he must have his shoes mended for tomorrow
il a absolument besoin de ses chaussures pour demain

to have no need of something / to do something
ne pas avoir besoin de quelque chose / de faire quelque chose

he has no need to work; he has a private income
il n'a pas besoin de travailler pour vivre; il a des revenus

there's no need to hurry
on n'a pas besoin de se presser

there's no need to remind you that you must always be on time
je n'ai pas besoin de vous rappeler que vous devez toujours être à l'heure

I don't need this book; I can spare this book
je n'ai pas besoin de ce livre; je peux me passer de ce livre

common expressions   **expressions courantes**

if need be
en cas de besoin

this is just what I need / this is just the job*
c'est juste ce qu'il me faut / c'est juste ce dont j'ai besoin

for the purpose in hand
pour les besoins de la cause

proverbs   **proverbes**

a lion may come to be beholden to a mouse
on a parfois besoin d'un plus petit que soi

it takes two to make a quarrel; it takes two to tango
il faut être deux pour se battre

the shoemaker's wife is always the worst shod
la femme du cordonnier est toujours la plus mal chaussée

■

181 DRINK

to be thirsty   **avoir soif**

I'm thirsty; I'm dying of thirst; I've got a real thirst on me*
j'ai soif; je meurs de soif; j'ai la pépie*

red pepper makes you thirsty; my mouth is made of cotton; my mouth feels dry
le piment rouge donne soif; j'ai la bouche sèche; j'ai le gosier sec*

I'm parched / I'm parched with thirst
je meurs de soif / j'ai une de ces soifs / j'ai une soif dévorante

I could drink gallons of water / gallons and gallons
je boirais la mer et les poissons

to quench / slake one's thirst   **boire / se désaltérer**

to have a drink
boire un verre / boire un coup

to drink one's fill / drink until one's thirst is quenched
boire jusqu'à plus soif / boire tout son content

to wet one's whistle*
s'humecter le gosier* / se rincer la dalle** / se mouiller la meule**

to have one for the road*
boire le dernier verre (avant de partir) / **prendre le coup de l'étrier**

to try a hair of the dog that bit you*
reprendre un petit verre (pour faire passer la gueule de bois*)

to have a snorter*
prendre un petit verre / boire la goutte*

I could do with a drink; a little wine has never hurt anyone
je boirais bien quelque chose; un peu de vin n'a jamais fait de mal à personne

I'm not a drinking man but a drink wouldn't come amiss
je ne bois pas beaucoup, mais un verre ne me ferait pas de mal

this wine goes down well
ce petit vin se laisse boire

I want the two of you to split a bottle with me; we killed a bottle of wine*
**je veux que tous les deux vous preniez une bouteille avec moi;
on a liquidé* une bouteille de vin**

overindulgence in drink   **avoir bu plus que de raison**

he was well primed (with drink)
il avait exagéré sur la boisson / il avait bu plus que de raison

*he's got drinking problems / he's a tendency to bend the elbow***
il a tendance à boire / à lever le coude*

he lifts his elbow a bit; he enjoys a drink*
il lève bien le coude*; il aime bien boire

he tends to indulge; he's partial to drink
il est porté sur la boisson; il a un penchant pour la boisson

*he's a bit of a boozer**; he overdoes the drink a bit*; he's a heavy drinker*
il a la dalle en pente; il force un peu trop sur l'alcool; c'est un grand buveur**

he drinks an enormous amount
il boit énormément

he drinks like a fish / he drinks till he's ready to drop
**il boit comme un trou / il boit à ne plus tenir debout /
il boit jusqu'à rouler sous la table**

he's drinking fairly hard these days; he's on the booze now*
**il boit sec / il boit beaucoup en ce moment;
il picole* / biberonne* pas mal ces temps-ci**

he's always on the bottle; he's never sober*
**il est toujours entre deux vins / entre deux verres;
il est toujours ivre / il ne dessoûle jamais**

he's always propping up the bar / he's a barfly**
il fréquente le bistrot avec assiduité / c'est un abonné du bistrot*

he's given way to drink; he spends all his time getting drunk
il a sombré dans la boisson; il passe son temps à s'enivrer

he's taken to drink since the death of his wife
il s'est mis à boire depuis la mort de sa femme

he drowns his sorrows in drink; he drinks away the household money
il noie son chagrin dans l'alcool; il boit l'argent du ménage

he drinks himself to death / he burns himself out drinking too much alcohol
il se tue par la boisson / il se ruine la santé / il ruine sa santé

alcohol plays havoc with health
l'alcool détruit la santé

to be under the influence of drink   **être en état d'ébriété**

wine goes to his head; he's inebriate
le vin lui monte à la tête; il est ivre

he's getting merry; he's had one or two drinks more than he can carry
il a un verre dans le nez; il a bu un ou deux verres de trop

he's had one too many / one over the eight; he's not in a fit state to drive*
il a bu un coup de trop / il a un coup dans l'aile; il n'est pas en état de conduire

he's half seas over* / in his cups / had a drop too much / a little tight
il est un peu éméché / il a un verre dans le nez* / il est dans les vignes du Seigneur / il y a du vent dans les voiles* / il est à demi-bourré*

to get pickled** / plastered**   **se saouler* / se poivrer****

he got blind drunk**
il s'est saoulé la gueule**

he's rolling drunk; he was nearly under the table
il est rond comme une bille; un peu plus et il roulait sous la table

he's blind drunk as always; he's as drunk as a lord
il est fin saoul, comme toujours; il est saoul comme un Polonais*

he's loaded
il est bourré* / il en tient une charretée*

what a drunk / drunkard! what a lush*!
quel ivrogne! quel poivrot*! quel soûlard! quelle éponge*!

he drank himself insensible
il a bu au point de tomber ivre-mort

he only has to sleep it off / sober up; he'll have a hangover tomorrow
il ne lui reste plus qu'à cuver son vin / qu'à dessoûler; demain, il aura la gueule de bois*

sobriety   **la sobriété**

to be on the wagon* / keep off drink / be off the wagon again
devenir sobre / ne plus boire d'alcool / se mettre au régime sec* / se remettre à boire

a teetotaller doesn't drink intoxicating liquors
un abstinent ne boit pas de boissons alcooliques

now he's as sober as a judge
maintenant, il est sobre comme un chameau

proverb   **proverbe**

a leopard never changes its spots / once a thief always a thief
qui a bu, boira

■
182 FOOD

hunger   la faim

that walk whetted my appetite; walking gives you a real appetite
cette promenade m'a ouvert l'appétit; la promenade, ça creuse

I'm hungry; I feel a little hungry; I'm feeling peckish* / I feel hollow*
j'ai faim; j'ai un petit creux; j'ai la dent* / le ventre creux

I'm dying of hunger; I feel faint with hunger
je meurs de faim; je sens que je vais défaillir de faim

I'm ravenously hungry / famished / I could eat a horse
j'ai une faim de loup / j'ai l'estomac dans les talons* / j'ai les crocs**

have an apple, that will keep you going
mange une pomme, ça te bouchera un coin / trou; ça te permettra d'attendre

he's always hungry; he falls on the food like a starving man
il a toujours un boyau de vide*; il se jette sur la nourriture comme un affamé

appetite   l'appétit

to have a good / hearty appetite
avoir bon / un solide appétit

to have an appetite for something; eat with appetite
avoir de l'appétit pour quelque chose; manger de bon appétit

to eat heartily / with appetite / gusto / great zest
manger avec (bon) appétit / avec entrain / à belles dents

to bite into something with gusto / wolf something down
dévorer / croquer quelque chose à belles dents

that smell makes me hungry; it makes my mouth water; that whetted my appetite
cette odeur me donne faim; elle me fait venir l'eau à la bouche;
ça m'a ouvert l'appétit

he has a hearty appetite / he's a good eater; he's eating us out of house and home*
il a un bon coup de fourchette; son appétit va nous mettre sur la paille

to lose one's appetite; have no appetite
perdre l'appétit; ne pas avoir d'appétit

to eat without appetite / half-heartedly
manger sans appétit / sans avoir faim

to nibble at one's food
manger du bout des dents

to feed / live on   **se nourrir / s'alimenter**

to live on vegetables / rice / out of tins / cans
se nourrir de légumes / riz / conserves

to live on love alone / on bread and cheese and kisses
vivre d'amour et d'eau fraîche

to be living at starvation level; starve to death
être dangereusement sous-alimenté; mourir / crever de faim

to feed   **nourrir**

to breast / bottle-feed a baby
nourrir un bébé au sein / biberon

to cram / stuff somebody with food
gaver / bourrer quelqu'un de nourriture

to eat   **manger**

to eat a meal; have all one's meals at the restaurant
prendre un repas; prendre tous ses repas au restaurant

to have a snack; have a quick snack / bite*
casser la croûte (la graine*); manger / prendre quelque chose sur le pouce

*come and have a bite**
venez manger un morceau

to hurry through one's breakfast; make do with a poor meal
prendre son petit déjeuner à la hâte; se contenter d'un maigre / piètre repas

I dined on tinned / canned sardines
pour mon dîner, j'ai mangé une boîte de sardines / j'ai dîné d'une boîte de sardines

to eat lightly / like a bird
manger peu / léger; avoir un appétit d'oiseau

to eat one's fill / to one's heart's content; be satisfied / have eaten one's fill
manger à sa faim / tout son content; être rassasié

to feed one's face* / have a good blow-out** / chow-down*(US) / slap-up meal
faire un gueuleton*/ gueuletonner/ faire ripaille / ripailler / se taper la cloche / s'en mettre plein la lampe*/ s'en mettre jusqu'à là**

to gobble up a dish in next to no time; be glutted with food
ne faire qu'une bouchée d'un plat; être repu de nourriture

to eat like a horse; be a hearty eater
manger comme quatre; être un gros mangeur

he's a hearty eater; he's a hearty / great trencherman
c'est un gros mangeur; il a un bon / sacré coup de fourchette*

he eats everything he can lay his hands on
il mange tout ce qui lui tombe sous la dent

he polished off the meal / wolfed (down) all the meal
il a tout mangé / il a mangé jusqu'à la dernière miette / il a tout liquidé

he waded into the food as though he'd had nothing to eat for a week*
il s'est rué sur la nourriture comme s'il n'avait rien mangé pendant une semaine

he knocked back three pork chops and a plateful of vegetables in next to no time*
il avala trois côtelettes de porc et une assiette de légumes en un rien de temps

to overeat   **manger avec excès**

to eat more than is sensible
manger plus que de raison

to stuff oneself / one's face** / stuff food into one's mouth
se gaver / s'empiffrer / s'en mettre plein la panse / s'en foutre plein la gueule*

to eat until one is fit to burst
manger à s'en faire éclater la sous-ventrière / panse

I've eaten my fill
je me suis bien rempli la panse

to make a pig of oneself
se goinfrer

to stuff oneself with sweet things; stuff oneself with cakes
se gaver de sucreries; s'empiffrer de gâteaux

to gulp down one's meal; to bolt down one's food
bâfrer / engloutir son repas; manger à toute allure

it went down the wrong way; he's a greedy hog
il a avalé de travers; c'est un goinfre / il se goinfre comme un pourceau

he's a compulsive eater; he only thinks of his grub**
c'est boulimique / il fait de la boulimie; il ne pense qu'à la bouffe*

he had an orgy of cakes; he ate so much that he was sick
il a fait une orgie de gâteaux; il a mangé au point de se rendre malade

he's eating his way to his grave
il creuse sa tombe avec ses dents

to digest   **digérer**

to have a cast-iron system / stomach of cast-iron
avoir un estomac d'autruche / être capable de digérer n'importe quoi

to have an attack of indigestion
avoir une indigestion

the little boy got indigestion from eating too many cakes
le petit garçon a eu une indigestion pour avoir mangé trop de gâteaux

I've trouble with my digestion; I've digestive problems
je digère mal; j'ai une digestion difficile

I'm having trouble with my digestion today; my lunch won't settle
aujourd'hui, j'ai un problème de digestion; mon déjeuner ne passe pas

my lunch just won't go down; I feel a bit bloated
mon déjeuner m'est resté sur l'estomac; je me sens un peu lourd

garlic disagrees with me; it's heavy on the stomach
je ne supporte pas l'ail; c'est lourd à digérer

have some medicinal mint spirit to wash it down
prenez un peu d'alcool de menthe pour le faire passer

to go without food   **jeûner**

to have eaten and drunk nothing
être à jeun

this medicine has to be taken on an empty stomach
ce médicament doit être pris à jeun

going without food for a few days will do you good
jeûner pendant quelques jours vous fera du bien

to go hungry; go to bed on an empty stomach
se passer de manger; se coucher le ventre vide

diet   **le régime**

to be on a diet / be on a starvation diet; be on a slimming diet
suivre un régime / être à la diète; suivre un régime amaigrissant

to allow oneself a break in one's diet
se permettre (de faire) une entorse à son régime

to eat low-fat food; have a fruit cure
manger léger / manger de la cuisine légère; faire une cure de fruits

food   **la nourriture**

to be finicky about food
être difficile au sujet de la nourriture

to be fond of fine food / enjoy one's food
être amateur de bonne chère / aimer les plaisirs de la table

to keep a good table / an excellent cellar
avoir une bonne table / une bonne cave

to have a wholesome / balanced diet
avoir une alimentation saine et équilibrée

organic food is more expensive but more healthy
l'alimentation biologique est plus chère mais elle est plus saine

I buy ready-cooked dishes / take-away food /(deep-)frozen food when I'm in a hurry
**j'achète des plats tout préparés / à emporter /
des produits surgelés quand je suis pressée**

proverbs   **proverbes**

you are what you eat
dis-moi ce que tu manges, je te dirai ce que tu es

hunger will drive him / her out
la faim fait sortir le loup du bois

■

183 CLOTHING

nudity   **la nudité**

to be naked / in the nude / in one's birthday suit
être nu / être en tenue d'Adam, d'Eve / être dans le plus simple appareil

not to have a shred of clothing on
être nu comme un ver

to strip (off) one's clothes / take one's clothes off; appear in the nude on the screen
se mettre nu / se déshabiller; se montrer nu à l'écran

to put something on   **s'habiller / se couvrir**

it's cold so wrap yourself up well
il fait froid, couvrez-vous bien

this child is too wrapped up for the time of the year
cet enfant est trop couvert pour la saison

form of dress / appearance   **la tenue**

to be barefoot / stripped to the waist / in one's shirt sleeves; roll up one's sleeves
être pieds nus / torse nu / en bras de chemise; relever ses manches

to wear indoor clothes; be dressed casually
être en tenue d'intérieur; en tenue négligée

to be untidily dressed / have an untidy appearance; be half-dressed
avoir une mise débraillée / être peu soigné; être très débraillé

he doesn't look after his appearance
il se néglige / il ne prend pas soin de lui

to wear a travelling outfit; wear light clothing; be scantily dressed
porter une tenue de voyage; porter une tenue légère; être dans une tenue osée

to wear a lounge suit; be very nicely got up; dress respectably; be dressed very simply
**être en tenue de ville; être très bien habillé;
s'habiller convenablement; s'habiller très simplement**

this suit looks very smart
ce costume fait très habillé

to take pride in one's appearance   **soigner sa mise**

to be careful about one's appearance / take care over one's appearance
prendre soin / être soigneux de sa personne

to be dressed up to the nines / like a dog's dinner*
être tiré à quatre épingles

I can't appear dressed like this; I'm not fit to be seen
je ne peux pas me présenter dans cette tenue; je ne suis pas présentable

I must take care of my appearance; that shirt isn't fit to wear
je dois soigner ma mise; cette chemise n'est plus mettable

she dresses informally but she's always very neat in her dress
**elle s'habille simplement mais sa mise est toujours très soignée / elle est
toujours très soignée dans sa mise**

what should I wear?   **comment je me mets?**

I'm going to change my dress to look a bit more decent
je vais changer de robe pour être un peu plus décente

I'll take off this dress and put on something more comfortable
j'enlève cette robe pour mettre quelque chose de plus confortable

to wear one's Sunday best / spruce up
mettre son habit du dimanche / se mettre sur son 31

considering the occasion a very special one, she tricked herself out in all her finery
considérant que c'était une occasion exceptionnelle, elle s'est mise sur son 31

to wear formal dress / be in formal dress; be in full evening dress
être en grande tenue; être en tenue de soirée; être en robe de soirée

correct dress must be worn; "black tie, evening dress compulsory"
tenue correcte exigée; tenue de soirée de rigueur

way of being dressed   **la façon d'être habillé**

to have a suit that fits, neither too tight nor too loose
avoir un costume qui va bien, ni trop serré ni trop vague

the suit feels right / there's nothing wrong with it; the trousers hang well
ce costume va bien / il n'y a rien à lui reprocher; le pantalon tombe bien

look at the man in the blue suit, grey hat, red tie
regardez l'homme en complet bleu, au chapeau gris, à la cravate rouge

his clothes hang loosely about / drown him; he's lost in his clothes
il flotte / nage dans ses vêtements; il est perdu dans ses vêtements

he however had a suit made to measure by a tailor
pourtant, il s'est fait faire un costume sur mesure par un tailleur

to be tight in one's clothes
être à l'étroit dans ses vêtements

he looks cramped in his suit; he looks as though he's bursting out of his suit
il fait tout étriqué dans son costume; il semble vraiment gêné aux entournures*

this garment is too tight-fitting for him
ce vêtement est trop petit pour lui

she   **elle**

this lady had her sober little dress made by a dressmaker
cette femme s'est fait faire une petite robe bien sage par une couturière

she always has such lovely clothes
elle a toujours de belles fringues*

she looks good in the simplest thing; she can wear anything
un rien l'habille; tout lui va

she's always rigged out in the latest fashion; she's always well turned out
elle est toujours habillée à la dernière mode; elle est toujours très élégante

she wears short skirts; she wears her suit next to the skin
elle s'habille court; elle porte son tailleur à même la peau

she's wearing an eye-catching dress; people turn round and look when she goes past
elle porte une robe qui attire le regard; on se retourne sur son passage

she has oomph; she's devastating*
elle a du chien*; elle est irrésistible

she dresses young for her age; she gets (herself) up like a girl of 17*
elle s'habille jeune pour son âge; elle s'habille comme une fille de 17 ans

a badly dressed woman   **une femme mal habillée**

that woman has no clothes sense; she wears clothes that are too young for her age
cette femme ne sait pas s'habiller; elle s'habille trop jeune pour son âge

this dress fits her but it doesn't suit her; it's hard to find clothes for her
cette robe lui va bien, mais elle ne lui convient pas; elle n'est pas facile à
habiller

that dress doesn't really suit her; clothing of this kind makes her look fatter
cette robe ne lui va guère; ce genre de vêtement la grossit

her dress makes her look rather ugly; she's dressed like a scarecrow
sa robe l'enlaidit; elle a l'air d'un épouvantail

she's bulging out of that dress
elle est boudinée dans cette robe

look at the way she's got up/ rigged out*
regardez comme elle est attifée / fichue*

she's seedily dressed; dressed any old how; really oddly dressed*
elle est habillée de façon minable; elle est mal fagotée;
fichue comme l'as de pique

she's dressed like a tramp; that dress makes her look like a sack of potatoes
elle est habillée comme dans un sac;
dans cette robe, elle ressemble à un sac de pommes de terre

buying clothes   **l'achat de vêtements**

to go shopping for clothes; to go to a ready-to-wear shop
faire des achats de vêtements; aller dans une boutique de prêt-à-porter

*I haven't a thing to wear; I've got nothing left to wear; I haven't a rag to wear**
je n'ai rien à me mettre; je n'ai plus rien à me mettre;
je n'ai rien à me mettre sur le dos

I've got nothing decent to wear / that's wearable
je n'ai plus rien de portable à me mettre / je n'ai plus rien de mettable

I have to renew / replenish my wardrobe
il faut que je renouvelle / remonte ma garde-robe

I bought myself a new coat; it was a basic necessity
je me suis acheté un nouveau manteau; ce n'était pas du luxe

I only buy off the peg / ready-to-wear clothes; I bought a dress off the peg
je n'achète que du prêt-à-porter; j'ai acheté une robe de confection / prêt-à-porter

I'd like a dress which shows off the waistline, a low-backed dress
je voudrais une robe qui marque bien la taille, une robe décolletée dans le dos

I'd like a red low-necked dress; do you have anything in my size?
je voudrais une robe rouge décolletée; avez-vous quelque chose dans ma taille?

what is your size? – I'm stock size
quelle est votre taille? - j'ai la taille mannequin

would you like to try this one on? go to the fitting / changing room
voulez-vous essayer celle-ci? allez dans le salon / la cabine d'essayage

it's too tight round my waist; I need the next size up / down;
elle me serre trop à la taille; il me faut la taille au-dessus / au-dessous

do you have anything slightly looser?
avez-vous quelque chose où je serais plus à l'aise?

this dress with a plunging neckline looks well on you; it leaves the shoulders bare
cette robe très échancrée vous va bien; elle dégage bien les épaules

you look your best in that dress; this dress shows you off to advantage
cette robe vous avantage; vous êtes à votre avantage dans cette robe

this dress makes you look slimmer; it suits you beautifully / delightfully
cette robe vous mincit; elle vous va à ravir / à merveille

you look good in that; you look great!*
ça vous va bien; vous êtes très bien comme ça

this close-fitting dress shows off your waistline; makes you look slimmer
cette robe moulante marque bien votre taille; met votre taille en valeur

this dress fits like a glove / fits you to perfection
cette robe vous va comme un gant / elle vous va à la perfection

you look as if you've been poured into your dress; it outlines your perfect body*
vous semblez moulée dans cette robe; elle souligne la perfection de votre ligne

it enhances the slimness of your body; you create a sensation in this dress
elle souligne la sveltesse de votre corps; vous faites sensation dans cette robe

this daring low-cut dress suits you down to the ground
cette robe très décolletée vous convient à la perfection

you look just adorable in this dress! you look a dish in this dress!*
ce que vous êtes chou dans cette robe! vous êtes (belle) à croquer dans cette robe!

you're a picture in this dress
vous êtes ravissante dans cette robe

you cut a fine figure / dash in that dress
vous avez beaucoup d'allure dans cette robe; vous faites de l'effet

where did you find this dress?   **où avez-vous déniché cette robe?**

it's an unlabelled designer dress; it wasn't expensive; I yielded to the temptation
c'est une robe démarquée; elle n'était pas chère; je me suis laissée tenter

I took a great fancy to this little dress / I fell in love with this little dress at first sight
j'ai eu le béguin / le coup de cœur / j'ai flashé* pour cette petite robe

I couldn't resist buying this dress
je n'ai pu résister à cette petite robe

clothes / clothing   **les vêtements**

clothes of good quality usually last a long time
un vêtement de bonne qualité fait de l'usage

this material will stand up to a lot of wear
ce tissu fera de l'usage / résistera bien à l'usure

that material stretches / shrinks / fades when washed
ce tissu se détend / rétrécit / se décolore au lavage

I've worn these trousers out; these trousers are worn threadbare
j'ai usé ce pantalon jusqu'à la corde; ce pantalon est usé jusqu'à la corde

proverb   **proverbe**

it's not the clothes that make the man
l'habit ne fait pas le moine

■

184 FASHION

fashion is what goes out of fashion
la mode, c'est ce qui se démode

to be stylish
être à la mode

to keep up with the fashions
suivre la mode

to take pains to appear fashionable; be a slave of fashion
s'appliquer à suivre la mode; être esclave de la mode

to get with it*; be on the cutting edge of fashion; be fashionably dressed; dress trendily
**se mettre à la mode; être à l'avant-garde de la mode;
être habillé à la mode; s'habiller branché***

teenagers are very fashion conscious
les adolescents sont très soucieux d'être habillés à la mode

a fashionable dress; a fashion show; an in thing* / a flash in the pan
**une robe à la mode; un défilé de mode; une chose à la mode /
une mode passagère**

very long skirts are in fashion this year
les jupes se portent très longues cette année

the big designers present their autumn / fall-winter models as early as Spring
**les grands couturiers présentent
leurs modèles d'automne-hiver dès le printemps**

during the sixties the miniskirt was all the rage; it's coming back into fashion
dans les années soixante, la minijupe faisait rage; elle revient à la mode

it's quite the thing nowadays; it's all the rage
ça se fait beaucoup aujourd'hui; la mode fait rage

that's the last word in fashion
c'est le dernier cri de la mode

this is the latest trend in sun-glasses
ce sont les lunettes de soleil dernier cri

the mobile telephone is the in thing nowadays*
le téléphone mobile, c'est la grande mode de nos jours

*it's the coming / in thing**
c'est le truc à la mode / la nouvelle mode

to be out of fashion   **ne pas être à la mode**

to be out of fashion / go out of vogue; that coat is out of fashion
ne pas être à la mode / passer de mode; ce manteau est démodé

it's not all that fashionable any more; it's on the way out
ce n'est plus tellement à la mode; c'est passé de mode

flared trousers were considered to be the height of fashion in those days
**à cette époque, les pantalons à pattes d'éléphant
étaient considérés comme le dernier cri de la mode**

that's hardly fashionable at all nowadays
ce n'est plus guère à la mode aujourd'hui

common expressions   **expressions courantes**

to be in on something; be up to date
être au courant de quelque chose; être au courant de ce qui se fait

to be up to date / in the picture / trendy / very with it**
être à la page / dans la course / dans le coup / dans le vent

to follow the general trend
suivre le courant

to catch the new tide; to jump on the bandwagon
suivre la nouvelle tendance; prendre le train en marche*

to go against the tide   **aller à contre-courant**

to be out of date / behind the times
être vieux jeu / ne plus être à la page

he's a real square / a bit behind the times; he's a bit past it now**
**il est vraiment vieux jeu / il a toujours un métro de retard*; il n'est plus dans la
course**

■
185 HABIT

habit is said to be second nature
on dit que l'habitude est une seconde nature

lying has become quite a habit of his / it's become habitual;
lying with him, it's second nature
chez lui, mentir est devenu une habitude / c'est devenu une habitude;
chez lui, c'est une seconde nature

in daily life we do a lot of things only through habit
on fait beaucoup de choses par habitude dans la vie quotidienne

everybody has their little ways
chacun a ses petites habitudes

as for me I've a familiar routine in a restaurant; I'm a man of settled habits
en ce qui me concerne, j'ai les miennes quand je vais au restaurant;
je suis un homme qui a ses habitudes

the boss has a trick of scratching his head when puzzled
le patron a l'habitude de se gratter la tête quand il est perplexe

lots of people don't want to change their eating patterns
beaucoup de gens ne veulent pas changer leurs habitudes alimentaires

to be set in one's ways / not to want to change one's habits in any way
ne pas vouloir changer d'habitudes / ne rien vouloir changer à ses habitudes

to be a prisoner of one's habits / a slave to habit
être prisonnier de ses habitudes / esclave d'une habitude

to get into a groove / become entrenched in one's habits*
s'encroûter / sombrer dans la routine / devenir routinier

to sink into / get bogged down in a monotonous routine
s'enliser dans la monotonie / routine

to be a creature of habit; do something as a matter of routine
être routinier; faire quelque chose par routine

to break one's habits; to break with old habits
faire une entorse à ses habitudes; rompre avec de vieilles habitudes

to go back to one's former habits; to slip back into one's cherished habits
retomber dans ses anciennes habitudes; retrouver ses chères habitudes

to grow into a habit   prendre une habitude

I've grown into the habit of having a nap after lunch
j'ai pris l'habitude de fairc la sieste après le déjeuner

it's grown into a habit; it's a habit with me
c'est devenu une habitude; chez moi, c'est une habitude

I got into the habit of taking an afternoon nap when I lived in Africa
j'ai pris l'habitude de faire la sieste quand j'étais en Afrique

to slip into bad habits   prendre / contracter de mauvaises habitudes

to pick up the habit (harmful to one's health) of smoking
prendre l'habitude (dommageable pour la santé) de fumer

many people fall into the habit of watching anything on TV
beaucoup de gens prennent l'habitude de regarder n'importe quoi à la télévision

he took to drinking after his wife left him; he's got into a bad habit
il se mit à boire après que sa femme l'ait abandonné; il a pris un mauvais pli

it's dangerously easy to become addicted to drugs
il cst dangereusement facile de s'adonner à la drogue

to be in the habit of doing   avoir l'habitude de faire quelque chose
something

I'm in the habit of getting up early in order to go to school; I made a habit of it
j'ai l'habitude de me lever tôt pour aller à l'école; j'en ai pris l'habitude

I made a practice of rising early
je me suis fait une habitude de me lever tôt

she's used to haggling
elle a l'habitude de marchander

I'm not used to drinking alcohol
je n'ai pas l'habitude de boire de l'alcool

it's not what I'm accustomed to
ce n'est pas dans mes habitudes

to shake off a habit   **se débarrasser d'une habitude**

this child's mother thinks (that) it's time he shook off the habit of sucking his thumb
la mère de cet enfant pense qu'il est temps pour lui d'arrêter de sucer son pouce

it's often difficult to get rid of a tic / mannerism
il est souvent difficile de se débarrasser d'un tic / d'une manie

the fear of cancer of the lung cured him of the habit of smoking
la crainte du cancer du poumon l'a guéri de son habitude de fumer

some smokers find it surprisingly easy to kick the habit
certains fumeurs sont surpris de constater qu'il est facile d'arrêter de fumer

to lose a habit   **perdre l'habitude**

I lost the habit of reading in bed when I got married
j'ai perdu l'habitude de lire au lit quand je me suis marié

as he grew up the child grew out of the habit of sucking his thumb
en grandissant, l'enfant a perdu l'habitude de sucer son pouce

I'm out of the habit of going to bed late
je n'ai plus l'habitude de me coucher tard

to take up a habit again   **renouer avec une habitude**

he took up smoking again
il a recommencé à fumer

he got back into his old habits; he lives a disorderly life again
il a repris ses vieilles habitudes; il mène de nouveau une vie de patachon*

proverbs   **proverbes**

old habits die hard / bad habits are hard to break
les vieilles habitudes ont la vie dure

*you can't teach an old dog new tricks /
it's more difficult to bend an old branch than a new one*
il est difficile de changer d'habitudes

■

186 CONSTRAINT

to be constrained / bound to do something
être contraint / obligé de faire quelque chose

to act under compulsion
agir sous la contrainte

he was acting under pressure when he signed the letter
il a signé cette lettre sous la contrainte

to be subject to / undergo   **subir**

I was subjected to the rigours of the climate during my journey in Alaska
au cours de mon voyage en Alaska, j'ai eu à subir les rigueurs du climat

the government had to undergo the opposition's criticisms
le gouvernement a dû subir les critiques de l'opposition

the clumsy pupil was subjected to the mockery of his schoolmates
l'élève maladroit a dû subir les moqueries de ses camarades

to be forced / compelled to do   **être contraint de faire quelque chose**
something

I was compelled to run away
j'ai été contraint de fuir

he was forced to come; I found myself forced to accept
il a été contraint de venir; je me suis trouvé dans l'obligation d'accepter

to have to do something   **être obligé / contraint de faire quelque chose**

they had to sell their house due to circumstances
sous la pression des circonstances, ils ont été contraints de vendre leur maison

we have to comply with his requests
il faudra en passer par ce qu'il demande

he was made to sing a song
on lui fit chanter une chanson

he was faced with having to pay cash for the bill
il a été contraint de payer la note en espèces

to put up with / tolerate / deal with   **supporter / tolérer / endure**

I can't put up with / tolerate your lies anymore
je ne peux plus supporter / tolérer vos mensonges

he had to put up with a lot of mockery
il a dû endurer bien des railleries / moqueries

everyone must deal with the consequences of their actions
chacun doit supporter les conséquences de ses actes

to bear / stand   **endurer / supporter**

I can't stand him any more
je ne peux plus le supporter

I can't stand living on my own anymore; I can't stand it anymore
je n'en peux plus de vivre seul; je n'y tiens plus

he had to grin and bear it
il a dû subir son mal en patience

to give in to somebody   **céder à quelqu'un**

I don't want to give in to his whims anymore
je ne veux plus céder à tous ses caprices

to submit   **se soumettre**

to submit to the law of the stronger
se soumettre à la loi du plus fort

to submit to the rule; yield to circumstances
se plier à la règle; se plier aux circonstances

to bow to authority
plier devant l'autorité

common expressions   **expressions courantes**

he was holding a gun at my head; I signed the contract against my will
il tenait un pistolet contre ma tête; j'ai signé le contrat, contraint et forcé

to bend oneself to somebody's will; dance to somebody's tune[*]
se plier à la volonté de quelqu'un; faire les quatre volontés de quelqu'un

to have to toe the line; be under somebody's thumb
avoir à obéir au doigt et à l'œil; être à la botte de quelqu'un

to be ruled by somebody; give way to force
subir la loi de quelqu'un; céder à la force

self-constraint   la contrainte exercée sur soi-même

to discipline oneself to do something
s'astreindre à faire quelque chose

she subjected / forced herself to keep to a starvation diet so as to lose weight
elle s'est soumise / astreinte à un régime sévère pour perdre du poids

I do force myself to be polite even when I don't want to
je me force à être aimable même quand je n'ai pas envie de l'être

I made it a rule to get up early
je me suis fait une règle de me lever tôt

I went against the grain to appear interested
j'ai fait tout mon possible pour paraître intéressé

constraint enforced on others   la contrainte exercée sur autrui

he made him tell his story
il lui a fait raconter son histoire

he insisted on him telling his story
il a insisté pour qu'il raconte son histoire

he got him to tell his story
il a exigé qu'il raconte son histoire

I've got him eating out of my hand
il fait ce que je veux / il me mange dans la main

to constrain somebody into doing   contraindre quelqu'un à faire quelque chose
something

to bully somebody into doing something
contraindre (par la menace) quelqu'un à faire quelque chose

to drive somebody to do something
pousser quelqu'un à faire quelque chose

to inveigle somebody into doing something
entraîner quelqu'un à faire quelque chose

to jockey somebody into doing something
manœuvrer (habilement) quelqu'un pour qu'il fasse quelque chose

to browbeat somebody into doing something
obliger quelqu'un à faire quelque chose en l'intimidant

to railroad* somebody into doing something
forcer quelqu'un à faire quelque chose sans lui laisser le temps de réfléchir

to blackmail somebody into doing something
faire chanter quelqu'un et l'obliger à faire quelque chose

to coerce a child into obeying / into obedience
contraindre un enfant à obéir / à l'obéissance

she forced him to hear her through
elle l'a obligé à l'écouter jusqu'au bout

I compelled / nailed him down to come at once
je l'ai contraint à venir / je l'ai réduit à accepter de venir immédiatement

you must face him with the truth
vous devez l'obliger à regarder la réalité en face

I brought him to book / got him to explain himself
je l'ai obligé à rendre des comptes / à s'expliquer

to bring somebody into line
mettre quelqu'un au pas / faire rentrer quelqu'un dans le rang

to bring somebody to his knees
forcer / obliger quelqu'un à se soumettre / le mettre à genoux

to put pressure / bring pressure to bear on somebody to do something
presser quelqu'un de / pousser / exhorter quelqu'un à faire quelque chose

to nag somebody into doing something
harceler quelqu'un pour qu'il fasse quelque chose

to enjoin / order somebody to do something
enjoindre / ordonner à quelqu'un de faire quelque chose

to instruct somebody to do something
mettre quelqu'un en demeure de faire quelque chose

common expressions   **expressions courantes**

to impose one's law on somebody
imposer sa loi à autrui

to do violence to somebody
faire violence à quelqu'un

to have somebody under one's thumb
faire marcher quelqu'un au doigt et à l'œil

to rule somebody with a rod of iron; bully somebody along like a slave;
drive somebody ruthlessly
**mener quelqu'un à la baguette; mener quelqu'un à la trique;
mener quelqu'un à la cravache**

to keep somebody with his nose to the grindstone / drive somebody hard
faire trimer* quelqu'un / le faire travailler sans lui laisser le temps de souffler

to hold somebody in the hollow of one's hand
mener quelqu'un par le bout du nez

to have somebody under one's thumb and hold dominion over him
avoir quelqu'un sous sa poigne et le maintenir sous sa domination

to bend somebody under the yoke
courber quelqu'un sous le joug

to bend somebody to one's will
plier quelqu'un à sa volonté

to force somebody's hand
forcer la main à quelqu'un

to tie somebody down to a promise
obliger quelqu'un à tenir sa promesse

to impose one's ideas on somebody
imposer ses idées à quelqu'un

to ply somebody with drink
presser quelqu'un de boire (pour l'amener à parler / à se trahir)

to ply somebody with questions
presser quelqu'un de questions

■

187 NECESSITY

to do something out of necessity; make a virtue of necessity
faire quelque chose par nécessité; faire de nécessité vertu

necessity knows no law
nécessité fait loi

to be under the necessity of doing something
être / se trouver dans la nécessité de faire quelque chose

to make it necessary for somebody to do something
mettre quelqu'un dans la nécessité de faire quelque chose

absolute necessity   **la nécessité absolue**

we must do it now or never
nous devons le faire maintenant ou jamais

it's absolutely necessary / essential that you should see him
il est absolument nécessaire / indispensable que vous le voyiez

there's nothing else for it, I've got to go
rien à faire, il faut que je parte

to need / have to do / must do   **falloir**

we should to do it; we should have done it; it will have to be done
il faudrait le faire; il aurait fallu le faire; il va falloir le faire

I would do it if necessary / if need be
je le ferais si cela est nécessaire / s'il le faut

there's more to it than just talking about; it must be done
ce n'est pas le tout que d'en parler; il faut le faire

what's to be done? what needed to be done?
que faire? que fallait-il faire?

we have to take the necessary precautions; we must have more time
il nous faut prendre les précautions nécessaires / indispensables;
il nous faut davantage de temps

we must see about getting a new vacuum cleaner
il va falloir penser à acheter un nouvel aspirateur

how long does it take to go to Paris by train?
combien de temps faut-il pour aller à Paris par le train?

how long did it take you to realize that I'd never accept your proposals?
combien de temps vous a-t-il fallu pour comprendre
que je n'accepterais jamais vos propositions?

this plant requires daily watering
il est nécessaire d'arroser cette plante tous les jours

it would require a major industrial catastrophe
for there to be full awareness of the danger of certain technologies
il faudrait une catastrophe industrielle majeure pour qu'il y ait une véritable
prise de conscience du danger de certaines technologies

his state of health requires rest
son état de santé nécessite / exige le repos

this task requires full attention
ce travail nécessite / exige / demande beaucoup d'attention

the situation necessitates / calls for instant action
la situation nécessite / exige des mesures immédiates

it's necessary / to have to / need   il est nécessaire / il s'agit

now the thing (to do) is to act quickly
maintenant, il s'agit / il est nécessaire de faire vite

now it's a matter / question of keeping a cool head
maintenant, il s'agit / il est nécessaire de garder la tête froide

it's necessary that he (should) be told; that you should see him
il est nécessaire qu'on le lui dise; que vous le voyiez

it's necessary to do it; we need to do it
il est nécessaire de le faire; il est nécessaire qu'on le fasse

you'll have to go over the question again
il est nécessaire que vous revoyiez la question

it's necessary for a pregnant woman to go to the doctor before giving birth
une femme enceinte doit nécessairement
consulter un médecin avant l'accouchement

to have to   devoir

we have to send for a doctor
nous devons appeler un médecin / il faut / il est nécessaire d'appeler un médecin

I've got to get up early to catch the train
je dois me lever tôt pour avoir le train

I have (just) (got) to go to the dentist this afternoon
je dois aller / il faut que j'aille chez le dentiste cet après-midi

to do the necessary   faire le nécessaire

don't forget to take the necessary steps in due time
n'oubliez pas de faire les démarches nécessaires en temps opportun

do no more than is necessary; don't do any more than is necessary
ne faites que ce qui est nécessaire; ne faites pas plus que ce qui est nécessaire

188 OBLIGATION

must / must implying urgency   **falloir / devoir**

we must be going now
il faut que nous partions maintenant

I'm afraid I MUST leave at once; I MUST keep my appointment
je suis désolé mais je dois partir tout de suite;
je dois absolument être à l'heure à mon rendez-vous

I MUST get this letter away
il faut que je fasse partir cette lettre / que cette lettre parte aujourd'hui

this film is a must
vous devez absolument voir ce film / c'est un film à ne pas manquer

it's imperative that   **devoir / falloir**

it's imperative that I meet him before he leaves
il faut absolument / il est impératif que je le rencontre avant qu'il ne parte

it's imperative that you keep to the deadline we agreed on
vous devez impérativement tenir les délais convenus

to have to / got to / should   **devoir / falloir**

do I have to do it? - you'll have to do it; there's no getting out of it
dois-je le faire? - il faut que tu le fasses; il n'y a pas moyen d'y échapper

it will have to be done
il va falloir le faire

he has to go to hospital every week for his treatment
il doit aller à l'hôpital pour son traitement toutes les semaines

whether you like it or not you have to go
que ça te plaise ou non, il faut que tu y ailles

do you have to go to the market today?
devez-vous aller au marché aujourd'hui?

you've got to read this book
vous devez vraiment lire ce livre

I should go
il faudrait que je parte

you should get tickets for the concert
tu devrais t'occuper de prendre des billets pour le concert

what should I have done?
que fallait-il que je fasse? / qu'est-ce que j'aurais dû faire?

I should have met him
j'aurais dû le rencontrer

you're expected to arrive on time
vous devez arriver à l'heure

moral obligation   **l'obligation morale**

to be fully alive to / be highly conscious of one's obligations
être pleinement conscient / être pénétré de ses obligations

I'm under a moral obligation to assist my wife's family financially
je suis dans l'obligation morale d'aider financièrement la famille de ma femme

we should go and take her some flowers
nous devrions aller lui porter des fleurs

I feel obliged to pay him a visit;
I made a religion of paying him a short visit every day
je me sens obligé de lui faire une visite;
je me suis fait une obligation de lui faire tous les jours une petite visite

no obligation   **l'absence d'obligation**

you don't have to learn all that by heart
vous n'avez pas à apprendre tout cela par cœur

you don't need to send him any money
vous n'avez pas à lui envoyer d'argent

you won't need to get up early
vous n'aurez pas à vous lever tôt

there's no obligation for you to accept
vous n'êtes pas obligé d'accepter

proverb   proverbe

do what you ought to do, come what may
fais ce que (tu) dois, advienne que pourra

■
189 RESPONSIBILITY

personal responsibility   la responsabilité personnelle

to behave responsibly
se conduire en personne responsable

to be responsible for one's actions
être responsable de ses actes

parents are responsible for the education of their children
les parents sont responsables de l'éducation de leurs enfants

irresponsibility   l'irresponsabilité

to behave irresponsibly / without due thought / rashly
se conduire en irresponsable / se conduire sans réfléchir / faire preuve de légèreté

to speak rashly / without giving the matter proper consideration
parler à la légère / tenir des propos inconsidérés

it was irresponsible of him to speak like that;
he doesn't always think about the import of what he's saying
en parlant ainsi, il a fait preuve de légèreté;
il ne mesure pas toujours la portée de ses paroles

to be responsible for a mistake   être responsable d'une faute

whose fault is it? who is to blame? who's responsible for all this?
à qui la faute? qui est responsable? qui est responsable de tout ça?

I'm the one to blame / the guilty one / the culprit
c'est de ma faute / le responsable / le fautif / le coupable

it's not my fault; I have (got) nothing to do with it
ce n'est pas de ma faute; je n'y suis pour rien

it happened through no fault of mine
ce qui est arrivé n'est absolument pas de ma faute

it's Peter's fault; it's his fault; he's only got himself to blame
c'est de la faute de Pierre; c'est de sa faute; il ne peut s'en prendre qu'à lui

the fault lies with him; it's all his fault
c'est de sa faute / la faute lui en revient; c'est entièrement de sa faute

I don't care whose fault it is
je ne veux pas savoir qui est responsable

it's just bad luck; it's always the underling who gets the blame
c'est de la faute à pas de chance*; c'est toujours de la faute du lampiste

to be responsible for something to somebody

être responsable de quelque chose devant quelqu'un

to answer for something
répondre de quelque chose / être responsable de quelque chose

I'm answerable to no one
je n'ai de compte à rendre à personne

to be responsible for somebody

être responsable de quelqu'un

*at the age of 15 he already assumed responsibility
for the care of his younger siblings*
à 15 ans, il était déjà responsable de ses jeunes frères et sœurs

in the classroom the teacher takes responsibility for the children
dans la classe, le professeur est responsable de ses élèves

to assume responsibility

assumer une responsabilité

she's in charge of the R. and D. in the company
elle est responsable du département de la recherche dans la société

to be wholly / entirely responsible for a business
être pleinement / totalement responsable d'une affaire

to take on the responsibility of something; reach a position of responsibility
prendre la responsabilité de quelque chose; accéder à un poste de responsabilité

to be weighed down by responsibilities; carry the world on one's shoulders
être accablé de responsabilités; porter le monde sur ses épaules

now that he's become manager he's taking on responsibility for the whole store
ayant été promu directeur, il est désormais responsable de tout le magasin

all the responsibility of the firm is on him / his shoulders
toute la responsabilité de l'entreprise repose sur lui / sur ses épaules

it's his responsibility / incumbent upon him to ensure the smooth running of the firm
il lui incombe de veiller à la bonne marche de l'entreprise

that's the head of department's responsibility
c'est de la responsabilité du chef de service

I'll take it upon myself to tell him the truth
je prends sur moi / je prends sous mon bonnet* de lui dire la vérité

OK, I'll see to it / I'll take care of that; I'll see to it that he disgorges the money
d'accord, je m'en occupe / je m'en charge; je me charge de lui faire rendre gorge

to put somebody in charge of   **confier une responsabilité à quelqu'un**
something

to make somebody aware of his responsibilities
responsabiliser quelqu'un / le rendre conscient de ses responsabilités

to give somebody the responsibility of doing something
charger quelqu'un de faire quelque chose

the boss has put a man with a practical background in charge of the building site
le patron a confié la responsabilité du chantier à un homme de terrain

to be put in charge of something   **se voir confier une responsabilité**

to be put in charge of doing something
être chargé de faire quelque chose

the man has been put in charge of the building site
l'homme s'est vu confié la responsabilité du chantier

I was assigned a delicate mission; I've been instructed to apply the rule
on m'a confié une mission délicate; je suis chargé d'appliquer le règlement

to refuse responsibility   **refuser la responsabilité de quelque chose**

to disclaim (all) responsibility in a matter
dégager sa responsabilité d'une affaire

I decline all responsibility in this business
je décline toute responsabilité dans cette affaire

I have no hand in it; that's no concern of mine; I wash my hands of it
je n'y suis pour rien; cela ne me regarde pas; je m'en lave les mains

this falls outside my scope
ceci n'est pas de mon ressort

the company rejects any liability for theft of articles left inside the cars
la maison décline toute responsabilité
en cas de vol d'objets laissés dans les voitures

to evade responsibility   **fuir une responsabilité**

to pass off one's responsibility onto somebody
se décharger d'une responsabilité sur quelqu'un

to shield oneself behind the rules
s'abriter derrière le règlement

to blame something on somebody; make / hold somebody responsible for something
tenir quelqu'un pour responsable de quelque chose /
lui en faire porter la responsabilité

she held me responsible for her own failures
saying that I never helped or encouraged her
elle m'a rendu responsable de tous ses échecs,
disant que je ne l'ai jamais aidée ni encouragée

in fact all her troubles are of her own making; she has only got herself to blame
en fait, tous ses ennuis sont de sa faute; elle ne peut s'en prendre qu'à elle

to saddle* somebody with something
rejeter la responsabilité de quelque chose sur quelqu'un

to lay the blame on somebody
rejeter une faute sur quelqu'un

they lay the responsibility for the failure at my door but the blame lies with them
ils me rejettent la responsabilité de l'échec
mais c'est à eux que la faute doit être imputée

they lay the responsibility for the failure at each other's door
ils se rejettent mutuellement la responsabilité de l'échec

*they each want to off-load the responsibility / they are each trying to pass the buck**
ils se renvoient la balle / ils se refilent le bébé*

*the responsibility will fall on me; I will carry the can**
la responsabilité retombera sur moi;
je paierai pour quelqu'un / je porterai le chapeau

civil liability   la responsabilité civile

to be liable for third party damages
être responsable des dommages causés à des tiers

I don't admit liability for the accident
je n'accepte pas la responsabilité de l'accident

criminal responsibility   la responsabilité pénale

the defendant was recognized as fully responsible for his acts
l'accusé a été reconnu pleinement responsable de ses actes

the court recognized diminished responsibility for the defendant
le tribunal a reconnu une responsabilité atténuée à l'accusé

■

190 EXPECTATION

to wait for somebody / something   attendre quelqu'un / quelque chose

I'm waiting for my train
j'attends mon train

we'll wait for you before having lunch
nous vous attendrons pour le déjeuner / pour nous mettre à table

to wait for the cat to jump
attendre pour voir la tournure des événements

wait and see what happens next; that was worth waiting for
attendez voir ce qui va se passer; ça valait la peine d'attendre

to wait for the right moment
attendre le moment favorable

to play for time; he's biding his time
jouer la montre / jouer l'usure; il attend son heure

my wife is expecting a baby
ma femme attend un bébé

we're expecting you to come tomorrow
nous vous attendons demain / nous comptons sur vous pour demain

I expected you much sooner than this
je vous attendais bien plus tôt

to expect / wait for + infinitive   **attendre que + subjonctif**

I'm waiting for him to come
j'attends qu'il vienne

you must wait for the meal to be finished before leaving the table
vous devez attendre que le repas soit fini avant de quitter la table

to wait for things to fall into one's lap
attendre que les alouettes vous tombent toutes rôties dans le bec*

to leave things till   **attendre jusqu'à**

to leave things till the last moment
attendre jusqu'au dernier moment

you shouldn't leave your packing till the last moment
vous ne devez pas attendre le dernier moment pour faire votre valise

don't wait up for me
couchez-vous sans m'attendre

I'll wait up for you till eleven o'clock
je ne me coucherai pas avant onze heures / je vous attendrai jusqu'à onze heures

I waited behind to speak to her alone
j'ai attendu que tout le monde soit parti pour lui parler seul à seul

to wait for long   **attendre longtemps**

it took a very long time for that to happen; it was a long wait
il a fallu attendre longtemps pour que ça arrive; l'attente a été longue

all this waiting!
quelle attente! dire qu'il a fallu attendre si longtemps!

this deadly wait dragged on; I had to put up with the delay
cette attente mortelle se prolongeait; j'ai dû prendre mon mal en patience

there were a lot of people; I waited and waited; I had to hang on for ages
il y avait du monde; j'ai dû attendre à n'en plus finir; j'ai dû attendre des siècles

to wait about for somebody; cool one's heels
être obligé d'attendre quelqu'un (et se morfondre); faire le pied de grue

to stamp one's feet (to keep warm); hang about
battre la semelle; faire le poireau / poireauter

to wait until Kingdom come
attendre ad vitam aeternam

to wait till the cows come home* / pigs might fly* / hell freezes over
attendre jusqu'au jour où les poules auront des dents* / jusqu'à la Saint-Glinglin

to wait impatiently   **attendre avec impatience**

you were a long time coming
vous vous êtes fait attendre

I have almost had to wait (for you); I began to think you weren't coming
j'ai failli attendre; je commençais à croire que vous ne viendriez pas

I'm in a hurry to return home; I'm weary of waiting
j'attends avec impatience de rentrer à la maison; je n'en peux plus d'attendre

I'm looking forward to seeing you again
j'attends avec impatience le moment de vous revoir

he still hasn't arrived! I still haven't heard from her!
il n'est pas encore arrivé! je n'ai pas encore reçu de ses nouvelles!

he's awaited with eager expectancy
il est attendu avec grande impatience

time is dragging on, don't you think? we can't stay here for ever
vous ne trouvez pas le temps long? on ne peut pas s'éterniser ici

he kept me hanging about for more than two hours, two solid hours /
he left me kicking / cooling my heels for two solid hours
il m'a fait attendre / poireauter pendant plus de deux heures,
deux heures d'horloge

to be in agonies of anticipation; on tenterhooks
être dans les transes de l'attente; être sur des charbons ardents

to wait eagerly for somebody
attendre quelqu'un comme le Messie

to keep somebody waiting   **faire attendre quelqu'un**

wait a bit; wait a jiffy* / half a jiffy*
attendez un instant; attendez une minute / seconde

bear with me a minute, I'll ask for information; be patient, it'll take me quite a while
veuillez m'attendre un instant, je vais me renseigner;
soyez patient, j'en ai pour un petit moment

can you wait just a minute, I won't be long
pouvez-vous m'attendre un instant, je ne serai pas long

please excuse me for keeping you waiting
excusez-moi de vous avoir fait attendre

to leave / let somebody stew in their own juice
laisser mariner quelqu'un / laisser quelqu'un mijoter dans son jus

to expect something   **s'attendre à quelque chose**

I'm expecting the worst; I guessed as much
je m'attends au pire; je m'y attendais

she feared bad news might be in store for her
elle craignait que de mauvaises nouvelles ne l'attendent

not surprisingly he didn't come
comme on pouvait s'y attendre, il n'est pas venu

I waited in the expectation that he would come
j'ai attendu dans l'espoir qu'il viendrait

to come up to the mark   **répondre à l'attente**

to come up to / meet somebody's expectations
répondre aux attentes de quelqu'un

to fall short of somebody's expectations
décevoir les attentes de quelqu'un

proverbs   **proverbes**

time and tide wait for no man
le temps et la marée n'attendent personne

he that waits for a dead man's shoes is in danger of going barefoot /
it's ill waiting for dead men's shoes
qui attend après les souliers d'un mort risque fort d'aller pieds nus

every dog has its day / everything comes to him who waits
tout vient à point à qui sait attendre

■

191 HOPE

to have great hopes of doing something
avoir bon espoir de faire quelque chose

this boy's parents have high hopes for him
les parents de ce garçon fondent de grands espoirs sur lui

there's a ray of hope that he'll succeed; it's a frail hope
il y a un petit espoir qu'il réussisse; c'est un espoir fragile

there's a light at the end of the tunnel; we must be hopeful again
on commence à voir le bout du tunnel; il faut reprendre espoir

there's no limit to what we can hope for
tous les espoirs sont permis

it's beyond my wildest dreams
cela dépasse toutes mes espérances

you must hope against hope; never say die
il faut espérer contre toute espérance; il ne faut jamais désespérer

to hope   **espérer**

I hope she comes; I hope to God she'll come
j'espère qu'elle viendra; j'espère de tout cœur qu'elle viendra

I hope so; I hope not; I should hope not! I hope that such is not the case
je l'espère / j'espère que oui; j'espère que non!
j'espère bien que non / j'espère qu'il n'en est rien

I like to hope that you'll come and see us; she clings to the hope you will come back
j'ose espérer que vous viendrez nous voir;
elle s'accroche à l'espoir de votre retour

her heart is bursting with hope; it's to be hoped that everything will be fine
l'espoir lui gonfle le cœur; il faut espérer que tout ira bien

losing hope   **la perte d'espoir**

my fondest hopes have vanished
mes plus chers espoirs se sont évanouis

that's the end of all my hopes; I'm helpless now
c'est la fin de tous mes espoirs; je suis maintenant sans espoir

there's no longer hope of rescuing the hostages; not the faintest glimmer of hope
il n'y a plus d'espoir de sauver les otages; pas la moindre lueur d'espoir

hopes are fading day after day; it's idle to hope that they might be rescued
**les espoirs s'amenuisent de jour en jour;
il est inutile d'espérer qu'ils puissent être sauvés**

his case is hopeless and the doctors are helpless
son cas est désespéré et les médecins n'y peuvent plus rien

proverb   proverbe

*hope springs eternal / he who lives in hope dances to an ill time /
as long as there is life there is hope*
tant qu'il y a de la vie il y a de l'espoir

■
192 DISAPPOINTMENT

disappointment / chagrin   la déception

to my great disappointment / much to my chagrin he didn't come
à ma grande déception / à mon grand dépit, il n'est pas venu

that was a great disappointment to me; what a let-down! what an anticlimax!
cela a été une grande déception pour moi; quelle déception! quelle douche froide!

*his unhappy love affair has deprived him of all his energy;
disappointment shows in his face*
**la déception sentimentale qu'il a subi lui a ôté toute énergie;
la déception se lit sur son visage**

he pulled a face when he heard the news
il a fait une drôle de tête quand il a appris la nouvelle

you should have seen the look on his face when he heard the news
vous auriez vu sa tête quand il a appris la nouvelle

the holiday didn't live up to our expectations
les vacances n'ont pas été ce qu'on avait espéré

the photograph doesn't do it justice, it's a bit disappointing
ça rend mal en photo, le résultat est un peu décevant

this discovery turned out to be a mare's nest
cette découverte s'est révélée très décevante

to disappoint somebody   décevoir quelqu'un

my nephew has been a disappointment to the family
mon neveu a déçu toute la famille

his parents have been disappointed in their hopes; he's ruined all their hopes
il a déçu tous les espoirs de ses parents; il a ruiné tous leurs espoirs

he didn't come up to their expectations
il n'a pas répondu à leur attente

he's already let them down several times
il les a déjà déçus plusieurs fois

I'm sorry to disappoint you, but I won't be able to join your party
je suis désolé de vous décevoir, mais je ne pourrai pas venir à votre soirée

the show disappointed me a lot; the show was disappointing
ce spectacle m'a beaucoup déçu; c'était un spectacle décevant

the result didn't match (up to) our hopes
le résultat a déçu / n'a pas correspondu à notre attente

to be disappointed   être déçu

you've disappointed me with your work; I'm very disappointed in you
j'ai été déçu par votre travail; vous m'avez vraiment déçu

I was disappointed at not meeting her
j'ai été déçu de ne pas l'avoir rencontrée

their fondest hopes had vanished / had been dashed; they fell from a height
leurs plus chers espoirs ont été déçus / se sont évanouis; ils sont tombés de haut

■

193 TROUBLES

to have troubles   avoir des ennuis

to have a whole heap of trouble
avoir des tas d'ennuis

to be overwhelmed with worry
être accablé de soucis et d'ennuis

what's the matter? what's up? is there anything the matter?
qu'est-ce qu'il y a? qu'y a-t-il? y a-t-il quelque chose qui n'aille pas?

what's worrying you?
qu'est-ce qui te tracasse?

I'm in a bit of a bother; everything is going amiss; I'm never out of trouble these days
j'ai quelques problèmes; tout va de travers; j'accumule les ennuis en ce moment

I'm in trouble with the boss
j'ai des ennuis avec le patron

to get into trouble   **s'attirer des ennuis**

if you don't do what I tell you to do, you'll be in trouble
si vous ne faites pas ce que je vous dis, vous aurez des ennuis

you're going to cause trouble for yourself
vous allez vous attirer des ennuis

*he's always getting into scrapes**
il lui arrive toujours des histoires*

he's looking for trouble
il cherche les ennuis

*he's letting himself in for trouble; he's got it coming to him**
il se prépare des ennuis; cela lui pend au bout du nez*

that's going to cause him problems
cela va lui attirer des ennuis

that'll cause him nothing but trouble
cela ne peut que lui attirer des ennuis

he's making a rod for his own back
il cherche des verges pour se faire fouetter

to have little problems   **avoir de petits problèmes**

I've got myself into a bit of a scrape*
j'ai un petit problème

something unforeseen has cropped up which prevents me from coming
j'ai un empêchement et je ne peux venir

you're planning to come tomorrow? the trouble is that I won't be there
vous comptez venir demain? l'ennui / l'inconvénient est que je ne serai pas là

I had so many darn* problems with that car that I decided to sell it
j'ai eu tellement d'enquiquinements avec cette voiture que j'ai décidé de la vendre

I'm having a bit of bother with my arm
j'ai un problème avec ma tendinite au coude

and I've injured my thumb, which doesn't help matters; it's bothersome
et je me suis blessé au pouce, ce qui n'arrange rien; c'est gênant

it's all a bit awkward but there's no cause for alarm
tout ceci est un peu ennuyeux, mais il n'y a pas de quoi se faire du mauvais sang

don't make a song and dance about it*
il ne faut pas en faire une maladie

it's not such a calamity / tragedy / disaster
ce n'est pas un si grand malheur / une si grande tragédie / une catastrophe

common expressions   **expressions courantes**

it's nothing to worry about; don't make a mountain out of a molehill
ce n'est pas bien méchant; il n'y a pas de quoi en faire une montagne

there's nothing to get worked up about
il n'y a pas de quoi se mettre dans tous ses états

it's no great shakes*; it's only a storm in a teacup
il n'y a pas de quoi fouetter un chat; ce n'est qu'une tempête dans un verre d'eau

to be in deep trouble   **avoir de gros ennuis**

there's a cloud on the horizon; there's trouble brewing; I can smell big trouble
il y a des nuages à l'horizon; il y a de l'orage dans l'air;
je sens que les ennuis vont pleuvoir

this setback doesn't help my affairs; it's a major setback for me
ce contretemps n'arrange pas mes affaires; pour moi, c'est un gros pépin*

I'm worried stiff / I'm making myself sick with worry*
je me fais un sang d'encre* / je me ronge les sangs*

I'm agonizing over finding an acceptable compromise
je me ronge les sangs* pour trouver un compromis acceptable

*it's bloody annoying** that he can't come*
c'est vraiment emmerdant qu'il ne puisse pas venir**

he's got himself mixed up / involved in a nasty bit of business
il s'est mis dans une sale affaire / il se trouve mêlé à une sale affaire

it's a beastly business; he's turned everybody against him*
c'est une sale affaire; il s'est mis tout le monde à dos

*he's completely wrapped in his worries; he was left holding the baby**
il est complètement accaparé par ses soucis;
il se retrouve avec tous les problèmes sur les bras*

he got bogged down in his problems; he's not out of the woods yet
il s'est englué dans ses problèmes; il n'est pas sorti de l'auberge

I wouldn't like to be in his shoes
je ne voudrais pas être à sa place

common expressions   **expressions courantes**

*to put the cat among the pigeons**
causer des ennuis / créer des problèmes

*to be in deep waters / hot water / up the creek (without a paddle)**
être dans une fâcheuse position / mauvaise posture

*to be in a fine mess / pretty pickle**
être dans de beaux draps*

to be in a sticky situation* / the soup*
être dans la mélasse* / mouise* / mouscaille**

to be in a fix*/ jam*
être dans le pétrin* / la mélasse*

to be in a tight spot / devil of a mess*
être dans un sacré pétrin*

*we're in a bloody mess**** / one hell of a mess****; we're in a fine bloody mess****
on est dans la merde** / on est dans un sacré merdier****;
nous sommes dans un beau merdier*****

it's enough to drive you up the wall
c'est à se taper la tête contre les murs

to jump out of the frying pan into the fire
tomber de Charybde en Scylla

relief / end of problems   **le soulagement / la fin des ennuis**

everything will work out (all right)
tout va s'arranger

I managed to sort things out; everything is settled
j'ai réussi à arranger les choses; tout est arrangé

he took a thorn out of my flesh
il m'a enlevé une belle épine du pied

proverbs   **proverbes**

troubles never come singly
un malheur ne vient jamais seul

life isn't all beer and skittles / life isn't a bed of roses
la vie n'est pas un long fleuve tranquille / la vie n'est pas un lit de roses

194 SURPRISE
to give somebody a surprise
faire une surprise à quelqu'un

I've got a treat for you!
j'ai une surprise pour vous!

much to my surprise he didn't come; it came as a surprise to me
à ma grande surprise, il n'est pas venu; cela m'a beaucoup surpris

to come upon somebody unexpectedly
rencontrer quelqu'un par surprise

I didn't expect to see you here! who would have thought we'd meet here?
je ne pensais pas vous voir ici! qui aurait pensé qu'on se rencontrerait ici?

that's a surprise and no mistake! it's a turn-up for the book(s)
pour une surprise, c'est une surprise!

he gave me a heck* of a surprise
il m'a diablement surpris / il m'a fait une sacrée surprise*

how is that you're already here? how can it be that you're already here?
comment se fait-il que tu sois déjà là?
comment se peut-il que tu sois déjà là?

we were unready for what happened next; we were a mite* surprised
on ne s'attendait pas à ce qui allait suivre;
nous avons été un tantinet surpris

we had SUCH a surprise!
nous avons eu une de ces surprises! quelle surprise nous avons eu!

that meeting might hold a surprise in store for you
cette rencontre pourrait bien vous ménager une surprise

he's a surprise in store for you; there'll be a sting in the tail
il vous ménage une surprise; il y aura une mauvaise surprise à la fin

it came as a surprise to me that he was going to divorce
j'ai eu la surprise d'apprendre qu'il allait divorcer

the news of his divorce came as a bombshell
la nouvelle de son divorce éclata comme un coup de tonnerre dans un ciel serein

I couldn't believe my ears when he told me that he was a grandfather already
je n'en croyais pas mes oreilles quand il m'a dit qu'il était déjà grand-père

reaction to a surprise   **réactions de surprise**

to stand open-mouthed / gaping at something
rester bouche bée devant quelque chose

to fall from the clouds / be completely taken aback
tomber des nues / tomber de la lune

it's enough to take your breath away
c'est à vous couper le souffle

it gave me a nasty shock to see him in that state
ça m'a fait un choc de le voir dans cet état

it gave me a jolt; I was speechless from surprise / dumb with astonishment
ça m'a fait un choc; je suis resté sans voix / je suis resté muet d'étonnement

it came as a shock to me / a bombshell
ça m'a fait l'effet d'une bombe

it startled me out of my wits; I thought my eyes were deceiving me
ça m'a fait un drôle de choc; je n'en croyais pas mes yeux

you could have knocked me down with a feather; it knocked the wind out of my sails
les bras m'en sont tombés / j'ai failli en tomber à la renverse; ça m'a scié

it was a real let-down when I learnt the news
ça m'a fait l'effet d'une douche froide quand j'ai appris la nouvelle

he received the news with indrawn breath; he gave a gasp of surprise
l'annonce de la nouvelle lui a coupé le souffle; il en a eu le souffle coupé

he was rather taken aback / staggered* at the news
la nouvelle l'a plutôt sonné / soufflé

the news struck him all of a heap*
la nouvelle lui a coupé les bras / il en est resté baba*

he pulled a funny face when he caught me in company with his girl-friend
il a fait une drôle de tête quand il m'a surpris en compagnie de sa petite amie

he acted surprised on seeing me; he registered surprise
il a pris un air étonné en me voyant; l'étonnement s'est lu sur son visage

his eyes popped out of their sockets
il en avait les yeux tout exorbités

his jaw dropped / he was dumbfounded
il en est resté bouche bée / il en est resté médusé

he was glued to the spot with surprise
la surprise le cloua sur place

it was a bolt from the blue*; it knocked him for six*
ça a été le coup de massue; ça l'a mis knock-out / k.o.

no reaction   **l'absence de réaction**

he didn't even blink when I told him how much it would cost
il n'a même pas tiqué quand je lui ai annoncé le prix

there's nothing (so) surprising about that; it's not a surprise to me
ceci n'a rien d'étonnant; cela ne me surprend pas / cela ne m'étonne pas

to surprise somebody   **surprendre quelqu'un**

to catch somebody flat-footed*(US)
attraper / prendre quelqu'un par surprise

to catch somebody in the act / red-handed
surprendre quelqu'un sur le fait / la main dans le sac

to take somebody by surprise / spring a surprise on somebody
surprendre quelqu'un / prendre quelqu'un par surprise / au dépourvu

to spring a piece of news on somebody
annoncer une nouvelle de but en blanc à quelqu'un

to catch somebody unawares / off guard / with his pants down*
prendre quelqu'un au dépourvu / surprendre la garde de quelqu'un

he sprang it on me / he caught me unawares
il m'a pris de court / il m'a pris au dépourvu

he was caught off his guard by my unexpected question;
he was caught out there all right!
ma question, à laquelle il ne s'attendait pas, l'a pris au dépourvu;
il a été bien attrapé

to astonish / surprise   **étonner**

the drastic change in my friend's attitude after his accident astonished me
le changement radical d'attitude de mon ami après son accident m'a étonné

some people's cheek will never cease to surprise me
le toupet de certaines personnes m'étonnera toujours

to astound / shock / stun / be shattered   **stupéfier**

his audacity astounds me; surprise stunned me
son audace me stupéfie; la surprise me stupéfia

her behaviour shocks me; I'd never have believed she could do that
sa conduite me scandalise; je n'aurais jamais crû cela d'elle

I was shattered at this piece of news
j'ai été atterré par cette nouvelle

to be astonished / surprised   **être étonné**

I'm astonished at hearing the news
je suis étonné d'apprendre la nouvelle

the extraordinary fact is that he succeeded
ce qu'il y a d'étonnant, c'est qu'il ait réussi

it's nothing to be surprised at; there's nothing extraordinary about that
cela n'a rien d'étonnant; il n'y a rien d'extraordinaire à cela

to my astonishment he remained calm; I couldn't fail to be surprised at that
à mon grand étonnement, il est resté calme; cela n'a pas laissé de me surprendre

I'm surprised at how calm you can remain in such a situation
je suis étonné que vous puissiez demeurer aussi calme dans une telle situation

I'm surprised that he should be so late
je suis étonné qu'il soit en retard

I'm astonished at his attitude; surprised at that (coming) from him
je suis étonné par son attitude; cela m'étonne de sa part

I'm surprised at him
je ne m'attendais pas à cela de lui / cela me surprend de sa part

it's a wonder / miracle that he escaped safe and sound from the accident
c'est étonnant / c'est un miracle qu'il soit sorti indemne de l'accident

to be amazed   **être stupéfait / abasourdi**

to be amazed at seeing something
être stupéfait de voir quelque chose

can you beat that? I was flabbergasted* at this
tu as déjà vu ça, toi? faut le faire! j'ai été époustouflé / sidéré d'apprendre cela

the audience was taken aback by the violence of the film
le public a été abasourdi par la violence du film

what strikes me most is the burglars' audacity
ce qui me frappe le plus, c'est l'audace des cambrioleurs

even the police were shocked / stunned by the burglars' audacity
même la police a été stupéfaite / abasourdie par l'audace des cambrioleurs

a few exclamations of surprise   **quelques exclamations de surprise**

fancy meeting you here! fancy running into you! what on earth are you doing here?
vous ici? quelle surprise! que diable* faites-vous ici?

why on earth did I say a thing like that?
qu'est-ce qui m'a pris de dire cela?

how stupid can you get!
comment peut-on être aussi stupide!

it's incredible! I can't believe it! can you believe it?
incroyable! je ne peux le croire! ce n'est pas croyable!

how amazing! I can't get over it! incredible but true!
ahurissant! je n'en reviens pas! incroyable, mais vrai!

it's a wonder they're still alive!
c'est merveille qu'ils soient encore vivants!

where did you spring from? whatever made you think such a thing?
mais d'où sortez-vous? qu'est-ce qui peut vous faire penser cela?

that's out of the ordinary!
ça alors, ce n'est pas ordinaire!

he must be turning in his grave!
il doit se retourner dans sa tombe!

how is it possible? you could have fooled me!
comment est-ce possible? je ne l'aurais jamais cru!

it's not possible! impossible! you can't be serious!
ce n'est pas possible! impossible! vous ne parlez pas sérieusement!

you're pulling my leg! you must be joking!
vous me faites marcher! vous plaisantez!

■

195 PERMISSION

to allow / permit   **permettre**

to allow somebody do something
permettre à quelqu'un de faire quelque chose

to give somebody permission to do something
donner à quelqu'un la permission de faire quelque chose

to allow / give somebody full scope to do something
donner / laisser toute latitude à quelqu'un pour faire quelque chose

the doctor allows me to drink a glass of wine at each meal
le médecin m'autorise (à boire) un verre de vin à chaque repas

the law permits travellers to bring one litre of alcohol into the country duty free
la loi autorise les voyageurs à importer un litre d'alcool en franchise de droits

to ask permission to do   **demander la permission de faire quelque chose**
something

with your permission can I go to the cinema / movies tonight?
avec votre permission pourrai-je aller au cinéma ce soir?

shall I let myself in?; may I go now?
puis-je entrer?; puis-je sortir?

do you mind if I open the window?
puis-je ouvrir la fenêtre?

do you mind my smoking? would you object to my smoking?
puis-je fumer? est-ce que je peux fumer? est-ce que cela vous dérangerait si je fume?

is it permitted to take photographs inside the museum?
est-il permis de prendre des photos à l'intérieur du musée?

leave it to me to tell him a few home truths
laissez-moi le soin de lui dire ses quatre vérités

to get permission   **obtenir la permission**

the shop assistant needs to get permission from the manager
before he exchanges an article
le vendeur doit obtenir la permission du patron avant de changer un article

my girlfriend's been given permission to go out tonight
mon amie a obtenu la permission de sortir ce soir

she's been allowed to go out tonight
elle a été autorisée à sortir ce soir

to give permission   **donner la permission**

I've allowed my daughter to go out tonight; I've given her permission to go out tonight
j'ai donné à ma fille la permission de sortir ce soir;
je lui ai donné la permission de sortir ce soir

I've no objection at all to your smoking
vous pouvez fumer, ça ne me gêne pas

you can / may take my car
vous pouvez prendre ma voiture

I'll let you drive my car if you promise not to go too fast
je vous laisse conduire ma voiture si vous me promettez de ne pas aller trop vite

you have my permission to leave early today
vous avez ma permission de partir plus tôt aujourd'hui

if you want to go don't deny yourself because of me
si tu veux y aller, ne t'en prive pas pour moi

feel free to ask what you need
n'hésitez pas à demander ce dont vous avez besoin

OK, that's fine by me / please do / go ahead
c'est d'accord / pour moi ça va, c'est bon / faites, je vous en prie / allez-y

to give somebody the green light to act
donner le feu vert à quelqu'un pour agir

to give somebody a free hand / carte blanche to do something
donner carte blanche à quelqu'un pour faire quelque chose

to hold somebody on a short leash
ne laisser à quelqu'un qu'une marge de manœuvre limitée

to refuse permission   **refuser la permission**

dogs are not allowed to enter the shop
les chiens ne sont pas admis dans le magasin

I was refused permission to go out
je me suis vu refuser la permission de sortir

I'd prefer you not to see him again
je préférerais que vous ne le voyez plus

I forbid you to see him again
je vous interdis de le revoir

I hope you don't mind if I smoke? - I'd rather you didn't
j'espère que je ne vous dérange pas si je fume? - je préférerais que vous vous absteniez

I regret that it's not possible for you to enter the White House
je regrette, mais il ne vous est pas possible de pénétrer dans la Maison Blanche

I'm afraid I must reject your request
je suis désolé d'avoir à rejeter votre demande

I'm sorry to have to say no
je regrette d'avoir à vous dire non

to allow oneself   se permettre

I allowed myself to give him a piece of my mind
je me suis permis de lui dire ma façon de penser

I took it up upon myself to tell him a few home truths
je me suis permis de lui dire ses quatre vérités

he took the liberty of leaving his post without telling anyone
il s'est permis de quitter son poste sans prévenir

if I may give my opinion, I feel I must take issue with you on this
si je puis me permettre de donner mon avis,
je me permets de ne pas partager le vôtre

in view of our friendship I permit myself to ask you a favour
je m'autorise de notre amitié pour vous demander un petit service

I allowed myself to smile when he told me that he would give up smoking
je me suis permis de sourire quand il m'a dit qu'il s'arrêterait de fumer

I'd like to point out that you're getting off the subject
je me permettrais de vous faire remarquer que vous vous éloignez du sujet

he takes a lot of liberties; he takes liberties with people
il se permet bien des choses; il se permet des privautés avec les gens

he makes free with women
il se permet des familiarités avec les femmes

administrative / official   l'autorisation administrative / officielle
permission

to give somebody authority / authorize somebody to do something
autoriser (officiellement) / habiliter quelqu'un à faire quelque chose

to be authorized to do something
être officiellement autorisé à faire quelque chose

the project must be passed by the Cabinet
le projet doit être approuvé par le Conseil des Ministres

some stores are authorized to open on Sunday
certains magasins sont autorisés à ouvrir le dimanche

■

196 PROHIBITION

to impose a ban on somebody's entering; break a ban
signifier à quelqu'un l'interdiction d'entrer; enfreindre une interdiction

civil servants are banned from holding several positions
interdiction est faite aux fonctionnaires d'occuper plusieurs emplois

he came despite the fact that he'd been forbidden to come
il est venu malgré l'interdiction qui lui en avait été faite

public parks are generally full of signs forbidding this and that
les jardins publics sont généralement pleins d'interdictions

the prohibition of incest is a universal taboo
la prohibition de l'inceste est un tabou universel

to forbid   interdire

her father has forbidden her to go out on her date
son père lui a interdit de se rendre à son rendez-vous

I forbid you to talk to my daughter
je vous interdis de parler à ma fille

the doctor has forbidden him to eat salt
le médecin lui a interdit le sel

may I point out that you're not allowed to smoke in this restaurant
je vous ferais remarquer que vous n'avez pas le droit de fumer dans ce restaurant

smoking is not permitted in the restaurant
il n'est pas permis de fumer dans le restaurant

the law prohibits minors from buying alcohol
la loi interdit la vente d'alcool aux mineurs

smoking is prohibited / not allowed in public places
il est interdit / défendu de fumer dans les lieux publics

the law denies everyone the right to smoke in public places
la loi interdit de fumer dans les lieux publics

dogs are not allowed inside the store
les chiens ne sont pas admis dans le magasin

these magazines are not to be removed from the library
il est interdit de sortir ces magazines de la bibliothèque

this door is not to be opened
il est interdit d'ouvrir cette porte / interdiction d'ouvrir cette porte

flash photography is forbidden in the museum
les photos avec flash sont interdites dans le musée

that club bars entrance to anyone who isn't dressed properly
**l'entrée de ce club est interdite à toute personne dont la tenue
ne serait pas correcte**

the government has banned the hunting of elephants
le gouvernement a officiellement interdit la chasse aux éléphants

dictators proscribe the existence of opposition parties
les dictatures interdisent les partis d'opposition

■

197 LOOKING FOR SOMETHING

to look for something / search   **chercher quelque chose**

to look for a job; look for the truth
chercher du travail; chercher la vérité

to look all over for something
chercher quelque chose partout / dans tous les azimuts

to look around for somebody in the crowd
chercher quelqu'un dans la foule

to look for a needle in a haystack
chercher une aiguille dans une botte de foin

to look for a path in life
chercher sa voie

to search in one's handbag for some change
chercher de la monnaie dans son sac à main

to search one's memory for something; search for words
rechercher quelque chose dans sa mémoire; chercher ses mots

to search about for something
fouiller un peu partout pour trouver quelque chose

to seek a shady spot for a picnic
chercher un endroit ombragé pour pique-niquer

to seek one's fortune
chercher fortune

to ferret   **fouilller / fureter**

I caught him ferreting around in my drawers; he's always ferreting about in the house
je l'ai surpris à fureter dans mes tiroirs;
il est toujours à fureter partout dans la maison

he's always poking his nose into things
il est toujours à fouiner partout / il faut toujours qu'il mette son nez partout

who's been through my things? who's been rummaging about in my things?
qui a fouillé dans mes affaires?

I don't like people ferreting about in my things
je n'aime pas qu'on fouille dans mes affaires

where have I put my keys?   **où ai-je bien pu mettre mes clés?**

wherever have my keys got to? I couldn't lay my hands on my keys
où sont donc passées mes clés? je n'ai pas pu mettre la main sur mes clefs

*where the devil** have I put them?*
où diable* ai-je bien pu les mettre / fourrer?

I've searched for them everywhere
je les ai cherchées partout

they're nowhere to be found / I can't find them anywhere
elles sont introuvables / je ne les trouve nulle part / je n'arrive pas à les retrouver

I've turned my pockets inside out to find them
j'ai retourné mes poches pour les trouver

I've searched for them in every nook and cranny
je les ai cherchées dans tous les coins possibles

I've searched (in) every corner / inch of the house
j'ai fouillé partout dans la maison / j'ai cherché dans tous les coins

I ransacked the smallest recesses in the house
j'ai fouillé les moindres recoins de la maison

I've turned the whole house upside down to find them
j'ai mis la maison sens dessus dessous pour les trouver

common expressions   **expressions courantes**

to grope for something   **chercher quelque chose à tâtons**
to look up a word in the dictionary   **chercher un mot dans le dictionnaire**
to fish for compliments   **chercher les compliments**
to hunt for a flat / an apartment / a job **chercher un appartement / un emploi**

to try all the stores in search of something
faire tous les magasins pour trouver quelque chose

■

198 FINDING

to go off in a spirit of discovery; make a discovery
partir à la découverte; faire une découverte

to have (got) a good nose for something / at discovering interesting things
avoir du nez pour quelque chose / pour découvrir des choses intéressantes

to put one's finger on something; to hit the nail on the head
mettre le doigt sur quelque chose; tomber juste

to find / be on   **trouver**

try and find what you're looking for in this jumble
essayez de trouver votre bonheur dans ce bric-à-brac

I've found what I was looking for; I found it at last / I was on it at last(US)
j'ai trouvé ce que je cherchais; je l'ai enfin trouvé

I've forgotten the address, but it can quite easily be found in a directory / phone book
j'ai oublié l'adresse, mais on peut facilement la retrouver dans un annuaire

this document will turn up if I look through the files
je pense que je peux retrouver ce document si je regarde dans les dossiers

where are these goods obtainable? where can they be found?
où peut-on trouver ces articles?

they can be obtained from / found in any large store
on peut les trouver / on peut se les procurer dans tous les grands magasins

it's to be had at the chemist
cela se trouve en pharmacie

to lay one's hands on   **mettre la main sur quelque chose**

I've finally succeeded in laying my hands on my keys
j'ai enfin réussi à mettre la main sur mes clefs

they were in front of my very eyes / under my very nose
elles étaient là, sous mes yeux / mon nez

to unearth   découvrir

I finally unearthed the truth about his supposed business travels
j'ai fini par découvrir la vérité à propos de ses soi-disant voyages d'affaires

she found out that her grandfather had died in a prison camp in 1942
elle découvrit que son grand-père était mort en 1942 dans un camp de prisonniers

when they find out what has been going on
a lot of people will find themselves in deep water
quand ils découvriront le pot aux roses*,
beaucoup de personnes se trouveront en fâcheuse posture

some researchers have broken through in the AIDS virus
des chercheurs ont fait une découverte importante concernant le virus du SIDA

she worked out why he had lied
elle a fini par découvrir pourquoi il avait menti

Christopher Colombus discovered America in 1492
Christophe Colomb découvrit l'Amérique en 1492

many researchers are trying to discover a vaccine against AIDS
beaucoup de chercheurs s'efforcent de découvrir un vaccin contre le SIDA

the loot was discovered in a disused factory
le butin fut découvert dans une usine désaffectée

to come / occur to somebody   venir à l'esprit

after extensively pondering the problem over,
it occurred to me that the simplest solution was also the best
après avoir considéré tous les aspects du problème,
il me vint à l'esprit que la solution la plus simple était aussi la meilleure

it's simple when you know how! it's easy once you think of it!
c'est comme l'œuf de Christophe Colomb

as I got up the answer that had escaped me the day before flashed into my mind
comme je me levais, la réponse qui m'avait échappé la veille,
me vint subitement à l'esprit

to come across   tomber sur

> *I've just come across an interesting piece of information*
> je viens juste de tomber sur une information intéressante

to think up   trouver une idée

> *I often think up new ideas when waking up*
> je trouve souvent de nouvelles idées à mon réveil

common expressions   expressions courantes

> *to get one's claws into something*
> mettre le grappin sur quelque chose

> *to stumble upon something important*
> soulever un lièvre

■
199 USE

to be of use / used / serve as   servir à quelque chose

> *what's this for? what on earth can you use it for?*
> à quoi cela sert-il? à quoi diable cela peut-il servir?

> *this tool has many uses / serves a variety of purposes*
> cet outil a de multiples usages / peut servir à plusieurs usages

> *radar is of use in guiding aircrafts*
> le radar sert à guider les avions

> *on this farm the barn serves as a garage*
> dans cette ferme la grange sert de garage

to be of use to somebody   servir à quelqu'un

> *the yellow pages of the directory / phone book are of use to everyone*
> les pages jaunes de l'annuaire servent à tout le monde

> *when we travel together my daughter acts as my interpreter*
> quand nous voyageons ensemble, ma fille me sert d'interprète

to use   utiliser

I use my car to go to work
j'utilise ma voiture pour me rendre à mon travail

in order to create their sculptures some artists have made use of crushed cars
pour créer leurs sculptures certains artistes ont utilisé des voitures compressées

Hercule Poirot puts his small grey cells to use to solve mysteries
Hercule Poirot utilise ses petites cellules grises
pour résoudre les énigmes policières

to be in use   être utilisé

a computerized card catalogue is in use at this library
un catalogue électronique est utilisé dans cette bibliothèque

nothing is wasted in this household; all odds and ends are used (up) for something
rien n'est perdu dans cette maison;
toutes les petites choses qui traînent sont utilisées pour quelque chose

to make good use of something   faire bon usage de quelque chose

you should try to put your time to good use
vous devriez essayer de faire bon usage de votre temps

successful business people know how to make good use of their money
les gens d'affaires qui réussissent savent faire bon usage de leur argent

to be in current / common use   être d'un usage courant

nowadays credit cards are in common use; they're all the rage
de nos jours, les cartes de crédit sont d'un usage courant;
elles sont de plus en plus utilisées

nowadays the cellular phone has come into current use
aujourd'hui, le téléphone électronique est d'un usage courant

to be no longer in use   ne plus être utilisé

nowadays animal traction is no longer in use
de nos jours la traction animale n'est plus utilisée

in every language certain words fall into disuse
dans toutes les langues, il arrive un moment où certains mots tombent en désuétude

by the end of the century much of this equipment will be obsolete
d'ici la fin du siècle, la plupart de ces équipements seront obsolètes

■

200 USEFULNESS AND USELESSNESS

usefulness   **l'utilité**

everyone recognizes the usefulness of law
tout le monde reconnaît l'utilité des lois

your piece of advice was very useful
votre avis m'a été d'une grande utilité

I've no idea what purpose this gadget serves
j'ignore l'utilité de ce gadget / j'ignore à quoi sert ce gadget

on any occasion I try to combine business with pleasure
en toute occasion je m'efforce de joindre l'utile à l'agréable

to be useful / of use   **être utile**

travellers' cheques / checks are useful when travelling abroad
les chèques de voyage sont utiles quand on se déplace à l'étranger

that'll certainly be of use to me
cela me sera certainement très utile

crocodile clips are useful / handy on any occasion
les pinces crocodiles sont utiles / bien pratiques en toutes occasions

this tool often comes in handy when doing odd jobs around the house
cet outil se révèle souvent très utile quand on bricole dans la maison

a few extra bottles might come in useful
quelques bouteilles supplémentaires pourraient s'avérer utiles

wandering through Saudi Arabia my knowledge of Arabic stood me in good stead
voyageant en Arabie Saoudite, ma connaissance de l'arabe m'a été très utile

not to be of much use   être peu utile

this tool is not of much use to me
cet outil ne m'est pas très utile

unless you're good at guessing it's not much use being a detective
à moins que vous ayez du flair, il ne sert pas à grand-chose d'être détective

there's little point in following a diet if one eats sweets between meals
il est peu utile de suivre un régime, si on mange des sucreries entre les repas

uselessness   l'inutilité

this is useless; that's damn all use*
cela ne sert à rien; comme utilité, c'est zéro

this book is of no use to my research; it's of no earthly use
ce livre est inutile pour mes recherches; il ne présente pas la moindre utilité

that one was not of much benefit to me
celui-là ne m'a pas été très utile

it's not much use to me
il ne me sert pas à grand-chose

this instrument is useless; it's fit for the dustbin
cet appareil ne sert à rien; il est bon à jeter à la poubelle

you should get rid of all that's of no use / dispose of all those white elephants
vous devriez vous débarrasser de tout ce qui est inutile / de tous ces vieux
rossignols*

your apologies are useless, I won't forgive you
vos excuses sont inutiles, je ne vous pardonnerai pas

the futility of this measure is evident
l'inutilité de cette mesure saute aux yeux

it's of no use / useless   il ne sert à rien / il est inutile

it's no use running; you'll never catch the bus
il ne sert à rien de courir; vous n'attraperez pas l'autobus

it's no good your telling me not to worry, I can't help it
il ne sert à rien de me dire que je n'ai pas à m'en faire, je n'y peux rien

it serves no good purpose
cela ne sert à rien

what use would complaining be? it's no use complaining
à quoi sert de réclamer? cela ne sert à rien de se plaindre

there's little point in complaining; it's pointless to complain
cela ne servirait pas à grand-chose de réclamer;
c'est peine perdue que de se plaindre

he complains to no avail
cela ne lui sert à rien de se plaindre

it's useless to repeat that
il est inutile de me le répéter

what's the use of continuing? that doesn't get us any further / anywhere
à quoi sert de continuer? cela n'avance à rien / cela ne nous mène nulle part

it's idle to hope that he'll change his mind
il est inutile d'espérer qu'il change d'avis

common expressions   **expressions courantes**

what's the good? it's not worth it
à quoi bon? ce n'est pas la peine

*it's as much use as a poultice on a wooden leg / it's like water off a duck's back**
c'est comme un emplâtre / un cautère sur une jambe de bois /
porter de l'eau à la rivière

it resulted in nothing; it was a shot in the dark
cela n'a servi à rien / il n'en est rien résulté; ce fut un coup d'épée dans l'eau

he's the fifth wheel; he's the fly on the wheel
c'est la cinquième roue du carrosse; c'est la mouche du coche

he sent me off on a wild-goose chase; I went there on a fool's errand
il m'a fait courir pour rien; j'y suis allé pour rien

you're wasting your breath
tu dépenses ta salive pour rien / tu perds ton temps

all this chitchat* is a waste of time; gone with the wind
toutes ces parlottes ne mènent à rien; autant en emporte le vent

you might as well talk to a brick wall; it's like trying to get blood from a stone
autant parler à un mur; c'est comme si tu parlais à un mur

it's like talking to a deaf man
c'est comme si on chantait

it's like banging your head against a brick wall / it's like flogging a dead horse
c'est comme si on pissait dans un violon /
c'est comme de pisser dans un violon****

proverbs   **proverbes**

what's done is done / what's done can't be undone
ce qui est fait est fait

it's no use crying over spilt milk
ce qui est fait est fait / inutile de se lamenter

■

201 THE AGES OF LIFE

how old are you? – I'm thirty years old; you're as old as you feel
quel âge avez-vous? - j'ai trente ans; on a l'âge de ses artères

when and where were you born? - I was born in Paris in 1965
quand et où êtes-vous né? - je suis né à Paris en 1965

to keep / celebrate somebody's birthday
fêter / célébrer l'anniversaire de quelqu'un

the young folks went dancing, the old folks stayed at home
les jeunes sont allés au bal, les vieux sont restés à la maison

infancy   **la petite enfance**

Helen is one year old; she's a baby; still in (her) infancy
Hélène a un an; c'est un bébé; elle est encore dans l'enfance

she's just learned to walk; she's a toddler
elle commence à marcher

childhood   **l'enfance**

Peter is only six; he's still a child
Pierre n'a que six ans; c'est encore un enfant

he's only a lad / still but a chit of a boy; a weeny-bopper*
ce n'est encore qu'un gosse* / qu'un gamin*; un enfant de 8 à 12 ans

adolescence   **l'adolescence**

John is 14 and a half; he's a teenager / an adolescent; he's at an awkward age
Jean a 14 ans et demi; c'est un adolescent; il est à l'âge ingrat

I can give him three years / he's three years my junior / three years younger than me
il est trois ans plus jeune que moi / il est de trois ans mon cadet

he's reached maturity / the age of reason
il a atteint l'âge de raison

but he's still a minor / under age
mais il est encore mineur

majority   **la majorité**

William is 20; he's just out of his teens
William a 20 ans; il sort tout juste de l'adolescence

on turning 18, he reached his legal majority; he's of age now
à 18 ans il a atteint sa majorité; maintenant il est majeur

he's a legal adult and he's the right to vote now
il est majeur et il a dorénavant le droit de voter

he's the eldest of the family; 6 years older than John
il est l'aîné de la famille; 6 ans plus âgé que Jean

he's the elder of the two; 6 years his senior
il est l'aîné des deux; il est son aîné de 6 ans

he's old for his age; he's an old head on young shoulders
il est mûr pour son âge; il fait preuve d'une maturité précoce

he'll soon be old enough to find himself a job
il sera bientôt en âge de travailler

maturity   **la maturité**

their parents are middle-aged; they're still in the prime of life
leurs parents sont d'un certain âge; ils sont encore à la fleur de l'âge

her father is 47 (years old); he's passed the forty mark; he's over 40
son père à elle a 47 ans; il a passé le cap de la quarantaine; il a 40 ans passés

his mother is 32; she's in her early thirties
sa mère à lui a 32 ans; elle a juste dépassé la trentaine

she's of childbearing age
elle est en âge d'avoir des enfants

how old do you take her to be?
quel âge lui donnez-vous?

she must be 40; she must be verging on 40
elle doit avoir 40 ans; elle doit friser la quarantaine

she's easily 40; she's coming 40*; she'll be 40 come July
je lui donne 40 ans facile*; elle va avoir 40 ans; elle aura 40 ans en juillet

she's not as young as she used to be
elle n'est plus toute jeune

she's no longer in the first flush of youth / she's no (mere) (spring) chicken*
elle n'est plus de la première jeunesse

she doesn't look her age; she wears her age well
elle ne paraît pas son âge; elle porte bien son âge

her husband is beginning to show his age; his age is beginning to tell
son mari commence à faire son âge; il commence à accuser son âge

he's turned fifty; he looks older than his age
il a dépassé la cinquantaine; il paraît plus que son âge

he's well past 50; he's getting on / growing in years
il a largement 50 ans; il prend de l'âge / il avance en âge

he must be pushing* 60
il ne doit pas avoir loin de 60 ans

he's going on for 60 / getting on towards 60 / verging on 60
il va sur ses 60 ans / il frise la soixantaine / il tire sur la soixantaine

he's nearly / roughly 70; he's of pensionable age
il va sur ses 70 ans; il a à peu près 70 ans; il a atteint l'âge de la retraite

he's well-preserved and very active for a man of his age
il est bien conservé et très actif pour son âge

he's still hale and hearty / as fit as a fiddle
il a encore bon pied / bon œil

but age is beginning to tell upon him
mais l'âge commence à se faire sentir

old age / the golden age   la vieillesse / le troisième âge

to live to a ripe age
vivre vieux

Grandad is getting old / elderly / on in years
Papy vieillit / il se fait vieux / il prend de l'âge

he's advanced in years; getting on in years
il est d'un âge avancé; il est d'un âge respectable

he's getting pretty ancient / long in the tooth*; he'll live to be a hundred
il se fait vieux / il prend de la bouteille*; il vivra centenaire

he's aged; he's aged a lot / getting to be an old man*
il a pris de l'âge; il a pris un coup de vieux / il a beaucoup vieilli

he's a fuddy-duddy* / an old fossil**
c'est un vieux croûton* / un vieux fossile**

I'm his age / we're the same age
j'ai son âge / nous sommes du même âge

this man is over the hill* but he remains quite clear-thinking / he's still all there*
cet homme est âgé, mais il a gardé toute sa lucidité / tête

senility   **la sénilité**

this one is getting vague; he's in his dotage; losing his marbles**
celui-ci perd la tête; il radote; il perd les pédales* / la boule

he's in his second childhood; he's going senile
il est retombé en enfance; il devient sénile / il est atteint de sénilité

proverbs   **proverbes**

if youth but knew, if old age but could
si jeunesse savait, si vieillesse pouvait

young saint, old devil; youth will have its way / its fling
il faut que jeunesse se passe

■
202 Family

marital status   **la situation de famille**

to be single; the unmarried / single state
être célibataire; le célibat

a bachelor; a confirmed bachelor; an old maid
un vieux garçon; un célibataire endurci; une vieille fille

to be married with two children; to be divorced
être marié et père de deux enfants; être divorcé

an unmarried mother; a single-parent family
une mère célibataire; une famille monoparentale

to be left a widower / widow; be left an orphan; be fatherless / motherless
rester veuf / veuve; être / rester orphelin; être orphelin de père / mère

his mother was widowed in 1995; she's been widowed for 5 years
sa mère est devenue veuve en 1995; elle est veuve depuis 5 ans

606   Learn to Speak Like the French

a legitimate child is a child born to parents who are legally married to each other
un enfant légitime est un enfant né de parents légalement mariés

a love child (natural child) is a child whose parents aren't married
**un enfant de l'amour (un enfant naturel) est un enfant
dont les parents ne sont pas mariés**

he was born on the wrong side of the blanket / out of wedlock
c'est un enfant né hors mariage / un enfant adultérin

the relatives   **les membres de la famille**

to be related to somebody; related by marriage
être parent avec quelqu'un; être parents par alliance

do you have any family / relatives in France?
avez-vous de la famille en France?

we're closely related; he's a connection of mine
nous sommes proches parents; c'est un de mes parents

there's some family connection between us; he's part of the family
il y a un lien de parenté entre nous; il fait partie de la famille

what relation is he to you?
quelle est sa parenté avec vous?

what's your relationship to him?
quels sont vos liens de parenté avec lui / quels sont ses liens de parenté avec vous?

he's my cousin; a distant cousin / a cousin six times removed
c'est mon cousin; un cousin éloigné / un cousin à la mode de Bretagne

he's no relation of mine but we make him one of the family
**il ne fait pas partie de ma famille
mais nous le considérons comme un membre de la famille**

is that your father? we're all rather tall on my father's side; it runs in the family
est-ce votre père? on est plutôt grand du côté de mon père; ça tient de famille

to be the godfather of	**être le parrain de**
to be the godchild of	**être le filleul de**
the son-in-law / daughter-in-law	**le gendre / la bru**
the father-in-law / mother-in-law	**le beau-père / la belle-mère**

when one of the parents remarries	quand l'un des époux se remarie
the stepson / stepdaugther	le beau-fils / la belle-fille
the stepfather / stepmother	le beau-père / la belle-mère

family life   **la vie en famille**

to have a whole string of children
avoir toute une ribambelle / avoir une tripotée* d'enfants

she was taking her entire brood for a walk*
elle promenait toute sa petite famille

how are the young ones?
comment va la petite famille?

there are 7 of us in the family; it's all kept in the family
chez nous, nous sommes 7; tout se passe en famille

the support of a family   **l'entretien de la famille**

to raise a family; my family comes first
élever une famille; ma famille passe avant tout

to provide for the upkeep of one's family; have a large family to support
pourvoir à l'entretien de sa famille; avoir une grande famille à entretenir

to keep a mistress
entretenir une maîtresse

proverbs   **proverbes**

like father like son
tel père, tel fils / bon chien chasse de race

it doesn't do to wash one's dirty linen in public / it's best to wash one's dirty linen at home
il faut laver son linge sale en famille

203 BIRTH

there are more girls born than boys in the world
il naît dans le monde plus de filles que garçons

I'm going to tell you about the birds and the bees
je vais vous expliquer comment naissent les bébés

pregnancy   **la grossesse**

she's pregnant / expecting a baby; she's expecting a happy event
elle est enceinte / elle attend un enfant; elle attend un heureux événement

she's in the family way
elle est dans une situation intéressante

she's 8 months pregnant; very pregnant
elle est enceinte de huit mois; elle est enceinte jusqu'aux yeux

she's carrying a child in her womb
elle porte un enfant dans son sein

she's pregnant by Peter; she's bearing his child
elle est enceinte de Pierre / elle est enceinte de ses œuvres; elle porte son enfant

Peter got / made her pregnant
Pierre l'a mise enceinte

she has a bun in the oven* now
elle se retrouve maintenant avec un polichinelle dans le tiroir*

she's already had four children by him
il lui a déjà fait quatre enfants

when is she due? when is the child to be born?
pour quand son bébé est-il prévu? quand l'enfant doit-il naître?

birth   **la naissance**

she was taken to a maternity home
on l'a emmenée dans une maternité

she gave birth to a child / twins
elle a donné naissance à un enfant / des jumeaux

mother and child are (very) well
la mère et l'enfant se portent bien

the baby was born one month premature; he was born prematurely at 8 months
l'enfant est né un mois avant terme; c'est un prématuré de 8 mois

he was born under (the sign of) Libra; it's a boy; they named him Henry
il est né sous le signe de la balance; c'est un garçon; ils l'ont appelé Henri

he was named after his father; he was given the same name as his father
on l'a prénommé comme son père; on lui a donné le prénom de son père

there's been an addition to the family; they've a great brood of children now
la famille s'est agrandie; ils ont maintenant une nombreuse progéniture

■
204 MARRIAGE

engagement   **les fiançailles**

*to fall in love with somebody / fall for somebody**
tomber amoureux de quelqu'un / s'amouracher de quelqu'un

they fell for each other when they first met
ils sont tombés amoureux l'un de l'autre dès leur première rencontre

she's been running about with him for several weeks
elle sort avec lui / ils se fréquentent depuis plusieurs semaines

she was angling for a husband; she's become engaged to a childhood friend
elle cherchait désespérément à se marier; elle s'est fiancée avec un ami d'enfance

*she was on the hunt for a husband**
elle faisait la chasse au mari

but she didn't want to marry the first man that came along
mais elle n'a pas voulu épouser le premier venu

he's found a soul mate; he's ready for marriage; he had a stag party
il a trouvé l'âme sœur; il est mûr pour le mariage; il a enterré sa vie de garçon

but now she declares she won't have him
and he's beginning to say he won't have her any more
mais elle déclare maintenant qu'elle ne veut pas de lui
et lui commence à dire qu'il ne veut plus d'elle

they were to have been married but they have broken it off
ils devaient se marier mais ils ont rompu (leurs fiançailles)

they aren't mature enough for marriage yet
ils ne sont pas encore mûrs pour le mariage

marriage **le mariage**

to court a girl with honourable intentions
fréquenter une jeune fille pour le bon motif

to make a proposal of marriage to somebody
demander quelqu'un en mariage

to win a girl's hand
obtenir la main d'une jeune fille

to give somebody one's daughter's hand in marriage;
give one's daughter to somebody in marriage
accorder la main de sa fille à quelqu'un; donner sa fille en mariage à quelqu'un

to provide one's daughter with a large dowry
doter largement sa fille

to bring something as one's dowry
apporter quelque chose en dot

to take somebody as one's wife
prendre quelqu'un pour femme

to get married to somebody / marry somebody
se marier avec quelqu'un / épouser quelqu'un

the publication of the banns takes place in the town /village
where the fiancé and fiancée have taken up residence
la publication des bans a lieu dans la commune de résidence des fiancés

the ceremony **la cérémonie**

their marriage has been announced in the papers; they got married in style
les journaux ont annoncé leur mariage; ils se sont mariés en grande pompe

they had a quiet wedding
le mariage a été célébré dans l'intimité / ils se sont mariés dans l'intimité

they got married at the registrar's office; they had a church wedding
ils se sont mariés civilement à la mairie; ils ont fait un mariage religieux

they were married last Saturday; now they're husband and wife
ils se sont mariés samedi dernier; ils sont maintenant mari et femme

he slipped the ring on her finger
il lui a passé la bague au doigt

he made her his wife; they got married for better or for worse
il en a fait sa femme; ils se sont mariés pour le meilleur et pour le pire

common expressions   **expressions courantes**

she's hooked him*; finally hooked him*
elle lui a mis la bague au doigt; elle a fini par lui passer la corde au cou*

she's got her claws into him*; bound him hand and foot
elle lui a mis le grappin dessus*; elle lui a lié les pieds et les mains

he's tied the knot; tied down now
il s'est mis la corde au cou; il a maintenant un fil à la patte*

marriage   **l'alliance**

she married into a wealthy family and he married beneath him
elle a fait un riche mariage et lui s'est mésallié

they're allied to a powerful family now
ils sont maintenant alliés à une grande famille

she wanted to marry for love; she married for money
elle voulait faire un mariage d'amour; elle a fait un mariage d'intérêt

the family she's become part of didn't welcome her well
la famille où elle est entrée ne l'a pas bien accueillie

honeymoon   **la lune de miel**

the newly-weds left on their honeymoon
les nouveaux mariés sont partis en voyage de noces

while on honeymoon they visited Venice
pendant leur lune de miel, ils ont visité Venise

■

205 CONJUGAL LIFE

they live together as if they were a lawfully married couple / they live as partners
ils vivent en union libre / ils vivent en concubinage

they'd been living together as husband and wife for two years before being married
ils avaient vécu maritalement pendant deux ans avant leur mariage

they set up home
ils s'étaient mis en ménage

they've been married for 10 years now
maintenant, ils sont mariés depuis 10 ans

they make a nice couple; they make a handsome pair;
they're having a happy married life
ils font un gentil ménage; ils forment un beau couple; ils sont heureux en
ménage

they're well suited / make a good match / well made for each other
ils vont bien ensemble / ils sont bien assortis / faits l'un pour l'autre

a good husband   **un bon mari**

*he made a good husband; he's a good husband; the answer to a maiden's prayer**
il s'est montré bon mari; c'est un bon mari;
c'est le mari dont rêvent les jeunes filles

he's the best of husbands; she couldn't hope for a better husband
c'est le meilleur des maris / c'est la perle des maris; elle ne pouvait espérer mieux

he's the epitome of the perfect husband
c'est le type même du parfait mari

she found the man in a million / Mr Right / the man for her
elle a trouvé l'oiseau rare / l'homme de sa vie

he's just the goods*
c'est exactement l'homme qui lui fallait

a good wife   **une bonne épouse**

as for her she's a good wife for him; the wife for him / she was made for him
**quant à elle, c'est une bonne épouse; la femme qu'il lui fallait/
elle était faite pour lui**

she's his one true love; his dream woman / the woman of his dreams
c'est la femme de sa vie; c'est la femme rêvée / la femme de ses rêves

she's a gem
c'est une perle

she waits on him hand and foot; makes tasty little dishes for him
elle est aux petits soins pour lui; elle lui prépare de bons petits plats

she cooks (up) / concocts tempting tasty dishes for him
elle lui mijote / mitonne de bons petits plats

she bore him two sons and one daughter
elle lui a donné deux fils et une fille

up to now she's been stuck to him through thick and thin
jusqu'à maintenant, elle lui a été fidèle envers et contre tout

however,…   **cependant,…**

however, she's the one who wears the trousers / who's the boss / rules the roost
**néanmoins / cependant, c'est elle qui porte la culotte /
qui commande / c'est elle la patronne**

she does what she likes with him
elle fait de lui ce qu'elle veut

she's the one who holds the purse strings
c'est elle qui tient les cordons de la bourse

*she's the one who really runs everything / the whole show**
c'est elle qui dirige tout / fait la loi

she always wants to have the last word
elle veut toujours avoir le dernier mot

he's dominated by his wife; at her beck and call
il se laisse dominer par sa femme; il fait ses quatre volontés

dissension   **la mésentente**

there are dissensions in their marriage
il y a des dissensions dans le ménage

there's constant disagreement in their marriage; they don't get along together
la mésentente règne dans le ménage; ils ne s'entendent pas

they make a strange couple; their marriage doesn't work out
ils sont bizarrement accouplés; leur mariage ne marche pas très bien

things aren't running too smoothly; the atmosphere is electric; trouble is brewing
il y a de l'eau dans le gaz*; il y a de l'électricité dans l'air; il y a de l'orage dans l'air

they don't get on in that household; their marriage is a bit shaky*
cela ne va pas dans le ménage; leur mariage bat de l'aile

they just don't hit it off; they're always squabbling
ils n'arrivent pas à s'entendre; ils sont toujours en train de se chamailler

there's a barrier / some friction between them
il y a un mur entre eux; entre eux il y a du tirage

they're always quarrelling; she rebuffs him all the time
ils s'accrochent tout le temps; elle le rabroue tout le temps

she always maintains the opposite of what he says
elle prend toujours le contre-pied de ce qu'il dit /
elle soutient toujours le contraire de ce qu'il dit

there's a running battle (going on) between them
entre eux, le torchon brûle*

they often have rows* with each other; she makes her husband's life hell**
ils ont souvent des scènes de ménage; elle mène une vie d'enfer à son mari

they're constantly tearing each other apart
ils ne cessent de se déchirer

they're always at each other's throat(s); they have a love-hate relationship
ils se bouffent le nez*; ils s'aiment et se détestent à la fois

her husband is given a frosty reception each time he's late
son mari a droit à la soupe à la grimace chaque fois qu'il rentre tard

he takes his bad temper out on her*; often tells her to go to hell**
il passe sa mauvaise humeur sur elle; il l'envoie souvent au diable*

she's constantly battling with him to get him to dress better; she was sent packing*
elle lui fait la guerre pour qu'il s'habille mieux; elle s'est faite rembarrer*

now he can't stand her; he's got something against her
maintenant, il l'a dans le nez*; il ne peut plus la souffrir

as for her she's not exactly fond of him; she'll be the death of him
quant à elle, elle ne le porte pas dans son cœur; elle le fera mourir

he's not well looked upon by her; out of favour with her
il n'est pas dans ses petits papiers; elle ne le tient pas en odeur de sainteté

I'll go as far as to say she has a disliking for him
j'irais même jusqu'à dire qu'elle éprouve de l'antipathie pour lui

she makes her husband's life a living hell**
elle mène une vie d'enfer à son mari

their marriage is rather wonky* at the moment
leur mariage traverse une mauvaise passe

their marriage is on the rocks*; they've grown apart
leur mariage est en train de craquer*; ils se sont détachés l'un de l'autre

they're temperamentally incompatible
il y a incompatibilité d'humeur entre eux

*he already had a bit on the side**
lui, il a déjà donné un coup de canif* dans le contrat (de mariage)

she doesn't forgive him his infidelities
elle ne lui pardonne pas ses infidélités

however she was unfaithful to him; she's been guilty of infidelity on many occasions
pourtant, elle lui a été infidèle à plusieurs reprises;
elle lui a fait bien des infidélités / elle lui fait porter des cornes*

she's gone off with another man; she abandoned the family house
elle est partie avec un autre; elle a abandonné le domicile conjugal

she left the marital home with bag and baggage
elle a quitté le domicile conjugal avec armes et bagages

she cleaned up and cleared up and she ran away with another man
elle a pris ses cliques et ses claques et s'est enfuie avec un autre homme

*she chucked up** everything to follow him*
elle a tout plaqué* pour le suivre

she's left her husband and regained her freedom
elle a quitté son mari et repris sa liberté

they're all washed up; these are some of the pleasures of living together*
tout est fini entre eux; ce sont les joyeusetés de la vie en couple

he was glad to see the back of her
il a été content de la voir partir

he's been living apart from his wife for a long time
il a vécu séparé de sa femme pendant longtemps

they're separated but not divorced
ils sont séparés, mais ils n'ont pas divorcé

divorce   **le divorce**

to get a divorce; divorce one's wife
divorcer; divorcer d'avec sa femme

to divorce on the grounds of infidelity / incompatibility
divorcer pour infidélité / incompatibilité d'humeur

to ask for a divorce; start divorce proceedings
demander le divorce; entamer une procédure de divorce

to get a divorce; get divorced by mutual consent
obtenir le divorce; obtenir le divorce par consentement mutuel

he started a new life with a young woman
il a refait sa vie avec une jeune femme

he's taken on a new lease on life; his second marriage gave him a new lease of life
**il a retrouvé une nouvelle jeunesse; son second mariage
lui a donné un regain de vie**

proverb   **proverbe**

it doesn't do to wash one's dirty linen in public /
it's best to wash one's dirty linen at home
il faut laver son linge sale en famille

206 DEATH

to die a natural death
mourir de sa belle mort / mourir de mort naturelle

to breathe one's last breath / give up the ghost
rendre l'âme / le dernier soupir

to depart this world; sleep the sleep of death / sleep one's last
trépasser / quitter ce monde; s'endormir du dernier sommeil

to kick the bucket**; cash in one's chips*
passer l'arme à gauche*; avaler son bulletin de naissance*

to snuff it** / snuff / peg out**; meet one's final hour
claquer* / casser sa pipe* / clamser; faire le grand saut**

death has claimed its own; he passed on
la mort a fait son œuvre; il est passé de vie à trépas

his / her time had come up; he /she is no more; he /she passed away peacefully
sa dernière heure avait sonné; il / elle n'est plus; il / elle s'en est allé paisiblement

he's no longer with us / he's departed this life
il nous a quitté / il est décédé / il n'est plus de ce monde

he's gone to a better world
il est parti pour un monde meilleur

he's dead; death has taken him from us; death has snatched him from us
il est mort; la mort nous l'a enlevé; la mort nous l'a arraché

cancer carried him off at the age of fifty; he's come to an early grave
le cancer l'a emporté à l'âge de cinquante ans; il a eu une fin prématurée

death cut him down in the prime of (his) youth
la mort l'a fauché en pleine jeunesse

to die of something   **mourir de quelque chose**

to die of a disease / from a wound
mourir de maladie / d'une blessure

some of the victims died from their wounds, others died of a heart attack
certaines victimes moururent de leurs blessures, d'autres d'une crise cardiaque

he died of poison / suffocation
il est mort empoisonné / étouffé

he was carried away by cancer in less than three months
il a été enlevé en moins de trois mois par un cancer

he succumbed to the after-effects of his wounds; death released him from pain
il est mort des suites de ses blessures; la mort a mis fin à ses souffrances

death was a happy release for him
pour lui la mort a été une délivrance

common expressions   **expressions courantes**

to die of hunger
mourir de faim

to burn to death; die in harness; bleed to death
mourir par le feu; mourir à la tâche; mourir vidé de son sang

he killed her by inches; she died of a broken heart
il l'a tuée à petit feu; elle est morte de chagrin

to die a violent death   **mourir de mort violente**

he died a violent death last year; he plunged to his death
il est mort de mort violente l'an dernier; il a fait une chute mortelle

he met a tragic end; he was killed in a car accident
il a eu une fin tragique; il s'est tué dans un accident de voiture

he met his death in a car accident
il a trouvé la mort dans un accident d'auto

to be shot dead; be knifed / stoned to death
être tué d'un coup de fusil; être tué à coups de couteau / pierres

to be struck dead by lightning
être frappé à mort par la foudre

to die on the battlefield; to die like a hero
mourir au champ d'honneur; mourir en héros

suicide   **le suicide**

to commit suicide
se suicider

he put an end to his life; blew his brains out; slit his wrists
il a mis fin à ses jours; il s'est fait sauter la cervelle; il s'est ouvert les veines

he put a bullet through his head / killed himself with a bullet through his head
il s'est tiré une balle dans la tête / il s'est tué d'une balle dans la tête

the idea of making away with himself had already occurred to him; he was weary of life
la pensée d'en finir l'avait déjà effleuré; il était fatigué / las de vivre

bereavement   **le deuil**

to be / go into mourning
être / se mettre en deuil

to be in mourning for a relative
porter le deuil d'un parent

to head the funeral procession / be the chief mourner
conduire le deuil

there's been a death in his family
il a eu un deuil dans sa famille

funeral   **les funérailles**

to accompany somebody to their final resting place
accompagner quelqu'un à sa dernière demeure

an immense crowd attended J.F. Kennedy's funeral
une foule immense a participé aux funérailles de J.F. Kennedy

burial   **l'enterrement**

he attended his father's burial yesterday
il a enterré son père hier

he's as dead as a doornail / the dodo; he's being buried today
il est mort et bien mort / tout ce qu'il y a de plus mort; on l'enterre aujourd'hui

he's dead and buried; lies in the cemetery
il est mort et enterré; il repose / est enterré dans le cimetière

he's six feet under and is pushing up the daisies[*]
il est maintenant à six pieds sous terre et mange les pissenlits par la racine[*]

proverbs   **proverbes**

only the good die young
ce sont toujours les meilleurs qui partent les premiers

here today, gone tomorrow; a man can only die once
on est bien peu de chose; on ne meurt qu'une fois

dead men tell no tales
les morts ne parlent pas / morte la bête, mort le venin

let the dead bury the dead
laisser les morts enterrer les morts

207 FAMILY EDUCATION

the parents   **les parents**

to take care of the children
s'occuper des enfants

to bring up / raise a child; keep a child on the straight and narrow
élever / éduquer un enfant; faire suivre le droit chemin à un enfant

to bleed oneself white for one's children
se saigner à blanc pour ses enfants

parenting is a full time occupation
élever un enfant est un travail à plein temps

but you shouldn't let your children eat / take up all your time and energy
mais il ne faut pas se laisser bouffer*/ complètement accaparer par ses enfants

she's so wrapped up in her children she's no time for anything else
elle est si accaparée par ses enfants, qu'elle n'a plus de temps pour rien d'autre

a good father looks after his children's upbringing
un bon père de famille s'occupe de l'éducation de ses enfants

parents' abdication of authority over their children handicaps their education
l'abdication des parents devant leurs enfants contrarie leur éducation

attitude towards a child   **l'attitude devant l'enfant**

to pet / spoil a child; deal gently with a child
choyer / gâter un enfant; prendre un enfant par la douceur

to be good at striking the right balance between understanding and severity
savoir doser compréhension et sévérité

to glower at a child; speak gruffly
faire les gros yeux à un enfant; faire la grosse voix

to reprimand / scold a child
réprimander / gronder un enfant

to give a child a severe reprimand
réprimander sérieusement un enfant

to punish a child; teach a child his place / put a child in his place
punir un enfant; dresser un enfant* / remettre un enfant à sa place

it doesn't do to let a child always have his / her own way
il n'est pas bon de toujours laisser un enfant faire à sa façon

you asked for it*! it serves you right for disobeying
c'est bien fait pour toi! ça t'apprendra à désobéir

the perfect child   **l'enfant modèle**

this child had a good education; he was nurtured on good principles
cet enfant a reçu une bonne éducation; il a été nourri de bons principes

he was given a very good moral upbringing
il a été élevé dans le respect de bons principes

"he's quite a little gentleman"; she's a perfect little girl
"il est bien élevé ce petit"; c'est une petite fille modèle

she's a well-brought up child; she obeys her parents
c'est une enfant bien élevée; elle obéit à ses parents

she behaved especially well today
elle s'est particulièrement bien conduite aujourd'hui

the difficult child   **l'enfant difficile**

every child goes through a difficult phase
tout enfant traverse une période difficile

this child is a problem child; too much indulgence has spoiled this child
cet enfant est un enfant à problèmes; trop d'indulgence a gâté cet enfant

he's an ill-brought up child; he disobeys his parents
c'est un enfant mal élevé; il désobéit à ses parents

his education was neglected; his mother lets him hang about the streets
son éducation a été négligée; sa mère le laisse traîner dans la rue

she takes his part against his father; he knows how to get round his mother
elle le soutient contre son père; il sait faire marcher sa mère

she gives him anything he asks for
elle lui accorde tout ce qu'il veut

she gives in to every whim of his; lets him get away with murder*
**sa mère lui passe tout / elle lui passe tous ses caprices /
elle se plie à toutes ses fantaisies**

this child gives her some trouble; he makes life difficult for her
cet enfant lui donne du mal; il lui rend la vie difficile

he gives her a headache
il lui donne du fil à retordre

she's got her work cut out with him
elle a fort à faire avec lui

she hasn't seen the end of it with him
elle n'a pas fini d'en voir / d'en baver* avec lui

he's boisterous; has ants in his pants*
il est turbulent; il a la bougeotte* / des fourmis dans les jambes

he can't keep still; he's a bundle of nerves
il ne tient pas en place; c'est un paquet de nerfs

keeping him quiet is no easy matter
ce n'est pas une petite affaire que de le faire tenir tranquille

he does something stupid as soon as your back is turned
il fait des bêtises dès qu'on a le dos tourné

he's absolutely poisonous; the very devil *
il est infernal; il a le diable au corps*

he's stubborn; you can't do anything with him
il est têtu; on ne peut rien en faire

he's got the sort of face you'd love to smack
il a une tête à claques*

"this child will be the death of me!" she says
"cet enfant me tuera!" dit-elle

his father will have difficulty having him toe the line(GB), mark(US)
son père aura du mal à le faire marcher droit

it's not advisable to give him him a free hand
il n'est pas conseillé de lui laisser la bride sur le cou

on the contrary, you must keep a tight rein on him
au contraire, il faut lui tenir la dragée haute

the types of education   **les modèles d'éducation**

this child was given a sheltered upbringing
cet enfant a été élevé dans du coton

he was too pampered; he's always clinging to his mother's skirts
il a été trop dorloté; il est toujours pendu aux jupes de sa mère

he was brought up by an overprotective mother
il a été élevé par une mère hyper protectrice / il a été couvé par sa mère

that one has been brought up the hard way / was given a Spartan upbringing
celui-là a été élevé à la dure; il a reçu une éducation spartiate

this other one has been brought up in the streets / gutter
cet autre a été élevé dans la rue / le ruisseau

he was schooled by poverty; he learnt about life the hard way when he was young
il a appris la vie à l'école de la pauvreté; il a été à rude école dans sa jeunesse

proverb   **proverbe**

spare the rod and spoil the child
qui aime bien, châtie bien

208 SCHOOL EDUCATION

school attendance   la fréquentation scolaire

to register / enrol a child for school
inscrire un enfant à l'école

it's compulsory to enrol / register children for school
l'inscription des enfants à l'école est obligatoire

children start school at the age of 5(GB); 6 (US)
les enfants doivent aller à l'école à partir de l'âge de 6 ans

schooling is compulsory up to the age of 16
l'école est obligatoire pour tous les enfants jusqu'à 16 ans

there's sometimes talk about raising the school-leaving age to 18
il est parfois question de prolonger la scolarité obligatoire jusqu'à 18 ans

back to school   la rentrée

school starts again one week from today
la rentrée aura lieu dans une semaine

pupils resume work again early in September
les élèves reprennent le travail au début de septembre

my son will start secondary / high school next year
mon fils rentrera au lycée l'an prochain

he'll go into Year 7(GB), sixth grade(US); he'll attend a coeducational school
il rentrera en sixième; il fréquentera une école mixte

school education   l'éducation scolaire

to educate a child; to send a child to a boarding school
éduquer un enfant; mettre un enfant en pension

this person was well-educated; she attended the best schools
cette personne a reçu une bonne éducation; elle a fréquenté les meilleures écoles

she was educated at Oxford; she had a religious upbringing
elle a fait ses études à Oxford; elle a reçu une éducation religieuse

sex education is now part of the school curriculum
l'éducation sexuelle fait désormais partie des programmes scolaires

play forms part of young children's education
le jeu fait partie de l'éducation du jeune enfant

educational games can be found even for babies
on trouve désormais des jeux éducatifs même pour les bébés

giving guidance on school courses   **l'orientation scolaire**

to advise a pupil on what courses to follow
orienter un élève

to steer a pupil towards technical studies
orienter un élève vers le technique

this pupil has been badly advised; he was orientated in the wrong direction
cet élève a été mal conseillé; il a été mal orienté

we should advise him to specialize in technology
on devrait l'orienter vers l'enseignement technique

repeating a year   **le redoublement**

to repeat a year / grade
redoubler une classe

repeating a year / grade helps the weaker pupils to catch up
le redoublement permet aux élèves faibles de rattraper leur retard

to teach   **enseigner**

to be a member of the teaching profession; teach somebody something
être dans l'enseignement; enseigner quelque chose à quelqu'un

teaching methods   **la pédagogie de l'enseignant**

to awaken the child's intelligence; stimulate the child's interest
éveiller l'intelligence de l'enfant; faire appel aux intérêts de l'enfant

there's all the difference in the world between spoonfeeding and true education
**il y a une énorme différence / un monde entre le fait de mâcher la besogne à
l'enfant et celui de donner une véritable éducation**

some have been spoonfed for so long that they're incapable of working on their own
**on a mâché si longtemps le travail à certains,
qu'ils sont ensuite incapables de travailler seuls**

*pupils are pushed hard in this school;
it's sometimes dangerous to push a pupil too hard*
**dans cette école, on pousse trop les élèves;
il est parfois dangereux de trop pousser un élève**

*Mr Smith teaches French in a secondary / high school;
he sometimes teaches a pupil on a one-to-one basis*
**Mr Smith enseigne le français dans un lycée;
il donne parfois des leçons particulières**

his colleague gives a lesson / course on mammals
son collègue donne un cours sur les mammifères

pupils are asked to be more actively involved during the class
il demande aux élèves d'être plus actifs en classe / de participer davantage

he's a lot of teaching experience
il possède une longue expérience de l'enseignement

teachers have to be able to come down to a child's level
les professeurs doivent se mettre à la portée des élèves

they've to go at the pace of the weakest pupils
ils doivent adapter leur enseignement au niveau des moins doués

the teacher has to go through the pupils' homework with them
l'instituteur doit corriger le travail du soir des élèves avec eux

he marks some examination papers every year
chaque année il corrige des épreuves d'examen

he takes a mark off for every mistake; he's a strict / lenient marker
il enlève un point par faute; il note sévèrement / large

discipline   **la discipline**

to impose discipline on one's class; keep discipline
faire régner la discipline dans sa classe; maintenir la discipline

to give somebody a kick in the pants*
botter le derrière* à quelqu'un

this teacher can't keep his pupils under control
cet instituteur ne sait pas dominer ses élèves

his colleague is a disciplinarian; he's inflexible about discipline
son collègue est intraitable sur la discipline / strict en matière de discipline

he knows how to make his pupils obey him
il sait se faire obéir de ses élèves

he sent a child to stand in the corner
il a envoyé un élève au coin

he must be punished as a deterrent to others; he must make an example of somebody
il faut / il doit le punir pour l'exemple; il doit faire un exemple

he'll keep him in detention and give him an exercise into the bargain
il va le mettre en retenue avec un devoir à la clef / un devoir par-dessus le marché

209 PUPIL

a good pupil   un bon élève

this pupil likes studying; he's always got his nose in a book
cet élève a le goût de l'étude; il a toujours le nez dans un livre

he's making progress / progressing / getting on well
il fait des progrès / il progresse / il est en progrès

he's already made great progress / shown great improvement
il a déjà fait / réalisé de grands progrès

he's a pupil who applies himself
c'est un élève qui s'applique

he's an assiduous pupil; he never looks up from his work
c'est un élève appliqué; il ne lève jamais le nez de son travail

this pupil is steady in his work; keeps up a good standard
cet élève est régulier dans son travail; il est d'un bon niveau

he's a bright spark* at school; the best pupil in the class
c'est un élève particulièrement brillant; le meilleur élément de la classe

he's academically able; assimilates easily
il est doué sur le plan scolaire; il assimile bien

he's good at all subjects / everything
il est bon dans toutes les matières / en tout

he's good at mathematics; has a good head for maths
il est bon en mathématiques; il a la bosse* des maths

he always gets good marks in maths; deserves full marks
il a toujours de bonnes notes en maths; il mérite 20/20 (20 sur 20)

he's very hot on sciences; outshines everyone in sciences
il est très bon en sciences; en sciences, il écrase tout le monde

he's head and shoulders above the others in sciences
en sciences, il laisse tous les autres derrière lui

he's got off to a good start in Spanish; his Spanish is of a good standard
il a pris un bon départ en espagnol; son espagnol est d'un bon niveau

he's really taken to Latin and he does well in German
il s'est bien mis au latin et il réussit bien en allemand

he's first in the class; miles better* than his friends
il est le premier de la classe; il domine de loin tous ses camarades

he moved up into the next class
il a été admis dans la classe supérieure

he's a year ahead; has already skipped a class
il a un an d'avance; il a déjà sauté une classe

he appears on the merit / prize list
il est inscrit au tableau d'honneur

the bad pupil   **le mauvais élève**

that one never pays attention in class
celui-là ne suit jamais en classe

he's growing slack in his work; his work leaves something to be desired
il se relâche dans son travail; son travail laisse à désirer

he's disorganized in his work; a careless pupil
il est désordonné dans son travail; un élève brouillon

he's a tendency to be lazy; he only works if he's given a good shake
il a tendance à être paresseux; il ne travaille que si on le secoue

you have to tick him off* to make him get down to work from time to time
il faut lui secouer les puces* de temps en temps pour qu'il se mette à travailler

he'll have to shake himself if he wants to pass the exam
il faudra qu'il se secoue s'il veut réussir à son examen

he lets his studies slide; he's already fallen well behind his age-group at school
il néglige ses études; il a déjà pris un retard considérable

he can't spell to save himself; hopeless with numbers
il est fâché avec l'orthographe / les chiffres

he's useless / a dunce at mathematics; lousy* at maths
il est nul / c'est un cancre en mathématiques; complètement bouché* en maths

he hasn't got a clue about maths; he's hopelessly pathetic
lui et les maths, ça fait deux; il est d'une nullité affligeante

he's weak at sciences; his performances in geography are mediocre
il est faible en sciences; ses résultats en géographie sont médiocres

he's up to the mark in history, but he's no genius
il est assez bon / dans la moyenne en histoire, mais ce n'est pas un aigle*

German is beginning to sink in
l'allemand, ça commence à rentrer

this child has been shifted around from school to school
and now he's a long way behind the other pupils

cet enfant a été ballotté d'une école à l'autre
et maintenant il est très en retard sur les autres

he's a pupil who's too often absent
c'est un élève qui est trop souvent absent

in a general way he's backward for his age; he's always at the bottom of the class
d'une façon générale, il est en retard pour son âge;
il est toujours le dernier de la classe

he especially has a lot of ground to make up in maths
il doit en particulier combler son retard en maths

he won't be able to keep up next year
il ne pourra pas suivre l'an prochain

there are problems about his moving up to the next class
il n'est pas certain de passer dans la classe supérieure

he's bound to repeat a year; might even have to move down one class
il est bon pour redoubler son année;
il pourrait même avoir à descendre d'une classe

he's been in detention today for playing truant
aujourd'hui, il a été mis en retenue pour avoir fait l'école buissonnière

he jumped over the wall yesterday
hier, il a fait le mur*

not only does he misbehave but he's a distracting influence on his classmates;
he distracts them in class
non seulement il se dissipe,
mais il dissipe ses camarades; il les distrait en classe

he breaks his mother's heart; causes his parents great distress
il brise le cœur de sa mère; il fait la désolation de ses parents

he's a disgrace to his family; brings disgrace upon his family
il est la honte de la famille; il déshonore sa famille

he's a millstone round his parents' neck
c'est un véritable boulet pour ses parents

school work	le travail scolaire
to learn by heart	apprendre par cœur
to cram (for an exam)	faire du bachotage
to revise	réviser
to make up for missed work	combler ses lacunes
to summarize / sum up	résumer
to note down sth	noter quelque chose
to make a rough copy of sth	prendre quelque chose au brouillon
to recite a lesson	réciter une leçon
to solve a problem	résoudre un problème

to have something at one's finger tips; not to know a single word of one's lesson
savoir quelque chose sur le bout du doigt; ne pas savoir un traître mot de sa leçon

to correct a spelling mistake; look up a word in the dictionary
corriger une faute d'orthographe; chercher un mot dans le dictionnaire

to hand in one's homework late
rendre un devoir en retard

to make a fair copy of something; copy something out neatly
mettre quelque chose au net; recopier quelque chose au propre

pocket calculators save the effort of doing the four operations
les calculettes permettent de faire les quatre opérations sans effort

sanctions	les sanctions

to be reported to the Head; be given an earful*
être signalé au Directeur; se faire tirer les oreilles / être réprimandé

to be severely lectured; be rapped on the knuckles
être sévèrement sermonné; se faire taper sur les doigts

to be given a punishment; be kept in at playtime; be put in detention
avoir une punition; être privé de récréation; se faire coller* / mettre en retenue

to be suspended / expelled from school; get kicked / chucked out* of school?
être exclu temporairement; être exclu définitivement; se faire balancer* du lycée

■
210 STUDENT

university   l'université

to study at university; enrol / register at university
faire des études universitaires; s'inscrire à l'université / prendre ses inscriptions

the closing date for registration at the university is October 15th
la date limite d'inscription à l'Université est le 15 octobre / est fixée au 15 octobre

the university goes down on June 15th
les vacances universitaires commencent le I5 juin

the student   l'étudiant

has he studied at all? - he was educated at Oxford
a-t-il fait des études? - il a fait ses études à Oxford

he works to pay for his education; he couldn't obtain a grant / scholarship
il travaille pour payer ses études; il n'a pas pu obtenir de bourse

he beats his brains out* studying / works himself into the ground studying
il se tue à l'étude / il s'esquinte à étudier

studies   les études

to study / to read a subject; read for the bar / study law; to read medicine
étudier une matière; étudier le droit; faire sa médecine

to study in a College of Education(GB)
étudier dans un Lycée Technique

to major / specialize in psychology; follow a course on sociology
se spécialiser en psychologie; suivre un cours de sociologie

to take notes; read over one's notes; make a fair copy of one's notes
prendre des notes; relire ses notes; recopier ses notes au propre

how far has she got with her studies?
où en est-elle dans ses études?

she has reached her second year in medicine
elle est en deuxième année / elle en est à sa deuxième année de médecine

he took up the study of Arabic last year
il s'est mis à l'arabe l'an dernier

he attends the lecture on medieval literature on Thursday mornings
il assiste au cours de littérature médiévale du jeudi matin

(as) for the rest, he's in cafés more often than at lectures
pour le reste, il est plus souvent dans les cafés qu'à la faculté

he cut a lecture in order to attend a football match today
aujourd'hui, il a séché* un cours pour assister à un match de football

exams   **les examens**

to enter for an examination; sit for / take an examination
s'inscrire à un examen; passer un examen / se présenter à un examen

to take one's B.A. / B.Sc.; to sit for a degree
passer son B.A. / B.Sc.; se présenter à un diplôme / une licence

he's making a great song and dance* over this exam
il se fait toute une montagne* de cet examen

how did you fare / go on in your examination?
comment s'est passé votre examen / comment ça a marché?

it fared well / badly with me
pour moi, les choses se sont bien / mal passées

failure   **l'échec**

to hand in a blank sheet of paper; fail an exam
remettre une copie blanche; échouer à un examen

he failed for not having dealt with the subject
il a échoué pour n'avoir pas traité le sujet

he misjudged things / was wide off the mark
il a mis à côté de la plaque**/ il était à côté de la plaque**

he failed / flunked the exam; he was clobbered**
il a été collé*/ recalé; il s'est fait étendre

he did quite well in his written papers; it was in the oral examination that he fell down
il s'est bien débrouillé à l'écrit; c'est à l'oral qu'il a échoué / il est tombé à l'oral

he was eliminated in the oral; he came down in maths; he flunked* maths
il a été éliminé à l'oral; il a flanché en maths; il s'est planté* en maths

the candidate got a hammering*; the examiner tried to destroy the candidate
le candidat s'est fait sabrer; l'examinateur a voulu enfoncer / désarçonner le candidat

success   **le succès**

to be good / do well at the written papers; to qualify for the oral exam
être bon à l'écrit; être admissible à l'oral

to pass an examination / get through an exam
réussir un examen / être admis à un concours

he only just scraped through / passed the exam
il a réussi l'examen de justesse

he scraped through thanks to the oral exam
il a été repêché à l'oral

he passed the exam but by the skin of his teeth / but only just
il a réussi, mais de justesse / c'était limite*

he got a good place in the exam; he came second in the exam
il a été admis dans un bon rang; il a été reçu second

he got one of the top places
il a été reçu dans les premiers

he was nearly bottom among those who passed the exam
il a été reçu dans les derniers

■

211 CARE OF THE BODY

personal hygiene   **l'hygiène corporelle**

to perform one's ablutions; have a wash
faire ses ablutions; se laver

to have a quick wash and brush up; give oneself a cat-lick*
faire un brin de toilette; se laver le museau*

to rinse one's hands; brush one's teeth
se rincer les mains / se passer les mains à l'eau; se laver / se brosser les dents

to have a thorough wash; scrub oneself with soap
faire une grande toilette; se frotter avec du savon

to give oneself a facial; get rid of unwanted hair; do one's nails
se faire un nettoyage de la peau du visage; s'épiler; se faire les ongles

to spend hours getting ready; be as clean as a new pin
passer des heures à sa toilette; être propre comme un sou neuf

bath / shower   **le bain / la douche**

to run a bath; have a bath / shower; scrub oneself clean
faire couler un bain; prendre un bain / une douche; se frotter à la brosse

to towel oneself dry / dry oneself; give somebody a towelling
se sécher; frictionner quelqu'un avec une serviette

beard   **la barbe**

to grow a moustache / beard
porter la moustache / barbe

to shave off one's beard / have a shave; be close-shaven
se raser; être rasé de près

I haven't shaved for three days
je ne me suis pas rasé depuis trois jours

to trim one's beard; shave with a safety / electric razor
tailler sa barbe; se raser avec un rasoir mécanique / électrique

hair   **les cheveux**

to comb one's hair
se peigner

to give one's hair a comb
se donner un coup de peigne

to brush one's hair back
se peigner en arrière / ramener ses cheveux en arrière

to wash one's hair with shampoo / give oneself a shampoo
se laver les cheveux avec un shampooing / se faire un shampooing

I'm losing my hair / I'm going bald
je perds mes cheveux / je deviens chauve / je me dégarnis

I'm going to be as bald as a coot* / an egg*
**je vais être chauve comme une boule de billard / un œuf;
je ne vais plus avoir un seul cheveu sur le caillou***

his hair was beginning to go grey / had streaks of grey in it
ses cheveux commençaient à grisonner

so he decided to tint his hair
aussi il se décida de se faire un shampooing colorant

to dye / bleach one's hair
se teindre / se décolorer les cheveux

to blow dry one's hair with a hair-dryer
se sécher les cheveux en utilisant un sèche-cheveux

to do / dress one's hair   se coiffer

my hair is in a mess; I have to tidy (up) my hair
je suis toute décoiffée; il faut que je remette de l'ordre dans mes cheveux

to slick / smooth one's hair down; put one's hair in a ponytail
se lisser les cheveux; se faire une queue de cheval

to plait / braid one's hair; wear one's hair in a bun / bunches
se faire des nattes; porter le chignon / des couettes

to have long / short / wavy / curly / straight hair
avoir / porter les cheveux longs / courts / ondulés / bouclés / raides

she let her hair grow; she wears her hair long
elle s'est laissée pousser les cheveux; elle porte les cheveux longs

she has shoulder length hair
elle a les cheveux qui lui tombent sur les épaules

she wears her hair down her back
ses cheveux lui tombent jusque dans le bas du dos

she looks better with long hair; looks best with her hair long
elle est mieux (avec) les cheveux longs;
c'est avec les cheveux longs qu'elle est le mieux

at the hairdresser's   **chez le coiffeur**

to get a haircut
se faire couper les cheveux

to have a trim, just a trim
se faire rafraîchir les cheveux, juste les pointes

to have one's hair styled; have one's hair restyled; have one's hair curled
se faire coiffer; changer de coiffure; se faire friser

to have one's hair shampooed / set / dyed
se faire faire un shampooing / une mise en plis / une teinture

to have one's hair set / permed
se faire faire une mise en plis / une permanente

to have highlights put in one's hair
se faire faire des mèches

to prepare oneself   **s'apprêter**

to tidy oneself; freshen up; powder one's nose
s'arranger / mettre de l'ordre dans sa toilette;
se refaire une beauté; se poudrer le nez

to smarten oneself up
se faire beau / belle

to get dolled up*; pluck one's eyebrows
se pomponner; s'épiler les sourcils

to put on make up; be made up; be heavily made up
se maquiller; être maquillée; être exagérément maquillée

212 CONCERNING HEALTH

good health is a precarious state which presages nothing good
la santé est un état précaire qui ne présage rien de bon
(Jules Romains: Knock ou le triomphe de la médecine)

about health   **à propos de la santé**

how are you? how are things? I hope you're well
comment allez-vous? comment ça va? j'espère que vous allez bien

fine; as far as health is concerned everything is fine
ça va; du côté de la santé tout va bien

are you all right? - I'll have to be
ça va? - il faudra bien que ça aille

ill / sick   **malade / mal**

I feel poorly / in bad shape
je suis souffrant / je ne suis pas en forme

I'm unwell / in bad health; I'm ill /sick
je ne suis pas bien / je suis en mauvaise santé; je suis malade

I feel terrible; I'm as sick as a dog
je ne me sens pas bien du tout; je suis malade comme un chien

not very well   **pas très bien**

I'm not feeling / keeping very well
je ne me sens pas très bien / je ne vais pas très bien

I feel wishy-washy today; I don't feel quite the thing**
je me sens tout ramollo* aujourd'hui; ce n'est pas ça

I feel a bit down / washed out / dead-beat / all-in**
je n'ai pas la pêche* / je suis à plat / je me sens lessivé

*I'm feeling rather under the weather**
je ne suis pas dans mon assiette

I'm out of sorts* / feeling rather wonky* / rotten*
je suis mal en train / tout patraque* / mal fichu*

I'm limp with the heat
je ne suis pas bien à cause de la chaleur

fairly well   **à peu près bien**

I'm just rubbing along*; now I'm keeping better
je me sens à peu près bien; maintenant je vais mieux

bearing up* / so-so* / not too bad / pretty well
ça se maintient / comme ci comme ça / pas trop mal / pas mal

I'm quite well apart from feeling very tired
je suis tout à fait bien sauf que je me sens très fatigué

well   **bien**

I'm fine; I'm in good health
je vais bien; je suis en bonne santé

very well   **très bien**

I'm feeling fine / on top form
je me sens très bien / je suis en pleine forme

I'm as right as rain*; I've taken on a new lease of life
je me porte comme un charme; j'ai retrouvé une nouvelle jeunesse

see chapter 219 Form and sport

good health   **la bonne santé**

to be in good / perfect health; enjoy good health
être en bonne / parfaite santé; jouir d'une bonne santé

to have a fine physique; a sturdy / iron constitution
avoir une santé de fer; avoir une bonne / robuste constitution

to keep in good health; take care of one's health
se maintenir en bonne santé; ménager sa santé

to be bursting with health / brim over with health
déborder de santé / avoir une santé florissante

to be still hale and hearty; sound in wind and limb
avoir encore bon pied bon œil; se porter comme le Pont-Neuf*

he has such a strong constitution! he has great stamina
quel tempérament! quelle santé! il est infatigable

he's very robust / has great resistance / a lot of stamina
il est très résistant / il a une grande résistance / beaucoup de résistance

he's a mighty figure; as strong as an ox / a horse
c'est une force de la nature; il est solide comme le Pont-Neuf* /
il est bâti à chaux et à sable / il est fort comme un bœuf / un Turc

*he's very energetic / full of go / pep**
il est plein d'énergie / plein d'allant et d'énergie

he's lots of energy; bursting / brimming with energy; has energy to spare
il a de la santé; il déborde d'énergie; il a de l'énergie à revendre

*he looks the picture of health; bursting with health / full of beans**
il respire la santé; il pète* de santé / le feu*

he's still going strong at the age of 85
à 85 ans, il est encore solide

poor health   **la mauvaise santé**

to be in poor health; always complaining about one's health
être en mauvaise santé; avoir toujours un pet de travers*

not to be healthy / be ailing / in poor health
avoir une petite santé / être de santé fragile / être mal portant

to have a poor physique
avoir une faible constitution / être d'une constitution fragile

he's slightly built; his health isn't good; he's a man with a medical history
c'est une petite nature; sa santé n'est pas brillante;
c'est un homme qui a un passé médical chargé

his family has a history of tuberculosis
il y a des antécédents de tuberculose dans sa famille

his worries have shattered his health; his health is going
les soucis ont ébranlé sa santé; sa santé se détériore

he doesn't look after himself very well
il néglige sa santé / il ne prend pas suffisamment bien soin de lui

his health is deteriorating; he's the mere shadow of his former self
sa santé s'altère de plus en plus; il n'est plus que l'ombre de lui-même

he's sapped by illness; his illness has left him drained (of energy)
il est rongé par la maladie; la maladie l'a miné

his health gives me cause for concern
sa santé me donne / m'inspire de l'inquiétude

alcohol has shattered his health
l'alcool a fortement ébranlé sa santé

he burnt himself out drinking too much alcohol; alcohol plays havoc with health
l'alcool a ruiné sa santé; l'alcool détruit la santé

appearance of health   **l'apparence de santé**

to look well / unwell
avoir bonne / mauvaise mine

to look the picture of health / be blooming with health
rayonner de santé / être resplendissant de santé

to look yellow / sallow / an unhealthy colour
avoir le teint jaune / avoir mauvaise mine

to have a pasty complexion / look washed out
avoir une mine de papier mâché / avoir l'air lessivé

to look deathly pale / like death warmed up*
avoir une mine de déterré

213 ILLNESS

to be suffering from illness; be slightly / seriously ill
être atteint de maladie; être légèrement / gravement malade

last week my daughter was taken ill with influenza
ma fille est tombée malade la semaine dernière à cause de la grippe

she's been laid up for the last week
elle est immobilisée / elle garde la chambre depuis une semaine

a bad attack of influenza can lay you up for several days
une mauvaise grippe peut vous retenir à la maison pendant plusieurs jours

she had to take to her bed; she remains confined to bed
elle a dû s'aliter; elle garde le lit / elle est clouée au lit

my father is bedridden with lumbago
mon père est cloué au lit par un lumbago

since we can't take him to the doctor we have to send for him
**puisque nous ne pouvons pas le conduire chez le
médecin nous devons le faire venir**

what's wrong with you? what's the matter with you?
qu'est-ce qui ne va pas ?

various troubles / illnesses   **troubles divers / maladies**

I've a light infection; my head feels heavy
je suis légèrement souffrant; j'ai la tête lourde

I came over faint; my head is spinning
j'ai été pris d'un malaise; la tête me tourne

there's something wrong with my ear
j'ai quelque chose à l'oreille

I'm allergic to something but I don't know what
je suis allergique à quelque chose, mais je ne sais pas à quoi

I've heartburn; I feel a bit bloated
j'ai des aigreurs d'estomac; j'ai des lourdeurs d'estomac

I feel sick / nauseous / queasy
j'ai mal au cœur / je me sens un peu nauséeux / j'ai des nausées

I've stomach ache; my inside is playing me up; I feel bloated
j'ai mal au ventre; j'ai les intestins dérangés; j'ai le ventre ballonné

*I'm as sick as a dog**
je suis malade comme une bête / je sens que je vais rendre tripes et boyaux*

to have a heart attack   avoir / faire une crise cardiaque

he was struck down by a heart attack
il a été terrassé par une crise cardiaque

muscles and joints   les muscles et articulations

my legs feel heavy; like cotton wool
j'ai les jambes lourdes; j'ai des jambes en coton

I'm crippled with rhumatism
je suis perclus de rhumatismes

I hurt my foot; I've a blistered foot
je me suis fait mal au pied; j'ai une ampoule au pied

I've been stung / wounded in the leg
j'ai été piqué / blessé à la jambe

I sprained / twisted my ankle
je me suis foulé la cheville

I gave my wrist a bad twist; I've a dislocated shoulder
je me suis foulé le poignet; j'ai une épaule luxée

I've a cramp / charley horse(US); I've a cramp in my leg
j'ai une crampe; j'ai une crampe à la jambe

I've strained / pulled a muscle in my leg
je me suis fait une élongation à un muscle de la jambe /
je me suis claqué un muscle à la jambe

I strained my back
je me suis donné un tour de reins

I've a stiff neck; I cricked my neck
j'ai un torticolis; j'ai attrapé un torticolis

my body is all black and blue / covered in bruises; I'm bruised all over
j'ai des bleus partout / j'ai le corps couvert de bleus; je suis tout contusionné

the patient complains of a bout of gout; he's laid up with a bout of gout
le malade se plaint d'une crise de goutte; il est immobilisé par une crise de goutte

he's subject to bouts of arthritis too; he was already struck down with paralysis
il est aussi sujet à des crises d'arthrite; il a déjà été frappé de paralysie

bones   les os

I broke my leg
je me suis cassé la jambe

I fractured my leg; put my knee out of joint
je me suis fracturé la jambe; je me suis démis le genou

respiratory tracks   les voies respiratoires

to catch a chill / a cold in the head / chest
attraper un refroidissement / un rhume de cerveau / poitrine

to have got a heavy / bad cold; have a throat infection
avoir un gros / sale rhume; avoir une angine / souffrir d'une angine

I caught cold; I've a bit of a cold / sniffle*
j'ai pris froid; je suis légèrement enrhumé / j'ai un petit rhume

I feel a cold coming on; my nose is bunged up*
je sens que je m'enrhume; j'ai le nez bouché

I've got a streaming cold; I'm constantly sneezing
avec ce rhume, j'ai toujours le nez qui coule; j'éternue à tout bout de champ

I can't shift* this cold
je n'arrive pas à me débarrasser de ce rhume

I'm afraid I've got 'flu; the 'flu is very contagious
je crains d'avoir la grippe; la grippe est très contagieuse

I've a touch of 'flu; I really went down with 'flu
je suis un peu grippé; j'ai vraiment attrapé la grippe

he has violent fits of coughing
il a de violentes quintes de toux

he has bronchitis; a bad attack of bronchitis
il a une bronchite; une bonne bronchite

this bronchitis has been with him since last winter
il traîne cette bronchite depuis l'hiver dernier

he has difficulty with his breathing; he feels suffocated
sa respiration est oppressée; il se sent oppressé

he's asthmatic; has fits of breathlessness
il est asthmatique; il a des étouffements

the effects / symptoms of the illness   **les effets / manifestations de la maladie**

to have a fever; to have a high temperature
avoir de la température; avoir beaucoup de température

to have a bout of fever; a raging fever; have a temperature of 40°C / 104°F
avoir un accès de fièvre; une fièvre de cheval; avoir 40° de fièvre

to feel dizzy; faint / fall into a faint; tremble all over
avoir des vertiges; s'évanouir / tomber en syncope; trembler de tout son corps

*he was really knocked flat by his bout of 'flu / his bout of 'flu really knocked him for six***
la grippe l'a vraiment mis à plat / il a été sonné par la grippe

this illness laid him low
cette maladie l'a terrassé

214 PAIN

where is the pain? where is it sore?
où avez-vous mal? d'où souffrez-vous?

I'm in pain all over
j'ai mal partout

I have a sore foot / leg / throat / eyes
j'ai mal au pied / à la jambe / à la gorge / aux yeux

I've back ache
j'ai mal au dos

I suffer from lumbago; a strained back
je souffre d'un lumbago; j'ai mal aux reins

I've a bit of a head / an awful head**
j'ai un peu mal au crâne*/ j'ai mal au crâne*

I've a headache / a bad head; I'm a martyr to migraine*
j'ai la migraine / j'ai mal à la tête; mes migraines me font souffrir le martyre

I've a splitting headache
j'ai un affreux mal de tête

I've got a king-size / lousy* headache*
j'ai un sacré* mal de tête / un mal de tête carabiné*

I've toothache
j'ai mal aux dents

*I'm in pain; suffering the pains of hell**
je souffre beaucoup; je souffre comme un damné

*I'm in agony / suffering agonies / going through hell on earth**
je souffre atrocement / le martyre / mille morts

this pain is putting me through the mill
cette douleur me met à la torture

I can't help crying out / yelling with pain
je ne peux m'empêcher de crier / hurler de douleur

and yet I'm not soft; I'm tough about pain
et pourtant, je ne suis pas douillet; je suis dur à la douleur

■

215 CHANGES IN ILLNESS

deterioration of the patient   l'état du malade empire

how's the patient getting on? - the illness is taking its course
comment va le malade? - la maladie suit son cours

the patient is getting worse; took a turn for the worse
le malade va plus mal; l'état du malade s'est aggravé

the patient is deteriorating / on the decline; he's got a lot weaker recently
le malade décline / est sur son déclin; il a beaucoup baissé ces derniers temps

the patient is very low / in a bad way; he's very low / at a very low ebb
le malade est bien bas / mal; il file un mauvais coton / il est au plus bas

he had a relapse; another fit last night
il a fait une rechute; il a eu une nouvelle attaque la nuit dernière

there's been a change for the worse
il y a eu une aggravation très nette de son état

the medicine proved to be ineffective / had no effect
le médicament s'est révélé inefficace / est demeuré sans action

the doctor still hasn't given a verdict; he's very cautious in his opinion about him
le médecin ne s'est toujours pas prononcé; il est très réservé à son sujet

he'd rather reserve his diagnosis
il préfère réserver son diagnostic

however he didn't hold out much hope for the patient's recovery
il n'a cependant pas donné beaucoup d'espoir
concernant le rétablissement du malade

his case holds out little hope of recovery; the patient has been doomed for a long time
son cas offre peu d'espoir; le malade est condamné depuis longtemps

he's come to the end of the road; gone into a coma
il est au bout du rouleau*; il est entré dans le coma

he's at death's door / the point of death; hanging between life and death
il est à l'article de la mort / à l'agonie; il est entre la vie et la mort

he's holding on to his life; but he hasn't got long to live
il se cramponne à la vie / il ne veut pas mourir;
mais il n'en a plus pour longtemps à vivre

the doctor has given up hope on him; he's given him two weeks to live
le médecin a abandonné tout espoir en ce qui le concerne;
il lui donne deux semaines à vivre

he can't last the winter out
il ne passera pas l'hiver

he's one foot in the grave; already in the throes of death
il a déjà un pied dans la tombe; il est déjà dans les affres de la mort

he died a slow death
son agonie fut longue

improvement of the patient   **l'état du malade s'améliore**

this man has nine lives; he hangs on to life
cet homme a la vie dure; il a l'âme chevillée au corps

how does he feel today? do you think he'll pull through?
comment se sent-il aujourd'hui? pensez-vous qu'il va s'en sortir?

the doctor said he'd live
le médecin a dit qu'il s'en sortirait / qu'il pourrait s'en sortir

he's been very ill but he'll pull through; he feels much better
il a été très malade mais il va s'en tirer; il se sent beaucoup mieux

he's on the mend; his condition is improving
il va mieux; son état s'améliore

he's making a good recovery; going to start his convalescence
il est en bonne voie de guérison; il va entrer en convalescence

he's almost over it; over the worst
il est presque guéri; pour lui le pire est passé

he's recovering from his illness; getting over his illness
il se remet de sa maladie; il est en train de surmonter sa maladie

but he's been face to face with death
mais il a vu la mort de près

his illness last year had already almost finished him off
déjà sa maladie de l'an dernier avait bien failli l'achever

but now he's improving day after day
mais maintenant, son état s'améliore de jour en jour

the medicine proved to be effective but it works slowly
le remède s'est montré efficace, mais il agit lentement

this medicine has brought about an amazing change in him
ce médicament a opéré sur lui un changement remarquable

he's doing well now; on his way to recovery; he's pulled through
**maintenant, il est sur la bonne voie; il est sur le chemin de la guérison;
il est tiré d'affaire**

he's picked up well since his operation
il a bien repris depuis son opération

his stay in the mountains has done him a world of good
son séjour à la montagne lui a fait le plus grand bien

he's picked up again / regained his strength
il a repris du poil de la bête* / il a repris des forces

he feels as if he'd been given a new lease of life; feels invigorated
il se sent renaître; il se sent revigoré

he's regained his former liveliness; taken on a new lease of life
il a retrouvé sa vivacité première; il a retrouvé une seconde jeunesse

he's up and about again
il est maintenant guéri et en bonne santé

proverb   **proverbe**

where there's life, there's hope
tant qu'il y a de la vie, il y a de l'espoir

216 MEDICINE

to have a medical examination; go for an x-ray
passer une visite médicale; passer à la radio

the doctor   **le médecin**

the doctor treats illnesses and tries to restore the patient to health
le médecin traite les maladies et s'efforce de rendre la santé au malade

the GP / general practitioner's just off his rounds; he sees patients by appointment
le médecin généraliste vient de terminer sa tournée; il reçoit sur rendez-vous

he sounds the patient's chest / feels the pulse / takes the blood pressure
il ausculte le patient / tâte son pouls / prend sa tension

he diagnoses a contagious disease / slight indisposition / nervous breakdown
**il diagnostique une maladie contagieuse / légère indisposition /
dépression nerveuse**

he's trying to cure the patient; puts him on a diet
il essaie de guérir le malade; il le met à la diète

he writes out a prescription / prescribes some medicines / drugs
il rédige une ordonnance / prescrit des médicaments

the patient has the prescription made up by the chemist
le malade fait exécuter l'ordonnance par le pharmacien

the chemist makes up prescriptions; some medicines are only available on prescription
**le pharmacien prépare les ordonnances;
certains médicaments ne sont délivrés que sur ordonnance**

the surgeon   **le chirurgien**

the surgeon performs an operation / an organ transplant
le chirurgien pratique une opération / une transplantation d'organe

the patient shows all the symptoms of an appendicitis
le malade présente tous les symptômes d'une crise d'appendicite

he has to undergo an operation
il doit subir une intervention chirurgicale

he has to have his appendix removed; the surgeon takes his appendix out
il doit se faire opérer de l'appendice; le chirurgien l'opère de l'appendice

the patient had an operation for appendicitis; he had an emergency operation
le malade a été opéré à la suite d'une crise d'appendicite; il a été opéré à chaud

treatment   **les soins**

the patient's been taken to hospital; he was referred to a cardiology unit
le malade a été transporté à l'hôpital; il a été dirigé vers un service de cardiologie

he's given the medical care that his state of health requires
on lui dispense les soins qu'exige son état

the nurse looks after the patient; she attends to him;
she sits up at the patient's bedside
l'infirmière soigne le malade; elle le veille; elle veille le malade à son chevet

the injured man has been given first aid; he's shown every care and attention
le blessé a reçu les premiers soins; il est l'objet d'un dévouement de tous les
instants

they gave him an injection to sustain his heart
on lui a fait une piqûre pour soutenir le cœur

the patient must have a blood test; he has to undergo treatment for urinary trouble
le malade doit se faire faire une analyse de sang;
il doit se faire soigner pour une infection urinaire

he's having (a course of) treatment for kidney trouble
il est en cours de traitement pour ennuis rénaux

the patient responded well to the treatment; it was effective
le malade a bien réagi au traitement; il a été efficace

there's nothing to touch hot rum / grog for a cold
rien ne vaut un bon grog pour faire passer un rhume

a good grog will buck you up*; that'll get you over your cold
un bon grog vous requinquera; cela fera passer votre rhume

you're right, that grog has set me up again
c'est vrai, ce grog m'a retapé

nowadays almost any illness can be treated
de nos jours, presque toutes les maladies peuvent être traitées

to give somebody a transfusion	faire une transfusion sanguine
to have an injection	se faire faire une piqûre
to have a massage	se faire masser
to apply a dressing	faire un pansement
to dress a wound	panser une blessure
to take the waters at	faire une cure thermale à
Amélie-les-Bains	Amélie-les-Bains
to go on a slimming course	suivre une cure d'amaigrissement

proverb   **proverbe**

prevention is better than cure
mieux vaut prévenir que guérir

217 TIREDNESS AND REST

tiredness / fatigue   la fatigue

to be travel-worn / weary
être fatigué par le voyage

he's tired from the journey
il est fatigué par le voyage

that journey seems to have taken it out of him; he has drawn features
ce voyage semble l'avoir complètement épuisé; il a les traits tirés

to be in a complete state of exhaustion / an utterly exhausted state
être dans un état d'extrême fatigue / être dans un grand état d'épuisement

to be overwhelmed with tiredness; collapse with weariness
être accablé de fatigue; s'écrouler de fatigue

that long walk finished me; I'm worn out
cette longue promenade m'a achevé; je n'en peux plus

I'm on my last legs; I'm ready to drop with tiredness
je ne sens plus mes jambes / je suis sur les genoux; je tombe de fatigue

I'm extremely tired; I'm so tired (that) I can hardly stand
je suis terriblement fatigué; je suis si fatigué que je peux à peine me tenir debout

my legs won't carry me any further
je suis incapable d'aller plus loin / mes jambes ne me porteront pas plus loin

*I'm overcome with fatigue / dead-tired / exhausted / all-in**
je suis recru / rompu / moulu / mort de fatigue / exténué

I'm worn to a frazzle / fagged out* / shattered* / knackered***
je suis éreinté / claqué* / crevé* / vanné*

I'm ready to flop; I'm on my last legs**
je suis à bout; je suis prêt à m'effondrer

I'm washed out; I feel like a wet rag
je suis lessivé; je suis comme une chiffe molle

he had worn himself to a shadow
il était fatigué au point de n'être plus que l'ombre de lui-même

state of fatigue   **se fatiguer / s'épuiser**

I always feel shattered around 11 o'clock
j'ai toujours un coup de pompe* / barre* vers 11 heures

I'm just feeling a bit drained
c'est juste un petit coup de pompe*

to overtax oneself
se fatiguer / se dépenser sans mesure

I'm wearing myself out repeating it to you
je me fatigue / je m'épuise à vous le répéter

I'm working myself to death to earn some money
je m'esquinte à travailler pour gagner un peu d'argent

rest / relaxation   **le repos / la détente**

to need rest
avoir besoin de repos / avoir besoin de se reposer

to have a rest; take a bit of a rest
se reposer; prendre un peu de repos

to get over the strain of the journey
se remettre des fatigues du voyage

you need some relaxation after work
on a besoin de détente après le travail

it's time for me to take a rest; let myself go
il est temps pour moi de me reposer; de me détendre

a little rest won't hurt me; I'm going to lay down for a while
un peu de repos ne me fera pas de mal; je vais m'allonger un instant

I relax (by) watching detective stories
pour me détendre / me délasser, je regarde des films policiers

a good bath is relaxing
un bon bain, ça délasse

I lazed around in the sun for a week
**j'ai passé une semaine au soleil à ne rien faire /
j'ai lézardé au soleil pendant une semaine**

I had a good night's rest
j'ai passé une bonne nuit (de repos)

I had an hour's rest; I'm quite rested now
je me suis reposé pendant une heure; je suis tout à fait reposé / dispos maintenant

218 SLEEP

to feel sleepy   **avoir sommeil**

to feel sleepy and to go to bed
avoir sommeil et aller au lit

to feel drowsy; drowse off; be heavy with sleep / heavy-eyed
avoir envie de dormir;
s'assoupir; avoir la tête lourde / les yeux lourds de sommeil

to have a nap / forty winks* / a snooze
faire un petit somme / piquer un petit roupillon*

to be asleep on one's feet; be falling asleep
dormir debout; tomber de sommeil

bedtime   **le coucher**

to have an early night; sit up late
se coucher de bonne heure; se coucher tard

to go to bed early / when the sun goes down
se coucher tôt / se coucher comme les poules

to kiss somebody good night
embrasser quelqu'un et lui souhaiter bonne nuit

I'm an early-bedder/ an early bird*
je suis un couche-tôt / un lève-tôt

I'm a late-bedder/ a night-bird; yesterday I stayed up till midnight*
je suis un couche-tard / oiseau de nuit; hier, je suis resté debout jusqu'à minuit

he sat up all night; his bed's not been slept in
il ne s'est pas couché de la nuit; son lit n'a pas été défait

to go to sleep   **s'endormir**

to fall asleep with a quiet mind
s'endormir l'esprit tranquille

to let sleep overcome oneself; sink into a deep sleep
s'abandonner au sommeil; tomber dans un profond sommeil

*I was so tired that I went out like a light**
j'étais si fatigué que je me suis endormi comme une masse

to lull / sing a child to sleep
bercer un enfant pour l'endormir; chanter pour endormir un enfant

to sleep well   **bien dormir**

to sleep / be in the arms of Morpheus
dormir / être dans les bras de Morphée

to sleep lightly / be a light sleeper
dormir d'un sommeil léger / avoir le sommeil léger

to sleep heavily / be a heavy sleeper; sleep like a log / be dead to the world
dormir d'un sommeil de plomb / avoir le sommeil lourd;
dormir comme une marmotte / un loir / une souche

to slumber / sleep peacefully / sleep the sleep of the just
dormir d'un sommeil calme / dormir paisiblement / dormir du sommeil du juste

to sleep soundly
dormir sur ses deux oreilles

I've had a good night's sleep; I had a good sleep last night
j'ai fait une bonne nuit; j'ai bien dormi la nuit dernière

*I slept all night through; I like to sleep; I'm a real sleepyhead**
je ne me suis pas réveillé de la nuit; j'aime dormir; je suis un grand dormeur

to have a restless night   **mal dormir**

to have a sleepless night
passer une nuit blanche

I didn't sleep a wink all night
je n'ai pas fermé l'œil de la nuit

I tossed and turned all night long; I was restless in my sleep
j'ai eu un sommeil agité; je n'ai cessé de m'agiter dans mon sommeil

I had a restless night; I spent a broken night waking with a start every so often
j'ai passé une mauvaise nuit; je me suis réveillé en sursaut plusieurs fois

I didn't get much sleep last night; I suffer from insomnia
je n'ai que peu dormi la nuit dernière; je souffre d'insomnie

I remained awake a long time last night; at last sleep overcame me
j'ai eu une insomnie la nuit dernière; enfin le sommeil s'est emparé de moi

I don't get enough sleep; I haven't had enough sleep lately
je ne dors pas assez; je manque de sommeil en ce moment

I have to catch up on my sleep
j'ai du sommeil à rattraper

to snore   **ronfler**

my husband snored all night long and I didn't sleep a wink
mon mari a ronflé toute la nuit et je n'ai pas fermé l'œil

to dream   **rêver**

to dream; have a bad dream / nightmare
rêver; faire un mauvais rêve / cauchemar

sweet dreams!
fais de beaux rêves!

waking up   **le réveil**

to wake; wake up with a start
se réveiller; se réveiller en sursaut

I was woken by the telephone('s) ringing
j'ai été réveillé par la sonnerie du téléphone

I set the alarm for 7 o'clock; I find it hard to wake up
j'ai mis mon réveil à sonner pour 7 heures; j'ai le réveil difficile

I slept through the alarm clock
je n'ai pas entendu le réveil sonner

I'm still sleepy-eyed / heavy-eyed;
j'ai encore les yeux tout ensommeillés / lourds de sommeil

to stretch; yawn one's head off
s'étirer; bâiller à s'en décrocher la mâchoire / bâiller comme une carpe

to get up   **se lever**

to get up with the lark; be an early riser
se lever tôt; se lever au chant du coq; être matinal

to rise with the sun; get up with the dawn
se lever avec le soleil; se lever à l'aube

he's always the first up; you're up bright and early this morning!
il est toujours le premier levé; tu es tombé du lit ce matin!

to jump out of bed; start the day right
sauter (à bas) du lit; se lever du bon pied / se lever du pied droit

to be wide awake; to wake somebody
être bien réveillé; réveiller quelqu'un

to arouse somebody from sleep; startle somebody out of his sleep
tirer quelqu'un du sommeil; réveiller quelqu'un en sursaut

to rout / drag somebody out of their bed
tirer / extirper quelqu'un du lit

he dragged me out of bed at 5 o'clock
il m'a arraché du lit à 5 heures

to have a lie-in   faire la grasse matinée

let him have his sleep out; let him sleep on for another hour
laisse-le dormir tant qu'il voudra; laisse-le dormir encore une heure

he lay in bed until 10 o'clock; I knew better than to wake him up
il a traîné au lit jusqu'à 10 heures; j'ai pris bien soin de ne pas le réveiller

go back to sleep if you like
dors encore si tu en as envie

proverbs   proverbes

for the hungry man to sleep is to dine / he who sleeps forgets his hunger
qui dort, dîne

the early bird catches the worm
le monde est à ceux qui se lèvent tôt

■

219 FORM AND SPORT

to get some fresh air   **s'aérer**

to go out for a breath of fresh air; need a change of air
s'aérer / prendre l'air; avoir besoin de changer d'air

I'm badly in need of a change of air; I'm going to go to the country for relaxation
j'ai vraiment besoin de changer d'air;
je vais aller à la campagne pour me détendre

not to be on form   **ne pas être en forme**

I'm feeling rather flat; I'm not feeling too good*
je suis plutôt à plat / je me sens vidé*; ce n'est pas la grande forme

I feel a wreck / like a wet rag this morning
je suis une vraie loque ce matin

to be on form   **être en forme**

to be in great form; get back on form
être en pleine forme; retrouver la forme

to be in really good shape; get back into shape
être (physiquement) en pleine forme; retrouver la forme physique

to be in peak form
être en parfaite forme

to be in a sparkling form; feel like a million (dollars)*(US)
être dans une forme éblouissante; se sentir dans une forme époustouflante

to be on form; it gets you going; be full of beans*
avoir la pêche*; ça donne la pêche*; péter le feu*

to keep oneself in good shape; stay in shape
se maintenir en forme; conserver la forme

he's at his very best and keenest;
his intellectual and physical powers are at their peak
il est au mieux de sa forme; il est en pleine possession de ses moyens

he's bursting with energy
il déborde d'énergie

to keep one's figure   **garder la ligne**

to be figure conscious and to slim; remember your figure!
penser à sa ligne et chercher à mincir; pense à ta ligne!

I've got to think of my waistline
je dois penser / faire attention à ma ligne

to watch one's weight so as to keep one's figure
surveiller son poids de façon à garder la ligne

to put on weight; to slim
grossir; maigrir

to become rather stout; develop a paunch; be overweight
prendre de l'embonpoint; prendre de l'estomac; être trop gros

nibbling between meals is fattening
grignoter entre les repas, cela fait grossir

to take some exercise   **faire de l'exercice**

I've pins and needles in my legs; I'm going to go out to stretch my legs a bit
j'ai des fourmis dans les jambes; je vais sortir pour me dégourdir les jambes

some physical exercise would do me a world of good
un peu d'exercice physique me fera le plus grand bien

to do physical training; to take aerobic classes
faire de la culture physique; suivre des cours d'aérobic

to go to an athletic club / gym / health club
**fréquenter un club d'athlétisme / une salle de gymnastique /
un club de mise en forme**

to do body building; exercise the stomach muscles
faire de la musculation; faire des abdominaux

training   **l'entraînement**

to be out of training; be quickly out of breath
manquer d'entraînement / avoir perdu la forme; manquer de souffle

to train / be training; train for running / the championship
**s'entraîner / être en cours d'entraînement; s'entraîner à la course /
pour le championnat**

to be stiff in the joints; do some keep-fit exercises
avoir les articulations rouillées; faire des exercices d'assouplissement

to have sore muscles / be aching all over
être courbaturé / être plein de courbatures

sport   **le sport**

to be fond of sport / go in for sports; do sport in order to keep fit
être sportif / faire du sport; faire du sport pour se maintenir en forme

it's considered advisable to do / practise a sport
il est recommandé de pratiquer un sport / d'avoir une activité sportive

in sport the important thing is not to win but to participate
en sport, l'important est de participer

■
220 SOCIAL RELATIONSHIP

relationships / relations   **les relations**

to have a wide circle of acquaintances; be a good mixer; associate with people
avoir beaucoup de relations; être très sociable; fréquenter des gens

to mix with all sorts of people
côtoyer toutes sortes de gens

to move in the best circles; mix with high society; rub shoulders with high society
fréquenter la bonne société; aller dans le monde; se frotter à la bonne société

to be well received in a given milieu
être bien introduit dans un milieu

we don't belong to the same circles; I feel out of place in this setting
nous ne sommes pas du même monde;
je ne me sens pas à ma place / je suis mal à l'aise dans ce milieu

these people have a busy social life; they entertain a lot
ces gens voient beaucoup de monde; ils reçoivent beaucoup

regular relations   **les relations quotidiennes**

to make somebody's acquaintance; form a connection with somebody
faire la connaissance de quelqu'un; établir des relations avec quelqu'un

to be / get / keep in touch with somebody
être / entrer / demeurer en relation avec quelqu'un

to be on speaking / visiting terms with somebody
avoir des relations de bon voisinage avec quelqu'un

to strike up an acquaintance / friendship with somebody
se lier avec quelqu'un; se lier d'amitié avec quelqu'un

he / she's an acquaintance of mine; he / she's an old acquaintance
c'est une de mes relations; c'est une vieille connaissance

I number him among my friends
je le compte parmi mes amis

we have known each other for a long / short time
nous nous connaissons de longue / fraîche date

we see each other frequently
nous nous fréquentons beaucoup

casual relations   **les relations occasionnelles**

he's a passing acquaintance but I can't put a name to his face
c'est quelqu'un que je connais de vue, mais je n'arrive
pas à mettre un nom sur son visage

I know him by sight / name / reputation; his name isn't unfamiliar to me
je le connais de vue / nom / réputation; son nom ne m'est pas étranger

we don't see much of each other
nous ne nous voyons pas très souvent

we have a nodding acquaintance
nous nous disons seulement bonjour / bonsoir

I had spoken to him several times on the phone,
but we met face to face the first time yesterday
je lui avais parlé plusieurs fois au téléphone,
mais je l'ai rencontré en personne pour la première fois hier

I know him but no more than that; I don't know him particularly well
je le connais, mais pas plus que ça; je ne le connais pas particulièrement

he's a casual acquaintance of mine; I don't know him to speak to
c'est quelqu'un que je connais un peu; je ne le connais pas assez pour lui parler

I know him only professionally
je n'ai avec lui que des rapports de travail

an unknown person   un inconnu

I don't know him from Adam; he's a perfect stranger to me
je ne le connais ni d'Eve ni d'Adam; il m'est parfaitement inconnu

this person is unfamiliar to me
cette personne m'est étrangère

distant relations   les relations distantes

to have an arm's length relationship with somebody; keep one's distance
avoir des relations distantes avec quelqu'un; garder ses distances

to keep somebody at a distance / arm's length
tenir quelqu'un à distance / garder ses distances vis-à-vis de quelqu'un

to sever all relationships / cut all ties with somebody
cesser toute relation avec quelqu'un / se couper de quelqu'un

special relationships   les relations privilégiées

to have ongoing relationships with somebody
être en relations suivies avec quelqu'un

to have business dealings with somebody
être en relations d'affaires avec quelqu'un

to get on the right / wrong side of somebody
se mettre bien / mal avec quelqu'un

to have good relationships / be well in with somebody
avoir de bonnes relations / bons rapports avec quelqu'un

to worm one's way into somebody's favour; keep on the right side of someone
s'insinuer dans les bonnes grâces de quelqu'un; conserver la faveur de quelqu'un

to be in somebody's good grace; be on the best of terms with somebody
être dans les bonnes grâces de quelqu'un; être le mieux du monde avec quelqu'un

to be on familiar terms with somebody; be a bit pushy with somebody*
être à tu et à toi avec quelqu'un; lui taper sur le ventre*

useful relations   **les relations utiles**

to have influential relations; know the right people
avoir des relations utiles / influentes

to get an interesting job through one's connections
obtenir un poste intéressant par relations

to get the job through a bit of string-pulling*
obtenir le poste par piston*

to have contacts / connections in the ministry
avoir des antennes / appuis au ministère

to have access to somebody; have easy access to somebody
avoir accès auprès de quelqu'un; avoir ses entrées auprès de quelqu'un

it's a connection which should be cultivated
c'est une relation à cultiver

proverbs   **proverbes**

birds of a feather flock together
qui se ressemble, s'assemble

a man is known by the company he keeps
dis-moi qui tu hantes, je te dirai qui tu es

■

221 GOOD RELATIONSHIPS

on good terms   la bonne entente

to live in harmony; get on with somebody
vivre en bonne entente; bien s'entendre avec quelqu'un

to be as thick as thieves with somebody / be great buddies*(US)
s'entendre comme larrons en foire / être copains comme cochons*

they got on very well with each other from the very start
dès le début, ils se sont bien entendus

they make their friend one of the family
ils considèrent leur ami comme faisant partie de la famille

to be on good terms with somebody; have a good relationship with somebody
être en bons termes avec quelqu'un; avoir de bonnes relations avec quelqu'un

to be on neighbourly terms with somebody
avoir des relations de bon voisinage avec quelqu'un

to be well-inclined towards somebody; be on the good side of somebody
être bien disposé à l'égard de quelqu'un; être bien avec quelqu'un

to be in favour with somebody
être bien vu de quelqu'un / en faveur près de quelqu'un / bien en cour

*he's on the best terms with the boss; he's really in / very pally** with the boss*
il est du dernier bien avec le patron; il est très copain avec le patron

he's in his good books / graces
il est dans ses petits papiers; en odeur de sainteté auprès de lui

to help somebody   aider quelqu'un

to help somebody (to) do something; give assistance to somebody
aider quelqu'un à faire quelque chose; prêter assistance à quelqu'un

to give somebody help; do one's best to help somebody
porter secours à quelqu'un; aider quelqu'un de son mieux

can I be of assistance? can I help out?
puis-je vous aider? puis-je vous être utile?

to help somebody up / down the stairs
aider quelqu'un à monter / descendre un escalier

to come to the aid of somebody; go to somebody's rescue
venir en aide à quelqu'un; aller à la rescousse de quelqu'un

to lend somebody a (helping) hand; come to somebody's assistance
donner un coup de main à quelqu'un; prêter main-forte à quelqu'un

to give somebody a friendly / helping hand
tendre la main à quelqu'un / tendre à quelqu'un une main amie

to give one another a helping hand; show great solidarity
s'entraider; se serrer les coudes

this family all stick together
dans cette famille, ils se soutiennent tous

to help somebody out; tide somebody over a difficulty
dépanner quelqu'un; dépanner quelqu'un en difficulté

to help somebody out; get somebody out of a tight spot
tirer quelqu'un d'affaire; tirer quelqu'un d'embarras

to let somebody off the hook*; save somebody's bacon*
tirer quelqu'un d'un mauvais pas / du pétrin*

*he's taken a thorn out of my flesh / got me out of a spot**
il m'a tiré / enlevé une belle épine du pied

to help somebody financially
aider quelqu'un financièrement

I hope my parents will help me out with the financing of my car
j'espère que mes parents m'aideront à financer l'achat de ma voiture

to do somebody a favour   **rendre service**

to do somebody a favour / kindness
rendre service à quelqu'un / faire une gentillesse à quelqu'un

to do somebody a favour because one good turn deserves another
rendre service à quelqu'un, parce qu'un bon service en vaut un autre

he was obliging / kind enough to lend me his car
il a eu l'obligeance / la gentillesse de me prêter sa voiture

I'd do the same for him
je ferais la même chose pour lui

he's more willing to do a favour to a woman than a man
il rend plus volontiers service à une femme qu'à un homme

to put oneself out to help a friend through a sticky patch
se mettre en quatre pour aider un ami à traverser une mauvaise passe

when my friend was badly in need I did all that could possibly be done to help him
quand mon ami s'est vraiment trouvé en difficulté,
j'ai fait tout ce qui était humainement possible pour l'aider

I spared no pains / grudged no effort
je n'ai pas marchandé / ménagé ma peine

to flog oneself to death for somebody*; work like a dog* for somebody
se décarcasser* pour quelqu'un; se défoncer* pour quelqu'un

I'd go through fire and water for you
je ferais n'importe quoi pour vous

I shall bring all my influence with the boss to help you
je m'efforcerai d'user de toute mon influence auprès du patron pour vous aider

I'll give you a leg up; risk everything to help you
je vous ferai la courte échelle*; je mettrai tout en jeu pour vous aider

to pull the carpet out from under somebody's feet
cesser d'aider quelqu'un

to give moral support to somebody   **aider moralement quelqu'un**

to cheer somebody up
remonter le moral de quelqu'un

put oneself in somebody's place
se mettre à la place des gens

to feel for somebody in his grief / difficulties
s'associer à la douleur / à la peine / aux difficultés de quelqu'un

I share in your worries / sorrow
je prends part à vos soucis; je partage votre peine

my friendship was a real support to him in his time of trouble
mon amitié l'a beaucoup soutenu dans ses épreuves

to encourage somebody to do something; help somebody with one's advice
encourager quelqu'un à faire quelque chose; aider quelqu'un de ses conseils

to stand up for somebody / stand by somebody; back somebody up to the hilt
appuyer / prendre la défense de quelqu'un; soutenir quelqu'un quoi qu'il arrive

a good friend will stand by you through thick and thin
un bon ami vous soutiendra envers et contre tous

devotion   **le dévouement**

to be devoted to somebody; be totally bound up with somebody
être dévoué à quelqu'un; se dévouer totalement à quelqu'un

to bestow / lavish one's devotion on somebody
se dévouer sans compter pour quelqu'un / dispenser son dévouement à quelqu'un

she shows great devotion to him; sacrifices herself for him
elle fait preuve d'un grand dévouement pour lui; elle se sacrifie pour lui

she was devoted enough to sacrifice her career for him
elle a poussé le dévouement jusqu'à lui sacrifier sa carrière

to give somebody something   **donner quelque chose à quelqu'un**

to supply somebody with something
fournir quelque chose à quelqu'un

to give somebody a present
offrir un cadeau à quelqu'un

proverb   **proverbe**

it's the thought that counts
la façon de donner vaut mieux que ce que l'on donne / c'est l'intention qui compte

■

222 ADVICE

to seek somebody's advice   **prendre conseil / demander conseil**

if I were you, I'd seek Peter's advice
si j'étais vous / à votre place, je demanderais conseil à Pierre

when you're in an awkward position, it's good to know
you can seek advice with a reliable person
quand on est dans l'embarras, il est réconfortant
de pouvoir prendre conseil auprès d'une personne de confiance

there's no shame in asking a competent person for advice
il n'y a pas de honte à demander conseil à une personne compétente

what would you do if you were me? what does one do in such a case?
à ma place, que feriez-vous? que fait-on dans ce cas?

what should I do? tell me what I should do
que dois-je faire? dites-moi ce que je dois faire

what would you advise me to do if I fail to convince him?
que me conseillez-vous de faire si je n'arrive pas à le convaincre?

I'd appreciate your advice on the best opportunities of investment at the moment
j'aimerais avoir votre avis sur les meilleures opportunités actuelles
d'investissement

I'd be grateful if you could advise me on how to invest my savings
je vous serais reconnaissant de bien vouloir me conseiller sur mes
investissements

to give somebody some advice   donner un conseil à quelqu'un

to lavish advice on somebody; be free with one's advice
prodiguer ses conseils à quelqu'un; être prodigue de ses conseils

to exhort somebody to do something
conseiller vivement à quelqu'un de faire quelque chose

listen to my advice; a bit of advice: don't go there
écoutez mon conseil; un petit conseil: n'y allez pas

I know better than to offer advice
je me garde bien de donner des conseils

to dissuade somebody from doing something
déconseiller à quelqu'un de faire quelque chose

it's inadvisable to eat fatty foods
il est déconseillé de manger gras

you ought to know better than to believe him
tu ne devrais pas être assez stupide pour le croire

I advise you   je vous conseille

I advise you to go there when you're on holiday
je vous conseille d'y aller quand vous serez en vacances

it's strongly advisable to be vaccinated against tetanus
il est vivement conseillé de se faire vacciner contre le tétanos

it's as well / advisable to book early
il est bon / prudent de réserver de bonne heure

it would be wise to reserve a table before going to the restaurant
il serait judicieux de retenir une table avant de se rendre au restaurant

if you'll take my advice, throw him out on the street
si vous voulez bien suivre mon conseil, mettez-le à la porte

take your cue from me, buy a second-hand car
faites comme moi, achetez une voiture d'occasion

you would do well…   **vous feriez bien…**

you would do well to go home now
vous feriez bien de rentrer à la maison maintenant

I urge you to pay your lawyer a visit
je vous conseille vivement de consulter votre avocat

it would be sensible to think twice before selling your house
il serait bon de réfléchir à deux fois / que vous réfléchissiez deux fois
avant de vendre votre maison

you may as well leave now as wait any longer
vous feriez aussi bien de partir tout de suite plutôt que d'attendre plus longtemps

it would be just as well for you to stay; you may as well tell him the truth
vous feriez aussi bien de rester; tu ferais aussi bien de lui dire la vérité

you had better   **vous feriez mieux / il vaudrait mieux**

you had better go home now
vous feriez mieux de rentrer à la maison maintenant

you had much better leave him alone; this is your best bet
vous feriez bien mieux de le laisser tranquille;
c'est ce que vous avez de mieux à faire

you had better work than play
vous feriez mieux de travailler plutôt que de jouer

you had better do it; the best thing would be to do it
il vaut mieux que vous le fassiez; le mieux serait de le faire / que vous le fassiez

it would be better to wait here
il vaudrait mieux attendre ici / il serait préférable d'attendre ici

it might be better for you to see to it yourself
il vaudrait peut-être mieux que vous vous en occupiez vous-même

you should / ought to   **vous devriez**

you should try to dress more elegantly
vous devriez essayer de vous habiller d'une façon plus élégante

if I can offer you a piece of advice / if I might be permitted
to give you a piece of advice, you should stay away for a while
si vous voulez mon avis / si vous me permettez de vous donner mon
avis / un conseil, vous devriez vous tenir éloigné pendant quelque temps

you shouldn't make such a fuss about it; you should take a leaf out of his book
vous ne devriez pas en faire une telle histoire;
vous devriez prendre exemple sur lui

it might be worth while **cela vaudrait la peine**

it might be worth your while to go into the matter
cela vaudrait la peine que vous vous en occupiez

if I were you **si j'étais vous**

if I were you I wouldn't go; if I were in your shoes I'd move
si j'étais vous, je n'irais pas; si j'étais à votre place, je déménagerais

if I were you I'd wait and see what happens first
à ta place / si j'étais toi, j'attendrais de voir ce qui va se passer

to make recommendations to **faire des recommandations à quelqu'un**
somebody

I advise you to be prudent
je te recommande la prudence

make sure it doesn't happen again
tâche de ne pas recommencer / que cela ne se reproduise plus

make sure he doesn't / won't know anything about it
tâche / assure-toi qu'il n'en sache rien

make sure you're on time / try to be on time; take care of yourself
arrange-toi pour être à l'heure / essaie d'être à l'heure; prends bien soin de toi

do it without fail
fais-le sans faute / ne manque pas de le faire

proverbs **proverbes**

advice is cheap / councils of war never fight
les conseilleurs ne sont pas les payeurs

two heads are better than one
deux avis valent mieux qu'un / il y a plus d'idées dans deux têtes que dans une

so many heads, so many minds
autant de têtes, autant d'avis

■

223 CIVILITIES

introductions   les présentations

to introduce somebody to somebody else
présenter quelqu'un

will you make / do* the introductions?
voulez-vous faire les présentations?

allow me to introduce Mr Brown
permettez-moi de vous présenter M. Brown

I'd like to introduce you to a friend of mine
j'aimerais vous présenter à un de mes amis

I'd like you to meet a very interesting person
je voudrais vous faire rencontrer quelqu'un de très intéressant

have you met Mr Martin? allow me to introduce you to Mr Martin
connaissez-vous M. Martin? permettez-moi de vous présenter à M. Martin

pleased / delighted to meet you
enchanté / je suis très heureux de vous connaître

the pleasure's all mine / it's my pleasure; can I have your details, please?
tout l'honneur / tout le plaisir est pour moi; puis-je avoir vos coordonnées?

to whom do I have the honour of speaking? who do I have the honour of speaking to?
à qui ai-je l'honneur de parler?

allow me to introduce myself, I'm John Brown
permettez-moi de me présenter, je suis / je m'appelle John Brown

my name is John; what's yours? no need to be formal, call me Henri
mon nom est John; et vous? pas de formalités entre nous, appelez-moi Henri

salutations / greetings   **les salutations**

hello, Harry, how are you?
salut, Harry, comment allez-vous?

how's life? how's it going?
comment ça va? comment ça marche*?

how's your wife getting on? how are the young ones?
comment va votre femme? comment va la petite famille?

are you all right? - fine / not so bad; I'll have to be
ça va? - ça va; il faudra bien que ça aille

what have you been doing with yourself? - couldn't be better
qu'est-ce que tu deviens? - on ne peut (espérer) mieux

the better for seeing you, darling!
parfaitement puisque je vous vois, chérie!

to pay one's respects to a lady
présenter ses hommages à une dame

my humble respects, Ma'am
mes hommages, madame

■
224 VISITS

to pay somebody a visit
faire une visite à quelqu'un

to look in on somebody / go round to see somebody
passer chez quelqu'un / passer voir quelqu'un

a flying visit   **une visite rapide**

to pay / make a flying visit
faire une visite rapide / passer en coup de vent

to drop in on somebody
passer inopinément chez quelqu'un

we're going to say hello to Peter
nous allons aller saluer Pierre

I called to see him on my way but I just popped in
je suis allé le voir en passant, mais je n'ai fait que passer

I popped in to say hello to him
je suis allé lui dire bonjour en passant / je suis allé juste pour le saluer

to put in an appearance at a party
faire une apparition à une réception

to come uninvited / gatecrash a party
s'introduire dans une réception sans y être invité

to be on a visit to somebody   **être en visite chez quelqu'un**

to return somebody's visit; pay a formal visit
rendre une visite; faire une visite protocolaire

to what do I owe the honour of your visit?
que me vaut l'honneur de votre visite?

it's standard practice to bring flowers when calling on somebody
il est d'usage / de règle d'apporter des fleurs lorsqu'on va en visite

it's good form to bring flowers when calling on somebody
il est de bon ton d'apporter des fleurs lorsqu'on va en visite

etiquette demands that you bring flowers; that isn't etiquette
les convenances exigent que l'on apporte des fleurs;
c'est contraire aux convenances / ça ne se fait pas

to have a visit from somebody   **recevoir la visite de quelqu'un**

I've just heard the doorbell / somebody just rang (the doorbell)
on a sonné / quelqu'un a sonné

there's somebody at the door; who is it? who can it be?
il y a quelqu'un à la porte; qui est-ce? qui est-ce que ça peut être?

I'll see who it is; it's Peter
je vais voir qui c'est; c'est Pierre

to show somebody in
faire entrer quelqu'un

to show / let somebody into the lounge
introduire quelqu'un au salon / faire pénétrer quelqu'un dans le salon

I was shown into the lounge
on m'introduisit au salon

do sit down, make yourself comfortable / at home
asseyez-vous, mettez-vous à l'aise / faites comme chez vous

to receive / welcome a guest; bid somebody welcome
recevoir / accueillir un invité; lui souhaiter la bienvenue

to shake hands with somebody; bow to somebody
serrer la main à quelqu'un; saluer en s'inclinant

to greet a visitor with a hearty welcome / give a visitor a warm welcome
accueillir chaleureusement un visiteur / faire fête à quelqu'un

to welcome somebody with a great show of friendship
accueillir quelqu'un avec de grandes démonstrations d'amitié

to welcome somebody with open arms
accueillir quelqu'un les bras ouverts

please come in, welcome! what a lovely surprise to see you!
**entrez, je vous en prie, vous êtes le bienvenu! quelle bonne
surprise vous nous faites!**

you're quite a stranger; what good wind brings you here?
on ne vous voit plus / vous devenez rare; quel bon vent vous amène?

your visits are getting few and far between
vos visites se font rares

don't go to any trouble for me
ne vous dérangez pas pour moi

he received me in the friendliest possible way / with the utmost kindness
il m'a reçu avec la plus grande / extrême amabilité

to give somebody a cold reception
accueillir / recevoir froidement quelqu'un

to meet somebody very briefly
recevoir quelqu'un entre deux portes

he turned up like a bad penny
il est arrivé comme un cheveu sur la soupe

we gave him a chilly reception
nous l'avons reçu froidement / comme un chien dans un jeu de quilles*

to pull a long face at somebody
faire grise mine à quelqu'un

they received a mixed reception
on leur fit un accueil mi-figue / mi-raisin / mitigé

leaving   **le départ**

to take one's leave / take leave of somebody
se retirer / prendre congé

I'm afraid I'll have to be going now
je crains qu'il faille que je parte / qu'il me faille partir maintenant

I have to be going
il faut que je parte

with your leave I'll retire now; I must love you and leave you
avec votre permission, je vais me retirer maintenant;
je vous aime bien mais je dois partir

it's time we were leaving
il est temps que nous partions / pour nous de partir

the time had come to go, so we said good-bye to our friends
l'heure était venue de partir, et nous dîmes au revoir à nos amis

to see somebody off   raccompagner quelqu'un

to show somebody to the door; accompany somebody to his car
reconduire quelqu'un à la porte; raccompagner quelqu'un à sa voiture

it was so nice to meet you
cela a été très agréable de vous voir

don't be a stranger; do come again whenever you want to
revenez nous voir; revenez quand vous voudrez

good-bye! au revoir! *bye! / bye now! / cheerio!* salut!

see you soon! see you later! see you next week!
à bientôt! à la prochaine! à la semaine prochaine!

see you some time! / see you in church*!
à un de ces jours! / à un de ces quatre*!

■

225 INVITATIONS

to invite somebody to one's house   inviter quelqu'un chez soi

come and see us; come over to our place*
venez nous voir; venez nous voir à la maison

pop around any time
venez quand vous voulez / passez n'importe quand

to invite somebody to dinner   inviter quelqu'un à dîner

would you like to come and have dinner with us on Saturday evening?
voulez-vous venir dîner à la maison samedi prochain?

may we have the pleasure of your company for dinner?
voulez-vous nous faire le plaisir de dîner avec nous?

we'd be so happy if you'd accept to have pot-luck with us on Saturday evening
nous serions très heureux que vous acceptiez de partager notre repas samedi
prochain; ce sera à la fortune du pot

we're giving a party next Saturday
and we very much hope that you'll be able to join us
**nous donnons une petite fête / nous organisons une soirée samedi prochain
et nous espérons qu'il vous sera possible de vous joindre à nous**

it's just an informal get together*
ce sera une réunion toute simple

it'll be quite informal; would you like to join us?
ce sera sans cérémonie; voulez-vous vous joindre à nous?

it would be very nice if you could join us; come along and bring a friend
**ce serait très agréable si vous pouviez venir et vous joindre à nous; venez et
amenez un(e) ami(e)**

it would be a real pleasure to welcome you
ça nous ferait vraiment plaisir de vous accueillir

my wife and I would be very pleased if you could join us
ma femme et moi serions ravis que vous puissiez être des nôtres

we hope you'll join our party
nous espérons que vous serez des nôtres

*Mr and Mrs Brown request the pleasure of your company at the marriage
of their son which will take place in Leeds on October 8th 1997*
**Monsieur et Madame Brown ont l'honneur de vous inviter au mariage
de leur fils qui aura lieu à Leeds le 8 octobre 1997**

to receive an invitation   **recevoir une invitation**

I've been invited out to dinner
j'ai été invité à dîner ce soir

they invited me for a drink; I've an open invitation to their home
ils m'ont invité à prendre un verre; je suis toujours le bienvenu chez eux

to accept an invitation   **accepter une invitation**

with pleasure; we'll be glad to come as long as that won't cause you too much trouble
**avec plaisir / ce sera avec plaisir; nous serons très heureux de venir
dans la mesure où cela ne vous fera pas trop de soucis**

thank you for your invitation, it was good of you to invite me;
I look forward to it very much and to seeing you again
merci pour votre invitation, c'est gentil d'avoir pensé à moi;
je me fais une joie d'y répondre et de vous revoir

declining an invitation   **décliner une invitation**

I regret that I'm unable to accept your invitation to your party
due to a prior engagement
je regrette qu'il ne me soit pas possible de venir à votre réception
en raison d'un engagement antérieur

I'm terribly sorry but I won't be able to come to your party
because I'm not free that evening
je suis vraiment navré de ne pas pouvoir venir à votre réception
parce que je ne suis pas libre ce soir-là

I wish I could come but unfortunately I'm already fully booked
j'aurais vraiment voulu venir, mais malheureusement je suis déjà pris

evasive replies   **réponses évasives**

I'm afraid I may have to stay at home until I have fully recovered from my present
indisposition; so I'd rather not commit myself to any engagement
je crains fort d'avoir à rester à la maison jusqu'à ce que je sois totalement remis
de mon indisposition; aussi je préfère ne prendre aucun engagement

I'm not sure if I'll be able to come;
I might have to go away on business as early as the end of the week
je ne suis pas sûr de pouvoir venir;
il se peut que j'aie à m'absenter pour affaires dès la fin de cette semaine

■

226 EXPRESSIONS OF THANKS

to thank somebody for something / for doing something
remercier quelqu'un de quelque chose / d'avoir fait quelque chose

I must write and thank him for sending me some money
il faut que je lui écrive pour le remercier de m'avoir envoyé un peu d'argent

to thank somebody profusely; *with renewed thanks*
se confondre en remerciements; avec mes remerciements renouvelés

thank you / thanks	**merci**
thank you very much indeed	**sincèrement, merci**
thank you very much / many thanks / thanks a lot	**merci beaucoup**
thanks for having me and all that	**merci pour tout**

thanks ever so much for lending me your car
merci infiniment / mille fois d'avoir bien voulu me prêter votre voiture

I'm very grateful to you for taking care of me during my illness
je vous suis très reconnaissant d'avoir pris soin de moi lorsque j'étais malade

I can't tell you how grateful I am
je ne saurais vous dire combien je vous en suis reconnaissant

it's very kind of you to offer to drive me home
c'est très aimable de votre part de proposer de me conduire chez moi

how can I thank you enough? how can I ever thank you?
je ne sais comment vous remercier; pourrai-je jamais assez vous remercier?

how can I show my gratitude to you?
comment vous prouver ma reconnaissance?

I don't know how I'll be able to make it up to you
je ne sais comment vous rendre la pareille

answers   **réponses**

think nothing of it; the pleasure is mine
mais je vous en prie, c'est tout naturel; tout le plaisir est pour moi

it's a pleasure / don't mention it / you're welcome
ce n'est rien / c'est la moindre des choses / il n'y a pas de quoi

don't thank me, anybody would have done the same / it was the obvious thing to do
ne me remerciez pas, c'est tout naturel / c'est bien naturel

I know you'd do the same for me
je sais que vous auriez fait de même pour moi

227 APOLOGIES

to apologize / offer an apology   s'excuser / présenter ses excuses

sorry; sorry for being late
excusez-moi; désolé d'être en retard

I do apologize for being late but traffic was quite heavy
veuillez excuser mon retard, mais il y avait beaucoup de circulation

will you excuse me for not waiting for you but I was in a hurry
vous m'excuserez de ne pas vous avoir attendu, mais j'étais très pressé

do forgive / excuse me, please
je vous prie de m'excuser / veuillez m'excuser

I've no excuse; I've (got) nothing to say for myself
je n'ai pas d'excuse; je suis inexcusable

be so good as to excuse us
veuillez / daignez nous excuser; ayez la bonté de nous excuser

excuse me, I don't wish to disturb you, but can I borrow your ladder?
excusez-moi, je ne voudrais pas vous déranger,
mais puis-je emprunter votre échelle?

I'm very / sincerely sorry to bother you, but could you give me a hand?
je suis vraiment désolé de vous déranger,
mais pourriez-vous me donner un coup de main?

my apologies for the trouble I'm causing
toutes mes excuses pour le dérangement

I'm terribly sorry I forgot to call you
je suis terriblement confus d'avoir oublié de vous appeler

I hate myself for not having called you
je m'en veux de ne pas vous avoir appelé(e)

I didn't mean to do it
je ne l'ai pas fait exprès

I'm really sorry I can't come up to your expectations
je regrette vraiment de ne pas pouvoir répondre à votre attente

I apologize for having kept you waiting
je vous demande pardon pour vous avoir fait attendre

I'm so sorry but that's beyond my competence
je regrette infiniment mais cela n'est pas de ma compétence

to apologize profusely; to eat dirt* / humble pie / crow*(US)
se confondre en excuses; faire des excuses humiliantes

he made the humblest of apologies to us
il nous a présenté ses plus plates excuses

to give somebody the same old song and dance*; mouth apologies
débiter les excuses habituelles à quelqu'un; s'excuser du bout des lèvres

will you come and see us on Sunday?
viendrez-vous nous voir dimanche?

well actually I'm afraid I won't be free
c'est-à-dire que je crains de ne pas être libre

accepting apologies   **accepter des excuses**

please don't apologize, you're quite forgiven
je vous en prie, ne vous excusez pas, vous êtes tout à fait pardonné

never mind it doesn't matter; don't let it bother you
mais non, ce n'est rien, je vous en prie; ne vous en faites pas pour cela

don't mention it; don't give it a second thought
n'en parlons plus; n'y pensons plus

to ask for / refuse apologies   **demander / refuser des excuses**

you should at least offer an apology!
vous pourriez au moins vous excuser!

I demand an apology
j'exige des excuses

he might have had the good grace to apologize
il aurait pu avoir l'élégance de s'excuser

what have you (got) to say for yourself?
qu'avez-vous comme excuse?

it's a bit late in the day to be making excuses
c'est un peu tard pour vous excuser

no ifs and buts, that excuse has worn thin
ni de si ni de mais, cette excuse ne prend pas

proverb   **proverbe**

apologizing is a way of admitting one's guilt
qui s'excuse, s'accuse

228 RECEPTIONS

to have a taste for society life
avoir le goût de la vie mondaine / avoir du goût pour la vie mondaine

to move in fashionable circles
mener une vie mondaine

to lead a busy social life; entertain a lot
avoir une vie mondaine très active; recevoir beaucoup

entertaining at home   **recevoir chez soi**

to have / throw a party
donner une soirée

a stag party; a hen party
une soirée réservée aux hommes; une soirée réservée aux femmes

we had him for the evening
nous l'avions invité à passer la soirée chez nous

to have a dinner-party; have somebody to dinner
recevoir à dîner; recevoir quelqu'un à dîner

to keep open house
tenir table ouverte pour les amis

I've invited some friends to dinner
j'ai invité quelques amis à dîner

to have pot-luck / dine in a homely way; have a barbecue
dîner à la fortune du pot / sans façons; faire un barbecue

to give a formal dinner party; dine by candlelight
donner un grand dîner; dîner aux chandelles

to do things in style / in a big way; stand on ceremony
faire bien les choses / faire les choses en grand; faire des cérémonies

to serve tasty little home-made dishes; put on a first-rate meal
servir de bons petits plats maison; mettre les petits plats dans les grands

to serve a vintage wine
servir un vin millésimé

this wine should be drunk at room temperature
ce vin doit être chambré

having dinner   **le déroulement du repas**

to lay / set / clear the table
mettre / dresser / débarrasser la table

to sit down to eat; get up from the table; wait at table
se mettre à table; se lever de table; servir à table

to serve somebody with something
servir quelque chose à quelqu'un

to take a second helping of something
reprendre de quelque chose

can I help you to some more meat? - I've already had 3 helpings
puis-je vous servir encore un peu de viande? - j'en ai déjà repris 2 fois

aren't you eating anything? do help yourself to some more cheese
vous ne mangez rien? prenez encore un peu de fromage

no thanks, I can't finish it, I couldn't eat anything else; I'm stuffed / full
**non, merci, je ne peux finir, je ne pourrais rien prendre de plus;
je n'en peux plus**

would you like a taste of it?
voulez-vous y goûter?

all right but it's pure greed on my part
je veux bien, mais c'est de la pure gourmandise

shall we go into the sitting-room?
et si nous passions au salon?

do you drink your coffee black or white?
prenez-vous votre café avec ou sans lait?

to drink champagne
sabler le champagne

to drink to somebody's health
boire à la santé de quelqu'un

to raise one's glass to somebody's health; the King's health was drunk
lever son verre à la santé de quelqu'un; on but à la santé du roi

■
229 NUISANCE

to cause somebody displeasure   **causer du dérangement à quelqu'un**

to disturb / annoy / bother somebody
déranger / ennuyer / importuner quelqu'un

I don't want to bother you
je ne voudrais pas vous ennuyer

I'm sorry to disturb you; I don't wish to intrude
je suis navré de vous déranger; je ne voudrais pas vous déranger

but I need to borrow your ladder
mais j'ai besoin d'emprunter votre échelle

don't bother me! you're beginning to annoy me!
laissez-moi tranquille! tu commences à me fatiguer!

I wish people wouldn't come hanging round me when I'm working
je n'aime pas qu'on rôde autour de moi quand je travaille

to make a nuisance of oneself   causer des ennuis

to make things uncomfortable for somebody
mettre quelqu'un dans l'embarras

to make trouble for somebody / get somebody into a scrape*
causer des ennuis à quelqu'un / attirer des ennuis à quelqu'un

to create problems for somebody
créer des ennuis à quelqu'un

to land somebody in a fine mess / the soup* / a nice pickle*
mettre quelqu'un dans de beaux draps; fourrer / foutre
quelqu'un dans le pétrin*

to be prejudicial to somebody; try to harm somebody
nuire à quelqu'un; chercher à nuire à quelqu'un

an irksome individual   un importun

to importune somebody
importuner quelqu'un

to be in somebody's bad books
ne pas être en odeur de sainteté auprès de quelqu'un

he always gets in my way! he's a bit of a bore
il est toujours dans mes pieds! il est un peu casse-pieds

he bores us stiff with his stories; he's a pain in the neck / arse***(GB), ass***(US)*
il nous casse les pieds avec ses histoires;
ce qu'il est casse-pieds / il nous les casse! / il nous gonfle**!**

*that so-and-so stayed here for two solid hours without budging**
ce casse-pieds est resté ici deux bonnes heures sans décoller

he clings like a leech; you can't shake him off
il est crampon / il se cramponne / il s'accroche; on n'arrive pas à s'en débarrasser

he's an excruciating bore; deadly boring*
il est assommant; mortellement ennuyeux

what a bore! what a damned* nuisance he is! he's gone, what a relief!
quel raseur*! quel type empoisonnant! il est parti, quel bon débarras!

he's a pest* / a pain in the neck*
c'est un enquiquineur / un empoisonneur de première

he's a perpetual nuisance; he's a pain in the arse***(GB), ass***(US)
il ne cesse d'enquiquiner les gens / le monde; c'est un emmerdeur**

he's a blasted nuisance / awkward person; a fusspot**(GB), fussbudget*(US)
c'est un enquiquineur* / mauvais coucheur; un coupeur de cheveux en quatre

he's always nit-picking*; he does it for the hell of it*
il est toujours à chercher la petite bête*; il fait ça pour embêter le monde

what a nuisance he is! he's a ruddy* nuisance!
ce qu'il peut être embêtant! il me casse les pieds*! il m'enquiquine*!

a trouble-maker   **une personne à histoires**

to try to make trouble for somebody; make a meal of something
chercher des histoires à quelqu'un; faire tout un plat de quelque chose

to make a fuss about nothing
faire toute une histoire à propos de rien

a spiteful / malicious person   **une mauvaise langue**

to pour out one's venom against somebody; make nasty remarks
répandre son venin contre quelqu'un; dire des vacheries*

to tear somebody to pieces / sling mud at somebody
mettre quelqu'un en pièces / dire pis que pendre de quelqu'un

he makes sport of everyone; denigrates everybody
il se moque de tout le monde; dénigre tout le monde

he says nasty things about people; he's got a sharp tongue
il est médisant; c'est une langue de vipère

he's an absolute poison; he poisoned her mind against her husband
c'est une vraie teigne*/ il est absolument ignoble; il l'a fait douter de son mari

she's a poison-pen; she's used to sending poison-pen letters
c'est un corbeau; elle a coutume d'envoyer des lettres anonymes

she tittle-tattles; spends her time tittle-tattling
elle est mauvaise langue; elle passe son temps à cancaner

she's seething in her comments about others
quand elle parle des autres, elle a la dent dure

she lashes on people with her tongue; makes cuts about people
elle fait des remarques cinglantes aux gens; elle envoie des pointes aux gens

she talks about them behind their back; throws discredit on them
elle leur casse du sucre sur le dos; elle jette le discrédit sur eux

she drags them in the mud
elle les traîne dans la boue

she doesn't hesitate to drag somebody's name through the mire
elle n'hésite pas à traîner le nom de quelqu'un dans la boue

she's a perfect nuisance / pest; what a plague she is!
c'est une vraie peste / plaie; quelle plaie!

as for him, he's nasty as anything / perfectly poisonous
quant à lui, il est méchant / mauvais comme la gale

he takes a fiendish delight in making mischief between two people
il prend un plaisir diabolique / un malin plaisir à semer la zizanie entre deux personnes

he amuses himself by setting other people by the ears
il prend plaisir à dresser les gens les uns contre les autres

he's public nuisance number one; really a public nuisance
c'est une calamité publique; il empoisonne le monde

he's the bane of everybody's life; he's at the back of all my trouble
il empoisonne la vie de tout le monde; il est à l'origine de tous mes ennuis

unhealthy curiosity   **la curiosité malsaine**

to meddle in other people's business
se mêler des affaires des autres

to stick / poke one's nose into other people's business / be nosey
mettre / fourrer son nez dans les affaires d'autrui / être fouinard(e)*

he's a terrible snooper; a dreadful meddler
il met son nez partout; il est toujours à fourrer son nez quelque part

he's always pushing in where he's not wanted
il se mêle toujours de ce qui ne le regarde pas

he should take care of his own problems before getting involved in other people's
il devrait balayer devant sa porte avant de se mêler des affaires des autres

to delight in ruining something   **prendre plaisir à saboter**

to stand in somebody's way
se mettre en travers de quelqu'un

to be a spoilsport / dog in the manger; a wet blanket / killjoy
être un empêcheur de danser en rond; un trouble-fête / rabat-joie

to put a spanner in the works
mettre des bâtons dans les roues

to put paid to something* / put the tin lid on something*
gâcher / ruiner quelque chose

to rock the boat*; upset the applecart*
faire échouer quelque chose; tout ficher par terre* / tout bouleverser

to play a dirty trick on somebody /   **jouer un sale tour à quelqu'un**
do the dirty on somebody**

to stab somebody in the back; make life difficult for somebody
frapper quelqu'un dans le dos; tirer dans les jambes / les pattes* de quelqu'un

he's as low as a snake in the grass
c'est un spécialiste des coups bas

to steal somebody's thunder
couper ses effets à quelqu'un

to pull the carpet from under somebody*
couper l'herbe sous les pieds de quelqu'un

to pull the plug on somebody*
ruiner la réputation / la carrière / le succès de quelqu'un

to tyrannize somebody   **tyranniser quelqu'un**

to be hard on somebody
être dur avec quelqu'un

to make things hot* for somebody / give somebody a bad time
mener la vie dure à quelqu'un / lui en faire baver*

to rule somebody with an iron hand
mener quelqu'un à la baguette

to have somebody under one's thumb
faire marcher quelqu'un au doigt et à l'œil

to badger somebody for something / to do something
harceler quelqu'un pour obtenir quelque chose / pour qu'il fasse quelque chose

to be always going on at somebody about something
être toujours sur le dos de quelqu'un au sujet de quelque chose

my boss is always breathing down my neck; what a pain in the neck he is!*
mon patron est toujours sur mon dos; qu'il est pénible!

to be cruel to somebody; mean to somebody
être cruel envers quelqu'un; salaud avec quelqu'un

to behave despicably towards somebody
être abject envers quelqu'un

to give somebody a bad time; drive somebody up the wall*
faire souffrir / malmener quelqu'un;
en faire voir de toutes les couleurs à quelqu'un*

to plague somebody's life / make somebody's life miserable
gâcher la vie de quelqu'un / faire mener une vie misérable à quelqu'un

to make somebody's life a burden
rendre la vie intenable à quelqu'un

to lead somebody a dog's life / give somebody hell*
faire mener à quelqu'un une vie de chien / une vie infernale

■

230 QUARREL

squabble / petty quarrel   **la chicane**

to enjoy picking quarrels with people
aimer la chicane

to pick petty quarrels with somebody
chercher chicane à quelqu'un

to bicker / wrangle / have a rumpus with somebody*
se chamailler / se disputer / avoir une prise de bec avec quelqu'un*

the two brothers are constantly bickering with each other
les deux frères sont toujours à se chicaner / à se chamailler

to have a tiff; thumb one's nose; snipe at somebody
s'accrocher / se quereller gentiment; faire un pied de nez;
railler / brocarder quelqu'un

to quarrel about something
se quereller au sujet de quelque chose

to try and pick a fight / quarrel with somebody
chercher querelle / des crosses à quelqu'un

to try and make trouble for somebody
chercher des histoires à quelqu'un / chercher des poux dans la tête de quelqu'un

to take it out on somebody	s'en prendre à quelqu'un
to take somebody to task	prendre quelqu'un à partie
to have it out with somebody	s'expliquer avec quelqu'un
to clash head-on with somebody	heurter quelqu'un de front

to have a brush with somebody
avoir maille à partir avec quelqu'un

to have a scene with somebody
faire une scène à quelqu'un / avoir une scène avec quelqu'un

he made a scene because I'd forgotten to turn off the light
il m'a fait une scène parce que j'avais oublié d'éteindre la lumière

the two brothers fell out with each other over the inheritance
les deux frères se brouillèrent pour une question d'héritage

they quarrelled bitterly over the inheritance
ils se sont fâchés à mort au sujet de l'héritage

there's been bad blood between them since they fell in love with the same girl
la mésentente règne entre eux
depuis qu'ils sont tombés amoureux de la même fille

they're on bad terms with each other; they fight like cat and dog now
ils sont en mauvais termes; ils vivent désormais comme chien et chat

they can't bear each other / they hate each other's guts*
ils ne peuvent pas se sentir / ils ne peuvent se blairer*

they're at daggers drawn now; it's war to the knife between them now
ils sont maintenant à couteaux tirés; maintenant, entre eux, c'est la guerre

common expressions   **expressions courantes**

to cut somebody dead
ignorer quelqu'un (le traiter comme si on ne le connaissait pas)

to be short with somebody;
give somebody the cold shoulder(GB), turn a cold shoulder to somebody(US)
battre quelqu'un froid; faire preuve de froideur envers quelqu'un

to give somebody a wide berth / steer clear of somebody
tenir quelqu'un à distance / éviter quelqu'un

to walk out on somebody
laisser tomber quelqu'un

to put somebody in his place / take somebody down a peg or two
remettre quelqu'un à sa place / rembarrer quelqu'un

to teach somebody a thing or two
remettre les idées en place à quelqu'un

to have a spite against somebody; be in a huff* with somebody
en vouloir à quelqu'un; faire la gueule à quelqu'un

to run afoul of somebody
se mettre quelqu'un à dos

to get on the wrong side of somebody
se mettre mal avec quelqu'un

to get angry / fall out with somebody
se fâcher contre quelqu'un; se brouiller / se fâcher avec quelqu'un

to have words with somebody; have an argument with somebody; raise one's voice
avoir des mots avec quelqu'un; discuter vivement; hausser le ton

to launch into a long diatribe against somebody
se lancer dans une longue diatribe contre quelqu'un

to give somebody a roasting* / dressing-down* / telling off*
sonner les cloches* / passer un savon* / remonter les bretelles* à quelqu'un

to get really cross with somebody; slam the door in somebody's face
se fâcher tout rouge; claquer sa porte au nez de quelqu'un

to send somebody packing* / about his business / off with a flea in his ear*
envoyer quelqu'un promener* / sur les roses* / paître*

to show somebody the door / throw / boot* somebody out
**montrer la porte à quelqu'un / jeter quelqu'un dehors /
mettre quelqu'un à la porte**

to tell somebody to go to the devil
envoyer quelqu'un au diable

go jump in the lake*! good riddance*!
va te faire cuire un œuf**! bon vent*!

to chuck somebody out**   flanquer quelqu'un à la porte**

he can go hang*!
qu'il aille se faire pendre!

I don't want to see you again; go away! get lost*!
je ne veux plus vous voir; allez-vous en! barrez-vous*!

get lost*! / go fly a kite*!(US); off with you!
va voir ailleurs si j'y suis*!; va-t-en!

get the hell out of here**! / sod off***! / bugger off***!
fous-moi le camp**! / fous-moi le camp d'ici**! / va te faire foutre***!

to speak one's mind   dire sa façon de penser

to tell somebody where to get off
**critiquer quelqu'un d'une façon acerbe / dire à quelqu'un ce que l'on pense de
lui**

to tell somebody a few home truths
lâcher son paquet à quelqu'un / dire à quelqu'un ses quatre vérités

when I see him I'll tell him a few home truths
quand je le verrai, je lui dirai ses quatre vérités / ce que je pense de lui

when I see him I'll give him a piece of my mind
quand je le verrai, je lui dirai ma façon de penser / je lui dirai deux mots

I know you've lost a lot of money but there's no reason to take it out on your family
**je sais que vous avez perdu beaucoup d'argent,
mais ce n'est pas une raison pour vous en prendre à votre entourage**

don't take it like that; it's my business, not yours
ne le prenez pas sur ce ton; c'est mon affaire et non la vôtre

it's none of your business; mind your own business
ce n'est pas votre affaire; occupez-vous de ce qui vous regarde

strong / impolite telling-off   **l'engueulade***

to give somebody a telling-off; get a ticking-off
enguirlander*quelqu'un; se faire enguirlander*

to have a slanging match*
s'engueuler** avec quelqu'un

to give somebody a rocket**; call somebody names
engueuler** quelqu'un; donner à quelqu'un des noms d'oiseaux

to bawl at somebody / call somebody all the names imaginable
engueuler** quelqu'un comme du poisson pourri* /
traiter quelqu'un de tous les noms

to get a rocket** / to get bawled at   **se faire engueuler****

to get a tongue-lashing
se faire remonter les bretelles*

he treated me like dirt / as if I were the scum of the earth
il m'a traité comme un chien galeux / il m'a traité plus bas que terre

he got a hell of a talking to**
il s'est fait engueuler**

he got thoroughly and truly told off; he got a proper dressing-down*
il s'est fait copieusement engueuler**; il en a pris pour son grade

■

231 THREATS

threats   **les menaces**

to threaten somebody; threaten somebody with death
menacer quelqu'un; menacer quelqu'un de mort

to shake one's fist at somebody
menacer quelqu'un du poing

*to bare one's teeth; turn / cut up ugly**
montrer les dents / crocs*; se faire menaçant

I'm going to punch you in the face; you'll get my fist in your face
je vais te casser la figure; tu vas avoir mon poing dans la figure

whoever makes the first move will be in trouble!
gare au premier qui bouge!

if you don't stop making such a noise I'll read the riot act
si vous ne cessez pas de faire tant de bruit, je vais me fâcher / gare à vous!

*hurry up or your number will be up**
dépêche-toi, ou ça va barder pour ton matricule*

you'll just keep your mouth shut if you know what's good for you
vous avez intérêt à vous taire si vous voulez éviter les ennuis,
sinon il vous en cuira

watch your tongue, will you!
mesurez vos propos, voulez-vous!

if I were you, I'd watch what I was saying
à votre place / si j'étais vous, je surveillerais mes paroles

I'll make you eat your words!
je vous ferai rentrer les mots dans la gorge!

you won't get away with it, you know!
vous ne vous en tirerez pas comme cela! / vous ne l'emporterez pas au Paradis!

rest assured, I'll get my revenge!
soyez tranquille, je me vengerai!

I'll get even with you for that / I'll pay you out for that / I'll be quits with you yet
je vous revaudrai cela / vous me paierez cela / je vous ferai payer cela

you'll be hearing from me
vous aurez de mes nouvelles

I'll give you a dose of your own medicine; memory goes a long way
je vous rendrai la monnaie de votre pièce; je n'oublierai pas de si tôt

you'll get it sooner or later; you'll have the devil to pay for this!
vous ne perdez rien pour attendre; vous allez le payer cher!

once and for all, good bye!
à bon entendeur, salut!

what are you going to do?   **qu'est-ce que tu vas faire?**

I'll show him what's what
je vais lui montrer de quel bois je me chauffe

I'll show him what I'm made of; I'm going to play a trick of my own on him
je vais lui montrer ce dont je suis capable; je vais lui jouer un tour à ma façon

I'll teach him a lesson / some manners
je vais lui apprendre à vivre / la politesse

he won't get off lightly when I get hold of him; I'll make him pay for this!
il ne perd rien pour attendre; il me le paiera!

I'll wring his neck; I'm going to smash his face in**! I'll scratch his eyes out!
je vais lui tordre le cou! je vais lui démolir le portrait! je vais lui arracher les yeux!

I'm going to make mincemeat of him! I'll tear him to shreds!
je vais en faire de la chair à pâté! je vais le réduire en charpie!

listen to me   **écoute-moi bien**

if you carry on there's going to be trouble
si tu continues, ça va aller mal

I'm going to beat you black and blue! I'm going to give you a sound thrashing
je vais te frotter l'échine! je vais te caresser les côtes*

I'll break your jaw for you*; I'll box your ears / you'll get a clip round the ear!
je vais te casser la figure; je vais te chauffer / te frotter les oreilles!

you don't know what you're in for*!
you won't get off lightly when I get hold of you
tu ne sais pas ce qui t'attend! tu vas le sentir passer

I can assure you things won't turn out like that!
je te garantis que ça ne se passera pas comme ça!

I'll knock the smile off your face
je vais te faire passer l'envie de rire / je vais te flanquer une raclée

if you lay a finger on that child you'd better watch out!
si tu touches à cet enfant, gare à toi!

don't dare to lay a hand on him, or else..; just try and you'll see what'll happen
ne t'avise pas de porter la main sur lui, sinon..; essaie et tu verras ce qui arrivera

just make sure you don't do it again!
gare à ne pas recommencer!

*do it again and I'll have your guts for garters**!*
ne t'avise pas de recommencer / si tu recommences, je te tords le cou!

don't let me catch you doing that again! don't let me see you doing that again!
que je ne t'y reprenne pas! que cela ne se reproduise pas!

let that be a warning to you!
que cela te serve de leçon!

don't say I didn't warn you; I shan't tell you a second time
tu ne diras pas que je ne t'ai pas averti; je ne te le répéterai pas

his voice took on a threatening tone
ses paroles étaient pleines de menaces

it was no idle threat; his threats can't just be shrugged off
ce n'était pas des menaces en l'air; ses menaces doivent être prises au sérieux

■

232 OPEN CONFLICT

to come into conflict with somebody
entrer en conflit avec quelqu'un

to have a set-to* with somebody / tear each other's hair out
s'accrocher avec quelqu'un / se crêper le chignon*

to grapple / have a row with somebody
être aux prises avec quelqu'un / se quereller violemment

to be looking for a fight
chercher la bagarre

he means trouble; if anyone asks for me, they'll get it
il cherche la bagarre; si on me cherche, on me trouve

*there's going to be a heck of a row**
ça va barder* / ça va péter des flammes*

to take on more than one's match
s'attaquer à plus fort que soi / trouver à qui parler

you're no match for him
vous n'êtes pas de taille à lutter avec lui

to stand up to somebody; have a tough opponent to contend with
tenir tête / s'opposer à quelqu'un; avoir à faire à forte partie

to stand up for oneself; keep somebody at bay
se défendre contre quelqu'un; tenir quelqu'un en échec

abuses / insults   les insultes / les injures

to shout at somebody; call somebody a fool
crier après quelqu'un; traiter quelqu'un d'imbécile

to treat somebody like dirt
traiter quelqu'un comme un chien galeux / traiter quelqu'un plus bas que terre

to call somebody names
donner à quelqu'un des noms d'oiseaux

to call somebody all the names imaginable
engueuler quelqu'un comme du poisson pourri*

to vituperate / rail against somebody
vitupérer contre quelqu'un / se répandre en injures

to abuse / shout abuse at / bandy words with somebody
insulter quelqu'un / lancer des insultes / échanger des injures

to let out a torrent of abuse / pour out a stream of abuse
se répandre en injures / invectives

to heap insults / shower abuse on somebody / shower somebody with insults
accabler / couvrir quelqu'un d'injures / déverser des injures sur quelqu'un

to shriek abuse at somebody / hurl insults / abuses at somebody
hurler des injures à quelqu'un / agonir quelqu'un d'injures

blows   **les coups**

to have a tussle with somebody / have a fistfight / scuffle
en venir aux mains / se battre / se bagarrer

to lay a hand on / thumb* somebody
porter la main / taper sur quelqu'un

to fight like cat and dog
se battre comme des chiffonniers

to come to blows; fight with somebody
en venir aux coups; faire le coup de poing avec quelqu'un

to hit somebody a blow / punch somebody
donner un coup à quelqu'un / donner un coup de poing à quelqu'un

to give somebody a belting** / thumping** / good hiding
foutre une trempe / flanquer une raclée / une bonne correction à quelqu'un**

to fight tooth and nail; return blow for blow
se battre bec et ongles; rendre coup pour coup

to slap somebody in the face / give somebody a clout*
gifler quelqu'un / flanquer une gifle / une calotte / une beigne* à quelqu'un

to cuff somebody round the ear; box somebody's ears
donner une calotte à / calotter quelqu'un; boxer les oreilles de quelqu'un

to biff* somebody / biff* somebody on the nose
flanquer une baffe à quelqu'un* / flanquer* son poing sur la figure de quelqu'un

to punch somebody's face; bash somebody up** / belt somebody**
casser la figure à quelqu'un; taper sur la gueule de quelqu'un**

to smash somebody's face in
casser la gueule à quelqu'un**

to beat somebody up / pummel somebody
tabasser quelqu'un / bourrer quelqu'un de coups

to fly at somebody; beat somebody's brains out
voler dans les plumes de quelqu'un; faire une grosse tête* à quelqu'un

to catch somebody a blow; hit below the belt
donner un coup à quelqu'un; donner un coup bas

to hit with all one's might; hit out at somebody brutishly
frapper de toutes ses forces; frapper quelqu'un comme une brute

to give somebody both barrels*
tomber sur quelqu'un à bras raccourcis

to be going at it hammer and tongs / punch into somebody*
y aller de bon cœur / y aller à bras raccourcis

to give somebody the third degree; batter somebody to death
passer quelqu'un à tabac; battre quelqu'un à mort

to beat somebody black and blue / beat the living daylights out of somebody*
rouer quelqu'un de coups / battre quelqu'un comme plâtre*

to reduce somebody to a pulp
réduire quelqu'un en marmelade

to knock somebody for six* / take somebody apart;
knock him into the middle of the next week*
démolir quelqu'un / mettre quelqu'un en pièces; lui faire voir 36 chandelles

to have the upper hand; to knock somebody out
avoir le dessus; mettre quelqu'un K.O.*

they really laid into each other
qu'est-ce qu'ils se sont mis!

they didn't pull their punches
ils n'y sont pas allés de main morte

■

233 RANCOUR

grudge / rancour   la rancune

to be vindictive; bear somebody a grudge
être rancunier; garder rancune à quelqu'un

to hold / bear a grudge against somebody for something
en vouloir à quelqu'un / garder rancune à quelqu'un pour quelque chose

to harbour feelings of rancour against somebody for something
nourrir de la rancune contre quelqu'un à propos de quelque chose

to hold something against somebody
avoir quelque chose contre quelqu'un

he holds it against me that I didn't write
il m'en veut / il me tient rigueur de ne pas lui avoir écrit

to have a down* on somebody
avoir une dent contre quelqu'un

she's got it in for me
elle m'en veut / elle a une dent contre moi

who have you got a grudge against? what have you got against him?
après qui en as-tu? qu'est-ce que tu as contre lui?

to have it in for somebody; be bitterly resentful of somebody
garder à quelqu'un un chien de sa chienne*; en vouloir à mort à quelqu'un

rancour / resentment   la rancœur

to be full of rancour / feel resentment against somebody
avoir / éprouver de la rancœur / du ressentiment contre quelqu'un

*he couldn't stomach that decision; he's upset / peeved**
il n'a pas encaissé / digéré cette décision; il en a gros sur le cœur / la patate**

he didn't appreciate my remark a little bit / he resented my remark*
il n'a pas du tout apprécié ma remarque / il n'a pas encaissé ma remarque

he's harboured resentment over it
il en a gardé du ressentiment

he was full of resentment about it
il en a crevé de dépit

what he told me still rankles with me
ce qu'il m'a dit me reste sur le cœur

it still riles* me / it stuck in my throat / I couldn't swallow it
ça m'est resté là / ça m'est resté sur l'estomac / je ne l'ai pas avalé

■

234 REVENGE AND VENGEANCE

to get one's revenge; cry out for vengeance
se venger / crier vengeance

to avenge oneself; hit back at somebody
se venger de quelqu'un; user de représailles

I'll get even with you for that / I'll pay you back for that
je vous revaudrai ça / vous me paierez ça / je vous ferai payer ça

to be after / want somebody's blood; thirst for revenge
vouloir se venger / vouloir du sang; avoir soif de vengeance

to settle a score with somebody
faire payer à quelqu'un le mal qu'il vous fait

to do something out of / in revenge
faire quelque chose par vengeance / pour se venger

to plan one's revenge; vow vengeance on somebody
se ménager une revanche; jurer de se venger de quelqu'un

to wreak vengeance; get one's revenge
assouvir sa vengeance; prendre sa revanche

to take a spectacular revenge on somebody
prendre une revanche spectaculaire sur quelqu'un

to turn the tables / beat somebody at his own game
renverser la situation / battre quelqu'un à son propre jeu

to return like for like; pay somebody back in his own coin
rendre la pareille; rendre à quelqu'un la monnaie de sa pièce

I'll pay him back in my own way
je lui réserve un tour à ma façon

it reeks of vengeance / it has a strong whiff of vengeance about it
ça sent la vengeance / cela a des relents de vengeance

proverbs   **proverbes**

an eye for an eye, a tooth for a tooth
œil pour œil, dent pour dent

never take revenge in the heat of the moment / revenge is sweet
la vengeance est un plat qui se mange froid

■

235 RECONCILIATION

to patch up a quarrel / make it up
mettre fin à une querelle / se raccommoder

siblings always patch up their quarrels
les enfants d'une même famille finissent toujours par se raccommoder

with the help of a marriage counsellor the couple worked things out
avec l'aide d'un conseiller conjugal, le couple s'est raccommodé

the play ended with a reconciliation
la pièce s'est achevée sur une réconciliation

to mend one's fences*   **se réconcilier avec quelqu'un**

the brother and sister have been reconciled
le frère et la sœur se sont réconciliés

he preferred reconciling with his wife to divorcing her
il a préféré se réconcilier avec sa femme plutôt que de divorcer

he hopes to make it up with his truculent brother before he leaves
il espère se réconcilier avec son irascible de frère, avant qu'il ne parte

let's forget all about that old quarrel
passons l'éponge sur cette vieille querelle

let's make it up; let's kiss and make up
faisons la paix; embrassons-nous et faisons la paix

he's made his peace with his parents
il a fait la paix avec ses parents

common expressions   **expressions courantes**

forgive and forget; bury the hatchet; let bygones be bygones
oublier, c'est pardonner; enterrer la hache de guerre; oublions le passé

let's say no more about it / let's wipe the slate clean; no hard feelings
n'en parlons plus / passons l'éponge; je ne vous en veux pas

least said, soonest mended
moins on en parle, mieux ça vaut

in order to make it / things up   **pour se réconcilier**

everyone must be prepared to make some effort
chacun doit être prêt à y mettre du sien

everyone must try to smooth things over
chacun doit essayer d'arrondir les angles

he bought her a gift in the hope of smoothing things over between them
il lui a acheté un cadeau dans l'espoir d'arranger les choses entre eux

if we want to get along together
we must learn to turn a blind eye on our mutual shortcomings
si nous voulons bien nous entendre,
nous devons apprendre à fermer mutuellement les yeux sur nos petits travers

■

236 INFORMATION

information   l'information

for your information I must tell you that the taxi drivers will be on strike tomorrow
**pour votre information, je dois vous dire
que les chauffeurs de taxis seront en grève demain**

I need some information about sending a parcel abroad
j'ai besoin d'informations / de renseignements sur l'envoi d'un paquet à l'étranger

a piece of news / news   une information / une nouvelle

have you heard the news?
connaissez-vous la nouvelle?

what's the news? what's new? what's been happening?
quelles sont les nouvelles? quoi de neuf? quelles nouvelles?

there's next to no news / there's nothing new
il n'y a presque rien de neuf / il n'y a rien de neuf

here's the latest news of the crash
voici les dernières nouvelles de l'accident d'avion

the President's escapades were widely talked about
les frasques du Président ont défrayé la chronique

to give some news   la diffusion de l'information

to provide information; release a statement
diffuser l'information; publier un communiqué

to give a piece of news to the public; divulge a piece of information
livrer une information au public; divulguer une information

to bring something to light about somebody / something
révéler des informations sur quelqu'un / quelque chose

to take the lid off something; unveil a piece of information
lever le voile sur quelque chose; dévoiler une information

to let the cat out of the bag / give the show* / game away *
révéler le pot aux roses / vendre la mèche

the cat's out of the bag now
ce n'est plus un secret maintenant

new facts have come to light; it finally leaked out that…
on a découvert des faits nouveaux; on a fini par apprendre que…

to alert public opinion; shout / proclaim something from the roof-tops
alerter l'opinion publique; clamer quelque chose sur la place publique

this affair was given a lot of publicity
on a mené grand bruit autour de cette affaire

to create a sensation with a   **annoncer une nouvelle à grand fracas**
piece of news

the news was trumpeted forth by the press
la nouvelle a été annoncée en fanfare par toute la presse

they made a big splash with the news
la nouvelle a été annoncée à grand bruit

the news was instantly flashed far and wide
la nouvelle fut instantanément diffusée à tous les vents

the news spread like wild fire through the town
la nouvelle s'est répandue dans la ville comme une traînée de poudre

the whole village was full of it in next to no time; there was quite a rumpus
tout le village l'a sue en un rien de temps; ça a fait du bruit (dans Landerneau)

to hush up a piece of information   **étouffer une information**

to keep a piece of information under wraps
retenir une information

hushing up the truth is as good as lying
taire la vérité, c'est déjà mentir

it's all hush-hush but it's rumoured that...*
tout ceci est très confidentiel, mais on dit que...

this item got no coverage in the press
cette nouvelle n'a eu aucun écho dans la presse

there's no trace of this event to be found in the papers
il n'y a pas trace de cet événement dans la presse

the press is maintaining a complete silence on the subject
la presse observe un mutisme total sur la question

the government kept silent on that case
le gouvernement a gardé le silence sur cette affaire

the minister wasn't very informative about this case
le ministre n'a pas été très bavard sur cette affaire

but everything got out in the end
mais tout a fini par se savoir

to put the record straight   **rectifier une information**

to deny a rumour; publish a denial
démentir une rumeur; publier un démenti

to issue a statement setting the record right
publier une mise au point

the government issued a statement setting the record straight
le gouvernement a fait une déclaration pour rectifier l'information

source of information   **l'origine de l'information**

where did you hear this piece of information? who is your informant?
d'où tenez-vous cette information? de qui tenez-vous cette information?
qui est votre informateur?

I got it from a reliable informant; I heard it from my neighbour
je la tiens d'un informateur bien renseigné; c'est mon voisin qui me l'a dit

I got it from a reliable source
je la tiens de source sûre

I had it from a usually well-informed source
je la tiens d'une source généralement bien informée

I heard it in a roundabout way / on the grapevine*
je l'ai apprise de façon détournée / par la bande / par le téléphone arabe

to inform oneself   **s'informer**

to follow the news / keep oneself abreast of current events
suivre l'actualité / se tenir au courant des nouvelles

to gather information on somebody / something
rassembler / recueillir des renseignements sur quelqu'un / quelque chose

to keep abreast of something
se tenir informé / se tenir au courant de quelque chose

to subscribe to a science magazine to keep oneself abreast of things
s'abonner à une revue scientifique pour se tenir au courant

to gen up on something**; to go fishing for information
se rancarder** sur quelque chose; aller à la pêche aux informations

to inquire after somebody's health
s'enquérir de la santé de quelqu'un

to find out about somebody's exam results
s'informer des résultats d'examen de quelqu'un

to worm information out of   **tirer les vers du nez à quelqu'un**
somebody

I'll worm it out of him somehow
je m'arrangerai pour lui tirer les vers du nez

I'm going to loosen his tongue
je vais le faire parler / je vais lui délier la langue

to ask somebody for   **demander des renseignements à quelqu'un**
information

to inquire the price of an item from the shop assistant
demander le prix d'un article au vendeur

to inquire whether the appointment holds or not
s'informer si le rendez-vous prévu est maintenu ou non

to inquire how to remove a stain from a piece of clothing
s'informer des moyens de détacher un vêtement

to ask for more detailed information
demander des renseignements / informations complémentaires

I'd like some extra detailed information about your plan
j'aimerais avoir des informations plus détaillées concernant votre projet

have you got the gen* on this new apparatus?
avez-vous la documentation concernant ce nouvel appareil?

to be well / ill-informed   **être bien / mal informé au**
about something   **sujet de quelque chose**

to be in the know / up to date on something / keep up
être au courant / informé de quelque chose / à la page

to be acquainted with the problem; know the ropes*
être au fait de la question; être au courant de toutes les ficelles*

to be genned* on something; in on it
être tout à fait au courant de quelque chose; être dans le coup / au courant

I'm aware of what's happened; I know this much
je suis au courant de ce qui s'est passé; je sais au moins ceci

as far as I know his business is doing badly
pour autant que je sache, ses affaires vont mal

you're not unaware that he's ruined
vous n'êtes pas sans savoir qu'il est ruiné

you'll not be ignorant of the fact that he went bankrupt
vous n'ignorez pas qu'il a fait banqueroute / faillite

how do you know? - I know what I know
comment le savez-vous? - je sais ce que je sais

to get to know something   **apprendre quelque chose**

I've heard it said that...
j'ai entendu dire que...

it came to my knowledge that you intended to move
il est venu à ma connaissance que vous aviez l'intention de déménager

I'm pleased to hear that you're enjoying your work
je suis heureux d'apprendre que votre travail vous plaît

I'm surprised to learn that you've resigned
je suis surpris d'apprendre que vous avez démissionné

actually I already knew of your troubles
mais en fait, j'avais déjà eu connaissance de vos difficultés

to inform somebody   **informer quelqu'un**

to let somebody know about something / notify somebody of something
informer quelqu'un de quelque chose / faire savoir quelque chose à quelqu'un

I shall let you know in due course when I intend to leave
je vous tiendrai au courant de mon départ en temps opportun

she always keeps me informed of her whereabouts
elle me tient toujours informé de l'endroit où elle se trouve

to bring something to somebody's knowledge
porter quelque chose à la connaissance de quelqu'un

to acquaint somebody with the facts of a matter
mettre quelqu'un au courant d'une affaire

to bring somebody up to date about something
mettre quelqu'un au courant de quelque chose

to put somebody into the picture* / wise somebody up /
give somebody the lowdown (on something)**
affranchir quelqu'un / mettre quelqu'un au parfum* /
éclairer la lanterne de quelqu'un

he's just told me of his departure
il m'a appris son départ à l'instant

to give somebody some information   **renseigner quelqu'un**

we inform you that our offices close at 5 p.m.
nous vous informons que nos bureaux ferment à 5 heures

to let somebody into a secret; keep somebody in the dark
mettre quelqu'un dans le secret; laisser quelqu'un dans l'ignorance

to tip somebody off / give somebody some gen**
donner un tuyau / une information confidentielle (à la police / un parieur)

to break the news to somebody
annoncer une mauvaise nouvelle à quelqu'un

proverbs   **proverbes**

no news is good news
pas de nouvelles, bonnes nouvelles

bad news travels fast
les mauvaises nouvelles vont vite

■

237 RUMOUR

rumour conveys all kinds of news however right or wrong
vraies ou fausses, la rumeur véhicule toutes sortes d'informations

the news about the President's bad health
keeps nourishing the rumour of his resignation
les nouvelles concernant la mauvaise santé du Président
continuent d'alimenter la rumeur de sa démission

the opposition press is spreading the rumour
that the party in office were hand in glove with the Mafia
la presse d'opposition fait courir la rumeur
que le parti au pouvoir aurait des relations avec la Mafia

this rumour grew up out of nothing; the rumour is gaining ground
cette rumeur est partie de rien; la rumeur prend de la consistance

possible true rumour   on dit que (et c'est peut-être vrai)

it's all hush-hush but it's rumoured that ...*
tout ceci est très confidentiel, mais on dit que...

it's only hearsay; it's said there's no smoke without fire
ce ne sont que des on-dit; mais on dit qu'il n'y a pas de fumée sans feu

he's said to be intelligent but stubborn
on dit qu'il est intelligent mais têtu

apparent rumour   il paraît que

apparently / it seems they're going to build a new commercial centre
il paraît / le bruit court qu'on va construire un nouveau centre commercial

*he got the job, so it would appear; he apparently got it through a bit of string-pulling**
il a obtenu le poste, à ce qu'il paraît; il paraît qu'il l'a eu par piston*

there's seemingly a complete slump in business
à ce qu'il paraît / d'après ce qu'on dit les affaires sont en plein marasme

I heard it said   j'ai entendu dire

I heard it said that you were planning to move
j'ai entendu dire que vous alliez déménager

alleged rumour   on prétend que (mais ce n'est pas prouvé)

the three servicemen are alleged to have raped the girl
on prétend que les trois militaires ont violé la fille

alcohol is supposed to be good for the digestion
on prétend que l'alcool facilite la digestion

rheumatic people are supposed to live a long time
on prétend que les rhumatismes sont un brevet de longue vie

only legendary rumour   on rapporte que / la légende veut que

it's said that / legend has it that there used to be a continent known as Atlantis
on rapporte qu'il y a eu / la légende veut qu'il ait eu un continent nommé Atlantide

mere unproven rumour   **le bruit court que / la rumeur veut que**

the rumour is / has it that the President is going to resign
le bruit court / la rumeur veut que le Président va démissionner

he's said to be intending to resign; it's a rumour that's going around
on lui prête l'intention de démissionner; c'est un bruit qui court

the word is that the President is going to resign
on a appris / le bruit court que le Président va démissionner

there's a lot of gossip going round / a lot being said about him
il y a bien des bruits qui courent / il circule bien des bruits à son sujet

it's rumoured / common talk that petrol prices will rise
le bruit court / on dit partout que le prix de l'essence va augmenter

people set it about that petrol prices will rise
on fait courir le bruit que le prix de l'essence va augmenter

the rumour was that the old miser had hoarded a pile of money
le bruit courait que le vieux grippe-sou* avait amassé un magot*

it's come to my ears / word has come back to me you're going to get married
il m'est revenu / j'ai ouï-dire que vous allez vous marier

I've heard a report / heard it said that he'd left the town
j'ai entendu dire / j'ai ouï-dire qu'il avait quitté la ville

common expressions   **expressions courantes**

there's something in the air / afoot
il y a quelque chose dans le vent / il se prépare quelque chose

I got wind of a plan to enlarge the marina
j'ai eu vent d'un projet d'agrandissement du port de plaisance

a little bird told me that you had a new girlfriend
mon petit doigt m'a dit que tu avais une nouvelle bonne amie

238 THE MEDIA

the media are said to be the fourth estate
on dit que les médias constituent le quatrième pouvoir de la démocratie

newspapers   les journaux

to buy a newspaper at a news-stand / stall; subscribe to a monthly magazine
acheter un journal à un kiosque; s'abonner à un magazine mensuel

to have a complimentary subscription to a large circulation paper
être abonné gratuitement à un journal de grande diffusion

to read a daily paper; relish the gutter press
lire un quotidien; se délecter de la presse à scandales

to flip through / skim an article
lire rapidement un article / lire en diagonale

lead stories go on the front page / hit the headlines
les articles importants sont à la une des journaux / font la une des journaux

the financial crisis is the lead (story) in the morning papers
la crise financière est à la une des journaux du matin

the news was splashed across the front page
la nouvelle a fait cinq colonnes à la une

the President's escapades were front-page news for a long time
les frasques du Président ont fait longtemps la une des journaux

the tabloids blew the lid off the President's escapades
les journaux à scandales ont étalé au grand jour les frasques du Président

he was torn to pieces by the media
il a fait l'objet d'un véritable lynchage médiatique

the journalists   les journalistes

the editor   **le rédacteur en chef**
the leader / editorial writer   **l'éditorialiste**

a columnist   **un chroniqueur**
a free lance journalist   **un journaliste indépendant / un pigiste**

to feature an event / make a scoop
présenter un événement / publier une nouvelle à sensation en exclusivité

television   **la télévision**

to broadcast a live / recorded programme
diffuser une émission en direct / différé

to be reporting live
faire un reportage en direct

Channel One presented live coverage of the match between France and England
la première chaîne a présenté le reportage du match France-Angleterre en direct

it was live from Liverpool
c'était en direct de Liverpool

that programme(GB), program(US) was broadcast live from Liverpool
cette émission était transmise en direct de Liverpool

the pre-recorded programme(GB), program(US) will be broadcast next week
l'émission sera diffusée en différé la semaine prochaine

the World Cup will get worldwide coverage
la Coupe du Monde sera diffusée dans le monde entier

to cover a ceremony / provide coverage of an event
assurer le reportage d'une cérémonie / d'un événement

to give full coverage to an event
assurer la couverture complète d'un événement

to show extensive recorded extracts of a ceremony;
give great weight to a particular event
retransmettre de larges extraits d'une cérémonie;
faire une large part à un événement particulier

news speakers have become TV stars
les journalistes qui présentent le journal parlé sont devenus les stars de la TV

some soap operas are broadcast all over the world
certaines séries sont diffusées dans le monde entier

to watch television   **regarder la télévision**

to watch a face-to-face TV debate
regarder un face-à-face télévisé

to become quite moronic through watching too much television
s'abrutir à trop regarder la télévision

the children are glued* to the telly as soon as they come in
les enfants se collent devant la télé dès qu'ils rentrent

it's a devil of a job* to drag them away from the telly
c'est la croix et la bannière* pour les arracher de la télé

to record a film on a recordable DVD
enregistrer un film avec un graveur de DVD

the programmes(GB), programs(US)   **les programmes**

what's on the telly? what's on Channel Two? is there a good film on?
qu'est-ce qu'il y a au programme? qu'y a-t-il sur la deux? y a-t-il un bon film?

here's the viewing for the evening
voici le(s) programme(s) de la soirée

there's nothing good on telly tonight
il n'y a rien de bon ce soir à la télé

Les Experts: Miami will be on soon, do you want to watch that?
ça va bientôt être l'heure de Les Experts: Miami, est-ce que tu veux regarder?

radio   **la radio**

to turn on the radio; listen to the news on the radio
allumer / mettre la radio; écouter les nouvelles à la radio

to tune in to a station / tune to a given wavelength
régler son poste sur une station / sur une longueur d'onde donnée

to put on France Musique; put the news on
mettre France Musique; mettre les informations

to be on the radio / air
passer à la radio

advertising   **la publicité**

to put an ad in a daily paper
passer une petite annonce dans un quotidien

to advertise something; do a lot of advertising
faire de la publicité pour quelque chose; faire beaucoup de publicité

beware of misleading advertising
méfiez-vous des publicités mensongères

a radio / TV commercial   **une publicité à la radio / TV**
an advertisement in a magazine   **une publicité dans un magazine**

a hoarding(GB), billboard(US) advertising something
un panneau publicitaire pour quelque chose

■

239 BUSINESS MATTERS

business is business
les affaires sont les affaires

to launch out into business
se lancer dans les affaires

to do business; handle a lot of business; be in the business up to the hilt
faire des affaires; brasser beaucoup d'affaires; être dans les affaires jusqu'au cou

to found a business; run a business
monter une affaire; diriger / exploiter une entreprise

to throw oneself whole-heartedly into an enterprise
se jeter à corps perdu dans une entreprise

to set a business afloat; keep a business afloat; set a business on its feet again
maintenir une affaire à flot; renflouer une affaire; remettre une affaire sur pied

to set up one's own business; enter into partnership; go it alone
s'établir à son compte; s'associer; faire cavalier seul

business life   **la vie des affaires**

to do some market research; control a market; corner a market
faire une étude de marché; contrôler un marché; s'emparer d'un marché

to have a corner on the market is a major asset to a firm
contrôler le marché d'un produit est un atout majeur pour une société

to meet the demand for something; be subjected to the law of supply and demand
répondre à la demande de quelque chose; subir la loi de l'offre et de la demande

to cope with the ups and downs of the circumstances
faire face aux aléas de la conjoncture

to forecast a recession / crash / recovery
prévoir une récession / crise / reprise

to meet one's financial commitments
faire face aux échéances

to conclude a deal with somebody   **faire affaire avec quelqu'un**

to negotiate with somebody; bargain from a position of strength
traiter avec quelqu'un; être en position de force pour négocier

to keep somebody out of a deal; do a bit of business at somebody's expense
tenir quelqu'un à l'écart d'une affaire; faire des affaires sur le dos de quelqu'un

to clinch / conclude a deal   **réussir une affaire / conclure un marché**

to deal briskly with a piece of business; complete a deal to one's advantage
mener rondement une affaire; mener et conclure une affaire à son avantage

to get something for a song
obtenir quelque chose pour une bouchée de pain

to pull off a deal; get an order
enlever une affaire; enlever une commande

*we've got the contract all sewn up**
l'affaire est dans la poche* / le sac*

to fail to obtain(GB), crab*(US) a deal   **manquer une affaire**

the bargain slipped through his fingers
l'affaire lui est passée sous le nez*

*the deal didn't go through; the affair is in the soup***
l'affaire n'a pas abouti / ne s'est pas faite; l'affaire est dans le lac*!

business and money   **les affaires et l'argent**

money is the prime mover of the economy
l'argent est le premier moteur de l'économie

*to earn money / make a fortune / one's pile**
gagner de l'argent / faire fortune / son beurre*

*to make / lose / spend money hand over fist**
gagner / perdre / dépenser beaucoup d'argent en peu de temps

how much do you stand to make?
*the deal will make me 500 dollars; it's money for jam**
combien pensez-vous gagner?
l'affaire me rapportera 500 dollars; c'est de l'argent gagné facilement

*to turn everything into cash; make money from thin air**
faire argent de tout; faire de l'argent à partir de rien

to be out of one's pocket
en être de sa poche

investment   **l'investissement**

to invest capital in a company; pour in capital
investir des capitaux dans une société; investir des capitaux importants

to acquire a majority interest in a firm
prendre une participation majoritaire dans une société

to pump more money into a company; have money behind oneself
réinjecter des fonds dans une entreprise; avoir du répondant

to have a solid financial backing to finance a project
avoir les reins solides pour financer un projet

success   le succès

business has picked up recently; the market will pick up soon
les affaires ont repris récemment; le marché va bientôt remonter

business is on the mend / looking up / improving
les affaires vont mieux / reprennent / s'améliorent

our turnover shows an increase on last year's
notre chiffre d'affaires est en augmentation sur celui de l'an dernier

sales stand at 8% up on last year
les ventes sont pour l'instant en augmentation de 8% par rapport à l'an dernier

there's been a leap in profits this year; the results exceeded our expectations
les profits ont fait un bond cette année; les résultats ont dépassé notre attente

business is brisk
les affaires marchent bien

business is in full swing / is working at full capacity
les affaires marchent très bien / à plein rendement

my business is making out all right; it's a fast-expanding business
mon affaire marche bien; elle est en pleine expansion

my business is coming along like a house on fire
mon affaire marche du tonnerre de Dieu*

it's a rapidly expanding business; it's running at a profit
elle est en plein essor; elle gagne de l'argent

I'm doing a roaring trade / making money hand over fist
je fais des affaires d'or / je ramasse de l'argent à la pelle*

ups and downs and difficulties   les aléas et difficultés

business is quiet / slack / at a standstill
les affaires sont calmes / au point mort; c'est le calme plat dans les affaires

business is middling; business is struggling along
les affaires vont comme ci, comme ça; les affaires vont clopin-clopant*

this business breaks even
cette affaire ne gagne ni ne perd d'argent

business is bad; things are going from bad to worse
les affaires marchent / vont mal; tout va de mal en pis

business is completely stagnant; there's a complete slump in business
c'est le marasme dans les affaires; les affaires sont en plein marasme

he's doing badly; he's in jeopardy
il fait de mauvaises affaires; il est en mauvaise posture / en difficulté

his company is in a state of total decay; his business runs at a loss
son affaire est en complète déliquescence; son affaire perd de l'argent

his company is on its last legs; he's on the verge of ruin*
sa société est au bord de la faillite; il est au bord de la ruine

we're hoping that business will pick up again
on espère une reprise des affaires

demand is picking up slightly / strongly
la demande reprend faiblement / fortement

the recovery is already quite marked in the metallurgical industry
la reprise est déjà marquée dans la métallurgie

competition   **la concurrence**

competition is (getting) keener and keener; it's a rat-race; the law of the jungle
la concurrence est de plus en plus vive; c'est la foire d'empoigne; la loi de la jungle

you have to force your competitors out of the market and to face unfair competition
il faut éliminer ses concurrents et faire face à la concurrence déloyale

to run one's business well   **bien gérer son affaire**

to take charge of one's business
s'occuper de ses affaires

to have a genius / good head for business; know how to be a good manager
avoir le génie / l'esprit des affaires; savoir diriger

to be the spirit and soul of the firm; bend all one's efforts in one's business
être la cheville ouvrière de l'entreprise; consacrer tous ses efforts à ses affaires

to go openly about one's business; be above-board in one's business dealings
y aller franchement / carrément; être carré en affaires

to be a tough / hard-headed businessman
être dur / coriace en affaire

he would stick at nothing to down his competitors in business
il ne reculerait devant rien pour abattre ses concurrents

doing fine in business requires knowing the tricks of the trade
pour bien réussir dans les affaires, il faut connaître les ficelles du métier

you must know the nuts and bolts of each deal*
il faut connaître tous les détails de chaque affaire

to run a business badly   **mal gérer**

to be unsuited for business
être inapte aux affaires

to let things slide / go to the dogs *
laisser les choses aller à vau-l'eau / à la dérive

to run a business to the ground
laisser péricliter une affaire

240 COMMERCE, SALE

the dealer   **le vendeur**

a merchant / dealer	**un marchand / distributeur**
a shopkeeper	**un boutiquier**
a stallholder	**un marchand sur le marché**
a retailer; a retail outlet	**un détaillant; un point de vente**
a wholesaler; to buy in bulk	**un marchand en gros; acheter en gros**

wholesalers are not allowed to sell direct to consumers
les marchands en gros n'ont pas le droit de vendre directement au consommateur

retailers are free to discuss their margins with their suppliers
les détaillants ont la faculté de discuter leurs marges avec leurs fournisseurs

to keep a shop	**tenir un commerce**
to set up a shop	**monter un magasin**
to run a supermarket	**diriger un supermarché**

to trade in something   **faire le commerce de quelque chose**

to sell retail / by the weight / separately
vendre au détail / au poids / à la pièce / à l'unité

to sell junk / rubbish
vendre de la camelote

it's cheap rubbish
c'est de la pacotille

to show off one's wares to advantage
vanter sa marchandise

to have experience in selling; give sales a bit of a boost
avoir l'expérience de la vente; donner un coup de pouce aux ventes

to have got good business sense / have a head for business; be a born businessman
avoir le sens du commerce / être très commerçant;
avoir la bosse* du commerce / être né commerçant

to advertise something
faire de la publicité pour quelque chose

advertising has come to stay nowadays
de nos jours, la publicité est entrée dans les mœurs

the customer   **le client**

are you being attended to? can I help you?
est-ce qu'on s'occupe de vous? puis-je vous aider?

to give the sales push*; entice somebody to buy
faire l'article; pousser à l'achat

to give a customer the sales talk(GB), pitch(US) / patter*
baratiner le client / faire son baratin à un client

to charge the full / list price
faire payer le prix fort / le prix maximum autorisé par le producteur

to jack up* the prices; overcharge / fleece* customers
faire valser* les étiquettes; estamper* / matraquer* / écorcher* les clients

to try to diddle* / con* the customer / try to sell the customer wooden nickels*(US);
sell the customer a dud
essayer de rouler le client; tromper le client sur la marchandise

to cheat the customer over quality
voler / tromper le client sur la qualité

to make a reduction on an article / knock money off an article
faire une remise / réduction sur un article

to give / grant the customer a discount
accorder une remise au client / faire bénéficier le client d'une remise

to give a discount of 10 dollars on an item; knock 10 dollars off the bill
faire un rabais de 10 dollars sur un article; réduire la facture de 10 dollars

selling   **la vente**

"not for sale"; our house is up for sale
cet article n'est pas à vendre; notre maison est à vendre

this book is on sale at all the bookshops; it's a best-seller
ce livre est en vente dans toutes les librairies; il bat tous les records de vente

in some countries cannabis can be bought over the counter;
in France it's sold under the counter
dans certains pays le cannabis est en vente libre;
en France, il est vendu clandestinement

this article sells like hot cakes*
cet article se vend comme des petits pains

these goods move very fast; it sells well; they are highly saleable
ces articles se vendent très bien; cela se vend bien; ils sont très demandés

we've cleared all our stock
nous avons écoulé tout notre stock

sales stand at 10 % up on last year
les ventes sont pour l'instant en augmentation de 10% par rapport à l'an dernier

that item won't move; it finds no takers; sales have reached their ceiling
cet article ne se vend pas; il ne trouve pas preneur; les ventes plafonnent

we're finding it difficult to sell off our stock
nous avons des difficultés à écouler notre stock

sales have reached low-water mark
les ventes n'ont jamais été si mauvaises

we don't sell that article; it's not very much in demand
nous ne vendons pas cet article; il n'est pas très demandé

to run short of an article
être à court d'un article

we're out of this article; this item is sold out; we're sold out
nous sommes à court de cet article; cet article est épuisé; on n'en a plus

profit   le bénéfice

to make a profit of 10 dollars; make a scoop
faire un bénéfice de 10 dollars; faire un gros bénéfice

there's a 60% mark-up on this article; they make a pretty penny(GB) out of it*
ils ont une marge / ils font un bénéfice de 60% sur cet article;
ils font un joli bénéfice

a prices policy   pratiquer une politique des prix

this shirt sells at 15 dollars
cette chemise se vend 15 dollars

to price something up / down
augmenter / diminuer le prix de quelque chose

to lower / cut the prices
baisser les prix / opérer une baisse générale des prix

to knock down the prices by 30%; sell at rock-bottom prices
baisser les prix de 30%; pratiquer des prix serrés / tirés

to sell something at a reduction	**vendre quelque chose au rabais**
to sell cheap	**vendre à bas prix**
to sell at knockdown prices	**vendre à prix imbattables**
to undercut / slash the prices	**casser les prix**
to sell at a loss	**vendre à perte**

to put goods in a sale   **solder des marchandises**

the sales are on; raincoats are sold off for 60 dollars
c'est la saison des soldes; des imperméables sont soldés pour 60 dollars

they're selling these raincoats in the sale at 60 dollars
ils soldent ces imperméables à 60 dollars

they'll let you have this one for 50 dollars
ils vous laisseront celui-ci / vous pouvez avoir celui-ci pour 50 dollars

sale goods cannot be returned or exchanged
les articles soldés ne seront ni repris ni échangés

credit   **le crédit**

to sell for cash / on credit; give somebody credit
vendre au comptant / à crédit; accorder un crédit à quelqu'un

no credit given here
la maison ne fait pas de crédit

■

241 COMMERCE, PURCHASE

to go shopping   **faire les courses**

to make purchases; bulk-buy; buy wholesale
faire des achats; acheter en grande quantité; acheter en gros

to queue up; to go window-shopping
faire la queue; faire du lèche-vitrines

to comb the stores in search of something
faire le tour des boutiques pour trouver quelque chose

to buy something at a reduced price; go to the sales / buy goods in the sales;
take goods on approval
acheter au rabais; faire les soldes / acheter en solde; acheter à l'essai

I bought this raincoat in the sales
j'ai acheté cet imperméable en solde

to patronize a shop
faire régulièrement ses achats dans le même magasin

I always buy my groceries from the same place
je me fournis toujours chez le même épicier

I'm used to shopping at the same stationer's
j'ai l'habitude d'aller toujours dans la même papeterie

to open an account with a shop
ouvrir un compte dans un magasin

prices   **les prix**

prices are on the rise; prices are falling
les prix sont en hausse; les prix sont en baisse

prices are at their lowest
les prix sont tombés au niveau le plus bas

prices have stayed the same / stayed put
les prix n'ont pas bougé / les prix sont restés les mêmes

prices are running high; prices have undergone a considerable increase
les prix sont hauts en ce moment; les prix ont considérablement augmenté

prices have rocketed
les prix sont montés en flèche

the price of an item   **le prix d'un article**

how much is it worth? how much does it cost?
combien ça vaut? combien ça coûte?

it's not worth too much / it's no great shakes*
ça ne vaut pas grand chose / ce n'est pas cher

it's less expensive than you think
c'est moins cher que vous le pensez

that'll cost you 200 dollars at the outside / at the most
cela vous coûtera au plus / à tout casser* 200 dollars

it's priced at 80 dollars
ça coûte 80 dollars / ça se vend 80 dollars / le prix marqué est 80 dollars

it's priced rather high; it's not within my price bracket / it's beyond my purse
c'est plutôt cher; ce n'est dans mes prix / c'est trop cher pour moi /
c'est trop cher pour ma bourse

you could pay as little as 60 dollars for that
vous pourriez ne payer que 60 dollars pour ça

for as little as 60 dollars you could buy a better item
pour 60 dollars au plus, vous pourriez acheter un meilleur article

I was sold that in Paris for that price
on m'a vendu cela à Paris pour ce prix-là

how much is that? - that makes 20 dollars
combien est-ce que cela fait? - cela fait 20 dollars

how much does that make? what does the total work out at?
cela fait combien? en tout, cela se monte à combien?

the total comes to 500 dollars; it comes to exactly 500 dollars
cela fait 500 dollars en tout; cela fait 500 dollars tout rond

it'll cost a pretty penny
cela fera une somme rondelette / une jolie somme / une coquette somme

the price of this fur coat must be around 600 dollars
le prix de ce manteau de fourrure doit tourner autour de 600 dollars

alterations taken into account, it'll work out at 650 dollars
avec les retouches, l'un dans l'autre, ça fera 650 dollars

this fur coat comes to 650 dollars
ce manteau de fourrure me revient à 650 dollars

that's big money / a tidy* sum of money!
c'est une grosse somme / cela fait une belle somme!

it's well worth the price
ça vaut bien ce prix-là

I used up all my savings on that purchase
cet achat a absorbé toutes mes économies

these two vases have the same value
ces deux vases valent le même prix / ont la même valeur

the junk dealer let me have this one for 200 dollars
le brocanteur m'a laissé celui-ci pour 200 dollars

he took 50 dollars off the price
il m'a rabattu 50 dollars sur le prix

it's cheap at the price; it's given away / dirt-cheap*
à ce prix-là, ce n'est pas cher; c'est bon marché / c'est donné / c'est pour rien

that's true I got it cheap / for a small sum
c'est vrai, je l'ai eu pour pas cher / je l'ai eu à bas prix

it cost me next to nothing
cela ne m'a presque rien coûté

I've got it dirt-cheap*; it was going for a song / a derisory sum
je l'ai eu pour une bouchée de pain* / une somme dérisoire / un misère

it didn't cost me a penny(GB)
cela ne m'a pas coûté un sou

how much would you estimate this painting? what would you put it at?
combien estimez-vous ce tableau? à combien l'estimez-vous?

the estimation for this painting is 5,000 dollars; it's a hefty* sum
ce tableau est estimé à 5 000 dollars; c'est une grosse somme

I had to go as high as 5,500 dollars for it
j'ai dû aller jusqu'à 5 500 dollars pour l'avoir

it cost me an arm and a leg* / a fortune
cela m'a coûté les yeux de la tête / une fortune

it cost me a damn** fortune
cela m'a coûté la peau des fesses**

yes, the price is sky-high; it was sold at a staggeringly high price
oui, le prix est exorbitant; il a été vendu à un prix extraordinairement élevé

that commands a high price; it's worth its weight in gold
cela se vend très cher; cela vaut son pesant d'or

to get fleeced*   **se faire écorcher**

to pay over the odds / through the nose* for something
payer le prix fort pour quelque chose / payer quelque chose un prix fou

it's overpriced; it amounts to stealing / it's sheer robbery!
c'est trop cher pour ce que c'est; cela revient à du vol / c'est du vol manifeste!

it's little / nothing short of robbery!
ce n'est rien moins que du vol / ce n'est ni plus ni moins que du vol!

it's a swindle / racket / daylight robbery
c'est du vol / racket / vol caractérisé

you pay through the nose* / it costs a bomb*; you're bleeding me white!
c'est le coup de barre / d'assommoir; vous êtes en train de me saigner à blanc!

I'm the poorer by 100 dollars; I spent my money to no purpose
j'en suis pour 100 dollars; j'ai dépensé mon argent pour rien

this is money down the drain
c'est de l'argent perdu / c'est de l'argent flanqué par la fenêtre*

to bargain / haggle   **marchander**

I can manage 200 dollars; I'll go as high as 200 dollars
je peux aller jusqu'à 200 dollars; j'irai jusqu'à 200 dollars

I can't afford to pay more than 200 dollars; let's make it 200 dollars
je ne peux y mettre plus de 200 dollars; si on disait 200 dollars?

I won't sell it for less than 220 dollars
je ne le laisserai pas / je ne le vendrai pas à moins de 220 dollars

what's the lowest you'll go? I'll let you have it for 210 dollars
quel est votre dernier prix? je vous le laisse pour 210 dollars

at first he asked for 220 dollars but I beat him down to 210 dollars
**au départ, il demandait 220 dollars, mais je l'ai fait baisser /
descendre à 210 dollars**

I'm not going to haggle over 10 dollars
je ne vais pas chicaner pour 10 dollars

to make a good bargain   **faire un bon achat**

this item is very good value but that one is even better value
cet article est avantageux, mais celui-là l'est encore plus

I got my money's worth
j'en ai eu pour mon argent

I made a good bargain; it was money well spent
j'ai fait un bon achat; c'était une bonne affaire

■
242 PAYMENT

to pay cash   **payer comptant**

payment with order; to pay under the counter; to pay in kind
paiement à la commande; payer de la main à la main; payer en nature

to pay a deposit with the order
verser des arrhes à la commande

to pay an instalment and to settle the balance on delivery
verser un acompte et régler le solde à la livraison

I paid cash for this piece of furniture; I paid in cash
j'ai payé ce meuble comptant; j'ai payé en espèces

I paid on the nail / in (cold) hard cash / coin of the realm
j'ai payé rubis sur l'ongle / en espèces sonnantes et trébuchantes

to fob somebody off with empty promises
payer en monnaie de singe

to foot the bill; to pay one's way
payer l'addition; payer son écot

haven't you got the change?
n'avez-vous pas de monnaie?

could you give me change for 100 dollars, please?
pouvez-vous me donner la monnaie de 100 dollars, s'il vous plaît?

I was given the change out of 100 dollars but the cashier short-changed me by 2 dollars
on m'a rendu la monnaie sur 100 dollars mais le caissier m'a estampé de 2 dollars

to charge something to a credit card
payer quelque chose avec une carte de crédit

do you take credit cards?
prenez-vous les cartes de crédit?

to pay something by cheque(GB), check(US); by bank transfer
payer quelque chose par chèque; par virement bancaire

can I write you a cheque(GB), check(US)? can I pay you by cheque(GB), check(US)?
est-ce que je peux vous faire un chèque? est-ce que je peux vous régler par chèque?

to pay something on credit   **payer à crédit**

to buy on credit / tick(GB)*
acheter à crédit

I made a down payment and then the remainder in instalments(GB), installments(US)
j'ai payé une somme comptant et le reste en versements échelonnés

I gave 100 dollars on account
j'ai donné un acompte de 100 dollars

I meet the payments on the car every month
chaque mois, je dois payer les traites de la voiture

■

243 POVERTY

I'm out of money; I don't have a penny(GB) to my name;
je n'ai pas d'argent; je n'ai pas un sou vaillant

*I'm flat broke / I haven't got a bean**(GB), dime*(US)*
je suis fauché* / je n'ai pas un sou / je suis fauché comme les blés*

*I'm flat broke**
je suis raide comme un passe-lacet*

poverty   **la pauvreté**

to fall on hard times
tomber dans la misère

to be poor / destitute; as poor as a church-mouse
être pauvre / dans l'indigence; être pauvre comme Job

there are still many poor people in this country
il y a encore beaucoup de pauvres dans ce pays

the poor are still numerous
les pauvres sont encore nombreux

to be down to one's last buck(US) / be down-and-out / on one's beam ends**
être sur le sable* / la paille / mélasse* / mouise**

to live in miserable conditions
vivre dans des conditions misérables

to live in extreme poverty; plumb the depths of misery
**vivre dans une grande misère / dans le dénuement le plus complet;
toucher le fond de la misère**

to live in utter destitution
vivre dans une misère noire

to be on the breadline*/ in dire straits
vivre au-dessous du seuil de pauvreté; être réduit à la dernière extrémité

to be reduced to beggary / begging
être réduit à la mendicité / à mendier

proverb   **proverbe**

poverty is no disgrace / poverty is not a vice
pauvreté n'est pas vice

■ 244 FINANCIAL DIFFICULTIES

financial straits   **la gêne**

to be in financial straits
être dans la gêne

to be pinched for money; to live in poverty; to be in want
être à court d'argent; vivre dans la gêne; être dans le besoin

to have money worries
avoir des ennuis d'argent

I'm rather broke at the moment*
je ne suis pas très argenté en ce moment

to have limited / severely restricted means
avoir des moyens limités / très limités

to live from hand to mouth; live by one's wits
vivre au jour le jour; vivre d'expédients

they live meagrely on just one salary
ils vivent très mal avec un seul salaire

her husband earns scarcely enough to find himself the necessities of life
son mari gagne à peine de quoi se procurer le nécessaire

they have to get by on very little money
il faut qu'ils s'en tirent avec très peu d'argent

they barely have enough to live on
ils ont juste assez pour vivre

it's all they can do to keep their head above water / keep out of debt
**tout ce qu'ils peuvent faire, c'est se tenir la tête hors de l'eau /
c'est ne pas faire de dettes**

they eke out a living
ils ont de la peine à joindre les deux bouts

they have just enough to make ends meet
ils ont juste assez pour joindre les deux bouts

they can just keep the pot boiling
ils ont juste assez pour faire bouillir la marmite

they haven't a great income but they manage to get by
ils n'ont pas de gros revenus, mais ils s'en tirent

they get by on very little money; they muddle through
**ils s'en tirent / ils s'en sortent avec très peu d'argent;
ils s'en sortent tant bien que mal**

they manage to stay in the black at the end of the month
ils réussissent à boucler leurs fins de mois

this man looks rather down at heel / down and out
cet homme semble plutôt dans la dèche / débine***

his funds are at a low ebb
ses fonds sont au plus bas

he'll have to scrape around for pennies(GB)
il va lui falloir gratter les fonds de tiroir

he'll have to scrimp and save
il va lui falloir économiser sur tout

he'll have to tighten his belt / pinch and scrape
il va lui falloir / devoir se serrer la ceinture / se mettre la tringle*

given the slimness of his resources he can ill afford to eat in a restaurant
étant donné la modicité de ses ressources
il peut difficilement se permettre d'aller au restaurant

he can't allow himself any extras
il ne peut se permettre aucun extra

his money never lasts out the month
son argent ne lui fait jamais le mois

he works on the black to top up his basic income
il travaille au noir pour améliorer son ordinaire / arrondir ses fins de mois

proverbs   **proverbes**

money is not everything
plaie d'argent n'est pas mortelle

nothing for nothing
pas d'argent, pas de Suisse

■

245 AFFLUENCE AND WEALTH

money rules the world; money is the sinews of war
l'argent mène le monde; l'argent est le nerf de la guerre

money is the root of all evil; money means problems
l'argent est la source de tous les maux; qui dit argent, dit problèmes

the well off   **les gens aisés**

to be in easy circumstances / comfortably off
être à l'aise / vivre dans l'aisance

to live in modest comfort / in clover*; enjoy a decent standard of living
vivre dans une honnête / grande aisance; jouir d'une modeste aisance

to live off one's private income
vivre de ses rentes

those people are free from financial worries
ces gens-là sont à l'abri du besoin / ils n'ont pas de soucis à se faire

they're laughing all the way to the bank
ils n'ont pas de problèmes avec leur banque

what with the flourishing state of my finances I can afford to treat you to the restaurant
étant donné l'état florissant de mes finances,
je peux me permettre de t'emmener au restaurant

the rich   **les riches**

this business has made him; he's made for life
cette affaire a fait sa fortune; son avenir est assuré

he was born with a silver spoon in his mouth
il a la chance d'être né avec une cuiller d'argent dans la bouche

he's got unlimited money on tap; he's a man of means; made of money
il a de l'argent en veux-tu, en voilà*; il a de gros moyens; il est cousu d'or

he's awfully / tremendously rich
il est drôlement / fabuleusement riche

he's worth millions; he's a millionaire several times over; he's rolling in wealth*
il est riche à millions; il est plusieurs fois millionnaire;
il roule sur l'or / il nage dans l'opulence

he's wealthy beyond belief / he's as rich as Croesus / he's stacks of money
il est incroyablement riche / il est riche comme Crésus / il a des tas d'argent

he's got loads / pots* of money / he's stinking rich**/ he's a moneybags**
il est plein aux as* / plein / bourré de fric*/ friqué**

proverbs   **proverbes**

money can't buy happiness / money doesn't mean happiness
l'argent ne fait pas le bonheur

money has no smell; a golden key can open any door
l'argent n'a pas d'odeur; l'argent ouvre toutes les portes

money makes money; money begets money
l'eau va à la rivière; l'argent va à l'argent; l'argent appelle l'argent

■

246 AVARICE

to be careful with one's money; live niggardly
être regardant; vivre chichement

to be close / tight-fisted
être près de ses sous* / avoir les doigts crochus*

to be mean; quibble over a mere euro
être mesquin; chicaner pour un euro

to make cheese-paring economies
faire des économies de bouts de chandelle

my husband skimps over food and spends a fortune on works of art
mon mari mégote sur la nourriture et dépense des fortunes en œuvres d'art

to be stingy with / stint on money
être avare / pingre / ladre; lésiner

he's of unparalleled meanness
il est d'une avarice sans exemple

he's miserly in the extreme / to a degree
il est avare au dernier degré / au plus haut degré

all he thinks of is amassing wealth
il ne pense qu'à l'argent / il ne pense qu'à amasser

for him amassing money is the be-all and end-all of life
pour lui, amasser de l'argent est le but essentiel de la vie

he's obsessed by money; he's a money-grubber
il est obsédé par l'argent; c'est un grippe-sou

every penny is a prisoner with him(GB) / he hugs every dollar till the eagle squeals(US)
il ne les attache pas avec des saucisses*

he hates to part with his money; he's a tight-fisted so-and-so
il ne les lâche pas facilement* / il les lâche avec des élastiques

he's a real Scrooge
c'est un véritable Harpagon

■

247 ECONOMY

to be thrifty   être économe

with the rise of prices you have to watch every penny
**avec l'augmentation des prix, il faut toujours compter /
il faut compter sans cesse**

my wife is a thrifty housewife; she manages to get by on very little money
**ma femme a le sens de l'économie;
elle réussit à s'en tirer avec très peu d'argent**

she was brought up to be economical with the housekeeping money
elle a été éduquée à être économe avec l'argent du ménage

to draw in one's horns / tighten one's belt
économiser / faire des économies / se serrer la ceinture

to cut down on one's expenses; to keep a tight rein on one's money
réduire ses dépenses; contrôler ses dépenses

to scrimp and save; curb one's spending
économiser sou par sou; réduire ses dépenses / son train de vie

to live in quite a small way; live within one's means
vivre modestement / avoir un train de vie modeste; vivre au-dessous de ses moyens

to economize on electricity; cash in on low-cost communication*

faire des économies d'électricité;
profiter des communications téléphoniques à tarif réduit

to save up money / put money by
faire des économies / mettre de l'argent de côté

I always try to put aside a small sum of money each month to meet emergencies
**chaque mois, je m'efforce toujours de mettre une petite somme de côté
pour faire face aux dépenses imprévues**

a small sum of money is laid aside each month for a rainy day
chaque mois, un peu d'argent est mis de côté en vue des mauvais jours

proverbs   **proverbes**

money doesn't grow on trees; a penny saved is a penny gained(GB)
l'argent ne tombe pas du ciel; un sou économisé est un sou gagné

little brooks make great rivers / every little helps / great oaks from little acorns grow
les petits ruisseaux font les grandes rivières

take care of the pennies and the pounds will take care of themselves(GB)
il n'y a pas de petites économies

■

248 EXTRAVAGANCE

to be lavish with one's money
être prodigue de son argent

he's generosity itself; he doesn't stint his money
il est la générosité même; il ne pleure pas son argent*

he's not stuck for money but money is no object with him
ce n'est pas l'argent qui lui manque mais pour lui l'argent ne compte pas

he's very casual about money; he spends lavishly; spares no expense
il a l'argent facile*; il dépense sans compter; il ne regarde pas à la dépense

to trifle away one's money   **gaspiller son argent**

he spends his money on rubbish / trinkets
il dépense son argent en bêtises / bagatelles

he spends his money before he gets it
il mange son blé en herbe

to spend loads of money   **dépenser un argent fou**

to throw one's money down the drain
jeter son argent par la fenêtre

blow the expense! the devil take miserliness!*
tant pis pour la dépense! au diable l'avarice*!

he's a spendthrift; money burns a hole in his pocket
c'est un panier percé; l'argent lui brûle les doigts / ses poches

money just slips through his fingers
l'argent lui file entre les doigts

he cut a dash while his fortune lasted but that was not for very long
il a beaucoup impressionné en dépensant sans compter tant qu'il a eu de la fortune, mais ça n'a pas duré longtemps

he blew the whole of his fortune in a few months*
il a dissipé / gaspillé / dilapidé la totalité de sa fortune en quelques mois

his fortune melted away like snow in May
sa fortune a fondu comme neige au soleil

he's heading for ruin / he's on the road to ruin
il court à la ruine / il est sur le chemin de la ruine

he'll end up in poverty; he'll soon come down to begging
il finira dans la misère; il sera bientôt réduit à la mendicité

■

249 DEBTS

to run into debt / get into debts
faire des dettes / s'endetter

he spent so much money that he got into debt
il a dépensé tant d'argent qu'il a été amené à s'endetter

to have debts; be 1,000 dollars in debt
avoir des dettes; avoir une dette de 1000 dollars

to go off to the daily grind*
aller au turbin* / turf**

to be crippled with debts; to be up to the ears in debt
être criblé de dettes; être endetté jusqu'au cou

he's heavily in debt / loaded (down) with debts
il est lourdement endetté / couvert de dettes

he's in debt to everyone; he owes a bill of 60 dollars at the butcher's
il doit de l'argent à tout le monde; il a une ardoise* de 60 dollars chez le boucher

the creditors are on his tail
les créanciers sont à ses trousses

he's hounded / dogged by his creditors
il est poursuivi / talonné par ses créanciers

an outstanding debt; a bad debt
une créance à recouvrer; une créance irrécupérable

to repay a debt; to get out of debt; to be out of debt
acquitter une dette; s'acquitter de ses dettes; n'avoir plus de dettes

to be out of somebody's debt
avoir acquitté sa dette envers quelqu'un

proverb   **proverbe**

the rich man is the one who pays his debts
qui paie ses dettes s'enrichit

250 WORK AND LIFE

to work to find oneself a place in the sun / in society
travailler pour se faire une place au soleil / dans le monde

to work like fury* to get a footing in society
travailler d'arrache-pied pour se faire une position dans le monde

work is good for you!
le travail, c'est la santé!

to work for a living   **travailler pour vivre**

to earn one's living
gagner sa vie

to earn a very good / an ample living; earn / make a packet*
gagner largement / confortablement sa vie; gagner des mille et des cents*

to earn a poor living; to earn an honest crust*
gagner médiocrement sa vie; gagner honnêtement sa vie

to make a living by the sweat of one's brow
gagner sa vie à la sueur de son front

to earn one's daily bread / bread and butter / crust*
gagner son pain / sa croûte / son bœuf*

to live by one's pen / journalism / selling vegetables
vivre de sa plume / gagner sa vie comme journaliste / en vendant des légumes

to work to support one's family
travailler pour assurer la subsistance de sa famille

she's the family wage earner(GB) / she's the family wage worker(US)
c'est elle qui fait vivre la famille / elle est le soutien de famille

*she's the breadwinner / she's the one who brings home the bacon**
c'est elle qui fait bouillir la marmite

he makes a living (by) giving private lessons; it's his bread-and-butter
lui, il gagne sa vie en donnant des leçons particulières; c'est son gagne-pain

he makes a bit on the side to supplement his income
il se fait des petits à-côtés pour arrondir ses fins de mois

*that will add a little to the kitty**
ça va mettre du beurre dans les épinards*

to be in active life   **être en activité**

what do you do for a living? what line are you in?
que faites-vous dans la vie? quelle est votre partie?

what's your job? what does your father do?
quel est votre métier? quel est le métier de votre père?

my father is a doctor; he practises medicine
mon père est médecin; il pratique la médecine

he's a professional man
il exerce une profession libérale

to practise a trade
exercer un métier (manuel)

my brother is an electrician by trade; he teaches his son his trade
mon frère est électricien de son état; il enseigne son métier à son fils

my uncle trades as a wine merchant
mon oncle est négociant en vins

he went into trade and quickly made a career for himself
il est entré dans le commerce et il y a fait rapidement carrière

to become a magistrate; join the army; take holy orders
entrer dans la magistrature; entrer dans l'armée; entrer dans les ordres

to have a career in teaching / journalism
faire carrière dans l'enseignement / le journalisme

when he left school he took up journalism
quand il quitta l'école, il entra dans le journalisme

*he's got a plum** job; the job was tailor-made for him*
il a décroché un poste en or / il a un travail en or; pour lui,
c'est un poste sur mesure

the stages of professional life   **les étapes de la vie professionnelle**

not to be trained at all; learn a trade
n'avoir reçu aucune formation professionnelle; apprendre un métier

to be new to the trade; be lacking in expertise / practical technique
être jeune dans le métier; manquer de métier / d'expérience

to be apprenticed to a boss; learn on the spot
être mis en apprentissage chez un patron; apprendre sur le tas

he serves his apprenticeship as a mechanic to a boss
il fait son apprentissage de mécanicien automobile chez un patron

to do vocational training in industry
faire un stage dans une entreprise

to do fine; work one's way up; get promotion
réussir dans son travail; suivre la filière; obtenir une promotion

career   **la carrière**

to carve out a career for oneself
se tailler une carrière

to go up one grade in the hierarchy; get ahead fast
monter d'un échelon dans la hiérarchie; grimper rapidement les échelons

he gives satisfaction in his work / he fills the job well
il donne satisfaction dans son travail; il remplit bien ses fonctions

he's constantly updating his skills; he's doing all right for himself
il se recycle en permanence; il mène bien sa barque

however he hasn't yet realized his full potential; he's ambitious
cependant, il n'a pas encore donné toute sa mesure; il a les dents longues

he gained his superiors' esteem; he's liable to get a promotion
il s'est acquis l'estime de ses supérieurs; il est susceptible d'obtenir une promotion

he has potential; he's a likely young man
il a de l'avenir; c'est un jeune homme qui promet

he's a young man with a future / good prospects
c'est un jeune homme plein d'avenir / qui a de l'avenir

he's a brilliant student, he should go a long way; he's destined for a brilliant future
c'est un brillant sujet, il promet d'aller loin; il est promis à un brillant avenir

he has a brilliant career in store / ahead of him
une brillante carrière l'attend / il a une brillante carrière devant lui

everythings points to a brilliant career for him; he's assigned important duties
tout indique qu'il aura / fera une brillante carrière;
il est appelé à de hautes fonctions

he quickly made a career for himself / he shot ahead
il a fait rapidement carrière / il a brûlé les étapes

he worked his way up to the top; he has an excellent position now
il a gravi tous les échelons de la hiérarchie;
il occupe une belle situation maintenant

he's landed (himself) a fine job*; he progressed to a senior position
il a décroché une belle situation; il a accédé à un poste de responsabilité

he's been made an executive
il est passé cadre

he hewed out a position for himself in the firm
il s'est taillé une bonne place dans sa société

he's achieved eminence in his profession; he holds the post of deputy Director
il est parvenu à un rang élevé dans sa profession;
il occupe le poste de Directeur-adjoint

he deputizes for the manager in his absence; he acts as manager
il assume l'intérim en l'absence du directeur; il fait fonction de directeur

he was on the bottom rung of the professional ladder
il était en bas de l'échelle professionnelle

he's reached the top of the ladder now
il est maintenant au sommet de l'échelle

he rose from nothing; he's risen in the world since; he worked his way unaided
il est parti de rien; depuis il a fait son chemin dans le monde;
il s'est élevé à la force du poignet

he's ridden high; he's at the height of his career
il a brillamment réussi; il est à l'apogée de sa carrière

retirement   la retraite

to be entitled to retire
être admis à faire valoir ses droits à la retraite

to take early retirement; be compulsorily retired
prendre une retraite anticipée; être mis à la retraite d'office

to retire on a good pension
prendre sa retraite avec une bonne pension

to receive a golden handshake
recevoir en cadeau une jolie somme d'argent à l'occasion de son départ

to resign / tender one's resignation
démissionner / donner sa démission

proverbs   proverbes

every trade has its value
il n'y a pas de sot métier, il n'y a que de sottes gens

every man to his trade
à chacun son métier et les vaches seront bien gardées

■

251 THE WAY OF WORKING

to set to work; begin to do something
se mettre au travail; se mettre à faire quelque chose

to knuckle down* to work; set down to a work
s'atteler au travail / à une tâche

to throw oneself into work; buckle down* to a job
se mettre au travail avec enthousiasme; s'atteler au boulot*

to work with spirit; be a zealous worker
travailler avec entrain; être ardent au travail

to get through a lot of work
abattre du travail

to really put one's back into it; roll up one's sleeves
en mettre un coup; retrousser ses manches

to slog away; slog away at something
travailler très dur; travailler comme un forçat / trimer* sur quelque chose

to work flat out
travailler d'arrache-pied à quelque chose

to put all one's energy into one's work / give one's all
se dépenser sans compter / sans mesure dans son travail

to show one's worth / what one is capable of
donner toute sa mesure / montrer ce dont on est capable

to make a show of zeal; work overtime
faire du zèle; faire des heures supplémentaires

to keep one's nose to the grindstone
travailler sans relâche / répit; ne pas lever le nez de son travail

not to rest until the work is done
ne pas avoir de cesse avant d'avoir fini / avant que le travail ne soit fini

once he's started a job he'll stick to it until it's finished
une fois qu'il a commencé un travail, il s'y tient jusqu'à ce qu'il soit fini

he never gives himself a rest / lets up*; he never stops to get his breath back
**il ne s'accorde jamais aucun répit / il ne lève jamais le pied*;
il ne prend jamais le temps de souffler**

he's always on the go
il est toujours sur la brèche

to progress in one's work   **progresser dans son travail**

I've a piece of work in hand; I'll proceed with my work
j'ai du travail en train; je vais continuer mon travail

I've my work to get through / get on with
j'ai mon travail à terminer; je dois poursuivre mon travail

I must get back to my work because I want to clear it off
il faut que je retourne maintenant à mon travail car je tiens à terminer rapidement

I'm hard at work to finish in time
je travaille contre la montre pour finir à temps

I'm making good / slow progress in my work
j'avance rapidement / lentement dans mon travail

my work is coming along well / like a house on fire
mon travail avance bien / du tonnerre de Dieu*

to be ahead with one's work; to fall behind with one's work
être en avance dans son travail; prendre du retard dans son travail

to be behind in one's work
avoir du travail en retard

to catch up on one's work
rattraper son retard / se rattraper / se mettre à jour dans son travail

I'm hurrying to finish my work
je me dépêche de finir mon travail

I'm anxious to have finished soon; I'll be glad to see the last of this
j'ai hâte d'avoir fini; je serai content d'en avoir fini avec tout ceci

to be up to date in one's work; complete a piece of work; handle one's chores
être à jour dans son travail; achever son travail; s'acquitter de sa tâche

to put all one's heart into doing something
mettre tout son cœur à faire quelque chose

to set one's heart on doing something; get involved in one's work
prendre à cœur de faire quelque chose; s'impliquer dans son travail

to put a lot into one's work / put a lot of effort into one's work
s'investir dans son travail / s'impliquer beaucoup dans son travail

to take pains to do something
se donner du mal pour faire quelque chose

to bend over backwards to do something
se donner un mal de chien* pour faire quelque chose

to put all one's strength into doing something
appliquer toutes ses forces à faire quelque chose

to be immersed / completely absorbed in one's work
être tout entier à son travail / être complètement absorbé dans son travail

he gets so involved in his work that he can't eat because of it
il est tellement absorbé dans son travail qu'il en oublie le boire et le manger

he works hard to succeed in his job; he puts his heart and soul into it
il se donne tout entier pour réussir dans son travail; il y met toute son âme

his work is his whole universe
son univers se limite à son travail

he's married to his work
il fait passer son travail avant tout / le travail est toute sa vie

to work diligently; exercise care in doing something
travailler avec application; apporter du soin à faire quelque chose

to be a neat worker; make a neat job of something
être soigneux dans son travail; bien faire quelque chose

to take care that something is done
prendre soin que quelque chose soit fait

to have a very professional attitude to one's work; work in an orderly way
prendre son travail très au sérieux; travailler avec ordre et méthode

to make it one's sole aim to do something
mettre toute son ambition à faire quelque chose

to make it a point to do something well
mettre un point d'honneur à bien faire quelque chose

to go out of one's way to achieve something; do one's level best to do something
**faire tout son possible pour réussir quelque chose;
faire de son mieux pour faire quelque chose**

to put on a performance into doing something
mettre tout son talent à faire quelque chose

to pride oneself on doing something; take pride in one's work
mettre sa coquetterie à faire quelque chose; être fier de son travail

he's done a first-class job; he doesn't do things by halves
il a fait un boulot de première*; il ne pas fait les choses à moitié

to be slack about one's work; be lax in doing something
négliger son travail; faire quelque chose avec négligence

he's growing slack in his work
il se relâche dans son travail

he's not in the least methodical; he works as a matter of routine
il n'a aucune méthode; il travaille par routine

he works in snatches / in fits and starts
il travaille par à-coups / par accès / par intermittence

he didn't strain himself writing this article
il ne s'est pas cassé pour écrire cet article

to do something carelessly; do something by guesswork
faire quelque chose par-dessous la jambe*; faire quelque chose au pifomètre*

to do something in a slapdash way; botch (up) one's work
travailler à la 6,4,2 / faire quelque chose n'importe comment; bâcler son travail

to do something in a happy-go-lucky way / hit-or-miss way
faire quelque chose à la va-comme-je-te-pousse* / au petit bonheur la chance

the way he decorated the sitting-room was rather hit-or-miss
il a décoré le salon un peu n'importe comment

it's a botched job*; lackadaisical work
ce n'est ni fait ni à faire; c'est du travail fait à la va-comme-je-te-pousse*

it's shoddy / slapdash work
c'est du travail mal fait / bâclé / fait à la va-vite

he's a shoddy worker; his work leaves much to be desired
il travaille comme un sabot*; son travail laisse à désirer

there are always lots of improvements to be made in his work
il y a toujours beaucoup de choses à reprendre dans son travail

to do a piece of work in an amateurish way; dabble in something
travailler / faire un travail en dilettante; faire quelque chose en dilettante

his heart isn't in his work; he jibs at his work
il n'a pas le cœur à l'ouvrage / à ce qu'il fait; il travaille à contrecœur

he works in a leisurely way; he's got a nine-to-five mentality
il travaille sans se fatiguer / se presser / se fouler*;
il a une mentalité de fonctionnaire

he doesn't exactly flog himself to death*
il ne se foule pas la rate*

he's not very energetic in what he does
il n'est pas très nerveux dans ce qu'il fait

proverb   **proverbe**

a man is judged by his work / the work he does
c'est à l'œuvre que l'on connaît l'ouvrier

■

252 TO BE OVERWORKED

to overburden somebody with work; work somebody silly
accabler quelqu'un de travail; abrutir quelqu'un de travail

to keep somebody on the go
ne jamais laisser à quelqu'un le temps de souffler

to be overloaded with work   **être surchargé de travail**

to be snowed under / inundated with work
avoir plus de travail qu'on ne peut en faire / être noyé de travail

*I've a great deal to do / a lot on my plate**
j'ai beaucoup à faire / j'ai du pain sur la planche*

I've got a thousand and one things / heaps to do*
j'ai mille et une chose à faire / j'ai une foultitude* de choses à faire

I've several tasks in hand / a finger in every pie
je dois mener plusieurs tâches de front / je dois faire plusieurs choses à la fois

I've too many irons in the fire / my hands full
j'ai trop de choses à faire à la fois / j'en ai plein les bras

a mountain of work is waiting for me
j'ai une montagne de travail qui m'attend

I've got loads of work to do; I'm up to my eyes in work*
j'ai un travail monstre; j'ai du travail par-dessus la tête

*I'm working like hell**/ a horse / Trojan*
je travaille comme un forcené / dingue* / forçat / une brute

it's hard labour
je suis aux travaux forcés

I'm doing painstaking / long-term work
j'effectue un travail de bénédictin / de longue haleine

it's a task which swallows up all my time
c'est une tâche qui me prend tout mon temps

heavy schedule   **un emploi du temps surchargé**

I'm pushed for time; I've been busy all day
je suis débordé / bousculé; j'ai été très occupé toute la journée

I'm very much in demand; I've a heavy timetable
je suis très sollicité; j'ai un emploi du temps chargé

I've a strict schedule; I haven't a minute to call my own
j'ai un emploi du temps minuté; je n'ai pas une minute à moi

*I've to tie myself in knots**
mon emploi du temps tient de l'acrobatie

I don't know which way to turn
je ne sais pas où donner de la tête

I think my head is going to explode
j'ai la tête comme une citrouille* / un chaudron

I can't be in two places at once
je ne peux (pourtant) être à la fois au four et au moulin

I've got so much on that I'm always on the run*
j'ai tant à faire que je suis toujours en train de courir

I'm always on the go
je n'arrête pas / je suis toujours sur la brèche

I've a lot of pressure on me now
je suis sous pression en ce moment

I burn the midnight oil; I've to work overtime
je travaille tard dans la nuit; je dois faire des heures supplémentaires

overworking   **le surmenage**

to be a glutton for work*; a workaholic*
être un bourreau de travail; s'adonner au travail comme à une drogue

to work oneself to death / kill oneself with work
se tuer au travail / à la tâche

to stretch oneself too far; be fully stretched
vouloir en faire trop; travailler jusqu'à la limite de ses forces

to overtax one's strength
trop exiger de ses forces

to ruin one's health / knock oneself out doing something
se ruiner la santé / se crever à faire quelque chose

to work one's fingers to the bone; to die in harness
s'user au travail; mourir à la tâche

■

253 SALARIES

to be a high earner   **bien gagner sa vie**

to get an attractive salary
recevoir un salaire motivant

he makes 500 dollars a week; he earns easily / at least 3,000 dollars a month
il se fait 500 dollars par semaine;
il gagne largement / au moins 3 000 dollars par mois

to be a low earner   **mal gagner sa vie**

to earn a bare living
gagner à peine de quoi vivre

to work for next to nothing / for peanuts*
travailler pour trois fois rien / pour des clopinettes* / pour un plat de lentilles*

occasional workers get daily wages
les ouvriers occasionnels reçoivent un salaire journalier

illegal workers only get a mere pittance / meagre wage
and they don't draw family allowances
les travailleurs clandestins ne touchent qu'un salaire médiocre / un salaire de
misère et ils ne touchent pas d'allocations familiales

some of them barely earn a living wage
certains gagnent tout juste le minimum vital

a few workers work on the side to supplement their income
quelques ouvriers travaillent au noir pour arrondir leurs fins de mois

remuneration   **la rémunération**

to pay somebody for his work; pay somebody by the piece
rémunérer le travail de quelqu'un; payer quelqu'un à la tâche

to be on / do piecework; be paid by the piece
être à la tâche / travailler aux pièces; être payé à la tâche

to work for a flat rate
travailler au forfait

to be paid according to the work produced
être rémunéré en fonction du travail fourni

to be paid monthly; get some pay back
être mensualisé; toucher un rappel de salaire

civil servants get monthly salaries; they get a steady income
les fonctionnaires perçoivent un salaire mensuel; ils ont un revenu régulier

they draw it at the end of each month; they don't draw an extra month's pay
ils le touchent à la fin du mois; ils ne touchent pas de treizième mois

to deduct 6% from a salary for a pension scheme
opérer une retenue de 6% pour la retraite

the pension contribution is deducted from the salary
la cotisation retraite est précomptée sur le salaire

the money paid to commercial travellers varies according to the volume of their sales
la rémunération des VRP (voyageurs, représentants, placiers)
varie en fonction des ventes qu'ils réalisent

they work on commission; they get a percentage on sales
ils travaillent à la commission; ils touchent un pourcentage sur les ventes

common expressions   **expressions courantes**

the labourer is worthy of his hire
toute peine mérite salaire

to receive no reward for one's pains
travailler pour le roi de Prusse

if I'm not working my pay won't be coming
si je ne travaille pas, ma paye ne tombe pas

to put in for a pay rise   **demander une augmentation de salaire**

this shop assistant put in for a pay rise
le vendeur de ce magasin a demandé une augmentation de salaire

the manufactory workers are making a wage claim
les ouvriers de l'usine réclament une augmentation de salaire

they consider the pay rise proposed by the management insufficient
l'augmentation des salaires proposée par la direction a été jugée insuffisante

the management finally decided to raise the salaries
la direction a finalement décidé de relever les salaires

the workers want a backdated pay rise
les ouvriers veulent une augmentation de salaire avec effet rétroactif

the government fears that the increase of salaries could reflate inflation
le gouvernement craint que l'augmentation des salaires ne relance l'inflation

they did, however, raise the minimum basic wage
cependant, il a relevé le SMIC (Salaire Minimum Intergaranti de Croissance)

■
254 EMPLOYMENT

to go job hunting   rechercher un emploi

employment agencies help people find jobs
des agences de placement aident les gens à trouver un emploi

he's looking for a place in advertising; he wants to be in regular work
il est à la recherche d'une situation dans la publicité; il veut un emploi régulier

he reads the job offers in the vacancies ads
il lit les offres d'emploi dans les petites annonces

are there any jobs going? there are vacancies for typists; there are 5 posts to fill
y a-t-il des postes vacants?
il y a des postes de dactylo à pourvoir; il y a 5 postes à pourvoir

there'll be a place for a secretary; they need a trained person for the job
il y aura une place pour une secrétaire;
ils ont besoin d'une personne qualifiée pour ce poste

university degrees are required for this post
des titres universitaires sont exigés pour ce poste

a post will soon be vacant; the position is already filled
un poste sera bientôt vacant / à pourvoir; le poste est déjà pourvu

steps to take to get a job   **les démarches**

to submit one's application for a job
présenter sa candidature pour un emploi / à un poste vacant

nowadays numerous job seekers apply for the same job
de nos jours, de nombreux candidats se présentent pour le même poste

an applicant has to make an application / fill out an application form
le candidat doit remplir un formulaire / une fiche de candidature

here's an application form; be sure to fill out everything; don't leave any blank spaces
voici un formulaire; répondez à toutes les rubriques; ne laissez aucun blanc

the application form asks for the applicant's name and references
la fiche doit indiquer le nom et les références du candidat

to get somebody to pull (some) strings*   **se faire pistonner***

to get the job through a bit of string-pulling*
obtenir le poste par piston*

he made use of his political connections to get the post
il a fait jouer ses relations politiques pour obtenir le poste

finding a job   **trouver un emploi**

to be approached about taking a job
être pressenti pour un poste

to be appointed to a full / part time position; be granted a job
être nommé sur un poste à plein temps / à temps partiel; se voir attribuer un poste

to find a temporary job; do some temping / to temp*
trouver un emploi temporaire; faire de l'intérim / travailler comme intérimaire

to get hired as an unskilled worker
s'embaucher comme manœuvre

to serve and be paid wages
être au service de quelqu'un et recevoir des gages

to work on the black to top up one's basic income
travailler au noir pour améliorer son ordinaire

to hire somebody   **embaucher quelqu'un**

are you hiring anyone?
est-ce qu'il y a de l'embauche?

hands wanted; no vacancies
on embauche; pas d'embauche

to hire somebody on probation
embaucher quelqu'un à l'essai

to put somebody through his paces
mettre quelqu'un à l'épreuve pour juger de ses capacités

to take on a top calibre candidate
embaucher un candidat de grande valeur

to hire a top marketing man; a man on the spot
embaucher un homme de marketing de haut niveau; un homme de terrain

prendre quelqu'un à son service
to take somebody into one's service

■

255 UNEMPLOYMENT

to dismiss / fire* somebody
congédier / renvoyer quelqu'un

to sack* somebody / give somebody the sack*
renvoyer quelqu'un / mettre / flanquer* quelqu'un à la porte

to lay off somebody; make somebody redundant for economic reasons
**licencier / débaucher quelqu'un; licencier quelqu'un
pour des raisons économiques**

to lose one's job   **perdre son emploi**

to get one's notice / get fired / sacked*
être congédié / recevoir son congé / recevoir son licenciement

to get the push* / chop*
se faire virer* / saquer*

*he got chucked out***
il s'est fait virer de la boîte*

to be out on one's ear*, usually as a result of an error or misdeed
se faire rapidement renvoyer, généralement à la suite d'une faute

to be dismissed through no fault of one's own; be dismissed without any notice
être congédié sans raison; être renvoyé sans préavis

to be declared redundant for economic reasons
être licencié pour des raisons économiques

unemployment   le chômage

to be unemployed; thrown out of work
être au chômage; être réduit au chômage

we're witnessing a rise in unemployment; unemployment especially affects the young
on assiste à une montée du chômage; le chômage touche surtout les jeunes

technological progress leads to job losses / unemployment
les progrès technologiques engendrent des suppressions de postes / du chômage

many people are facing redundancy
beaucoup de gens sont menacés de chômage

to slim down / cut back the   opérer une réduction /
work force   un dégraissage des effectifs

there have been severe staff reductions / cutbacks
il y a eu de sévères réductions de personnel / des coupes sombres dans les effectifs

about one hundred jobs have been done away with in this factory
environ une centaine d'emplois ont été supprimés dans cette usine

many people have been made redundant
beaucoup de gens ont été mis au chômage

some executives were compulsory retired
des cadres ont été mis à la retraite d'office

numerous workers were laid off
de nombreux ouvriers ont été mis en chômage technique

they get the dole(GB) / unemployment benefit
ils bénéficient de l'aide versée aux chômeurs

■

256 CONFLICTS AT WORK

trade unions   les syndicats

the trade unions are in charge of their members' interests
les syndicats sont chargés de défendre les intérêts de leurs mandants

the workers form a trade union and pay the dues
les ouvriers se syndiquent et paient une cotisation

the delegate / shop steward(GB)
is the spokesman of the trade union that he belongs to
le délégué syndical est le porte-parole de l'organisation à laquelle il appartient

claims / demands   les revendications

the claims of the workers concern an increase in salary
and an improvement in working conditions
les revendications ouvrières concernent les augmentations de salaire
et l'amélioration des conditions de travail

they're putting in for a rise
ils demandent une augmentation de salaire

they're asking for a living wage
ils demandent un salaire leur permettant de vivre décemment

they fight to keep their purchasing power
ils se battent pour conserver leur pouvoir d'achat

they claim a salary index-linked to the cost-of-living / inflation
ils réclament un salaire indexé sur le coût de la vie / l'inflation

they want to get a share in the profits / a cut of the profits
ils veulent participer aux bénéfices / toucher leur part des bénéfices

women demand equal pay
les femmes exigent / revendiquent l'égalité des salaires

they'd like a reduction in working hours
elles voudraient une réduction des horaires de travail

negotiations   **les négociations**

to enter into negotiations; agree to arbitration
engager des négociations; accepter un arbitrage

to offer to arbitrate in a dispute; act as an arbiter in an industrial dispute
offrir sa médiation dans un conflit; servir d'arbitre dans un conflit social

a mediator has been called in to settle the labour dispute
un médiateur a été nommé pour trouver une solution au conflit

the management rejected the demands
la direction a rejeté les revendications

the mediator has failed in his attempt to settle the dispute
le médiateur a échoué dans sa mission de régler le conflit

the talks have reached a deadlock
les pourparlers sont dans une impasse

demonstrations   **les manifestations**

the trade unions have organized a demonstration;
the employees are demonstrating in the streets
les syndicats ont organisé une manifestation;
les employés manifestent dans la rue

there were clashes between the demonstrators and the police
il y a eu des heurts entre les manifestants et la police

strike   **la grève**

to give notice of strike action; launch a strike
déposer un préavis de grève; déclencher une grève sur un mot d'ordre

to trigger a strike; to call off a strike
déclencher une grève; annuler une grève

to go on strike; organize a picket line
faire grève; organiser / mettre en place un piquet de grève

the workers decided to stop working
les ouvriers ont décidé de cesser le travail

a picket line prevents anybody from entering the factory
un piquet de grève interdit l'accès de l'usine

work has stopped in the striking factory
le travail s'est arrêté dans l'usine en grève

the strike is gaining ground in all sectors
la grève gagne tous les secteurs / s'étend à tous les secteurs

the workers are holding out for more money
les ouvriers tiennent bon pour obtenir une augmentation

to be on a work-to-rule strike; to stage a walkout
faire la grève du zèle; faire une grève surprise

a go-slow / ca'canny (Scot) / lightning / wildcat strike
une grève perlée / surprise / sauvage

to step up strike action; stage a sit-in strike
durcir un mouvement de grève; occuper les lieux de travail

to let a strike peter out; the strike is running out of steam
laisser pourrir une grève; la grève commence à s'essouffler

agreement   **l'accord**

finally the parties have reached an agreement
finalement, les parties sont parvenues à un accord

the show of strength between the bosses and the unions ended in a compromise
**la partie de bras de fer entre le patronat et les syndicats
s'est terminée par un compromis**

management and unions have struck a bargain over salary increase
la direction et les syndicats sont parvenus à un accord de salaire

the management proposed to give the factory's employees a share in the profits
la direction a proposé d'intéresser le personnel aux bénéfices de l'entreprise

the workers' sharing of the profits is important to ensure the smooth running of the firm
l'intéressement des travailleurs aux bénéfices
est important pour la bonne marche de l'entreprise

257 LEISURE ACTIVITIES

leisure / spare time   le loisir / le temps libre

to have some free time; have time to do something
avoir du temps libre; avoir le loisir de faire quelque chose

to feel at a loose end
avoir le sentiment de n'avoir plus rien à faire / d'avoir du temps libre

I've nothing planned for today; I've got time off work today
je n'ai rien de prévu pour aujourd'hui; je suis libre aujourd'hui

how do you spend your free time? what do you do in your spare time?
comment occupez-vous vos loisirs? que faites-vous pendant vos loisirs?

I go sailing if I feel so inclined
j'ai le loisir d'aller faire de la voile si le cœur m'en dit

I happen to go fishing in my leisure moments
il m'arrive d'aller à la pêche à mes moments perdus

to relax   se relaxer

after a long week at work I need to relax
après une longue semaine de travail, j'ai besoin de me relaxer

to unwind   se défouler

you need to let off steam a bit from time to time
il faut bien se défouler un peu de temps en temps

all work and no play makes Jack a dull boy
la détente est aussi nécessaire que le travail

after the exams you need some kind of release / you need to let off steam
après les examens on a besoin de décompresser / de relâcher la pression

a good game of tennis helps you unwind
une bonne partie de tennis, ça défoule!

a party   **une sortie / une soirée**

to go to a stag / hen party
aller / se rendre à une soirée entre hommes / femmes

we're going to make a night of it
nous allons nous organiser une petite soirée

the party got off to a good start; there was a great atmosphere there
**la soirée a démarré sur les chapeaux de roues* / a démarré sec*;
il y avait de l'ambiance**

Peter was the life and soul of the party; he was the one who livened things up
Pierre fut le boute-en-train de la soirée; c'est lui qui a mis l'ambiance

it wasn't much of an evening; it was dragging / a bit dead*
la soirée ne fut pas très réussie; ça manquait d'entrain / c'était un peu mort

that party was the pits**
ce fut une soirée merdique***

to have a wild time   **faire la fête**

on Saturday nights I'm in a festive mood; I like going out to a night-club
le samedi soir j'ai le cœur en fête; j'aime sortir en boîte

I like to enjoy myself by going to a night-club although I have two left feet
j'aime bien aller dans une boîte de nuit bien que je danse comme un pied

how about going out this evening?
si on sortait ce soir?

to do the round of the night-clubs / go pub-crawling; go out on the town
faire le tour des boîtes de nuit / bars; faire la tournée des grands ducs

to go on a fling * / off on a bat*(US) / on a spree*
faire la foire / bringue*/ bombe*

we're going to have a night on the tiles / a rave-up / wild time*
on va faire la fête / noce* / java* toute la nuit

we're going to have the time of our lives
on va s'amuser comme des fous

I'm going to meet some pals for a final fling
je vais enterrer ma vie de garçon avec des copains

our neighbours are celebrating; the party is in full swing
nos voisins font la fête; la fête bat son plein

*don't be a spoilsport / wet blanket / the nigger in the woodpile**
ne sois pas un rabat-joie / trouble-fête / empêcheur de danser en rond

258 ENJOY ONESELF AND LAUGH

to do something for fun
faire quelque chose pour s'amuser

to amuse oneself by doing something; to amuse oneself with something
s'amuser à faire quelque chose; s'amuser avec quelque chose

to amuse oneself / laugh at somebody's expense
s'amuser / rire aux dépens de quelqu'un

to have a good time / enjoy oneself; have one's fling / high jinks*
passer un bon moment / bien s'amuser; s'en payer / se payer du bon temps

to have a good laugh / get one's kicks**
se payer une pinte de bon sang / se marrer*/ prendre son pied*

this is great fun! it's as funny as can be
qu'est-ce qu'on s'amuse! c'est amusant comme tout

we had a good laugh
on a bien rigolé

*we were amusing ourselves to the utmost; we had a fantastic time**
on s'est amusé tant qu'on a pu; on s'est follement / vachement* amusé

we had a rollicking time last night
on s'est amusé comme des fous hier soir

*we had a whale of a time**
on s'est drôlement* / vachement* bien amusé

it would make you die laughing; it was priceless / killing**
c'était à mourir de rire / à se rouler par terre; c'était crevant* / désopilant

we laughed like anything! we had a real good laugh!
qu'est-ce qu'on a pu rire! on a ri comme des fous

*there was general amusement; this absolutely convulsed them**
cela a fait rire tout le monde; ça les a fait se tordre de rire

laughter ran round the whole room; we all killed ourselves laughing
le rire a gagné toute la salle; nous étions tous morts de rire

it was a red letter day
c'était un jour à marquer d'une pierre blanche

a cheerful character   **un joyeux drille***

where shall we finish off the evening? let's go to Peter's!
où allons-nous terminer la soirée? allons chez Pierre!

he likes a bit of fun; he only thinks of having fun
il aime bien rire; il ne pense qu'à rire

he laughs at every little thing; he constantly giggles
un rien le fait rire; il a le boyau de la rigolade*

he makes a joke of everything
il a toujours le mot pour rire

*we're going to have a good laugh with him; he's a scream**
on va bien rire avec lui; c'est un marrant* / il est marrant*

*he's a jolly fellow / gay dog**
c'est un joyeux drille* / gai luron*

his stories are always a good laugh; never a dull moment with him*
ses histoires n'engendrent pas la mélancolie; on ne s'embête pas avec lui

he told us dirty jokes; we laughed ourselves silly listening to him
il nous a raconté des histoires salaces; on a ri comme des fous à l'écouter

to laugh   rire

a burst of laughter; let out a laugh
un éclat de rire; laisser échapper un rire

to scream / roar with laughter; laugh until one cries
rire aux éclats / à gorge déployée; rire aux larmes

to go into convulsions of laughter
se tordre de rire

to laugh until one's sides ache; double up with laughter
se tenir les côtes de rire; se plier en deux de rire

to laugh fit to burst */ kill oneself laughing*
rire comme un bossu / un fou / une baleine

to be convulsed / bubble / choke with laughter
se pâmer / pouffer / étouffer de rire

to laugh one's head off / split one's sides*
se fendre la pipe* / poire / pêche**/ gueule****

to burst out laughing
éclater de rire

to laugh until one is out of breath; have hysterics
rire à perdre haleine; attraper le fou rire

to have the giggles / go into fits of laughter
avoir le fou rire / être pris de fou rire

to laugh on the other side of one's face : **rire jaune**

to giggle with laughter : **rire bêtement**

to laugh inwardly / to oneself / up one's sleeve
rire intérieurement / dans sa barbe* / sous cape*

proverbs   **proverbes**

he who laughs last laughs longest
rira bien qui rira le dernier

the more, the merrier
plus on est de fous, plus on rit

■
259 JOKE

jokes in good taste   **les plaisanteries de bon ton**

to have a sense of humour; know how to take a joke; see the joke
**avoir le sens de l'humour; savoir prendre une plaisanterie;
comprendre / saisir la plaisanterie**

to joke; have a joke / joke wittily about something
plaisanter; plaisanter / faire des plaisanteries fines sur quelque chose

to make a joke of something; say something in play
tourner quelque chose à la plaisanterie; dire quelque chose par plaisanterie

it's become a standing joke
c'est devenu un sujet de plaisanterie

to crack a joke; crack jokes
lancer une plaisanterie; faire des astuces / sortir des blagues / dire des facéties

to play on words; make wise-cracks / a lousy* pun
jouer avec les mots / faire des calembours; faire des astuces / une astuce vaseuse

the joke made everyone laugh; it was a great joke / a joke in good state
**la plaisanterie fit rire; c'était une excellente plaisanterie /
une plaisanterie de bon ton**

the joke caused some mirth; it caused a lot of merriment
la plaisanterie a déclenché une certaine hilarité; elle causa l'hilarité générale

hackneyed / hoary old jokes   les plaisanteries éculées

he keeps trotting out the same old jokes
il ressasse toujours les mêmes plaisanteries

he always treats us to the same old jokes
il nous sert toujours les mêmes plaisanteries /
il nous gratifie toujours des mêmes plaisanteries

his joke fell flat; it was a hoary old joke
sa plaisanterie est tombée à plat; c'était une plaisanterie éculée

the joke is wearing thin; it's not funny
la plaisanterie a assez duré; elle n'est pas très drôle / cela n'a rien de drôle

I don't find that funny; "we are not amused" (Queen Victoria)
je ne trouve pas cela drôle

there's nothing to laugh about
il n'y a pas de quoi rire

it's not much fun for us; it doesn't make us laugh
cela ne nous amuse pas; cela ne nous fait pas rire

jokes in dubious taste   les plaisanteries douteuses

he likes obvious jokes; his jokes are sometimes near the knuckle
il aime la grosse plaisanterie; ses plaisanteries sont quelquefois d'un goût douteux

it's a joke which smacks of the barrack-room
c'est une plaisanterie de corps de garde

it's a feeble joke
c'est une plaisanterie qui vole bas

jokes in bad taste   les plaisanteries de mauvais goût

you're carrying the joke a bit too far; it goes beyond a joke
vous poussez la plaisanterie un peu trop loin;
cela dépasse le stade de la plaisanterie

I know how to take a joke but you mustn't take it too far
je sais prendre la plaisanterie, mais vous ne devez pas la pousser trop loin

your jokes are out of place
vos plaisanteries ne sont plus de saison

I find that kind of joke only half-funny because the laugh is on me*
**je n'apprécie pas tellement ce genre de plaisanterie
parce que c'est moi qui fais les frais de la plaisanterie**

I'm the laughing stock of the party; I don't allow that kind of joke
je suis la risée de tout le monde; je n'admets pas ce genre de plaisanterie

there are some jokes which are all right in some circumstances but not in others
**il y a des plaisanteries qui passent dans certaines circonstances,
mais pas dans d'autres**

this kind of joke doesn't go down well in some circles
ce genre de plaisanterie ne passe pas dans certains milieux

teasing   **la taquinerie**

to tease somebody; to take a rise out of somebody
taquiner quelqu'un; faire marcher quelqu'un

to take somebody for a ride / kid somebody on*
charrier* quelqu'un / se moquer de quelqu'un

to be kidded* / had on* by one's friends
se faire charrier* par des amis

you're having me on! don't play games with me!
**tu plaisantes! tu me fais marcher! ne me faites pas marcher!
ne vous moquez pas de moi!**

you're laughing at me; you must be joking
vous vous moquez de moi; vous plaisantez

I only said it in fun; I was just pulling your leg
j'ai dit cela pour plaisanter; je vous faisais marcher

it was only a joke / I only said it for a laugh / in fun
je ne faisais que plaisanter / j'ai dit cela pour rire / rigoler*

I'm not joking / I mean it / I'm serious
je ne plaisante pas / je ne badine pas / je suis sérieux

I'm not in a joking mood
je ne suis pas d'humeur à plaisanter

that's not something to joke about
on ne plaisante / blague pas avec cela

a practical joke   **une farce**

to play a joke / trick on somebody
jouer un tour / faire une farce / blague à quelqu'un

to plan a hoax; hoax somebody / play a hoax on somebody
monter un canular; monter un canular à quelqu'un

my son is fond of making practical jokes
mon fils adore faire des farces

he played a hoax on us and we were completely taken in
il nous a monté un canular et il nous a bien eus*

that practical joke was a poor joke
cette farce était une mauvaise plaisanterie

to tell stories   **raconter des histoires**

he has a fund of funny stories and he tells racy stories
il connaît un tas d'histoires drôles et il raconte des histoires lestes

he came out with a good one; one story led to another
il en a sorti une bien bonne; une histoire en a amené une autre

have you heard the one about the Belgian who...?
connaissez-vous celle du Belge qui...?

proverb   **proverbe**

brevity is the soul of wit
les plaisanteries les plus courtes sont les meilleures

■

260 CINEMA

to be a keen film-goer / be keen on films; go to the pictures(GB), movies(US) / cinema
être amateur de cinéma / aimer aller au cinéma; aller au cinéma

the film industry   **l'industrie du cinéma**

to be in the film / movie business; to shoot a film
être dans le cinéma; tourner un film

to transfer a novel to the screen / adapt a novel for the screen
porter un roman à l'écran / adapter un roman au cinéma

this film with the original soundtrack will be showing soon
ce film sortira bientôt sur les écrans en version originale

it'll be in cinemas(GB), movie theaters(US) next Wednesday
il sortira en salle mercredi prochain

this film has never been released in France
ce film est inédit en France

it's showing only at the Rex cinema; it's a cinema with exclusive showing rights
il passe en exclusivité au Rex; c'est un cinéma d'exclusivité

the story / scene takes place in London in the days of Dickens
l'histoire / la scène se passe à Londres du temps de Dickens

a good film / movie   **un bon film**

the film is worth seeing; the film is funny in parts
le film vaut la peine d'être vu; il y a des parties amusantes dans ce film

the film is terribly exciting; I found the film fascinating
le film est palpitant d'intérêt; le film m'a passionné

the interest is sustained right to the end;
the interest doesn't weaken even for a moment
l'intérêt se soutient jusqu'à la fin; l'intérêt ne faiblit pas un seul instant

this thriller holds you spellbound right to the end
ce film à suspense vous tient en haleine jusqu'au bout

the film has a happy ending; it's a box-office success
le film finit bien; c'est un film à succès

a bad film / movie   **un mauvais film**

the film is a washout; it's an unbearably awful film*
le film est désastre / foireux*; le film est imbuvable

the film is of little interest / devoid of interest
l'intérêt du film est bien mince / le film ne présente que peu d'intérêt

the film is decidedly lacking in interest
le film est dénué / dépourvu de tout intérêt / ne présente aucun intérêt

the film is appallingly dull
le film est d'une navrante médiocrité / d'une médiocrité affligeante

this film is totally grotesque; don't go and see such rubbish
ce film est totalement grotesque; ne va pas voir de telles imbécillités

films of particular kind   **films d'un genre particulier**

it's pretty hot stuff / it's spicy for an erotic film; it's a film with lots of bare bums**
comme film érotique, c'est plutôt gratiné*; c'est un film où il y a de la fesse

a fantasy film; this film is almost unbearably violent
un film fantastique; ce film est d'une violence insoutenable

the actors   **les acteurs**

to be a film actor / actress; a film star / a movie star(US)
faire du cinéma; être une vedette

the young leading lady is an extraordinary actress
la jeune première est une actrice extraordinaire

she has a real presence on the screen; a great stage presence
elle a beaucoup de présence à l'écran; c'est une bête de scène

the young leading man is a stupendous actor
le jeune premier est un acteur immense

he found favour with the public; this actor is a favourite with the public
il a gagné la faveur du public; cet acteur est un favori du public

this actor is rocketing to fame
c'est un acteur qui monte en flèche

this other one fell out of favour with the public
cet autre a perdu la faveur du public

■

261 CONCERNING HOLIDAYS

roll on the holidays!(GB) / if only the vacation were here!(US);
I've already got my holiday spirit
vivement les vacances! je me sens déjà en vacances

to take a holiday / vacation; be on holiday / vacation; be holidaying at home
prendre des vacances; être en vacances; passer ses vacances à la maison

I'm entitled to 6 weeks' holiday(s) / vacation
j'ai droit à 6 semaines de congés payés

to go away on holiday / vacation   partir en vacances

we'll soon be off on holiday / vacation
c'est bientôt le départ en vacances

I go to the sea-side for my holidays / vacation; I'm off to the seaside
je vais en vacances à la mer; je pars à la mer

I'm having an early holiday / vacation this year
je pars en vacances de bonne heure cette année

I go on holiday / vacation in the off / low season
je prends mes vacances hors saison / en basse saison

to go off on holiday / vacation like a pair of lovers;
go on holiday / vacation with a light heart
partir en vacances en amoureux; partir en vacances le cœur léger

to go hitch-hiking; go on an excursion by coach / car / a walk / hike
faire de l'auto-stop; faire une excursion en car / en voiture / à pied

return from holiday / vacation   le retour

> *did you have a good holiday / vacation? - no, it was murder!*
> avez-vous passé de bonnes vacances? - non, des vacances tuantes!

> *oh, wonderful! we had hot sunshine all the time*
> oh, excellentes! merveilleuses! formidables!
> nous avons eu du beau soleil tout le temps

> *I had a lazy holiday / vacation*
> j'ai passé mes vacances à ne rien faire

> *we've been back a few days and yet it seems weeks since the holidays / vacation*
> nous ne sommes de retour que depuis quelques jours
> et cependant il semble que des semaines se sont passées depuis les vacances

> *I've already lost my holiday / vacation spirit*
> je ne me sens déjà plus en vacances

262 AT THE SEASIDE

> *this summer we'll go on holiday / vacation to the seaside*
> cet été nous irons en vacances à la mer

> *the holidaymakers spend the day at the beach; they're streaming towards the beaches*
> les vacanciers passent la journée à la plage; ils déferlent sur les plages

the sun   le soleil

> *to stay out in the sun; have one's feet up*
> s'exposer au soleil; avoir les doigts de pied en éventail

> *to bask in the sun; do nothing but bask*
> prendre un bain de soleil / faire le lézard* / lézarder* au soleil; bronzer idiot*

> *they're sunbathing; getting a tan*
> ils prennent des bains de soleil; ils se dorent au soleil

> *there's nothing better to do in this fine weather*
> il n'y a rien de mieux à faire par ce beau temps

that fine weather is an incentive to lounge on the beach
ce beau temps incite au farniente sur la plage

if you stay outside in the sun for too long you'll run the risk of getting a sunstroke
si vous restez trop longtemps au soleil, vous risquez d'attraper un coup de soleil

it's baking (hot) on the beach; I got sunburnt; I nearly got a sunstroke
on frit sur la plage; j'ai pris un coup de soleil; j'ai failli attraper une insolation

too much exposure to the sun causes premature ageing of the skin, even skin cancer
trop de soleil provoque le vieillissement prématuré de la peau, voire le cancer

the sunbathers put on sun screen to protect themselves
les gens qui s'exposent au soleil se protègent avec une crème solaire

the tide   **la marée**

the tide is coming in / going out; be careful of the undertow!
la marée monte / descend; attention au ressac!

high / low tide; the ebb and the flow
marée haute / basse; le flux et le reflux de la marée

swimming   **la baignade**

to go for a swim; have a (quick) dip
aller se baigner; faire trempette

to go bathing in the sea / river
se baigner en mer / rivière

the hot weather is an invitation to swim; the fine weather tempts you to swim
la chaleur est une invitation à la baignade; le beau temps vous invite à la baignade

what is the water like? is it safe for swimming?
comment est l'eau? peut-on se baigner sans danger?

I only let the children go for a swim if there are lifeguards on duty
**je n'autorise les enfants à aller se baigner que
lorsque les maîtres nageurs sauveteurs sont en service**

to swim within one's depth / in shallow water
se baigner en gardant pied / en eau peu profonde

to be knee-deep / shoulder-deep / chin-deep in water
avoir de l'eau jusqu'aux genoux / jusqu'aux épaules / jusqu'au menton

to be within one's depth; get out of one's depth
avoir pied; ne pas avoir pied

to lose one's footing; swallow a mouthful; drown
perdre pied; boire la tasse*; se noyer

to swim like a fish / millstone / brick
nager comme un poisson / chien de plomb

to do a few strokes; float on one's back; swim breast-stroke; do the crawl
faire quelque brasses; faire la planche; nager la brasse; nager le crawl

beach activities

les activités à la plage

to gather seaweed	**ramasser des algues**
to go fishing	**aller à la pêche**
to go fishing in rock pools	**aller à la pêche à marée basse**
to go windsurfing	**faire de la planche à voile**
to go scuba diving	**faire de la plongée libre**
to go water skiing	**faire du ski nautique**
to go surfing	**pratiquer le surf**

263 TRAVELLING

to set off on a journey
partir en voyage

to knock about the world; go hitch-hiking
vadrouiller / vagabonder à travers du monde; faire de l'auto-stop

to go on a voyage / voyage across the sea
voyager / partir en voyage par mer

to travel by train / boat / bus / plane
voyager par le train / bateau / car / en avion

they travelled(GB), traveled(US) on the same train / plane
ils ont voyagé dans le même train / avion

he's away on a trip; he's travelling(GB), traveling(US) in Italy just now
il est parti en voyage; il voyage actuellement en Italie

I like a change of scenery; someday I'll take a trip around the world
j'aime le dépaysement; j'aime voyager; un jour je ferai le tour du monde

getting ready   **les préparatifs**

to make a reservation ahead of time; confirm / cancel a reservation
réserver sa place à l'avance; confirmer / annuler une réservation

for a package tour you must apply to a travel agency
pour un voyage organisé, il faut s'adresser à une agence

to consult a timetable
consulter les horaires

to buy a single(GB), one-way(US) /
return(GB), round-trip(US) ticket from the booking office
acheter un aller-simple / aller-retour au guichet

to pay full / half fare
payer plein / demi tarif

to do one's packing; to label one's luggage
faire ses bagages; étiqueter ses bagages

I'm packed and ready to leave
j'ai fait mes bagages et je suis prêt à partir

when hitch-hiking I always travel light; I only take one piece of luggage
je voyage toujours léger quand je fais de l'auto-stop; je ne prends qu'un bagage

saying goodbye   **les adieux**

to say goodbye to one's friends; say one's farewells to somebody
dire au revoir à ses amis; faire ses adieux à quelqu'un

to see somebody off
accompagner quelqu'un au départ

goodbye and have a good trip back!
au revoir, et rentrez bien / bon retour!

departure   **le départ**

to be about to leave; flag down a taxi
être sur le point de partir; héler un taxi

it'll soon be time to be leaving if we don't want to miss the plane
il va bientôt être l'heure de partir si nous ne voulons pas manquer l'avion

we have to hurry up, otherwise we might miss our plane
nous devons nous presser, sinon nous risquons de manquer notre avion

we're cutting it fine already
nous sommes déjà un peu juste, question temps

we really will have to be going; now off we go!
il faut vraiment que nous y allions; maintenant, en route / allons-y!

the plane   **l'avion**

to set forth on a long journey by plane; set off to NewYork
se mettre en route pour un long voyage en avion; se mettre en route pour New York

to be on one's way to London; he's gone to London
être en route pour Londres; il est parti pour Londres

to fly to Oslo; fly with Air France
aller à Oslo en avion; voler sur Air France

to check in; register(GB), check in(US) one's luggage
se présenter à l'enregistrement; enregistrer ses bagages

which gate do I board at? which door do I go through?
quelle est la porte d'embarquement de mon avion? par quelle porte dois-je passer?

the way to the plane is through gate 14
l'accès à l'avion se fera par la porte 14

the plane takes off / lands just on time
l'avion décolle / atterrit juste à l'heure

transit passengers will be put up at a hotel
les passagers en transit seront hébergés à l'hôtel

I hate being stuck in my seat for hours on end
je n'aime pas être cloué sur mon siège des heures entières

I take advantage of the duty-free shops at the airport
je profite des boutiques de l'aéroport pour y acheter des produits détaxés

arrival   **l'arrivée**

to arrive at one's destination
arriver à destination

to arrive safe and sound but suffer from jet-lag
arriver sain et sauf mais souffrir du décalage horaire

to collect one's luggage
récupérer ses bagages

to leave one's luggage in the left-luggage office / lockers
laisser ses bagages à la consigne / consigne automatique

to clear customs; show one's passport; have nothing to declare
passer la douane; montrer son passeport; ne rien avoir à déclarer

alcohol and cigarettes are liable to duty; you have to pay duty on alcohol and cigarettes
**les alcools et les cigarettes sont taxés;
vous devez payer des taxes sur les alcools et les cigarettes**

it's possible to import a litre of duty-free spirits into France
il est possible d'importer un litre d'alcool pur en France en franchise de droits

to smuggle something in / out
passer quelque chose en fraude

proverb   **proverbe**

travel broadens the mind of the young
les voyages forment la jeunesse

264 CAR

to run a car; go for a drive; give somebody a lift

posséder et utiliser sa propre voiture; faire un tour en voiture;
prendre quelqu'un en voiture

what make is your car? it's a good make; it's an English car
quelle est la marque de votre voiture?
c'est une bonne marque; c'est une voiture anglaise

it holds / grips the road well; it has good acceleration
elle tient / colle bien la route; elle a de bonnes reprises

it responds well to controls but is not very steady on bends
elle répond bien aux commandes, mais ne tient
pas très bien la route dans les virages

this car is very economical
cette voiture est très économique

what's your petrol consumption per 100 km?
combien consommez-vous aux 100 km?

my car is heavy on petrol; I ran out of petrol on the motorway
ma voiture consomme beaucoup; je suis tombé
en panne d'essence sur l'autoroute

the Highway Code   **le code de la route**

to take one's driving test; to have one's driving licence
passer son permis de conduire; avoir son permis de conduire

he passed on the highway code but not on the driving
il a eu le code mais pas la conduite

he must have won his licence in a lucky dip
il a dû avoir son permis dans une pochette surprise

in England you drive on the left side of the road
en Angleterre, on roule sur le côté gauche de la chaussée

to respect the Highway Code	respecter le code de la route
to keep to the left / right	tenir sa gauche / droite
to turn left	tourner à gauche
to remain in control of one's vehicle	garder le contrôle de son véhicule
to fasten one's safety belt	attacher sa ceinture

to dip the headlights(GB)	**mettre en code**
to put on the low beams(US)	**mettre en code**
to respect the right of way	**respecter la priorité**
to have the right of way	**avoir la priorité**
to give way	**céder la priorité**
to respect the speed limit	**respecter la vitesse limite**
to use the hard shoulder	
only in an emergency	**laisser libre la bande d'urgence**

offences   **les infractions**

to commit an offence against the Highway Code
commettre une infraction

to exceed the speed limit
dépasser la vitesse limite

when driving keep to the speed limit; the fines are heavy
sur la route, respectez les limitations de vitesse; les amendes sont lourdes

I got caught in a radar trap; I got a ticket for speeding
**je me suis fait piéger par un radar; j'ai attrapé
une contravention pour excès de vitesse**

to cut a vehicle's path off	**couper la route à un véhicule**
to hog the road	**rouler au milieu de la chaussée**
to cut in front of somebody	**faire une queue de poisson**
to sit on the tail of a car(GB)	**coller derrière une voiture**
to tailgate a car(US)	**coller derrière une voiture**
to jump(GB) / run(US) a red light	**griller un feu rouge**
to ignore a stop sign	**brûler un stop**

driving   **la conduite**

to hit the road	**prendre la route**
to switch on (the ignition)	**mettre le contact**
to start up the engine	**démarrer le moteur**
to let in the clutch	**embrayer**
to disengage the clutch	**débrayer**
to change gears	**passer les vitesses**
to start the car	**démarrer la voiture**
to shoot off at top speed	**démarrer sur les chapeaux de roues**

to change into second gear	passer en seconde
to get into reverse	passer en marche arrière
to stall the engine	caler le moteur
to flash one's headlights	faire un appel de phares
to overtake a truck	doubler / dépasser un camion
to make a U turn	faire un demi-tour
to reverse in / out	entrer / sortir en marche arrière
to swerve	faire une embardée / zigzaguer
to sound one's horn	klaxonner
to make good time	faire une bonne moyenne
to move at a snail's pace	aller à une allure d'escargot
to crawl along	rouler au pas

I can't drive fast, the car isn't run in yet
je ne peux pas aller vite, la voiture n'est pas encore rodée

to accelerate / slow down	accélérer / ralentir
to put one's foot down	enfoncer l'accélérateur
to step on it(GB) / on the gas*(US)	appuyer sur le champignon*
to hug the bend	prendre un virage à la corde
to drive at breakneck speed	rouler à tombeau ouvert
to screech round a corner	prendre un virage
	sur les chapeaux de roues
to drive on undipped headlights	rouler en pleins phares
to reduce speed	réduire sa vitesse
to slam on the brakes	freiner brutalement
to jam on the brakes	freiner à mort
to stop	s'arrêter

to park   **se garer**

to find room to park	trouver une place pour se garer
to park	se garer
to park in a car park	se garer dans un parking
to garage one's car	se garer dans un garage
to put on the handbrake	mettre le frein à main
to switch off the ignition	couper l'allumage

accidents   **les accidents**

to take evasive action	manœuvrer pour éviter l'accident
to have an accident	avoir un accident

to skid on black ice	déraper sur le verglas
to overturn	se renverser
to smash into a wall	s'écraser contre un mur
to hit / run into something	heurter / accrocher quelque chose
to scratch the paintwork	érafler la peinture
to bump into another car	tamponner une voiture
to collide with another car	entrer en collision avec une voiture
to run over somebody	écraser quelqu'un
to knock somebody down	renverser quelqu'un

the car left the road; he ran the car into a tree
la voiture a quitté la route; il a percuté un arbre

the car slithered (about) all over the place and ran fair and square into the wall
la voiture a dérapé dans tous les sens et est entrée en plein dans le mur

maintenance of the car   **l'entretien de la voiture**

to take one's car in for a complete lubricating job
faire faire un graissage complet

there's something wrong with my car; the gears are stiff
il y a quelque chose qui ne va pas avec ma voiture; les vitesses passent mal

my car has broken down; my car gave up on me* in the middle of the countryside
je suis tombé en panne; ma voiture m'a lâché en pleine campagne

it won't start / I can't get it to start
elle ne démarre pas / je n'arrive pas à la faire démarrer

the battery has gone flat overnight
la batterie s'est déchargée pendant la nuit

the engine is unresponsive / sluggish; it keeps stalling
le moteur ne répond pas / la voiture manque de reprise; elle cale sans arrêt

the engine sounds uneven / hiccups a bit
le moteur ne tourne pas rond / il y a des à-coups dans le moteur

the car sounds a bit unhealthy*; the exhaust-pipe makes too much noise
le moteur fait un drôle de bruit; le pot d'échappement fait trop de bruit

the brakes are soft; the brakes have to be checked
il y a du mou dans la pédale de frein; les freins doivent être vérifiés

I must have my car serviced / I put my car in to be serviced
je dois faire réviser ma voiture / j'ai donné ma voiture à réviser

I must have my wheels aligned
je dois faire vérifier le parallélisme des roues

I've put the car in for repairs; my car is under repair
j'ai donné ma voiture à réparer; ma voiture est en réparation

now my car is at the coachbuilder's
maintenant, ma voiture est chez le carrossier

to send a car to the breakers; send a car for scrap
envoyer une voiture à la casse; envoyer une voiture à la ferraille

to service a car	entretenir une voiture
the battery is flat	la batterie est à plat
the tyres are flat	les pneus sont dégonflés
to check the pressure of the tyres	vérifier la pression des pneus
to have a flat tyre / puncture	avoir un pneu à plat / une crevaison
the tyres are completely bald	les pneus sont lisses
to check the oil level	vérifier le niveau d'huile
to adjust the timing	régler l'allumage
to time the ignition(US)	régler l'allumage
to put water in the radiator	mettre de l'eau dans le radiateur
to fill up with petrol at a petrol station	faire le plein à une station-service
to fill up with gas at a gas station(US)	faire le plein à une station-service

traffic   **la circulation**

to be stuck in a traffic jam
être bloqué dans un embouteillage

traffic is heavy / there are traffic jams at peak periods
la circulation est dense / il y a des embouteillages aux heures de pointe

traffic moves freely during the night; the traffic is light
de nuit la circulation est fluide; il y a peu de circulation

there's heavy congestion in the centre of the town
ça bouchonne en centre ville

the roads are very congested; there's a one kilometre tailback
les routes sont très embouteillées;
il y a un ralentissement / on fait la queue sur un kilomètre

the cars are bumper to bumper
les voitures sont pare-chocs contre pare-chocs

the traffic jam is gradually breaking up
l'embouteillage se résorbe peu à peu

■

265 AT THE RESTAURANT

to eat in a restaurant; go out to dinner
aller au restaurant; dîner en ville

to give oneself a treat; give oneself a treat by eating out
s'offrir un extra; s'offrir la fantaisie d'aller au restaurant

to celebrate something by wining and dining in a good restaurant
fêter quelque chose par un grand repas pris dans un bon restaurant

to take somebody out to dinner
emmener quelqu'un dîner au restaurant

I'll take you to dinner
je vous emmène dîner

to treat somebody to a good restaurant / a five star restaurant
traiter quelqu'un dans un bon restaurant / un restaurant 5 étoiles

we're going to treat ourselves to a slap-up* meal
on va se payer un bon dîner

I'm going to take you to a greasy Joe's / greasy spoon**(US) where the eats* are excellent
je vais vous emmener dans une gargote où la bouffe* est excellente / de première*

in this restaurant hors d'œuvres and desserts are served on a buffet
dans ce restaurant les entrées et les desserts sont au choix et à volonté

to have an exquisite meal; consult the menu
faire un repas fin; consulter le menu

what's on the menu? can I have a look at the menu?
qu'y a-t-il au menu? puis-je voir le menu?

will you have the menu or will you eat à la carte?
prendrez-vous le menu ou mangerez-vous à la carte?

today's / the standard or the gourmet's menu?
le menu du jour / touristique ou gastronomique?

there's a choice of three meat courses on the standard menu
le menu touristique comporte trois plats de viande au choix

what are you going to have for the main course?
qu'allez-vous prendre comme plat principal?

make up your mind then we can order
décidez-vous, puis nous pourrons commander

how would you like your steak, underdone / medium or well-done?
comment aimez-vous / voulez-vous votre steak, saignant / à point ou bien cuit?

how did you like your steak? will you have a dessert?
comment avez-vous trouvé votre steak? prendrez-vous un dessert?

to wash down a meal with a vintage / first-rate / local wine
arroser un repas avec un grand / très grand vin / vin de pays

this wine is full-bodied; it lingers long on the palate
ce vin a du corps; il est long en bouche

to top off the meal with a glass of cognac; finish off a meal with a coffee
couronner le repas par un verre de cognac; terminer un repas par un café

the meal ended with coffee; coffee finished off the meal
le repas se termina par un café; le café termina le repas

to settle the bill; tip somebody; no tips / gratuities
régler la note; donner un pourboire à quelqu'un; pas de pourboires

waiter, the bill, please; they drew up a stiff bill
garçon, la note / l'addition, s'il vous plaît; la note est salée/
c'est le coup de barre*

*we were done** / swindled* in that restaurant*
on s'est fait arnaquer dans ce restaurant

the chef will occasionally come round among the diners
to ask their opinion about the way they've been catered for
il arrive au chef de venir saluer les clients dans la salle
et de solliciter leur avis sur la façon dont ils ont été traités

the inspectors in charge of attributing stars
eat incognito in the restaurants which they intend to classify
les inspecteurs qui délivrent les étoiles
se rendent incognito dans les restaurants qu'ils ont l'intention de classer

■

266 AT THE HOTEL

to find accommodation; stay at a hotel
trouver à se loger; demeurer à l'hôtel

to stay at a 2, 3, 4 star / first class hotel
descendre dans un hôtel 2, 3, 4 étoiles / de première catégorie

to book a room with a bath / shower
réserver une chambre avec salle de bains / douche

to book a room with twin beds / a double bed
réserver une chambre avec deux lits jumeaux / un grand lit

arriving at a hotel   **l'arrivée à l'hôtel**

to arrive and register at a hotel
arriver et s'inscrire à l'hôtel

do you have any rooms available? at what price?
avez-vous des chambres disponibles? à quel prix?

would you like a single or a double room?
une chambre pour une ou deux personnes?

how much do you charge for full board and lodging?
combien demandez-vous pour la pension complète?

how much do you charge for half-board?
combien demandez-vous pour la demi-pension?

children are allowed to stay (for) free
c'est gratuit pour les enfants / les enfants sont accueillis gratuitement

the hotel has no vacancy
l'hôtel est complet

are you on your own?
êtes-vous seul?

how long are you planning to stay? - just one night
combien de temps avez-vous l'intention de rester? - une nuit seulement

staying at a hotel   **le séjour à l'hôtel**

can I stay after Sunday?
puis-je rester après dimanche?

is there a restaurant in the hotel?
y a-t-il un restaurant dans l'hôtel?

does one always need to tip? no, service (charge) is included / no gratuities
faut-il toujours donner un pourboire?
non, le service est compris / pas de pourboires

to order one's breakfast
commander son petit déjeuner

how do you make an outside call? you have to dial 0 to make a call
comment puis-je téléphoner à l'extérieur?
vous pouvez téléphoner directement en faisant le 0

departure   **le départ**

to ask for an early wake-up call
demander à être réveillé tôt

I want a wake-up call tomorrow morning at 5 o'clock / can you give me a call at 5 a.m.?
**je veux être réveillé demain matin à 5 heures /
pouvez-vous me réveiller à 5 heures?**

to settle one's bill
régler sa note

would you make my bill out, please
préparez ma note, s'il vous plaît

how are you paying? - can I pay by cheque(GB), check(US)?
comment réglez-vous? - est-ce que je peux vous régler par chèque?

do you cash travellers' cheques(GB), travelers' checks(US)?
changez-vous les traveller's chèques?

where can I get my travellers' cheques(GB), travelers' checks(US) cashed?
où puis-je changer mes chèques de voyage?

here's my forwarding address
voici l'adresse pour faire suivre mon courrier

*.soon after I had left the hotel I noticed
that I had forgotten to leave the key of the room at the reception*
**peu après mon départ de l'hôtel,
je m'aperçus que j'avais oublié de déposer la clef de la chambre à la réception**

to pack one's bags(GB), pick up one's sticks(US) and do a moonlight flit
prendre ses cliques et ses claques et déménager à la cloche de bois

INDEX

The numbers refer to the chapters

Lightning Source UK Ltd.
Milton Keynes UK
UKOW04f0402030715

254483UK00001B/19/P

9 781608 603329